ホロコーストから生還した少年の物語

深《しん》淵《えん》より ラビ・ラウ回想録

イスラエル・メイル・ラウ著
滝川義人訳

ミルトス

ラビ・イスラエル・メイル・ラウ
Chief Rabbi Israel Meir Lau
イスラエル国アシュケナージ主席ラビ（1993~2003）
テルアビブ市主席ラビ（1988~1993, 2005~）

父　ラビ・モシェ・ハイム・ラウ

母　ハヤ・ラウ。ラビ・シムハ・フランケル・テオミムとミリアム（旧姓ハルバーシュタム）の娘

ショア（ホロコースト）前の著者の家族。左より父、長兄ナフタリ、母ハヤ、次兄シュムエル、異母兄エホシュア（シコ）

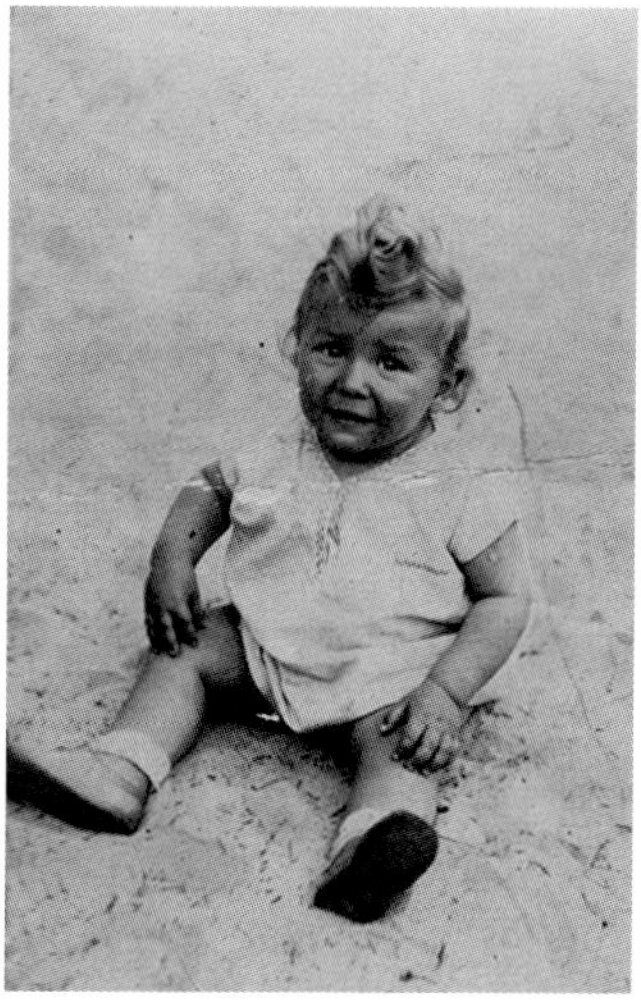

１歳の著者、ショア前の
最初にして唯一の写真

ショア前の親族。前列向かって左は祖父ラビ・ツビ・エフダ・ラウ、同右が祖母レア・ヒンダ。後列左より、おじブルノ・ベルヒヤフ・ショウンタルと妻メッタ（父の妹、メッタ夫妻はキューバへ脱出して助かる）、及び著者のいとこのシュムエル・イツハク・ラウとヌシア

1930 年代のトーラット・ハイム・イェシバ在校生達。当時プレショフの主席ラビであった父（左上の囲み写真）がプレショフに創設した神学校で、父は校長を兼任した。前列着席者の向かって一番右が兄シコ

ブッヘンヴァルト解放直後、米軍従軍ラビ、ハーシェル・シャクター師の司会で生き残りを対象にして行なわれたシャヴオットの礼拝。少年の著者は、カメラに向かって最前列席の左から３番目に座っている。左右は米兵。まだ縦縞の囚人服着用者がいる

著者を収容所で助けてくれた囚人のソ連兵フョードル

1945 年 6 月ブッヘンヴァルト収容所を去るときに撮影された著者

ブッヘンヴァルトとベルゲン・ベルゼンの孤児たちが、解放後、着るものがなくてヒトラー・ユゲント（ナチス党内の青少年組織）の制服を着ている。右から 3 番目が著者

ハイファ港に入港後アトリット収容所へ向かう。「ブッヘンヴァルトのアグダット・イスラエル青少年団」と書いた手製の旗を持ち、先頭に立つ少年が著者。向かって左端に兄のナフタリ

兄ナフタリと一緒。解放後で、場所はエクイ（フランス）の予後保養所。パンと牛乳カップを手に満面に笑みを浮かべている

1945 年 7 月 15 日、乗船したマタロラ号が、ハイファ港に入港。当時著者は 8 歳、イスラエルもまだ独立前であった。著者の隣はエレアザル・シフ（ブッヘンヴァルトの生き残り）

小学校２年生に編入された
時の級友と（8 歳半）

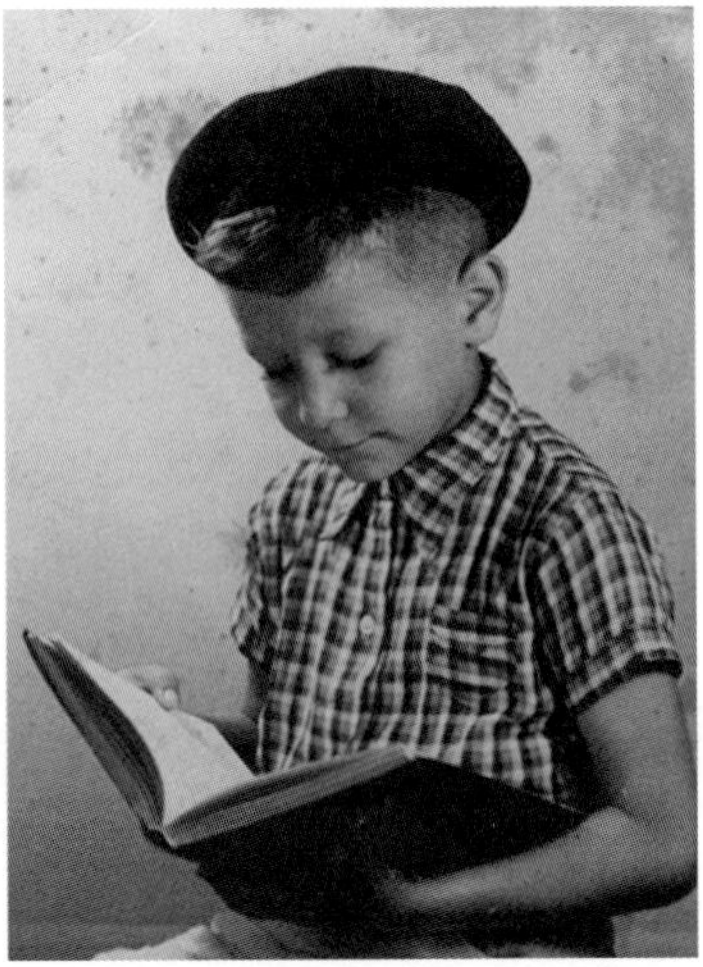

キリアトモツキンのおじの
家に着いた頃、8 歳

キリヤトシュムエルの宗教学校初等科を卒業
（1950 年 6 月、13 歳）。親しい友人と

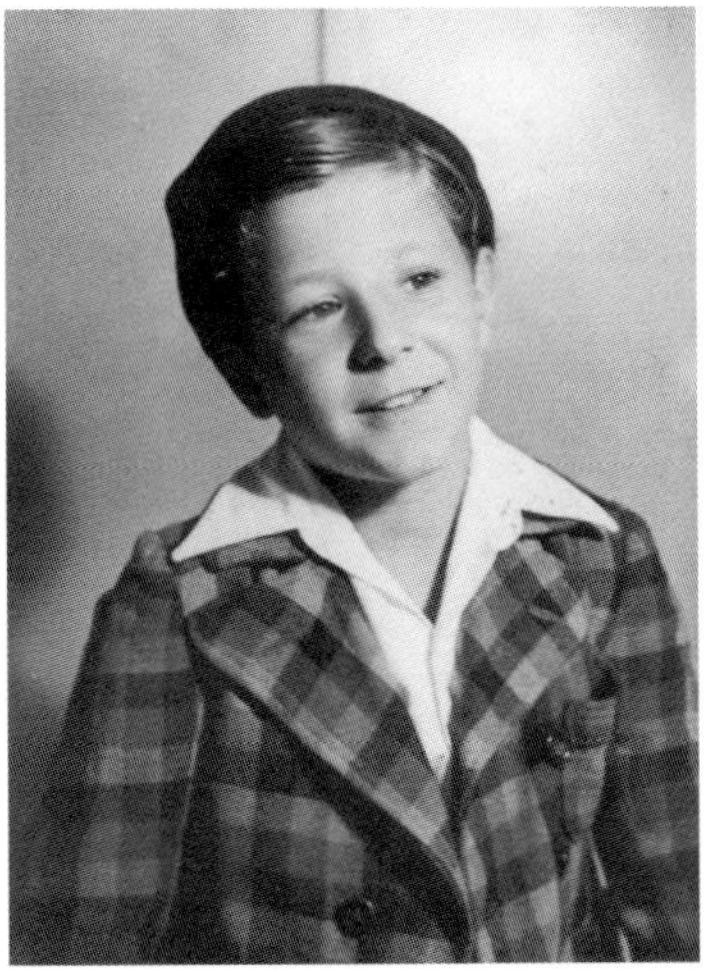

10 歳の頃

異母兄シコの結婚を祝った家族の食事会。テーブルの正面向かって右がおじラビ・モルデハイ・フォーゲルマン、向かって左の中折れ帽と立襟シャツの青年が花婿シコ。宗教系キブツのクファルエツィオンのメンバーと共に。シコの隣の、白い帽子にセーラー服の男児が著者

成人式（バルミツバ）で講話する著者を、おじのラビ・フォーゲルマンが聴いている

コール・トーラー・イェシバ（エルサレム）の級友達。真ん中が著者。向かって右がベンヤミン・ダヤン、六日戦争で戦死した。向かって左はエリ・ベルリンガー

ポネヴェツ・イェシバ（ブネイブラク）の級友達。向かって右より本を開いている３番目の学生が著者

着席しているのは、ラビ・アブラハム・シャピーラ師。父の従兄弟。タルムード学習に日割り方式（ダフ・ヨミ）を考案導入した、ルブリンのラビ・メイル・シャピーラの兄弟（ポネヴェツ・イェシバで撮影）

1960年2月に結婚式をあげ、式後結婚の祝宴（シェヴァ・ブラホット）が開かれた。向かって左から新婦ハヤ・イタ、立って挨拶するのは義理の父ラビ・フランケル（当時テルアビブ主席ラビ）、著者、そして向かって右端がラウの恩師ラビ・シュロモ・ザルマン・オイェルバッフ師

恩師のラビ・ヨセフ・カハネマン師（ポネヴェツ・イェシバの主席ラビ）

恩師のラビ・ノア・シモノヴィッツ師（ジフロンヤコブのイェシバ）

義理の父ラビ・フランケルとその息子ラビ・アリエ。背後に立つのが著者

著者の娘ミリアムの成人式（バットミツバ、12 歳）の時の記念写真。妻ハヤ・イタ、子供 8 名のうち 6 名が写っている。前列、義理の母と父の間にいるのがミリアム。1975 年

主席ラビ就任式（1993 年 2 月）。向かって左がスファルディ主席ラビ・バクシ・ドロン、向かって右がアシュケナージ主席ラビとなった著者。中央の二人は、向かって左はエゼル・ワイツマン大統領、右はイツハク・ラビン首相

テルアビブ主席ラビ時代の著者

父ラビ・モシェ・ハイム・ラウの追悼記念としてエルサレムにハイェ・モシェ・イェシバが設立された。写真は献堂式で安置するトーラーの巻物に最後の一筆を書く著者の恩師ラビ・シュロモ・ザルマン・オイェルバッフ

ルバビッチ派のレッベであるラビ・メナヘム・メンデル・シュネルソン師と談笑

グールのレッベ、ラビ・イスラエル・アルター師

グール派の大会

戦後ピョートルクフの大シナゴーグは、公立図書館に変えられた。1994年の当地訪問時、書棚の裏側に十戒の石板を見つけた。もともと東側の壁際におかれていたもの。銃弾痕が沢山ついている（1942年著者の家族を含む町のユダヤ人がここに監禁された時のものと思われる）。向かって右はアントワープ出身のカントール、ベンヤミン・ムラー

1988年開催の「生者の行進」で、アウシュヴィッツ・ビルケナウ収容所跡に立つエリ・ヴィーゼルと著者。以来毎年実施される教育プログラムで、世界中から青少年がポーランドに集まる

著者と二人の兄。向かって左からエホシュア・ヨセフ・“シコ”・ラウ・ハーゲル、ナフタリ・ラウ・ラビエ

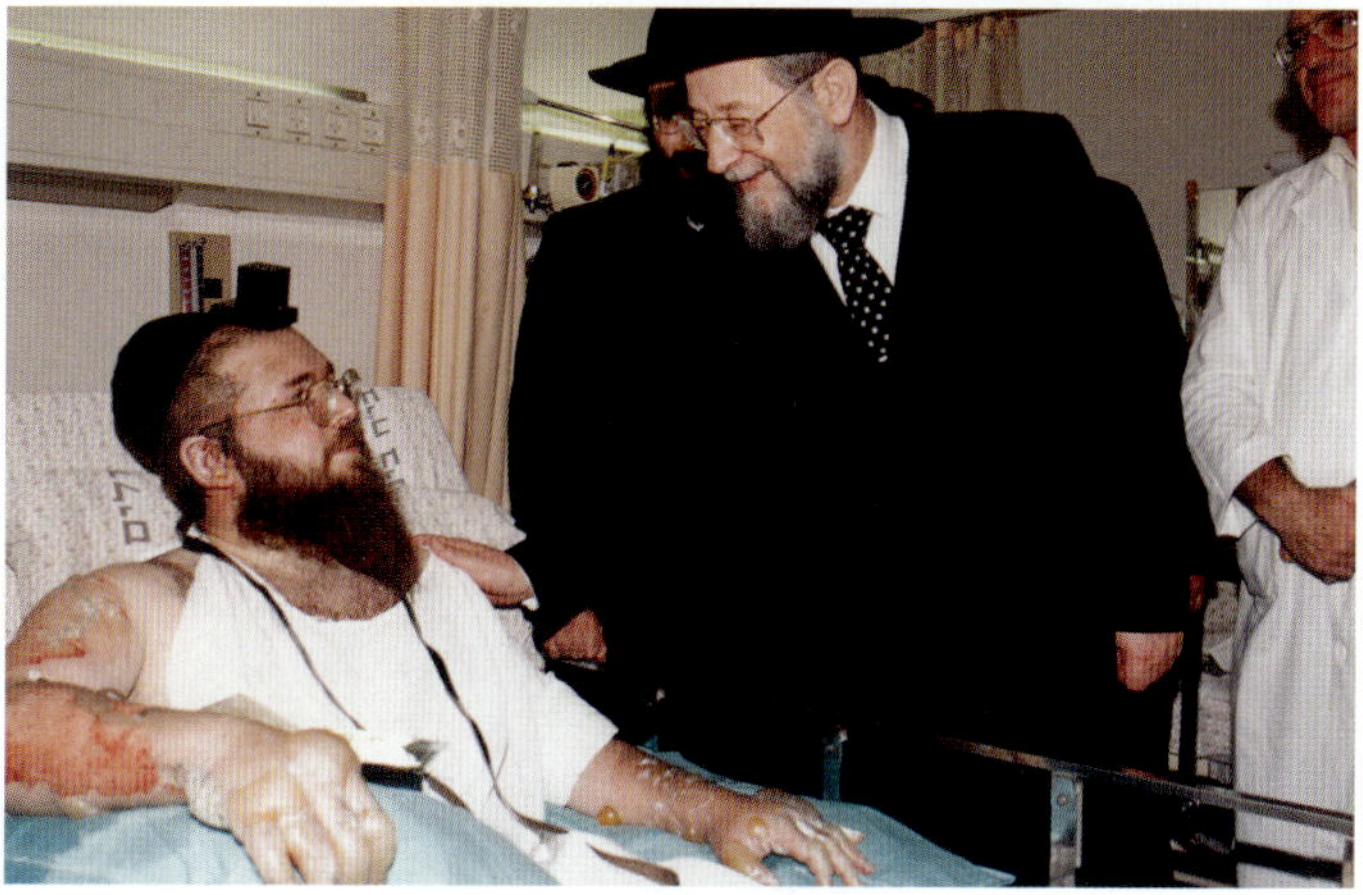

テロの犠牲者を病院に見舞う著者

エルサレムのスバロ・ピザレストラン自爆テロ事件で重傷を負い生き残った姉妹のレア（10 歳）とハヤ（8 歳）は、兄の結婚式で著者と再会し、温かい励ましを受けた（2001 年）

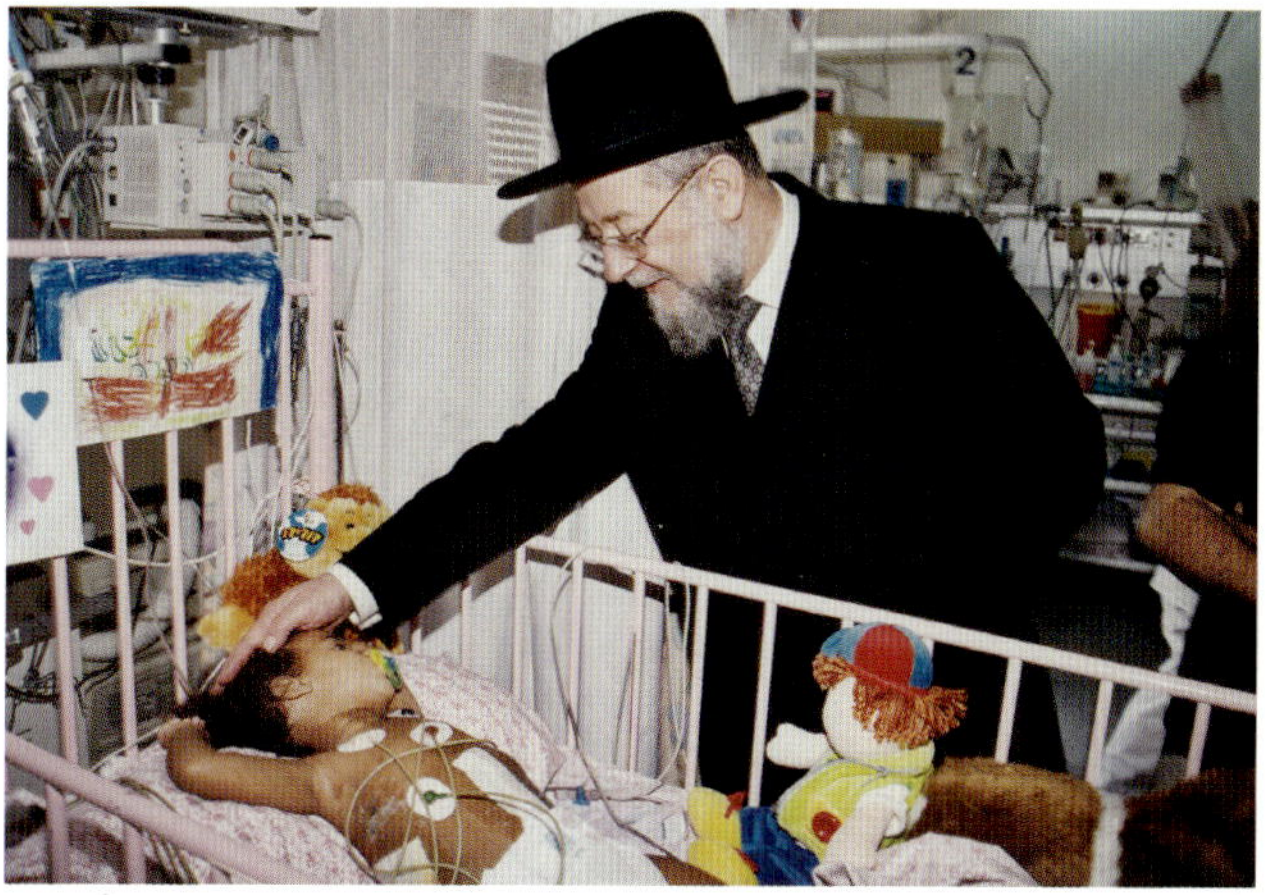

テロ攻撃で重傷を負った子供を見舞う（ハデラ、2002 年）

イスラエル国防省の行事に参加。向かって左より
アリエル・シャロン首相、シモン・ペレス大統領

著者の娘シーラの結婚式に参列した
イツハク・ラビン首相（1994年）

ビル・クリントン大統領と（エルサレム、1996年）

ゴルバチョフ夫妻を出迎える（1992年）

ムバラク・エジプト大統領と（カイロ、1997年）

フセイン・ヨルダン国王と

フィデル・カストロ議長と会見（ハバナ、1994 年 2 月）

ネルソン・マンデラ南アフリカ大統領と（プレトリア、1993 年）

ローマ教皇ヨハネ・パウロ 2 世と会見、ショファール（角笛）を進呈。右は兄ナフタリ（イタリア・カステル・ガンドルフォ、1993 年）

命の恩人フョードル・ミハイリチェンコの娘ユリアとエレナを自宅に招待（2008 年）

第 13 回世界連邦平和促進全国宗教者京都大会に参加し、記念講演を行なった
（石清水八幡宮の講堂、1991 年）

比叡山宗教サミット 16 周年「世界平和祈りの集会」に出席（2003 年 8 月）

日本からの使節団を歓迎し記念撮影（テルアビブ主席ラビ事務所、2014 年 5 月）

献辞

父ラビ・モシェ・ハイム・ラウ、母ラバニット・ハヤ、次兄シュムエル・イツハク、祖父ラビ・シムハ・フランケル・テオミム、そしておじ、おば達、六〇〇万の同胞と共に旋風にとばされた一族全員を追憶し、本書を捧げる。

彼等の血が土の中から我々に向かって叫んでいる。[※1]
大地よ、私の血を覆うなかれ。私の叫びを閉じこめるな。[※2]
主が彼等の流した血に復讐されるように。[※3]

※1 創世記四章一〇
※2 ヨブ記一六章一八
※3 ヨエル書四章二一

日本語版　推薦の辞

田中　恒清《つねきよ》

イスラエル・ラウ師（現・テルアビブ主席ラビ）とのご縁は、今から二四年前の平成三年（一九九一年）に私が現在宮司を務めている京都・石清水八幡宮において世界連邦日本宗教委員会主催で世界平和の大会が開催された折に、ラウ師を特別ゲストとして講演をいただいたことに始まります。

その時のラウ師の講演は、人々の平安を願う心が満ち溢れていて、会場を埋め尽くした日本の人々に、強い感動を与えたことを今でも良く覚えています。

次の出会いは、平成十五年（二〇〇三年）に比叡山宗教サミット平和の祈りに参列された時でした。「イスラエルの希望の星」と崇敬されチーフラビとして活躍をされていました。最初の出会いから十二年もの月日が流れているにも関わらず、平和を実現しようとされる強い意志と熱情はいささかも衰えていませんでした。

このような出会いが出来ましたのも、葉上照澄《はがみしょうちょう》大阿闍梨（比叡山延暦寺長臈《ちょうろう》）が生前、世界各国を訪れ宗教指導者と対話をされたご縁がこの出版に繋がっていったものと感謝しています。

この自叙伝を読まれて、ラウ師が数奇な運命に翻弄されることなく篤い信仰を持ち、世界のリーダーと世界平和のために働かれるエネルギーの源として何かを感じ取っていただきますれば幸いに存じます。

平成二十七年三月吉日

石清水八幡宮宮司

深淵より　ラビ・ラウ回想録　／目次

第二部　雄羊の角笛

第２次大戦中の中欧地図

（国境線は1939年以前）

ラビ・ラウ師の家族

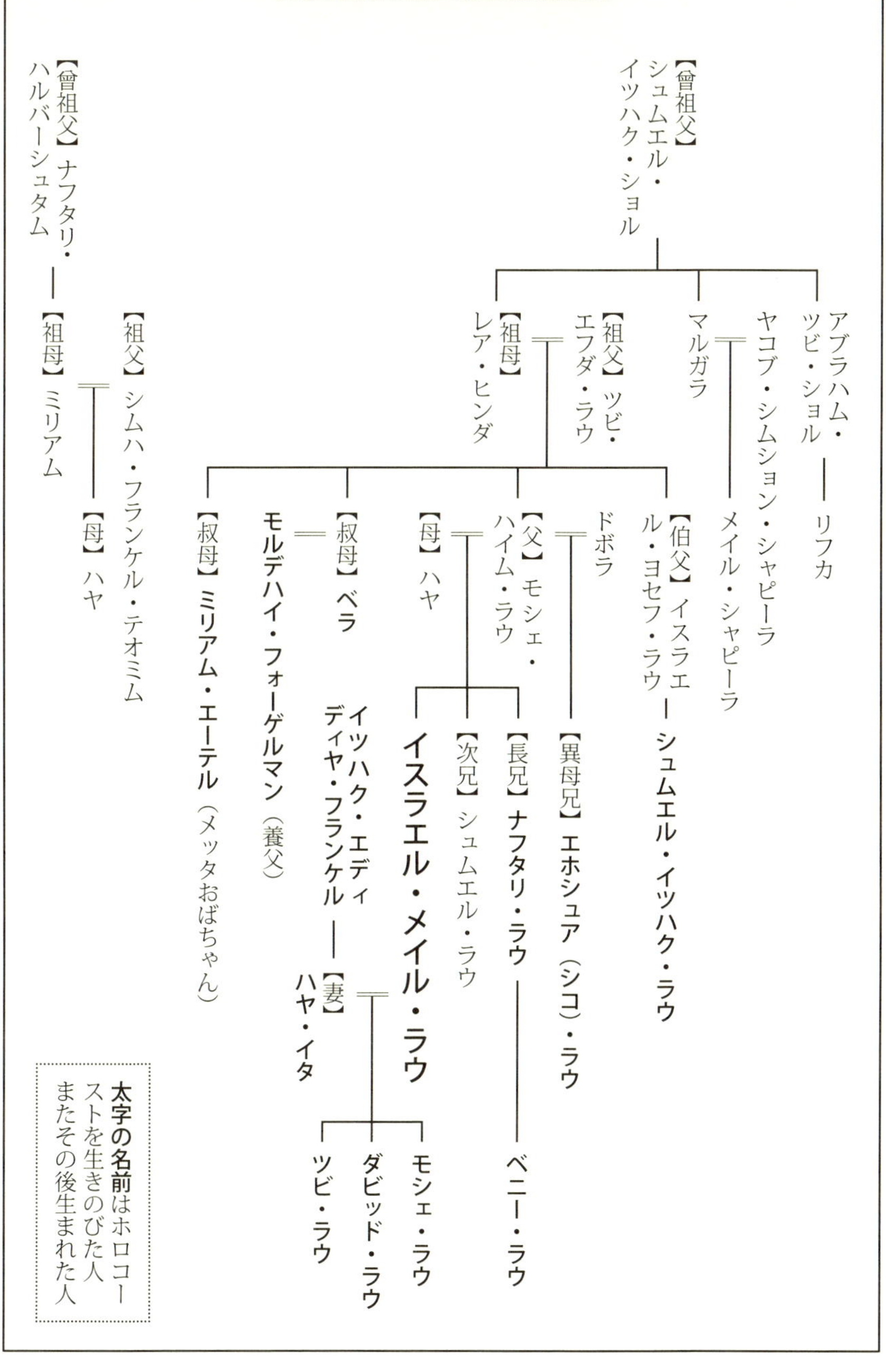
【曾祖父】シュムエル・イツハク・ショル
アブラハム・ツビ・ショル
リフカ
ヤコブ・シムション・シャピーラ
メイル・シャピーラ
マルガラ
【祖父】エフダ・ツビ・ラウ
【祖母】レア・ヒンダ
【伯父】イスラエル・ヨセフ・ラウ
シュムエル・イツハク・ラウ
ドボラ
【異母兄】エホシュア（シコ）・ラウ
【父】モシェ・ハイム・ラウ
【母】ハヤ
【長兄】ナフタリ・ラウ
ベニー・ラウ
【次兄】シュムエル・ラウ
イスラエル・メイル・ラウ
【妻】ハヤ・イタ
イツハク・エディディヤ・フランケル
モシェ・ラウ
ダビッド・ラウ
ツビ・ラウ
【叔母】ベラ
モルデハイ・フォーゲルマン（養父）
【叔母】ミリアム・エーテル（メッタおばちゃん）
【曾祖父】ナフタリ・ハルバーシュタム
【祖父】シムハ・フランケル・テオミム
【祖母】ミリアム
【母】ハヤ
太字の名前はホロコーストを生きのびた人またその後生まれた人

シモン・ペレスによる序文

読者の前にあるのは、現在最もユダヤ的ユダヤ人のひとりによって書かれた本である。それはユダヤ教について、そしてその栄光と試練に関する書である。ユダヤ民族史上最も苛烈にして過酷、最悪、最暗黒の時代が描かれている。この書は、著書自身の個人史であると同時に、自ずとユダヤ民族の特質にも触れる。本書は一語一句が血で書かれた書である。

我等の民族詩人ハイム・ナフマン・ビアリクは、次のように詠んだ。

知りたいと思わぬか
あなたの兄弟達に脈々と流れるあの源泉を
それは彼等の生命力……
彼等の慰め、勇気、忍耐心そして信頼
苦難に耐える鉄の意志
そしてそれにつきまとう、終わりなき計り知れぬ苦しみを

詩人の言葉は心に沁みる。そして私は、本書の原題「深淵より」がこの源泉そのものを構成している、と思う。

本書で著者のラビ・イスラエル・メイル・ラウ師は、ディアスポラとイスラエルにおける、自分の人生の紆余《うよ》曲折を描く。背筋の寒くなる描写を読み、心を引き裂く苦悩が行間にあふれる文章を読んでいくと、私は言葉を失い、目は涙でかすむ。沈黙の言葉が我々に向かって叫ぶ。そして、何故という問いかけには、苦難の果てのどん底に至っても、答えは返ってこない。

ソロモン王の言葉にある如く、私はラビ・イスラエル・メイル・ラウ師とイスラエル国、ユダヤ民族、そしてすべてのイスラエルの家に、「命の年月、生涯の日々は増し、平和が与えられるだろう」（箴言三章二）と衷心より願う。

今後我々がどのような道を進もうとも、本書が我々の行く手を示す火の柱となることを、心から祈る。

イスラエル国大統領（二〇〇七―一四年）

エリ・ヴィーゼルによる序文

本書は絶望の叫びなのか、信念の堅さを実証する行動の軌跡なのか、それともアケダー※の悲痛な谺《こだま》なのか？　つまりアブラハムと息子の時以来、我が民が支配されていると思われる永遠の暗い影なのか？

本書は、後年イスラエルの主席ラビとなった少年の物語である。しかし、それだけではない。

少年と私の人生行路は、一度ならず交差している。我々はブッヘンヴァルトで一緒であった。解放の日まで同じ強制収容所にいたのである。解放後四〇〇名の少年が一団となり、フランスへ行った。フランスの児童救出協会(Oeuvre de Secours aux Enfants) の素晴らしい献身と協力によって実現したのである。二人は一緒であった。ルレク（少年ラビ・ラウの愛称）はグループで最年少。というよりは、一番小さかった。

しかし、我々に最初の出会いを指摘してくれたのは、彼であった。ビルケナウで毎年ヨム・ハショア（ホロコースト追悼記念日）に「生者の行進」という行事が開催されている。我々は――彼はテルアビブ、私はニューヨークから――この行事に参加した。一万以上の人が参加した集会で、彼は私を紹介し、あの特別の日について話をした。彼は、一九四五年五月に兄のナフタリから、母の死を知らされる。そして、カディシュの朗誦を教えてくれたのはあなたです、とルレク即ち将来イスラエルの主席ラビとなる人物が私に言った。

私はすっかり忘れていた。実は彼も当初そうであった。それを自伝のなかで指摘していないので分かる。

本書で、彼は彼自身を子供としてとらえている。劇的な回想が豊富に描かれ、内容は個人的な話にとどまらない。

ピョートルクフ・トルィブナルスキのゲットーの話。シナゴーグにおける残虐行為。選別。相次ぐ家族生き別れの恐怖。情景は苛烈の度を強め深手の傷となり、凄惨《せいさん》な修羅場と化す。

彼は、市の主席ラビである父親に再度出会う。しかしその父親は、あご髭を切れとの命令を、戒律に反するとして拒否し、SSに侮辱され殴打される。彼は、父親がユダヤ人達に〝全力で〟身を守れと教え諭すのを、昨日のように記憶している。彼は父親の最後の言葉について語る。それは殉教者ラビ・アキバ（五〇—一三五）の受難話で、アキバのシェマア・イスラエル（聞け、イスラエル）の叫びが天に谺《こだま》する話である。

彼は、母親と天井裏に隠れた日々に触れる。それは絶える間のない不安と苦痛の連続であり、日々起きる奇跡の生活である。ナフタリが実行したアウシュヴィッツからの脱走、収容所でのプリム祭とペサハ（過ぎ越し）の祭り、兄が携帯していた父親の大切な写本の紛失。主の御名を聖別する学び。そして、フォードルの出現——彼の保護天使となるロストフ出身のソ連軍軍曹である。

生き残りによって書かれた大半の回想録と同じように、本書の話は、それぞれが声なき涙にあふれ、目に見えない傷と虚空の凝視にみちている。それだけではない。生命、希望、尊厳を脅かす危険が充満する。この呪われた場所で、敵は絶対的な力を持っている。

我々、つまりルレクと私はフランスのエクイで別々のグループに分けられた。数週間後、この兄弟を含む第一のグループがパレスチナへ向かった。聖地で、兄弟は当地に親族がいたことを発見するのである。

ここで私は話をとめる。後は読者に任せよう。死と隣り合わせでどうやって生きのびることができるのか。惨憺《さんたん》たる旅路の強烈さは、読者だけが分かる。暗黒のどん底のなかで、信仰を棄てず、その光を見ることがどうしてできる

※訳注・原意は拘束、束縛。アブラハムが息子イサクを神に捧げようとした絶対的な神への帰依を指す（創世記二二章）。

のか。そして、とりわけどうすれば灰の上に人生を構築できるのか。ピョートルクフ出身でブッヘンヴァルト強制収容所生き残りの小さい少年が、ユダヤ人国家の光り輝く青空の下で成長し、見事自己を開花させる。それがどうすれば可能になったのか。イスラエルで大いなる喜びが待っていたのを、本人は知っていたのであろうか。知ることができたのであろうか。

私は、パリに残った。そして我々が再会するのは、数十年の長い歳月が過ぎてからである。アウシュヴィッツからシナイへ至る、名状し難い無限の時間の重みに耐えて、手にするに値する功績をあげる。その経緯を理解するため、読者は、究極の苦しみの深い淵から、名誉と勝利の頂点へ至る道程をたどることになる。原著のヘブライ語版で、著者は自分の話をアケダーの炎の中に投影している。

父親は、今度だけはモリアの山から戻らない。

ホロコースト作家

一九八六年ノーベル平和賞受賞

まえがき

私はカディシュ（追悼の祈り）と詩編の一部を朗唱した。式典の後参列者の間から、「どんなお気持ちでした？」、「今何をお考えになっていますか」、「どなたが心に浮かびました？」などと、いろいろ質問された。我々は、強制収容所解放六〇周年の記念式典で、アウシュヴィッツ・ビルケナウに来ていた。あたり一面雪化粧で、その雪は霏々《ひひ》として降り続けていた。凍りつくような寒さである。式典は三時間続いた。イスラエルの大統領、アメリカの副大統領、ヨーロッパ主要諸国の大統領や首相を含め、数千名の参列者を気の毒に思った。

私は目を閉じ、詩編の一章を朗唱した。「死の陰の谷を行くときも、私は災いを恐れない。あなたが私と共にいてくださる」（詩編二三編四）そして、「あなたは私の魂を死から助け出して下さった」（同一一六編八）、「命あるもの地にある限り、私は主の御前に歩み続けよう」（同一一六編九）

イトガダル・ヴェイトカダシュ・シェメー・ラッバー（主の偉大な御名が聖別され賛美されますように）

私は、カディシュの一節を誦して祈りを終えた。私は目を閉じていた。しかし、私には犠牲になった人々の姿が、はっきり見えた。移送列車が到着し、貨車から降りる人々。それから、到着したその場で、生か死の仕分けをする〝選別〟のため、列を作って並ぶ人々。騙されたと気付いて、驚きと恐怖の色をたたえる顔、顔。そして、ユダヤ人達をこづきまわし鞭をふるうゲシュタポとその手下のウクライナ人、人を威嚇し低い唸り声をあげる、獰猛《どうもう》な犬。もぎとるように力まかせに乳幼児や子供達を両親から引き離す兵隊達、残忍な仕打ちで家族はばらばらとなり、これが永遠の別れとなる。私は、子供の頃の悪夢が今でもとりついて離れない。それには、移送列車、半長靴そして犬の三つが結びついている。

耳を塞《ふさ》いでも目を閉じれば、当時の声が聞える。〝シュネル、シュネル〟急げもっと急げという怒号。〝マメー、タテー〟、両親から引き裂かれる子供達の悲鳴。そして母親の悲痛な叫び。私は、顔が血まみれになった父親の姿を見る。子供達を守ろうとして胸元に抱き、銃の台尻で殴打されたのだ。

二〇〇五年一月二七日、私はカディシュを朗唱した。それは式典だけの行為であったが、私は本書を永遠のともしびとして綴った。あの暗黒のトンネルの中で起きたことについて、闇のなかに差しこんだ光の輝きについて、そしてその後に続く希望と信仰について、後々の世代に語りかける不滅の記憶として書き残した。

本書は通常の自叙伝とは異なる。テルアビブ市の低所得者層が住む地区のラビから、イスラエルの主席ラビになるまでの四〇年間の聖職者の軌跡を書き綴ったのではない。本書の内容は、ホロコーストに関する私自身の記憶である。業火《ごうか》の炉からの脱出、体と心を痛めつける苦しみ、両親も家も無いなかでの成長の記録である。本書は、民族の再生と、それにかかわった極めて特別な人々との出会いにも触れる。ユダヤ人だけではない。非ユダヤ人も含まれる。民族の郷土でナショナルホームが建設され、その民はホロコーストから民族の再生への転換を果たした。私は、その経緯を本書で述べる。

時がたてば、生き残った者の激しく燃える炎は残り火となってくすぶり、やがて消え去る。私は、その火が絶対に消えないように、残り火をあおぎ続ける。私は自分の話が、読者の意識に触れ奮起させ、もう一度考える縁《よすが》になれば、と願っている。そして、ホロコーストがつきつけたあらゆる問題があるにもかかわらず、これを乗り越え「命あるものの地にある限り、私は主の御前に歩みつづけよう」(詩編一一六編九)との結論を得ていただければ、幸いである。

ソロモン王は神殿を献納したとき、「主は、暗やみの中に住む、と仰せになった」と言った(列王記上八章一二)。時に主は、秘匿《ひとく》の領域内に存在し、秘儀の幕の背後に隠れている。ハシッド派の偉大な指導者、コツクのラビ・メナヘム・メンデル師は、「私は、神のすべての道が私に分かるような神は崇拝できない」とよく言った。すべてが啓示され、理解されるなら、それは親しい友愛であり、神性ではない。エジプトで宰相となったヨセフが、食糧を求めてやって来た兄弟達に、末弟のベニヤミンを連れて来い、と謎めいた要求をしたとき、「それによって、お前達は試される」と言った(創世記四二章一五)。信仰は、測り知れない、不可思議なことを通して試されるのである。

私は神を信じる者であり、死を迎える日まで、それに変わりはない。「主は私を厳しく懲らしめられたが、死に渡すことはなさらなかった」のである(詩編一一八章一八)。私は偶然を信じない。私が信じるのは神の摂理である。私がまだ答えを得ていない問題は、何故という問いであり続ける。何故あれが起きなければならなかったのか。私が母と別れ別れになりながら生き長らえたのに、何故次兄のミレクは——その死に神の報復がありますように——母から引き裂かれて死の道を歩むことになったのか。私には分からない。しかしそれで、「言葉を語って、世界を創造された神」[※1]に対する私の信仰が薄れることはなく、いつも朝の祈りで繰り返しているように「御手に私の霊をゆだねる」(詩編三一編六)のである。

私は、「主の民すべての見守る前で満願の献げ物を主にささげよう」(詩編一一六編一四)と決意している。毎日起床すると、私は揺るぎない確信をもって「生き給う永遠の王よ、私はあなたに感謝します。あなたは、深い憐れみをもって私の魂を戻して下さいました」と誦唱している。[※2]

私は万物の創造主に対する祈りをもって結びとする。「国は国に向かって剣をあげず、最早戦うことを学ばない」（イザヤ書二章四）。道連れの人々と私は、苦悩の道をもがき苦しみながら歩かされ、「息子達が自分の国に帰ってくる」（エレミヤ書三一章一七）ように、辛くも生きて戻った。私は、全世界の子供が、このような苦しみを味わうことがないよう、心から祈っている。

テルアビブ・ヤッフォにて

※1 訳注・バルーフ・シェアマル、シャハリート（朝の祈りの言葉）、創世記一章（天地創造）からの引用。
※2 訳注・モデー・アニー、同じく朝の祈りの言葉。

深淵《しんえん》より　ラビ・ラウ回想録

第一部　刃物、そして火、薪

そしてイサクは言った。「火と薪《まき》はここにありますか。焼き尽くす献げ物にする小羊はどこにいるのですか」……アブラハムは、手を伸ばし、そして刃物を取った。

――創世記二二章七―一〇

第一章　最初の記憶——蹂躙、潰滅

あなたの未来には希望がある、と主は言われる。そしてあなたの息子達は自分の国に帰って来る。——エレミヤ書三一章一七

父は移送集合地に立っていた。幼年時代の最初の思い出である。私の記憶はここから始まる。心に刻みつけられ、決して消えることはない、どこへ行ってもついてまわる。一九四二年の秋であった。当時私は五歳。幼く小さかった。そして私は怯《おび》えていた。私は父の姿を自分の視界に入れようとして、精一杯背伸びをしていた。父は、群集にまじりウムシュラークプラッツ（移送集合地）に立っていた。ここは、ポーランドの我が町ピョートルクフ。集合地の目の前に大シナゴーグがあった。父は、ふさふさしたあご髭《ひげ》をたくわえ、ラビの着用する黒いコート姿で、ユダヤ人達にかこまれ、広場の中心にいた。その集団は、男、女子供の二つに区分けされていた。

私は、母と一三歳になる次兄のシュムエル（ミレクと呼んでいた）と一緒であった。長兄のナフタリは（トゥレクと呼称）一六歳で、近くのホルテンシア硝子工場で住み込みで働いていた。前の年ナチスが私達の家からその兄を連行し、アウシュヴィッツへ送りこんだ。黒い制服を着用し、カギ十字入りの赤い腕章をつけた二人のＳＳ（親衛隊）将校が、ドアを蹴破って家の中に乱入すると、ナフタリを怒鳴りつけ、ラビはどこにいるかと叫んだ。父は不在であった。すると二人はナフタリを引きずり出すとゲシュタポ（ナチス秘密国家警察）司令部に連行し、地下室で尋問したのである。一九四一

年六月三〇日、ゲシュタポはナフタリをトラックに乗せそのままアウシュヴィッツへ送りこんだ。強制労働につかされた兄は、脱走を計画する。そして捕まってから四〇日後に決行し、地獄を脱出して家に戻って来た。

しかし、そのピョートルクフでも、既に悪夢が侵入し始めていた。その日、集合地に立っていると、私達は異様な緊張を感じた。あたりは無気味に静まりかえっている。そこへ、ピョートルクフ担当のゲシュタポ隊長が父のところへやって来た。獰猛《どうもう》な顔付きである。隊長は父の前に立つと、マイケー（長さ三フィート程のゴム製棍棒）を引き抜き、やにわに父の背中を叩き始めた。力まかせにいきなり殴打されて、父は、最初の一撃でよろめいた。そのまま倒れそうになったが、踏ん張って姿勢を正した。そして前を向いたまま元の位置にさがった。体の痛みと耐え難い程の屈辱をじっとこらえ、直立している。子供心に私は、父がドイツの役人の足許に倒れないよう必死に踏ん張っているのが分かった。父は、自分が倒れるなら、町のユダヤ人社会の精神が砕かれることを知っていた。それで歯をくいしばって耐えていたのである。

集合地にいた人は全員が、ドイツ人が彼を殴打した理由を知っていた。ナチスがユダヤ人達にあご髭を剃り落すように命じたとき、ピョートルクフのユダヤ人達の多くが父のところへ来て、命令に従うべきかどうかをたずねた。父の答えは明快であった。処罰をまぬがれるため剃りなさいと言ったのである。しかし父は自分には厳しかった。父は、あご髭とペヨット（もみあげ）を剃らなかった。伝統維持のためだけではなく、ピョートルクフ市のユダヤ教団の名誉を守るためでもあった。父が公然と反抗したため、背中をマイケーで殴打される結果になった。

しかしゲシュタポの隊長が父を虐待したのは、ほかにも理由があった。父は当市の主席ラビであり、ドイツ語が流暢にしゃべれたからである。父はユダヤ人社会で尊敬される人物であり、ドイツ人に対する窓口になっていた。父はユダヤ人社会の中心的人物でもあった。父を殴打し侮辱するのは、ほかのユダヤ人にそうするのとは違う。士気に強烈な影響を及ぼす、極めて象徴的な行為であったのだ。

多分ほかにも理由があった。偶然の一致というなら大変な偶然である。何十年も後になってからであるが、私はアブラハム・グリーンベルク博士からあの時の話を聞いた。当時ピョートルクフ病院の院長で、地獄の業火から救われ、後年テルアビブの著名な産婦人科医になった人物である。あの時博士は、ユダヤ人長老会議のメンバー達と一緒で、父の横に立っていた。すると父が「腕をこまねいてここに立っている理由が分からない。たとい武器がなくても、素手ででも戦うべきではないか。ここに立っていても、誰も助からないのは分かっている。戦っても失うものは何もない」と言った。言い終えた途端に、ゲシュタポ隊長のマイケーが父の背中を一撃したという。

小さい子供であったから、私はあご髭の問題やあご髭切除命令の意味、重大性をはっきりと理解していなかった。理解したのは、彼らが父を殴打している事実である。子供にとって父親は雄々しい英雄的存在である。その父親が殴打され侮辱されるのは、子供にとって耐えられない。私は、父が主席ラビであり、全員から尊敬され愛されていることを知っていた。私も父が殴打され侮辱されるのは耐えられなかった。

今日、あの戦争の六年間を振り返ってみると、ホロコースト体験で一番苦しく辛かったのは、飢餓や寒気あるいは殴打ではなかった。辛かったのは侮辱である。理不尽な侮辱をうけ、何もできない無力感は耐えがたい。無力感は不名誉とつながっている。

あの六年間、私の頭にはいつも〝ドラチェゴ〟という言葉がこびりついていた。ポーランド語で何故という意味である。何故このように私達の心をずたずたにする？　私達があなたに何をしたというのだ。これは私達に与える罰という。私達が何か悪いことをしたのか？　それほど凶悪な罪を犯したというのか？　答えはない。私達がユダヤ人であるということ以外に理由がない。そしてナチスは私達を世界の諸悪の根源とみなしていた。

自分の父親がゲシュタポ隊長にマイケーで殴打され、鉄鋲付きの軍靴で蹴りあげられる。けしかけられた犬が襲いかかる。力まかせに殴られた父親はよろめき、公衆の面前で侮辱される。一部始終を見た少年はその光景が焼きつき、生涯絶対に忘れることはない。しかし私は気丈な父の姿も見た。驚く程の強靭な精神力を発揮してこらえにこらえ、倒れそうになっても踏ん張って姿勢を正し、取り乱すことなく、ゲシュタポ隊長の方に向き直った。父は命乞いなどしなかった。父の毅然とした姿を見て、侮辱に伴う私の無力感は完全に消えた。

この〝選別〟の後、警備兵達が女子供を男性から分けた。彼らは母、シュムエルそして私を大シナゴーグに入れた。その中で私達はおぞましい光景を目撃した。大柄の人が女性席に座っていた。年の頃八十代、皺だらけの老女である。両腕で木製の手すりをつかんでいたので、大きい指輪をしているのが、はっきり見えた。武装したウクライナ人警備兵のひとりが、たまたまバルコニーの女性席を見上げ、女性の指に宝石のついた金の指輪があるのを知った。そのウクライナ兵はロシア語で、「ダバイ、ダバイ」と叫んだ。俺にくれの意である。老女が反応を示さないので、ウクライナ兵は階段をかけあがり、いきなり床に押し倒すと、軍靴で踏みつけながら、指輪をもぎとった。

これが、シナゴーグ内の空気であった。私達の命は一銭の価値もなく、一個の指輪の方が私達より貴重であった。そうこうしている内に日が暮れて、シナゴーグの中は真っ暗になった。ホールには女子供が数百名も詰めこまれていた。本当に恐ろしかった。この先どうなるかと思うと心配でならなかった。

その日の夜遅く、シナゴーグのドアが開き、二名のゲシュタポがランプに火を灯し中に入って来た。二人はドアの近くに陣取り、両側に並んだ。そしてそのうちのひとりが蛮声をはりあげ、「今から名前を読みあげる。名前を読みあげられた者は、シュネル、シュネル（すぐ）起きて、家へ帰れ」と言うと、リスト記載の釈放者名を読みあげていった。最初の名前はラウ・ハヤ。私の母親である、母は立ち上がらなかった。母子一緒に帰れるように、二人の息子の名（シュムエルとイスラエル）が読みあげられるのを待っていたのである。

ドイツ人はリスト記載分を全部読みあげてしまった。次兄と私の名はなかった。名前を読みあげられなかった者は、ここに残る。つまり運命はここで尽きることを、全員が理解した。

命令と規律はドイツ人の第二の天性である。ゲシュタポのひとりが「名前を呼ばれた者の内ひとりが、まだ外に出ていない」と叫んだ。そして二人は残っている人数を算え直し、リストと照合した。残っているのは私の母親であった。ドアの両わきに立つゲシュタポで出入口がせまくなっている。母は母性の本能でその間隔を素早く判断すると、私と次兄をつかみ、さあ行くわよと命じた。

言われるまでもなかった。静かにしていなければならない。もっと重要なのは、できるだけ母にくっついていることである。三人がひとつの物体に見えるように行動するのが肝心である。母は二人を両脇にかかえ、自分の体のようにして、闇にまぎれて出ていくつもりであった。ドアが閉じないよう、母は「今行きます、行きます」と叫んだ。

私達は、ひとつの体のようになって通路を歩き、ドアに近付いた。しかし、ぴたっとくっついても、二人のドイツ人の間を一体化して通れる程の隙間はなかった。一人がやっと通れるだけの間隔で立っていたのである。私を先頭に母そして次兄が後にくっついて通り抜けようとした。しかしドイツ人が、ひとりにしては余計な動きがあると判断したらしい。両手をあげ、思いきり振りおろしたのである。左側にいたシュムエルはその手に当ってシナゴーグの床に倒れ、戻らざるを得なかった。右側の母親と私自身は手が当たりはしたが、シナゴーグの外に飛ばされ、水溜りにころげた。これが運命の別れ道であった。二人は助かったが、次兄のシュムエルとは離れてしまった。シュムエルを見ることは二度となかった。後日私達は、シュムエルがその日にトレブリンカ※へ送られたことを知った。

母には、自分の息子を取り戻すすべのないことが分かっていた。二人は黙ったままピウスツキ通り二一番地の我が家へ、とぼとぼ歩いて行った。家はシナゴーグに近いところにあった。平屋七部屋の家はがらんとしていた。長兄のナフタリはゲットーの硝子工場で働いていた。次兄のシュムエルは、死の選別をうけた人々と一緒にシナゴーグにいた。そしてゲシュタポは父を捕まえたままである。我が家にいるのは母と私だけであった。母は私を寝かせつけようとした。しかし私は目を閉じることができなかった。この日の出来事が走馬灯のように頭のなかをかけ巡り、一睡もできなかった。

数時間後、寝室の窓の外で、何かをきり裂くような鋭い悲鳴がした。私はベッドの上にあがって外を見渡した。若い女性が赤ん坊を抱き、血だまりの中に倒れていた。ひとりのゲシュタポが立ったままのぞきこみ、軍靴で横腹を蹴り、それから宝飾物がないか首と手首をさぐった。私は凍りついたようになって身動きできなかった。突然母親の手が私の肩に触れた。母親も眠れず、家の外の悲鳴を聞いたのである。そして息子の純真な子供心を守ろうとして、私を抱きしめると窓から引き離し、ベッドに寝かせつけた。

勿論私は眠れなかった。この恐ろしい日の出来事を無理矢理忘れようとしたが、できなかった。シュムエルのこと、絶叫した女の人と赤ん坊のことなどが次々と浮かんでくる。私はベッドで輾転《てんてん》とした。そうしているとドアが開いて、誰か家に入って来た。私は飛び起きた。最初私達は父の見分けがつかなかった。父はあご髭のない姿で家に戻ったのである。そのような父の姿を見るのは、初めてで、不思議な感じがした。

父は母に私達がシナゴーグを出た後のことを説明した。金縁眼鏡の奥の目に涙があふれていた。父は、感受性の強い人であるが、岩のように意志が強固で、自制心の強い人なのに、泣いているのである。父は、シュムエルが母と私から引き離されてシナゴーグにいるのを見て、死の選別を受けたことを知った。父は、ゲシュタポに知られている人物であったので、事務所に隊長をたずね、シュムエルの釈放を懇願した。ゲシュタポ隊長は、父の懐中時計と交換なら応じると言った。シャッフハウゼン製の金時計で金鎖付き、大変高価なものであったが、父は直ちに時計をとり出して、隊長に差しだした。このドイツ人は大喜びで時計をとったが、約束を守らなかった。にやりと笑って背を向けたという。「もう私達はシュムエルに会えないよ」。父は涙ながらにそう言った。私は、どうすることもできない何か恐ろしいことが私達に起きたと理解した。

父は母に、間もなく大きいアクツィオン（ユダヤ人狩り）が実施される噂があると言った。ピョートルクフに残るユダヤ人を徹底的に探しだし、根こそぎにするという。父は、ナチスが捕まえたユダヤ人を全員トレブリンカへ送っている、とつけ加えた。そして小声で、エロゾリムスカ通りにここよりもっと安全な家があると囁いた。しかし父は、自分自身は隠れるつもりはないと言った。

父には分かっていたのである。アクツィオンは徹底したものであろうし、ゲシュタポは父のことをよく知っており、捕まえるまではほかのユダヤ人達に迷惑のかけ通しとなる。「私が隠れると、ドイツ人達はゲットーをほじくり返し、草の根を分けても探すだろう。私が逃げ隠れをしなければ、彼らの捜索はもっと大まかになるかも知れない。それが、ほかの人達が隠れ通すチャンスになるかも知れない」。父は母にそう説明した。父のこの言葉は私の脳裡に焼きついた。

父は私達にさよならと言い、シナゴーグへ戻った。シナゴーグの中では、トーラー（旧約聖書冒頭のモーセ五書）の巻物をしっかりと両腕に抱いて立っていたという。やがて移送の時がきた。父は昂然《こうぜん》として頭をあげ、列車の方へ歩いて行った。移送列車がピョートルクフのユダヤ人約二万八〇〇〇人を、トレブリンカへ運ぶことになる。

父がトレブリンカに到着したとき、不思議なことが起きた。私には神意としか思えない。同じ日、別の移送列車が到着した。それには、スロヴァキアのプレショフ在住ユダヤ人が詰めこまれていた。そこは、父が八年前ラビの任期を終えた町である。プレショフは後任のラビをまだ選んでいなかった。この二つの町は、全く違った世界に属する。プレショフ

※訳注・**トレブリンカ**は、ワルシャワ北東約九〇キロに作られた絶滅収容所。一九四二年七月—一九四三年一一月までにワルシャワ・ゲットー他から移送し、八七万以上のユダヤ人が殺害された。

のユダヤ人はドイツ語とハンガリー語をしゃべり、ピョートルクフのユダヤ人はイーディッシュ語とポーランド語を使った。共通するのはただ一つ。それは、プレショフの最後のラビはピョートルクフの最後のラビでもあった。つまり、最後の主席ラビが、両市共に同じ人物であったことである。私の父親である。プレショフのユダヤ人、ピョートルクフのユダヤ人そして双方に共通するラビが奇しくもトレブリンカのプラットフォームで出会い、ガス室へ向かった。

　父は、死出の旅に出る人々に対し、イスラエルの十大殉教者のひとり、ラビ・アキバの最後の講話に触れて、話をした。ローマ人達がアキバの肉体を鉄櫛《くし》で引っかいたとき、弟子たちが拷問に耐えられるかと心配した。するとアキバは、シェマアという表明に触れながら答えた。「シェマア（聞け）、イスラエルよ。我らの神、主は唯一の主である」という神への絶対的帰依の表明である（申命記六章四）。ラビ・アキバは「これまで私は、その後の〝あなたは心を尽くし、力を尽くして、あなたの神、主を愛しなさい〟という個所について、その意味をずっと考え続けてきた」、「私はこれを、〝たとい主があなたの魂をとっても、あなたの神を愛せよ〟という意味に理解した」、「私はこの掟を守る機会をいつ持てるのであろうかと自問した。今がその機会である。私が見逃すことがあり得ようか」。そう言うと、ラビ・アキバは、シェマアの章句を誦し、最後の唯一の主を長く引きのばして唱え、魂が抜け息絶えた。

　父は、自分の結びの言葉がまわりの人々に聞こえるように、ユダヤ人よと大声で叫んだ。「六一三のミツボット（単数形はミツバー、戒律の意）のうち、私達が尊守しなければならないミツバーがひとつ残っている。〝わたしはイスラエルの人々のうちにあって聖別されたものである〟（レビ記二二章三二）。神の御名のためにあなた方の命を捧げることである。神の御名『エル』は、イスラエルの民の名に含まれている。さあ、兄弟達よ、この掟を喜びのうちに守ろう。この世は法の支配がない。憎悪と流血で沸き立つ暴風雨でしかない。私達に残されたミツバーは、神の御名を聖別することである。さあ、兄弟達よ、喜びのうちにこのミツバーを成就しよう。あなた方にプシシャのラビ・シムハ・ブニム師の言葉を繰り返し伝えよう。師は『喜びにみちて私達は去る。喜びを力とし私達は、この世界のさまざまな困難、苦しみそして試練を後にする』と言った」。そう述べると父は声を張りあげ、ヴィドゥイ（死の前に神と向きあってする告白）を唱え、「あなたの御前に罪を犯しました」と祈りを捧げた。群集は父の後から斉唱した。祈りは囁くような低い声で始まった。「シェマア・イスラエル、聞け、イスラエルよ。主は我らの神、主は唯一である。神がしろしめす。未来永劫神はしろしめす」。祈りは大合唱で終わった。※

　あの夜ピョートルクフの自宅で会った後、父の姿を見ることは二度となかった。あれが今生の別れであった。父親の記憶は少ない。一番昔の記憶は、世界大戦になる前の無邪気な頃で、父親の膝の上にのって、カールしたペヨット（もみあげ）を手でいじっている光景である。次の思い出は、のどかさなど全くない雰囲気で、私達の家に沢山の人が集まり、父親が眉間にしわを寄せ、ひどく深刻な顔で状況を説明している光景である。あたりを支配するその不安感が、私の記憶に焼きついてしまった。

　私の父親は、どこで何をしようとも私についてまわる。自宅にかかる写真をつくづく見ては、父親のことをよく考える。人生の節目の慶事や悲しい出来事の度に、父親のいない寂しさを感じる。私の父親ラビ・モシェ・ハイム・ラウは、知人達によると、弁舌の才に恵まれた人であった。私は、講話を始める前に、父ならどのように話を組み立てるかと、いつも自問している。

　しかし、母と私が自宅に近いエロゾリムスカ通り一二番地の建物に身を隠したとき、父は一緒ではなかった。そこは父が手筈をととのえてくれた所で、大きい建物であった。ユダヤ人が沢山住んでいたのであるが、空っぽになっていた。最上階の部屋で、床に木切れの散乱する一室があり、そこが屋根裏部屋の出入口になっていた。そこには、私達以外に一〇名程のユダヤ人が隠れていた。彼らは怯えた表情で、私達をいつも睨《にら》みつけた。何でこんな厄介者を連れてきたと母をなじり、物音をたてるな声をだすなと非難口調で私に命令して

※原注・父の感動的演説があったことを、私が最初に耳にしたのは、まだピョートルクフのゲットーにいた頃で、ダビッド（ドゥデク）・レブコビッチという名の町の青年が話をしてくれたのである。トレブリンカ収容所から逃げてきた人で、第四次、そして父が連行された最後の第五次アクツィオン時当地におり、父の話を聞いたのであった。演説の一部は、戦時中アメリカで発行されているイーディッシュ語新聞に掲載された。一九五二年、ピョートルクフのユダヤ人抹殺一〇周年にあたり、私の教師であるラビ・ヨセフ・エフダ・ライナー師が、シェアリム紙（宗教運動のポアレイ・アグダット・イスラエル発行）に父の演説を掲載した。ライナー師は父の弟子で、エルサレムのユダヤ教神学校コール・トーラー・イエシバで教えていた人物である。師は記事のタイトルに、ヨナタンを悼むダビデの歌（サムエル記下一章二三）をベースとして使った。「プレショフとピョートルクフの住民、大らかで愛すべき双方の民。死に臨んでも双方が離れることはなかった」とある。

いるような目つきであった。少なくとも私にはそう感じられた。私は五歳半の年少者で、彼らは私が大声で泣きわめき、〝マメー、マメー〟と母親を探しまわり、その音が外に洩れて命とりになることを恐れたのだろう。彼らは、子供を黙らせるにはどうしたらよいかと、そのようなことばかり考えていた。しかしその子は、自分の口を開けることさえしなかった。

家を出る前、私の母親は前途を正確に予想し、私の好きな蜜入りクッキーを焼いてくれた。大好物のクッキーを食べる時はそちらに夢中になってしまう。つまりは気がまぎれるし、第一口に詰めこんでいると、声をだせない。

ずっと後になって、私は義理の父ラビ・イツハク・エディディヤ・フランケル師にこの話をした。師は、私の隠れ家と幼児モーセのそれとの類似性を指摘した。次のくだりである。「彼女は、パピルスの籠を用意し、アスファルトとピッチで防水し、その中に男の子を入れた……ファラオの王女が水浴びをしようと川に下りて来た……王女は、葦の籠《かご》を見つけ……開けてみると赤ん坊がおり、しかも男の子で、泣いていた」(出エジプト記二章三―六)。モーセは生後三ヶ月の赤ん坊にすぎなかったが、幼い男の子と同じように、声をあげずに泣いていたのである。

私達は、一九四二年一〇月にその屋根裏部屋に身を隠した。戦争が勃発して既に三年以上になり、戦争と平行して私達にふりかかった事態をくぐり抜け、その恐ろしさを充分に経験していた。私は、ゲシュタポの乗るオートバイなら、遠くからでも走行音ですぐに分かった。私は幼かったが、マイケーによる殴打の意味がよく分かったし、ナチスの軍用犬が何故すぐ噛みついてくるのか、理由も知っていた。犬は飢餓状態におかれていたのだ。私は、鋭い生存本能を持つ動物と同じように、怒りが静まっていくまで静かにしていなければならぬことを理解していた。小さい子が泣きわめくような振る舞いはしなかったし、その意図もなかった。

恐怖の時代から随分時間がたった今でも、母の作った蜜入りクッキーの味を、はっきり覚えている。その記憶は苦しい状況のなかでいつも慰めとなった。それは、困難な日々の辛苦をやわらげてくれる、蜜の一滴である。しかし同時に私は、クッキーを口一杯詰めこんだ自分の姿を、はっきりと覚えている。母をじっと見詰め、「お母ちゃん、僕を黙らせるためクッキーの手を使わなくてもいいんだよ。僕には分かっているのだから。ひとことも言ってはいけないんだね。だから静かにしているよ」と口の中で言っている自分である。私達は、ありとあらゆる〝選別〟を既にくぐりぬけてきており、私は小さな子供ではあったが、今何が起きているのか、よく分かっていた。

ある日、私達は建物の中に軍靴の響きを聞いた。ぞっとする荒々しい音である。ドイツ人達がユダヤ人狩りをしているのであった。彼らは各階を徹底的に調べながら、ついに最上階まであがって来た。その時奇跡が起きた。人智では測り知れない奇跡が。普通その部屋に入る者は、屋根裏部屋に通じる入口にすぐ気付く。しかし、ドイツ人達はそちらに目もくれず、床に積みあがった板に注目した。板の下に誰か隠れていると考え、銃剣で突き刺し、銃の台尻で叩いたりした。まさに奇跡だが、誰もそちらの入口捜査を考えなかった。彼らは板の山を調べ尽くしたあと建物から出て行った。私はやっと安堵の溜め息をついた。その夜アクツィオンは終わり、移送列車は発車した。翌日私達は隠れ家を出た。

何十年もたって、一九八〇年代末、私がテルアビブ市の主席ラビを務めていた頃であったが、ひとりのユダヤ人がロンドンから私の事務所を訪ねてきた。予告なしに突然来たのである。「白髭で、かなり年配の人です」と秘書が言った。「ヘブライ語は流暢ではありませんね」。私は秘書の頼みをいやと言えず、忙しい日程であったが、会うことにした。訪問者は、ビニール袋を手にして部屋に来た。袋から取りだしたのは一冊の本であった。『夕暮れ時』（*Toward Evening*）と題する。彼はイーディッシュ語で「私は名前をモルデハイ・カミンスキー、通称モッテルと申します」と言った。そう言われても、私には誰なのかさっぱり分からなかった。「実は、お詫びに参りました。私は、ピョートルクフの隠れ家であなたとあなたの母上と一緒でした」、「そして、あなたからリンゴを一個盗んだのです。あなたは、私が盗んだことすら御存知ないかも知れません。しかし、盗みは盗みです。今日まで罪の意識にさいなまれてきました」。その人は話を終えると、私にこの本を差し出した。彼の回想録で、ピョートルクフの隠れ家におけるリンゴ事件にも触れてあった。

この回想録で、彼はあの尾根裏部屋に家族なしで隠れた経緯を説明している。彼は私より数年年上であった。私の母親が、家からリンゴを一袋持ってきたことがある。私が一分程よそ見をしているとき、カミンスキーは我慢できなくなって、袋からリンゴを一個とり、うしろを向くと、がぶりとかぶりついたのである。ちょうどその時私達は、ドイツ人達の足音を聞いた。慌しい動きである。彼はリンゴにかぶりついたまま立っていた。嚥下《えんか》するには大きすぎる。噛めば音がして悟られる。かじる音で部屋に人がいるのが分かってしまうかも知れない。彼はリンゴを返すに返せず閉口した。

ドイツ人達は一時間かけて建物を捜索した。その間彼は、ラビの息子から盗んだ罪の意識にとらわれながら、かじりとった部分を口に入れたままじっとしていた。彼は四五年間罪の意識を抱いて生きてきたのである。私は彼に、根にもっていません、遺恨はありませんと言った。彼はテルアビブの主席ラビの執務室で私の赦しをうけてつかえがとれ、晴れ晴れとした表情でロンドンへ戻った。

この家捜しの後、その夜は何事もなく過ぎた。朝になって母と私は、ほかのユダヤ人と共に屋根裏部屋から降りて、家へ帰った。

その日の夕方、肩掛けカバンを身につけた人影があった。段々近づいて来て、とうとう家の入口に来た。その人が母としっかり抱きあったとき、私はその人が長兄のナフタリであることに気付いた。労働キャンプから戻って来たのである。涙ながらの静かな出会いであった。母と長兄は、一晩中ひそひそ声で話し合った。私達の母親は、家族の命が兄の仕事にかかっているので、作業所に戻って欲しいと言った。兄は戻ることを拒否した。疲労困憊《こんぱい》していたのである。さらに、母が自分の夫と息子（シュムエル）を失い、悲しみにくれ苦しんでいるのを見て、私と一緒に母に寄り添っていたいと考えた。しかしその一方で、私達一家の運命が、工場労働者としての自分の地位にかかっていることを知っていた。その地位によって、私達に生存する権利が与えられていたのである。

ナフタリは、父と交わした最後の会話について思い出を語った。父は、自分の家系と母方の家系が代々ラビを天職とする家で、共に三七代続いていると言った。父は、抹殺の脅威から誰かが生き残るならば、その人は伝統の鎖をつなぎ守っていく責任がある、と示唆したのである。父はエレミヤ書から引用し、「あなたの未来には希望がある、と主は言われる。息子たちは自分の国に帰って来る」（三一章一七）と述べ、私達がこの地獄の業火から無事に逃れるなら、家を探すすべも分かってくる。その家は、この家ではなくこの敵の地に立つ家でもない。「君の家は、たとい大きい苦しみを通して確保しなければならぬとしても、エレツイスラエル（イスラエルの地）にある」と父は強調した。ナフタリと父は相擁して泣いた。ナフタリは、私達と固く抱擁した後、ゲットーの作業所へ戻って行った。ナフタリの耳には父の言葉がいつまでも残った。父は、ラウ家の最年少者の息子である私が、地獄の業火を無事に生きのびて、ナチスが破壊しようとしている伝統を継いでその道を進む、と信じていた。

ナフタリは、あたかも天から舞いおりたように私達のところへやって来た。「一代過ぎれば、また一代が起こる」（コヘレトの言葉一章四）のである。父は行き、当時一六歳半の長兄来たり、家族に残されたものの継承責任を引き継いだ。

長兄の帰宅は一時の喜びでしかなかった。二日後、ドイツ人達が母、ナフタリそして私をピョートルクフ・ゲットーへ押しこめたのである。ポーランドで最初につくられたゲットーが、ここである。父とシュムエルはいなくなった。残された私達は、虚《むな》しくて悲しくてたまらない。私達は時々二人がいなくなったことについて話し合ったが、いつも悲しくなって黙ってしまうのであった。

ゲットーで、私は兄と一緒にホルテンシア硝子《ガラス》工場に配置された。私は、自分に生存権のあることを、働いて証明しなければならなかった。労働者は交代制でガラスを吹いた。工場は、二四時間操業でグラス類を製造していた。私の受け持ちは、鉄輪付きの木製カートであった。カートには六〇本ほどの瓶を載せることができた。工場の外の水道で水を入れ、工場に戻って、ガラス吹き工に配ってまわる。配り終わると、今度は回収してまわる。この作業の繰り返しである。工場の中は溶鉱炉のようであった。私は炉と作業員の間を通って行き来をする。ひどい暑熱で、脱水症になるのを防ぐため、作業員は頻繁に水を飲む。

私はこの給水作業を一日八時間ぶっ通しで続けた。そしてホルテンシアで働くうちに、リューマチにかかってしまった。外は身も凍る極寒、工場の中は酷暑で火に焙《あぶ》られる。一日数十回この繰り返しで、この病気になったのである。私は六歳にすぎなかったが、この仕事を一年半続けた。そのおかげで命をつなぐことができた。ほかの労働者と同じように、パンの配給をうけた。

私は、ホルテンシア硝子工場で水運びの仕事をする傍ら、自分から進んで母の手伝いをした。ゲットーには、病人、老人、身体障害者がいた。働くことができないので、食糧の配給をうけられない。その人達のために、母はゲットーに無料のスープ配布所を設け、ベイト・レヘム（パンの家）と名付けた。この名前は、エレツイスラエル（イスラエルの地）の町ベツレヘム（ベイト・レヘム）に由来する。聖書に名高いラヘル（ラケル）の埋葬地で、主が「息子たちは帰って来る」と約束した人である（エレミヤ記三一章一七）。

毎週木曜日硝子工場で働いた後、私は無料配布所へ行って、母を手伝った。翌日金曜の日没前に、即ちシャバット（安息日）が始まる前に、料理が完了しているように、主としてジャガイモを時にはニンジンの皮むきをやった。その頃長兄のナフタリは、石炭工場で働くようになっていた。

この日常は一九四四年一一月まで続いた。父と次兄シュムエルが私達からとりあげられて、二年たっていた。この二年間のゲットー生活で、私達は外部世界から遮断され、外で何が起きているのか全く分からなかった。戦争は収まりつつあるのか、エスカレートしているのか。ドイツの勢力がどうなっているのか、世界は私達の苦境に気付いているのか。知るすべはない。私達にはっきり分かっているのは、ピョートルクフのゲットーではユダヤ人がどんどん減っていることである。殴打等の暴力、病気、衰弱その他さまざまな災厄で、ばたばたと死んでいく。この町に君臨する二人のゲシュタポ隊長は、名前をヘルフォード、ヴィラードといったが、ユダヤ人殴打の記録を競っていた。たしかヴィラードの方であったと思うが、必ず犬を連れて行動した。そしてこの犬に「メンシュ・ライス・デム・フント」とぞっとするような恐ろしい命令を与えるのである。「人間よ、あの犬を食いちぎれ」の意で、彼にとってユダヤ人は犬であり、犬は人間様なのであった。

一九四四年一一月、ロシアの飛行機が上空に飛来し、旋回するようになった。ドイツ人はロシア軍の接近を知ると、直ちにユダヤ人救出阻止策をとった。最初に彼らのとった行動がこれである。私達のまわりでは、さまざまな噂がとびかった。ゲットー解体の噂もあった。母は最悪の事態に備え始めた。貴重品収納用のリュックサックもいくつか作った。しばらくして、噂は本当であったことが判明した。ドイツ人がゲットーのユダヤ人達に、移送集合地に即時集合を命じたのである。各人それぞれの職場から、駅の乗降場へ行った。そこでドイツ人が私達を〝選別〟したのである。彼らの〝シュネル、シュネル〟という怒声は、今なお耳に残っている。急げ、早くしろと怒鳴りながら彼らは私達をホームへ追いこんだ。

命令によって、女子供と男が分けられた。当時私は七歳半であったが、五歳くらいにしか見えなかった。当然私は母と一緒になった。一方ナフタリは、一八歳に近い年齢であったので、男性グループの方へ行った。駅の乗降場で区分されるのは、私達にとって不吉な前兆であった。

私は、ホロコーストの最も鮮烈な記憶は何か、と時々考えることがある。そして、三つの光景を選びだしている自分に気付く。犬と半長靴そして移送列車である。この三つは、ピョートルクフの列車乗降場にあった。犬は狂ったようにあたりを走りまわる。ドイツ兵の履いた半長靴のギシギシという音がする。おびただしい人の群れ。そして、後から後から詰めこまれて、ユダヤ人で一杯の移送列車。

あたりには、いつも〝シュネル、シュネル〟という怒声がとんでいる。そして、荷物を手にした人々がパニック状態で右往左往する。私達には既に分かっていた。ゲットー生活は一時の仮住いで、いつかここから追い出され、私達の知らぬどこかへ送られる時がくる。そこで私達は各人が〝追放時携帯パッケージ〟をいつも手許に置き、その悲しい時を待っていた。母は私に羽毛入りの大きい枕を用意してくれた。二本の革紐が縫いつけてある。私は体が小さかったので、この枕は毛布の代りになった。体を包むことができたのである。枕とはいえ用途は凍死防止用であった。母は、「ルレク、これがあなたのかばんよ。どこへ行っても手放したら駄目よ」と言いながら、中に食料と衣類を入れた。

私は、この枕を長い間大切にした。手放さざるを得なくなるまで、枕にしっかりしがみついていた。ナフタリは小さいナップザックを持っていた。中には、母が与えたテフィリン（礼拝時腕にまく革ひも付きの聖句箱）、そして父の書いた写本が入っていた。

母と私は、列車の乗降場に立っていた。あたりは、怯えきったユダヤ人が充満し、ドイツ人の怒鳴り声がする。私達の前に貨物列車が停車していた。上部に小さいハッチが付き、金網が張られている。観音開きのドアは閉められボルトが掛けてある。ドイツ人がドアを開いた。いよいよ詰めこみ作業が始まるのである。彼らは、例によって組織だった手順に従い、男性グループと女性グループを別々の車両群へ誘導した。マイケー棍棒が唸り、号笛が響く。そして犬。三つの手段を使って詰めこみ作業が進められた。

私の母親は、区分けの意味をとっさに判断した。そうしなければ、私は母親と一緒に貨車に入っていただろう。肩から掛けた枕に背後から両手をあて、男子グループの方へ力一杯押しやった。私は何が何だか分からなかった。母が「トゥレク、ルレク、ルレクをよろしくね。さよならトゥレク、さよならルレク」と言っているのが聞えた。それが母との今生の別れであった。（トゥレクは兄の、ルレクは私の愛称）

母の母性本能がとぎすまされ、決定的瞬間にそれが発揮されたのである。彼女は、男子に比べれば女子供に生存のチャンスは少ないと理解した。私が考えるに、母は、戦時体験をベースにして素早く計算したのである。その時点で戦争は五年以上も続いていた。ロシア軍の反攻に備え、ドイツは戦時生産で労働力を必要とする。消耗してくたばるまで労働力として使い潰す。自分といるよりナフタリと一緒の方が良いと判断し、私を長兄の方へ押しやったに違いない。

私達は、相談するどころか話をする時間もなかった。別れの言葉を交わすどころではないのである。ナフタリは私を両手でつかみ、母の方へ向かって「どうしたらいいの」と叫んだ。母は私達に向かって手を振っただけであった。ドイツ人が乱暴に小突いて貨車に押しこんだ。

その時私は心に言いようのない深い傷を負った。ドイツ人は、ナフタリと私を男子用の貨車に押しこめ、あっという間もなく外から錠をかけた。ナフタリは、閉まりつつある扉をどんどん叩きながら、ポーランド語で「間違いです。子供がここにいます。母親のところへ戻して下さい」と叫んだ。しかし、誰も耳を貸さなかった。訴えを聞く者は誰もいなかった。

私は恐怖にかられて絶叫した。そして母から引き裂かれた怒りを、長兄のナフタリにぶっつけ、自分の小さい拳《こぶし》で兄の胸をどんどん叩いた。ナフタリは私を抱きしめて慰めようとした。しかし私は、拒否した。私は拳で兄を叩き続けながら、「私に何をしたの？　何故私を連れていくの？　私はお母さんと一緒にいたい！」と叫んだ。

数人の男が兄と一緒になって私を慰めようとした。貨車はすし詰め状態であったが、私は無理無体に体をよじって床に座りこみ、声をだしてわんわん泣いた。しかし、寒かった。床は凍りつくように冷たい。一九四四年一一月の寒さである。私を囲んだ男達が熱いブラックコーヒーを飲ませたが、私はペッと吐きだし、母が恋しくて床にころげて泣き続け、いつの間にか眠ってしまった。

当時をふり返ってみると、六年間の戦争中一番辛かったのは、その日の出来事である。後にも先にもあれ程泣いたことはない。母から引き裂かれるのは、普通の子にとっては考えられぬことであり、心を傷つけ、その傷は生涯残る。母が私をナフタリの方に押しやったのは、私を助けるためであったと理解したのは、随分時間がたってからである。

母と私達は、ここで別れ別れになった。母は母の道、私達は私達の道。母はどこへ行ったのだろう。私達は、母がベルゲン・ベルゼンへの道をたどった、と考えた。本当のことが分かったのは、戦後になってからである。母はラーベンスブリュック強制収容所へ送られ、そこで殺されたのである。ナフタリと私は、労働キャンプのある所で移送列車を降りた。チェンストホヴァというポーランドの町であった。

第二章　家族の絆

イスラエルの守護者よ……私達は何をすればよいか分からない。しかし私達の目はあなたの方に向いています。——タハヌン（悔い改めの祈り）

一九九四年、ポーランドがイスラエル国民に入国を認めるようになってしばらくして（一九九〇年二月に国交樹立）、ナフタリと私は、〝ルーツ探し〟の旅に出た。私達の家族九名のほか友人数名が同行し、ナフタリがガイド役をかってでた。

私は、ポーランド中央部のピョートルクフ市に生まれたラビ・モシェ・ハイム・ラウとその妻ハヤの三男である。父は市の主席ラビであった。父方と母方は共に千年以上も連綿として続くラビの家系で、私は三八代目のひとりである。戦時中私は余りにも幼くして、この伝統の重みを理解できなかったが、ナフタリは、充分に認識する年齢に達していた。父は、家の伝統を継承できるように私を守れ、と指示した。ナフタリは生き別れになる時の父の言葉を、肝に銘じた。兄が私達のサバイバルのため手を尽くして頑張った背景には、この父の言葉がある。

父親の最初の地位は、ルーマニアのシャッツ（現スチャヴァ）ユダヤ人社会のラビ。その後プレショフ、そして最後がピョートルクフのラビであった。父の母方の祖父は、ラビ・シュムエル・イツハク・ショルで、『ミンハット・シャイ』の著者である。当時、レスポンザ（ユダヤ教宗教法に関する質問と書式による回答——テシュヴォットのこと）の高名な著者のひとりであった。

ラビ・ショルの息子アブラハム・ツビは、私の父親の叔父にあたるが、エルサレムに住み当地のハシッド派宗教裁判所の長であった。ラビ・ショルのひとり娘マルガラは、ラビ・ヤコブ・シムション・シャピーラと結婚し、息子が生まれた。息子ラビ・メイル・シャピーラは、ルブリン市のラビとして知られるようになった。ハフメイ・ルブリン・イェシバ（ユダヤ教神学校）の創立者であり、さらに重要なのは、タルムード学習上〝ダフ・ヨミ（日割りページ）〟方式の確立、導入者であることだ。

タルムードは、二七〇〇頁を越えるテキストで構成され、各巻に分かれている。巻によってはほかの巻よりも頻繁に学習されている。一九二三年、正統派ユダヤ教組織アグダット・イスラエルの第二回大会が、ウィーンで開催されたとき、ラビ・メイル・シャピーラ師が、タルムードの日割り学習方式を提案した。トーラー（モーセ五書）は、世界中のユダヤ人社会が、毎週同じ分量を読み、一年で読み終えるようになっている。タルムードも、聖職者と平信徒、どのユダヤ人社会でも毎日同じ頁を学習する。そうすれば、全員がタルムードを七年半で読み通すことができる。移動中のユダヤ人は、世界のどこにいようとも、当地のシナゴーグへ行き、午後から夕方の礼拝時に、出身地のシナゴーグで学習している頁と同じ個所を、学ぶことができる。

ラビ・シャピーラ師は、学習サイクルを今度のローシュ・ハシャナ（ユダヤ教の新年）から開始する、と宣言した。しかし、果たして師の提案が実現するのか、誰にも分からなかった。その年のローシュ・ハシャナが始まる前、ポーランドではグラ・カルヴァリア（ワルシャワから二五キロ南東の町）のグール派のレッベ※（主席ラビの敬称）の集会場に、新年の祝福をレッベから受けるため数千人のユダヤ人が集まった。数時間後レッベは集まったユダヤ人を制止し、待ってもらいたいと言った。そして座りこむと、タルムードの第一巻の一頁目を学び始めたのである。新年の祝福を受けるために待っていた数千人の人々も、学習に加わり、町全体がそうなった。祝日の翌日、グラ・カルヴァリアでは、タルムードのこの巻ほど貴重な商品はなくなった。師のアイディアがしっかり支持された何よりの証拠であった。

ラビ・メイル・シャピーラ師は、セイム（ポーランド議会）に選出された数少ないユダヤ人のひとりでもあった。アグダット・イスラエル（ポーランドのハシッド派が作った非シオニズム系の組織）の代表である。師がピョートルクフを去ったとき、父が、友人でもある従兄弟《いとこ》に代わって市のラビに任命された。二人は、非常な若年でありながら、共に世界トーラー賢者会議（World Council of Torah Sages）のメンバーであった。

ラビ・シュムエル・イツハク・ショルの次女レア・ヒンダは、ラビ・ツビ・エフダ・ラウと結婚した。ポーランドのリヴォフ（現ウクライナのリヴィウ）ユダヤ人社会の有力者である。この家族は、高明な学者を輩出した。長男のラビ・イスラエル・ヨセフ・ラウは、ガリツィア地方のコロミヤのラビであった。戦争になりドイツが占領すると、ゲシュタポがラビ・イスラエル・ヨセフに、仰天するような仕事の遂行を命じた。ユダヤ人墓地を取り壊し、墓石を割る作業である。ナチスは道路の敷石に使うつもりであった。

ラビは、状況の深刻性を理解した。そしてユダヤ人社会のメンバー達に中心シナゴーグへの集合を求めた。断食し祈るためである。その後、ラビはメンバー達を墓地に導いた。そしてつるはしを手に、先代ラビの墓の傍らに立った。故ラビ・ヒレル・リヒテンシュタイン師である。ラビはユダヤ人社会の人々を前に、「ここに眠る偉大なるラビ、そして皆の先祖、家族に、この行政命令を遂行すべきかどうかをたずねるなら、答えは分かっている。もしこの行為で各人の命がたとい一日でも延びるなら、故人は、やむなく私達に遂行させるだろう。天と地の創造主、天の証人は私達が力づくでやらされることを、お分かりになっている」と述べ、神に対するタハヌン（祈願）の祈りを捧げながら、つるはしをあげラビの墓石を掘った。ユダヤ人社会の有力者達がこれにならい、やがて全員がそれぞれ自分の家族の墓を掘り始めた。

私の父親は、ラビ・ツビ・エフダ・ラウとレア・ヒンダ夫婦の次男であった。三男がラビ・ヤコブで、やはりリヴォフの有力者であったが、ベウジェツ強制収容所で死亡したと思われる。私の伯母にあたる長姉のハヤも、そこで死んだ。叔母のミリアム・エーテルは、私達子供にはメッタおばちゃんで通っていたが、チェコスロヴァキアのブルノから一家で脱出した。おばちゃんの夫はブルノ・ベルチヤフ・ショウンタルといい、二人の間にはアビバ、ウーリという二人の小さい子がいた。一家は、ユダヤ人に門戸を開いている数少ない地

※訳注・ホロコースト以前、ユダヤ教ハシディズム派のいろいろの分派中で、ポーランド最大の派がグール（イーディッシュ語ではゲールともいう）であった。グラ・カルヴァリアの町がその中心地であった。現在、その派のコミュニティーはエルサレム、ニューヨーク他に存在する。

域のひとつ、キューバへ逃れ、さらにそこからアメリカへ渡った。後年イスラエルへ移住している。

私は、メッタおばちゃんの強い要請に、家の系譜につながっていたいという欲求が如何に強いかを知った。平たくいえば、家に対する帰属意識であろうか。叔母の連れあいはペタハティクバの墓地に埋葬された。ところが叔母本人は、ガリラヤ湖を眼下に置くティベリアの古い墓地に埋葬されることを望んだのである。そこには、リジン派代々のレッベの墓があった。同じ墓所に葬られることによって、叔母は両親が帰属する、チョルトコフのハシッド派家系とのつながりを守った。

父の妹ベラは、カトヴィッツェのラビ・モルデハイ・フォーゲルマンと結婚した。戦争が勃発したとき、夫婦は幼い娘を連れてポーランドを脱出、エレツイスラエルへアリヤ(移住)を実行した。※おじは、ハイファの北沿岸部に位置するキリヤトモツキンのラビを四五年つとめた。戦争が終わった後、私を温かく迎えてくれたのがこの叔母一家で、お二人は私の養父母の役を務めた。

母ハヤは、ラビ・シムハ・フランケル・テオミムの娘であった。私には母方の祖父にあたる。スカヴィナのラビとして知られたが、ラブ・バルーフ・フランケル・テオミムの子孫である。バルーフは、一九世紀を代表するトーラー学者のひとりであった。母の両親ラビ・シムハとミリアム(旧姓ハルバーシュタム)はいとこで、ノヴィ・ソンチのハシッド派(サンツ派という)をたてたレッベ・ハイム・ハルバーシュタム(レスポンザ集『ディヴレイ・ハイム』の著者)の子孫である。

私の先祖のひとり、ラビ・ダビッド・セーガルについては、悲惨な話がある。ガリツィア地方プロブズナのラビであった。私がナタニヤ市の主席ラビとして立候補し、ルーベン・クリーグラー市長に届けを提出したとき、セーガル師について触れると、驚いたことに、自分はそこの出身であると市長が言ったのである。その時の面会で、セーガル師がプロブズナのラビの職務を失った悲喜劇的経緯を話してやった。私は「クリーグラー市長、ひとつお願いがあります。ナタニヤの主席ラビを選ばれる時は、待遇をよくしていただきたい。私の三代前にあたるラビ・セーガルが、あなたの出身地プロブズナで受けたみじめな処遇は止して、職務相応の処遇を考えて欲しい」と前置きして、次のように説明した。

ラビ・セーガル師は、赤貧洗うが如き状態にあった。町のユダヤ人社会は、ラビとしての本人を経済的に殆んど支えることができなかった。ラビ一人分でもそうであるから、妻子などとても養えない貧窮ぶりであった。ラビは日夜トーラーの学習にうちこみ、ユダヤ教学の分野で傑出した学者のひとりと認められるまでになった。ある晩、家族が床につき町が寝静まった頃、ラビは猛烈な歯痛に襲われた。痛くて勉強どころではない。薬を飲んでも嗽《うが》いをしても、痛みがとまらない。ラビは勉強をやめ、眠ろうとした。「目が覚めたら、治してもらおう」と思ったのであるが、輾転として一睡もできなかった。

午前四時、ラビは、町の入口に居酒屋があるのを思い出した。ユダヤ人のゼリグが経営している宿屋の中にある。ラビは、アルコールで痛みをまぎらわそうと考え、つぎはぎだらけのボロ外套をまとうと外に出た。凍りつく寒さである。ラビは雪の中を居酒屋へ向かってとぼとぼと歩いて行った。ドアを開けると、中にはポーランド人の御者が沢山いた。仕事に行く前一杯ひっかけて体を暖めようと、ウィスキーを飲んでいる。ラビはゼリグのところへ行った。しかし、口のなかが腫れあがってものが言えない。ゼリグは、ドアが開いたのに気付いた。しかし入って来たのは、御者ではなく町のラビである。ゼリグはぞっとした。ラビが何の用だろう。ラビがここに乗りこんで来るようなことを、自分は何かしたのか。ラビが夜も明けないうちに酒場に来るなど、普通なら考えられない。しかしラビは、黙って自分の口元を指差すだけである。ゼリグはグラスにウィスキーを注いだ。ラビは一息に飲みほし、安堵の溜息をついた。しばらくして話ができるようになると、ラビは代金の額をたずねた。

居酒屋の亭主は、町のラビから金はとれない。「私のおごりです」とゼリグ。ラビはそれは駄目と断りながら、「私は、自分を雇っている人達から施しは受けたくない。私は（ユダヤ人）共同体からお給金をもらっているのだから。勘定を済ませたい。ウィスキー一杯、いくらです」と言った。

ゼリグは、あいだをとって「一コペックです」と言った。ラビはポケットをごそごそかきまわしたが、その一コペックさえ無い。「つけにしておいて下さい。一コペック借りです」。ラビはあっけらかんとして言った。そこでゼリグは、「ラビ　貸一コペック　お大事に」と帳簿に書いた。

そうこうするうちに、町のユダヤ人達が起床し、朝の礼拝でぞろぞろとシナゴーグへ向かった。身を切る寒さである。そこで会衆は一杯やって体を暖めようと、ゼリグの店に立

※訳注・アリヤはヘブライ語で〝のぼる〟の意、転じて〝イスラエルの地への移住、帰還〟の意味で使われる。

寄った。皆がカウンターで支払を済まそうとすると、びっくりした。何とつけ飲みをした人のなかに、ラビがいたではないか。ヴァシリー、グレゴリー、シュテファン……そしてラビで、一コペックの借金になっている。会衆はその足でシナゴーグへ行った。堂内にはぶつぶつ声があちこちでする。酒場の話をしているのであった。「何てラビを選んだものだ。トーラーをしっかり勉強する代わりに、夜な夜な酒場にくりだし、ホイ・パロイ（下衆、愚民）と一緒に騒いでいる」。会衆は文句を言った。共同体の長老三名が会衆の集合を求め、これ以上不祥事をだしてもらっては困るとして、ラビの解任を決めた。彼は決定を伝えるため、セーメス（世話係）をラビのところへ送った。

世話係りは、空の荷車をひいてラビの家へ行った。ラビと妻そして子供達を僅かな家財道具――大半は書物であったが――を、これにのせるのである。できるだけ速やかにラビをプロブスナから退去させるのが目的である。家に入ると、ラビは机に向かって勉学に没頭していた。世話係はなかなか言い出せなかった。床を見つめながら、あれこれ言うのであるが、肝腎な点になると口ごもってしまう。ラビは、まわりの動きで書物の世界から現実にひき戻され、異様な雰囲気に気付いた。書物から目をあげ、「ヤンケレ、何を探している」とたずねた。

世話係は、「プロブズナのラビを探しているところです。いなくなったものですから」と答えた。

ラビはすべてを察した。その日ラビは、プロブズナの町を去った。

ポーランド訪問時、私達はピョートルクフへ行った。あの大シナゴーグはまだ建っていた。私のブリス（割礼式）にまつわる賑々《にぎにぎ》しいお祭の場所がここであった。ナフタリと私が次兄のシュムエルに別れを告げたのも、ここである。生き別れとなった次兄は移送されて殺された。神の復讐がありますように。戦後シナゴーグは公立図書館になった。床をつけて一、二階に分けられ、一階が研修室、二階が相当大きい図書室になり、蔵書がぎっしり詰まっている。本棚の間をまわっていると、一個所カーテンのかかっているところがあった。一見したところ何でもないようであったが、あけて見ると対のライオンに支えられた、二枚の石板が置いてあった。十戒を刻んだ石板であるが、銃弾の穴がいくつもあいていた。

ポーランド人は、戦後この場所からユダヤ人にまつわる象徴をすべて抹消しようとした。しかし彼らは、シナゴーグの入口のところにあるダビデの星に気付いていなかった。入口のシャンデリアの下についたままであった。ドアの錠がダビデの星の形をしているのも、彼らは気付かなかった。このドアこそ家族の生死を分けたところである。ナチスが母親と私を外につき飛ばし、次兄ナフタリをシナゴーグの中へ力づくで戻した場所である。入口に立つと、あの時の記憶がまざまざと蘇った。しっかりと私の手を握った母親の手の感覚、次男シュムエルがシナゴーグに残された時にみせた母親の恐怖。今日のように感じられる。同じドア、同じ錠。しかし、状況は全く変わっていた。

私が生まれたピウスツキ二一番地の家は、まだあった。私は、容貌、体形が私の父親によく似ているらしい。この建物に住む年配のキリスト教徒達は、私を見ると驚いて十字を切った。彼らは私を指さして、「あのラビが戻って来た、ナツェルニー・ラビ、主席ラビのラウさんが戻った！」と叫んだ。

私達は死の収容所といわれたマイダネクとトレブリンカを訪れ、それからクラクフへ行った。そこで私達は、ヨゼフィスカ通り三番地の祖父の家をみつけた。広々とした家で、祖父の子供と孫達が育ったところであった。四七名の孫のうちホロコーストで生き残ったのは、ナフタリと私を含め僅か五名である。

クラクフからアウシュヴィッツへ向かう途中、我々はフシャヌフの町を通った。ナフタリが、ユダヤ人墓地のなかに一画があって、私達一族つまりハルバーシュタムの血統を継ぐラビ達の墓が集まっている、と言った。私達は、墓地の鍵を保持しているポーランド人をみつけた。その人が門を開けてくれたので、私達はその一画へ行った。墓が九つあった。中央にラビ・ダビッド・ハルバーシュタムと息子のナフタリの墓がある。ナフタリはフシャヌフのラビで、私の母の祖父である。突然私の息子ダビッド（イスラエル・モディイン市のラビである）が大声で「皆、今日（タムーズ月の第九日）は、お父さんの曾祖父ラビ・ナフタリの命日だよ」と言った。曾祖父が、あたかも地獄の業火が燃えさかることはなく、血の河が流れることもなかったかのように、自分の命日に子孫を招いたように思えた。

第三章　命を救った言葉

激動騒乱の中から立ち上がれ、そして訣別せよ。あなたは、涙の谷に長居した。——レハ・ドディ、カバラット・シャバットの聖歌（「来れ、私の愛するものよ」。安息日を迎える金曜夕方に唱える）

移送列車は暗夜のなかを走り続けた。車内はすし詰め状態で息がつまりそうである。私はナフタリの近くで一晩中しくしく泣いていた。一九四四年一一月二六日、金曜日。列車がとまり、扉が軋《きし》りながら開いた。そしてひとりのSS兵が懐中電灯をさっと照らした。眩しかった。そのSSは貨車内に入り、銃口を私達の方に向けて立った。

私達は、チェンストホヴァのある工場に着いた。この町にはいくつかの鉄道が乗り入れ操車場もある。ウッチという工業都市の近くである。ドイツ軍は、ウッチを占領した後、すべての工場を弾薬生産用に徴用した。チェンストホヴァには、隣り合う形で四つの労働キャンプがあった。それぞれ武器弾薬工場を囲むようにして建てられていたのだが、私達が送られた工場は、ハサクと呼ばれていた（フーゴ・シュナイダー株式会社の頭文字をとった呼称）。

一人のドイツ兵が、下車と叫んだ。ナフタリと私は、ピョートルクフのユダヤ人数百名と一緒に下車し、乗降場に並んだ。私達が最初に会ったのが、キャンプ所長である。人を威圧する体格のSS将校で、バッテンシュラーガーという、一度耳にしたら絶対忘れない名前の持ち主だった（シュラーガーはドイツ語で乱暴者、殴り屋の意）。所長は威嚇するような声で、決まり文句の並んだ演説を行なった。規則を守り行儀よくふるまい、きちんと働き規律正しくすれば、生きていける。さもなくば死ぬことになる。ナチの伝統に従った、そのものずばりの話であった。

ところが、話をしている最中、バッテンシュラーガーの目は、目の前の男達にまじって立つ小さい子供をとらえた。びっくりした表情である。キャンプでは、子供は男性ではなく女性と一緒が決まりである。彼の担当するキャンプは労働者用である。やせ細った子供がここで何をしている。労働力にならんではいないか。彼の目はそう言っていた。

SS将校は私に一歩前に出ろと命じた。それから目を転じて横に立つナフタリに気付いて、「お前がこいつの父親か？」とたずねた。それから追討ちをかけるように、「いつから子持ちになった」と聞いた。当時ナフタリは一八歳で、ほかの人達と同じように痩せていたから、子持ちの父親には全然見えない。「私は兄です」とナフタリは答えた。バッテンシュラーガーは、私を列に押し戻した。幸いなことに、彼は私の存在を問題にしなかった。この日は列車到着の日で、やらなければならないことが沢山あって、忙しかったからであろう。

ナチスは、私達をみすぼらしいバラックのひとつに送りこんだ。この時から、私達は兄弟だけになった。長兄は、私を守ることを自分の任務と心得て行動したが、恐るべき異常な場所では至難のことであった。ナフタリは地面にウールの毛布を一枚敷いて、私を寝かしつけた。私は母親がいないので寂しくて泣いていた。

これが、チェンストホヴァにおける私達の最初の夜であった。金曜の夜であった。金曜の夜、安息日入りの時である。ナフタリは私に添い寝していた。懐かしいメロディがバラックの隅から流れてきた。随分昔に聞いたような気がした。カントール（シナゴーグの祈祷の先唱者）のヨセフ・マンデルバウムが、レハ・ドディからミクダシュ・メレフの一節を歌っているのであった。金曜日の夕べ、安息日を歓迎する伝統的な歌である。耳を澄ますと、遠い遠い家のことが思い出され、この数日のつらいことを忘れ、いつの間に眠っていた。

キャンプのユダヤ人監督ローゼンツヴァイクが、ナフタリに私をバラックの外に出すな、誰にも見せるな、と命じた。彼の説明によると、ユダヤ人を監視しているのは、ドイツ人ではなくウクライナ人とのことであった。そのウクライナ人は、銃の台尻を上にして歩き回っていた。殴りたい時には、すぐ殴れる態勢である。だから子供は外に出すな、顔をみせないようにせよ、と監督は言った。

その最初の日、ナフタリは強制労働隊に入れられ、作業場へ送られた。長兄は、出て行く前に「ルレク、私が戻るまで内にいるんだよ」と指示した。私はバラックの床に横になっていた。かび臭く湿った土床である。全然眠れなかった。母から引き離された衝撃からまだ立ち直れないのである。しかし、兄の指示には従わなければならぬことは分かっていた。

看守達は私達によくいやがらせをした。整列の時ゲシュタポのキースリンクが「子供達は前へ並べ！」と叫んだ。誰も動かなかった。再度叫ぶ。凄い声で今度は「シュネル、シュネル」と言った。私達に選択の余地はない。ユダヤ人監督が私達をグループから引き出し、前へ並ばせた。この監督は私達の世話係で、ゲシュタポの下で働いている。キースリンクは「父親は自分の子のうしろに立て」と命じた。

子供一〇名が父親と一緒に立った。私だけが独りである。私は横目でナフタリをちらりと見た。はっきり見たら兄に迷惑がかかると思ったのである。冷酷な表情のキースリンクは、こちらへ来た。そして、恐怖でまわりを慴伏《しょうふく》せしめるこの男は、私の前に立った。私は両足で雪を払い泥をかき寄せていた。その時私は空想の世界に逃避していたのである。小さな泥の山をつくり、背が高く見えるように、その上にたっていた。私は、終生あの小山のことを忘れない。

その時ナフタリが突然動いて、私の背後に立った。ユダヤ人監督のローゼンツヴァイクが、ドイツ人のキースリンクに、私の兄であることを説明した。キースリンクは話を聞いていたが、怒声を張りあげて言った。「ヴォツー・ブラオフ・イッヒ・ディゼ・ドレキゲン・ユンゲン、ディ・ジント・ニヒト・プロドゥクティフ！（この小汚いガキ共が何のためになる。全くの役立たずだ！）、ここでやっているのはメシを食うことだけだ！」

ハンマーでがんがん頭を叩かれているような思いだった。自分に何が起きたのか分からない。しゃべる勇気を誰がくれたのか、誰が言葉にしてくれたのか知らない。チェンストホヴァでは、命は小粒の豆ほどの価値しかない。いや、それ以下であろう。ナチは、拳銃とマイケーそして犬を使って、力づくで私にそう理解させたのである。まさにその故に、ここでは誰にも必要とされない子供が、このキャンプの所長に自己を主張したのである。雪に蔽《おお》われたチェンストホヴァのぬかるみの中で、私は生まれて初めて演説をした。それは、必死で生きようとする私の、命がけの演説でもあった。当時流暢に話せる言語はポーランド語しかない。私はその言語でしゃべり、ローゼンツヴァイクが同時通訳をしてくれた。

僕達は役立たずとか、能力がないなど、所長さんはどうしてそんなことを言うのだろう。僕はピョートルクフにあるホルテンシア硝子工場で、一日一二時間働いていました。一日一二時間、水入りの瓶を六〇本カートに乗せ、体に火のつきそうな熱い炉の間を行ったり来たりして、ガラス吹き工に配ってまわるのです。瓶が空になれば、それを集めてまわり、外で水を入れ、また配ってまわる。それはもう一年前のことです。今は、その時より年をとっているし、もっとできます。一番年少の僕だって、僕より年長の子供も生きる権利があります。

これまで私は、講演や演説なら数千回は行なっている。しかし、その時の演説に比肩できるものではない。キースリンクはかっとなり、子供一一名全員ゲシュタポ司令室へすぐに連れて来い、と命じた。父親達とナフタリはごく自然に子供達の後についたが、キースリンクは用があるのは子供達だけだと怒鳴って、大人達を列に押し返した。ローゼンツヴァイクは大人達をなだめようとした。その後彼は、子供達の件はキースリンクが自分と個人的に話をすると約束したので、バラックへ戻れと、解散を命じた。

三〇分ほどして、ローゼンツヴァイクが戻って来た。大人達にとっては永遠の時間のように思えたのであろう。キースリンクは、大金と交換に子供を戻してもよいという。一人当たり一〇〇〇マルクで、当面の命は保証するという話であった。悪どいキースリンクは、この金と命の交換が最初にして最後と約束しているわけではなかった。

幸いなことに、母はこのような状況を予知していた。私達がピョートルクフのゲットーにいる頃、ダイヤモンドを二個と金時計をひとつ用意していた。ナフタリのコートの裏地にポケットをつけ、そこに自分の指輪から外した二カラットのダイヤを縫いこみ、「あなたは、ルレクを守るとお父さんに約束したわね。これはいざという時のためよ」と言った。

ナフタリは、金細工師のところへ行った。ピョートルクフからチェンストホヴァまで一緒に来た人である。ダイヤモンドの価値を見てもらったのであるが、細工師は、一〇〇〇マルクよりずっと価値があると判断し、「もったいない。弟さんを救えるものが、ほかにないのですか」と逆にたずねたのである。

私達はあと一個小粒のダイヤを持っていたが、こちらはとりだすのが大変難しかった。それは、ナフタリの奥の虫歯に詰めものとして入れてあった。母が、ユダヤ人歯科医ジークムント・ローゼンベルクに頼んだのである。歯科医は人工歯冠をかぶせた。ナフタリは、この歯の詰め物を思い出し、金細工師に歯冠をとって取り出してもらえないかとたずねた。

金細工師は歯冠をこわして、ダイヤを取ってくれた。ユダヤ人監督のローゼンツヴァイクが、これをキースリンクに渡し、私は自分の命をもらった。

それから数ヶ月して、キースリンクが再び子供抹殺の計画をたてた。ナフタリに打つ手はない。コートの裏に母が縫いこんでくれた大きいダイヤが、私の命を救ってくれた。残るは、父の金時計だけである。これは、ナフタリの靴底のかかとのところに埋めこんであった。長兄は、必要になる日が必ず来ると確信し、絶対に手放さなかった。新しいキースリングがいつどこで現われるか分からないが、狂った要求を手に登場するのは必至である。

私は、自分の命を守る闘争の後、殆んどバラックの中に隠れて過ごした。一方ナフタリは、燐酸塩製造工場で強制労働につかされ、機械工として働いていた。時々ゲシュタポの男達が半長靴を持ってきた。私に磨かせるのである。この靴磨きで、僅かであるが食料の配給を得られた。私は少量ながら食物をバラックの中に貯え、作業を終えて夜に戻ってくるナフタリにあげた。労働キャンプの苦しみから逃れるために、空想に更けることが時々あった。チェンストホヴァに到着した最初の夕べもよく思い出した。ヨッセル（ヨセフ）・マンデルバウムが、レハ・ドディの聖歌を歌っていたあの日である。

ナフタリは、冷たくて湿った地面に横になり、私を暖めてくれた。突如としてハシッド派のメロディを耳にしたのは、その時である。ナフタリは、自分の誕生地クラクフで、この歌をよく聞いていた。子供の頃の記憶がよみがえって、ナフタリは懐かしい気持ちで一杯になった。でも随分昔の思い出である。子供の頃ナフタリは、母の従兄弟にあたるラビ・ベンチオン・ハルバーシュタムの家に何度も行った。サンツ派ハシディズムの流れをくみ、ボボフのアドモル（長）となった人で、後で知ったのであるが、ホロコーストの犠牲になった（ボボフはガリツィア地方にちなんだハシッド派の名称、アドモルは〝我が主、おさ、師〟の意）。歌っていたヨッセル・マンデルバウムは、ボボフのハシッド（ハシディズムの聖徒の意）で、クラクフのカントールというだけでなく、世界最高のカントールのひとりであった。その夜私達が開いた聖歌は、次のくだりであった。

王の聖域（ミクダシュ・メレフ）、王のまちよ
激動騒乱の中から立ち上がれ、そして訣別せよ
あなたは、涙の谷に長居した
主があなたにあわれみを

惜しみなく注がれる。

ナフタリは床を這って、歌っている人のところへ行った。左様、クラクフのヨッセル・マンデルバウムその人であった。まわりをハシッドの人達が囲んでいる。ナフタリは、子供の頃に見慣れたあのあご髭がないのに気付いた。まわりの人達もそうで、剃り跡があるが、全員がつるつるであった。変わらないのは、カントールの素晴らしい美声で、独特の持ち味があった。

カントールには天の授けた才能がある。ナフタリはそう考えた。彼はハシッドの人達のなかに座りこみ、ピョートルクフのラビ・ラウの息子である、と自己紹介した。まわりの人達は全員私の父とその一族だけでなく、母親とその一族について知っていた。私達の家系については、ナフタリや私よりも熟知していた。彼らは温かい愛で兄を包み、私達の住む暗黒世界で一条の光となってくれた。

後日兄が話してくれたことであるが、ヨッセル・マンデルバウムは、私達に自分の息子達の面影をみていた。全員が母親と一緒に殺されている。両親を失くした最初の頃は本当に辛かったが、マンデルバウムは親代わりになって、私達を守り慰めてくれた。

安息日入りの夕べの行事に見られたように、ヨッセル・マンデルバウムは、労働キャンプでもユダヤ教の祭日のしきたりを守った。一二月になって、ハヌカの祭がくると、小銃弾の薬莢からつくったオイルランプに、一日目の火を灯した。そして、バラックのなかでこの祭につきものの歌マオズ・ツール（砦《とりで》の岩）を朗々と先唱した。その後私達は焼きジャガイモを分けあって食べた。私達は、家族同士のつき合いがあるような、親しい気持ちを味わった。私達は、彼らが精一杯私達の面倒をみてくれることを知っていた。しかし、一九四五年一月になると、ナチスは、マンデルバウムを初めとするクラクフ出身のハシッドの人達を、ドイツへ移送した。私達は連絡を断たれてしまった。ナフタリは、移送前にマンデルバウムに記念品をあげた。おじのラビ・モルデハイ・フォーゲルマンが所持していた聖書である。

ラビ・フォーゲルマンは、一九四〇年にカトヴィッツェを脱出し、迂回ルートでエレツイスラエルに到達した。膨大な蔵書があったが、勿論持って行けない。そこでピョートルクフの我が家に預けたのである。私達は、その我が家を出なければならなくなった。家を出るとき、母がナフタリにおじの聖書とテフィリン入りの袋を託した。

私達はブッヘンヴァルト[※1]へ移送された。この話は後述するが、私達がキャンプに入ると、全員所持品を焼却用堆積物のところへ投げこめ、と命じられた。ナフタリがその推積物を見ると、上の方に聖書があった。おじの聖書である。兄は「ヨッセル・マンデルバウムはここに居る。私達より前にここへ来ている」と言った。しかし私達は、この強制収容所でご本人に会うことは一度もなかった。それで私達は、ここに来た大半の人と同じように、殺されると思った。

四〇年後、ナフタリがニューヨークでイスラエルの総領事として勤務している頃、家庭の用事でブルックリンへ行った。当時のボボフ派のアドモル（長）であったラビ・シュロモ・ハルバーシュタムのベイト・ミドラシュ（学塾）を訪れたのである。レッベはナフタリを丁寧に迎え、自分の右の席に招じ入れた。これにはハシッド派の会衆が大変驚いた。殆んどの人が、アドモルとナフタリの間の家族関係を知らず、イスラエルを公的に代表するナフタリの地位に敬意を表した、と考えた。その日の夕べ、アドモルと私の兄の間に話がはずみ、兄がヨッセル・マンデルバウムについて触れた。チェンストホヴァで安息日入りの夕べにレハ・ドディを歌い、沈んだ私達の心を奮いたたせてくれた人である。

強制収容所がすさまじい状況にあるにもかかわらず、カントールのマンデルバウムは家族の情愛をよみがえらせてくれた。「ブッヘンヴァルトで消息を断たれました。大変残念です」。ナフタリが嘆くと、レッベは補佐のひとりに小声で何か指示した。数分後、その補佐が戻って来た。小柄なユダヤ人の手を引いている。見事な白髪の人で、レッベが「ここにおみえの人が、ヨッセル・マンデルバウムさんです」と紹介したのである。八〇歳をはるかに越えた老人であった。兄は、レハ・ドディの一節、ミクダシュ・メレフを歌ってくれるよう所望した。なにしろ四〇年もたっている。本人は体も小さくなっていた。しかし声量は全然劣えておらず、昔と同じように朗朗としていた。

ヨッセルは「激動騒乱の中から立ち上がれ、そして訣別せよ……」と歌った。それを聞く兄の脳裡からブルックリンを拠点するレッベのハシッド達の姿は消えた。兄の目には一九四四年一一月末の安息日入りの夕べ、チェンストホヴァのバラックの、あの湿って冷たい床に座る悲惨で哀れな人々の姿があった。

一九四五年一月中旬、私達は収容所のまわりで砲声を聞いた。囚人達は大砲がロシア、ドイツどちらのものかと、ひそひそ声で話をするようになった。はっきりしたことは誰にも分からない。しかし皆真剣に論じあった。後になって考えてみれば、ロシア、ドイツ双方の軍が撃ち合っていたようである。
　ナチスは私達にバラック即時退去を言い渡し、いつものように五列縦隊整列を命じた。収容所を出ることは分かったが、彼らはその後どうなるのか説明せず、三人当りパン一塊を支給した。ナフタリは私の左にいた。右手を歩くのはダビッド・ファイナーという人、やはりピョートルクフ出身で、ハフメイ・ルブリン・イエシバ（ユダヤ教神学校）の学生であった。※2
　ナフタリは私達の所持品をリュックに入れて携帯し、私はパンを持って深い雪の中をとぼとぼと歩いた。どこへ行こうとしているのか全く分からない。ウクライナ兵とドイツ兵が監視についていた。突然銃声がした。こちらを狙っている。監視兵は道路わきの溝にとびこみ、私達は雪の中に伏せた。銃弾が頭上をかすめ飛ぶ。数分後、監視兵が溝から私達の方へ撃ち始めた。私の右側の雪が赤く染まり、みるみるうちに血だまりができた。その血だまりのなかにダビッド・ファイナーの体が横たわっていた。身震いするような光景である。ナフタリと私はかすり傷も負っていなかったが、私達の友人が死んだ。胸が痛んで苦しかった。
　銃声がやむと、監視兵は私達を立たせ、すぐに歩かせたので、現場で死者を悼む時間さえなかった。私達は腑抜け状態でゾンビのように歩いた。到着したところは駅である。そこで私達は五列縦隊に並ばされ、人数の確認をうけた。それから監視兵がナチ的効率を存分に発揮し、組織的な方法で私達を貨車に積みこんだ。

※1訳注・ヤドヴァシェム編「エンサイクロペディア・オブ・ホロコースト」によると、ブッヘンヴァルトは、衛星キャンプと支所を合計一三〇持ち、ドイツ国内では最大級の強制収容所で、一九三七年七月の開所から一九四五年三月までに、延べ人員で合計二三万八九八〇人が収容され、内四万三〇四五人が死亡した。四月になると状況は一段と悲惨になる。ソ連軍の進撃で、ポーランドの収容所からユダヤ人をドイツ国内へ移送した。著者もそのひとりである。収容人口は一九四四年末で六万三〇四八人、一九四五年二月末現在で八万六二三二人にふくれあがった。そして、ナチドイツ崩壊のなかで始まる四月六日からのユダヤ人移送で、二万五五〇〇人が死亡した。一九四五年四月一一日の米軍進駐で二万一〇〇〇人（内ユダヤ人四〇〇〇人）が解放されたという。

※2原書注・ダビッド・ファイナーは、ホロコースト作家のエヒエル・ディヌール（第一三章参照）の従兄弟。ディヌールはカ・ツェトニク（収容所スラングで囚人の意）というペンネームで書いた。

私達が移送列車に乗りこんでいると、移送担当のゲシュタポ隊長が、小さい子供のこの私をじっと見ている。私はナフタリの体に隠れるようにしていたのだが、気付かれてしまった。そのゲシュタポは私の顔に警棒を突きつけ、首筋をつかむと、「子どもは母親と一緒だ」と怒鳴った。そして、私を突き飛ばして、待機中の一団に入れた。それは、チェンストホヴァ近くの別の収容所から来た、女子供約五〇名のグループで、機関車のすぐ後の貨車に乗せられた。その後ナフタリは、この貨車が男だけの車両から切り離され、別の収容所へ向かうことを知ったらしい。後日ナフタリは、私が女子供と一緒に貨車へ吸いこまれ、完全に姿を消した後、パンだけが見えたと言った。私は自分に託された命の綱のパンを守ろうと、両手でしっかりつかみ、高く捧げ持っていた。私達が離れ離れになったとき、ナフタリの見た光景がこれであった。

私が押しこまれた貨車は、鼻をつく異様な悪臭がした。車内の悲鳴と子供の泣き声で騒然としていた。私達は、ナチのアクツィオンによる犠牲者の話はよく耳にした。しかし、手洗いどころか水さえない、まさに窒息状態の家畜貨車内で身をひきとった人々の状況については、殆んど語られていない。この種の貨車は絶対に人間用ではない。多くの女子供が、非人間的環境におかれて絶命し、創造主のもとへ戻ったのである。

私が一号貨車へ押しこめられた頃、ナフタリはほかの男達と同じ移送列車の後方貨車に入れられた。同じ列車ではあるが、相当に離れている。しかし何両離れているかは分からない。ナフタリは非常に心配した。父との約束が頭にこびりついている。ピョートルクフの自宅の吹き抜けのところで兄は、私から目を放さず家系の継続に手を尽くす、と誓ったのである。

移送列車が動きだした。ナフタリにひとつ考えが浮かんだ。ピョートルクフからいつも一緒であった二人の友人の手を借りて、扉のハンドルをいろいろ操作して、開けることに成功した。しかし列車は走り続けているので、扉を開けたところで何もならない。列車が停まったとき、ナフタリは友人達と一緒にゆっくりと扉を開け、あたりを見渡してから、線路に降りた。そして貨車の下にもぐりこむと、肘《ひじ》を使い前の貨車まで匍匐《ほふく》前進した。そして扉を叩きながら、「ルレク、ルレク」と大声で叫んだ。そうする内に汽笛が鳴る。ナフタリは必死に自分の貨車に這い戻るのであった。列車が停車する度にこの繰り返しであった。四度目の時、扉を開けると身を切るような寒風が入ってくるので、文句を言う人達がいた。しかし、ナフタリはこれを無視して続行した。

ナフタリは七番目でやっと成功した。機関車のすぐ後の貨車で、大声で私の名を呼んだ。その貨車の中で私は、母の作ってくれた大枕をまとい、例のパンをしっかり握っていた。だいぶ時間がたって固くなっている。女性のひとりがざらめをひとつまみ、パンにふりかけた。しかし、パラパラ床に落ちてしまった。床といっても人の体がびっしり詰まっている。私は甘いものが欲しくて、一粒でもよいから口にいれようと、それこそ目の色を変えて、こぼれた粒を探した。その時である。私の名前を聞いたのは。夢をみているのかと思ったが、声のした方へ進もうとした。必死に体をかきわけ、乗りこえていると、気が付いたら、兄の腕の中にいた。兄は、改造ピンを使って貨車の扉を開けたのである。

私は兄に抱きついてキスしようとした。しかし兄は口に指をあて、静かにせよと指示した。兄は私を引っ張り降ろすと、もう一度口に指をあてた。貨車の屋根に監視兵が張りついているかも知れないし、機関車の乗組員に気付かれる恐れもある。外に出たら夜で、兄の目しか見えない程暗かった。私は、これからやろうとしていることの重大性を理解した。私は兄の真似をして、匍匐前進でついて行った。兄は七番目の貨車で、頭を貨車の外に突き出し、その後私を引っ張り出した。二対の手が兄を引っ張りあげ、その兄が私を貨車に引き揚げた。

兄は常識の発達した人で知恵者でもある。引っ張り揚げる直前、兄はとっさの判断で自分の帽子に雪を入れた。溶ければ水になり、私達は真水を飲むことができた。もう打つ手がない、これが永遠の別れとあきらめていたのに、再び一緒になれた。ピョートルクフの友人二名が扉を閉じた後、やっと私は兄と固く抱き合い、思いきり泣いた。

数時間後、ナフタリの直観が正しいことが証明された。ある所で列車が停車すると、貨車が分離されたのである。女子供を詰めこんだ貨車は、ベルゲン・ベルゼンか、ラーベンスブリュックへ向かった。どちらだったのか私には分からない。一方私達の列車は、数えきれない程の停車を繰り返しながら、長距離を走行した。貨車の中で沢山の人が死んだ。長旅に生き残った人は、三日後に目的地に到着した。ブッヘンヴァルト強制収容所の入口である。

貨車についた小窓から見ると、ブッヘンヴァルトへ通じる道は、私の人生とは全く無関係の別世界、まるで映画の中のような光景であった。建物群は整然と建てられ、爆撃されたような形跡が全然ない。まわりの人達は、国境を通過し、ドイツに来たと判断した。

途中私は、ライプツィヒの都市標識を目にしたし、その後誰かがヴァイマールの標識を見たと言った。ゲーテやシラーを生みだした、ドイツ文明揺籃の地である。しかし、移送列車はどこにも停車せず走り続け、とうとうブッヘンヴァルトまで来てしまったのである。その名前は皆の心に重くのしかかった。大抵の人には聴き慣れた悪名高き所であるし、最悪の強制収容所としてユダヤ人社会に広く知られていた。

一九三七年、ナチスは、共産党員と反政府活動家を強制収容する施設として、ブッヘンヴァルトを建設した。彼らが最も嫌悪すべき敵と認識するユダヤ人も、そのうちに送りこまれるようになった。ここに設置された焼却炉は無数の死体を焼いた。ブッヘンヴァルトは、マイダネクなどナチスが作った、強制収容所の原型であった。

ブッヘンヴァルトでは、ガスで人を殺しているのであろうか。貨車内でこんな議論がもちあがった。この場所については、人それぞれが情報を持っていたが、どれも断片的で、正確なことは誰も知らなかった。

ナフタリは、貨車の小窓から見えた光景とその時の様子を、よく話してくれた。兄が小窓から覗くと、縦縞入りの囚人服を着た囚人達がシャベルで雪かきをしていた。貨車内から人々がおそるおそる、ここはどういう所かとたずねると、手を首にあてて切る真似をした。殺しの意味で、大胆にもよくぞ本当のことを教えてくれたものである。

第四章　ブッヘンヴァルト――暗黒のトンネルと一条の光

ユダヤ人は全員が互いに責任を共有する。
――タルムード・シュブオト39ａ

収容所入口の鉄門扉のところで、彼らは私達をせきたてながら貨車からおろした。門扉には、ドイツ語でイェーデム・ダス・ザイネと書いてある。「各人に各人のものを」（注・古代ギリシア以来の正義の概念）という意味である。この言葉に私は強い衝撃をうけた。今日までその時の気持ちを今でもひきずっている。時々この言葉、三つの単語にこめられた残忍性とシニシズムについて考える。この呪われた場所では、自分で自分の未来を選択することはできなかった。待ち構えていたのは、強要された恐ろしい運命であり、その犠牲になったのである。相手は、あらゆる手段を使って、この人々から人間性を奪ったのである。自己責任を問うこのセンテンスと現実との間には無限の距離が、そしてアイロニーがある。ブッヘンヴァルトの門をくぐった者は、誰ひとり自分の命を自分の手にしていなかったのである。生殺与奪権を握るナチス、収容所幹部、監視兵が、私達を限りなく支配していた。

この語句は、鉄の門扉にハンダ付けされていたが、後年さまざまな機会に思いだした。二〇〇四年五月、イスラエル国防軍（ＩＤＦ）が、ガザ市のザイタン地区で掃討作戦を実施した。作戦時一両の兵員輸送車（ＡＰＣ）が、地雷に触れて大破、乗車中の兵隊達が吹き飛んだ。仕掛けたのは、イスラムジハード（聖戦）所属のテロリストで、ばらばらになったイスラエル兵の遺体を手にした。私に接触したＩＤＦは、兵士の遺体が如何に小さな断片でもよい、取り戻して埋葬するため、テロリストと交渉すべきかどうか、とたずねた。私の返事は、はっきりしていた。兵士は、その生死にかかわらず、「運命は人それぞれ」という規定のもとで、扱われてはならない。

　イスラエル政府とＩＤＦは、兵士全員を家族のもとに戻す責任がある。あってはならないことであるが、惨事があったとしても、遺体はきちんと敬意を払って戻さなくてはならず、その人の名をイスラエルの地から抹消してはならない。そうしなければ、戦場に赴く兵士や困難な任務につく国民の士気にかかわる。負傷すれば、味方から見放され戦場に遺棄される、という考えにさいなまれる。生存者の安全と福祉を守るだけでなく死者の名誉のために、私達は兵士全員の帰還を果たすため、あらゆる努力を払う責任があるのである。

　ＩＤＦとイスラエル国を導く道義の力は、「ユダヤ人は全員が互いに責任を共有する」（コル・イスラエル・アレヴィーム・ゼ・ラゼ）という言葉に表明されている。ユダヤ人社会では、人口に膾炙《かいしゃ》した名言である。これは、ブッヘンヴァルト強制収容所のスローガン「運命は人それぞれ」とは対極にある。生殺与奪権を握られたブッヘンヴァルト体験と一八〇度違うのである。

　強制収容所の人口構成は多様であった。ブッヘンヴァルトに着いて数日たって、収容所が数十の民族を収容していることが分かった。一九三〇年代、後半、フランスの首相をつとめたユダヤ人社会主義者のレオン・ブルム、ケルンの前市長で、一九四九年に初代西独首相に選出された反ナチ活動家のコンラート・アデナウアー博士。この二人も囚人であった。これと対照的な存在が、〝ブッヘンヴァルトの魔女〟と称されたブッヘンヴァルト強制収容所長の妻イルゼ・コッホである。ここに君臨する彼女は、ユダヤ人達の頭部から頭皮をはぎとり、それでランプの笠をつくり、自分の部屋に飾っていたと考えられる。

　ナフタリは、ブッヘンヴァルトでは私の命を救えない、と考えた。収容所の支配体制は鉄壁で、私のような七歳の子供を大人と一緒にしておける可能性は小さかった。彼らがそれを許すわけがない。しかし兄は、今度もあきらめなかった。友人二名の助けを借りて、細工をした。私を母の作った大枕でくるみ、自分が常時かついでいるリュックサックに入れたのである。私は、これまで収容所の転入転出を経験し、その流れに慣れていたので、リュックから出るまで静かにしておかなければならないことは、兄に言われるまでもなかった。私は、年端も行かぬ小さい子供であったが、手順は分かっていた。私は兎《うさぎ》のようにリュックに入り、できるだけ小さく縮こまった。私はこのようにして兄と共にブッヘンヴァルトに入った。

ドイツ人達は、新入りのユダヤ人達を三列縦隊で整列させた。リュックを通してお馴染の音が聞える。早くしろシュネル、シュネルという怒声、ゴム製棍棒マイケーで殴打する鈍い音、そして犬の吠声。私はナフタリの背中に張りつき、凍ったようにじっとしていた。しばらくするとナフタリが動いて、私を中に入れたままリュックをおろし、自分の足許に置いた。その時鼻を刺す強い異臭がした。何だか分からない。後で知ったのであるが、それは塩素であった。ナチスが消毒に使ったのである。

ドイツ人達は、私達全員を大きいホールへ入れ、新入りの仕分けを開始した。ナフタリはたかまる恐怖心を押し殺しながら、あたりを素早く観察した。兄は、新入り囚人の分類に使われる方法を、すぐに判断した。ナチスはユダヤ人に着衣を全部脱げと命じている。それから医務担当者が診察し、予防注射をする。ところが、兄は大変なことを発見した。ドイツ人達が、脱いだ着衣を含め所持品を全部炉に投入しているのである。ユダヤ人達の体に黴菌《ばいきん》が一杯ついている。身につけていたものを焼却し汚染を防いで、ブッヘンヴァルト強制収容所を無菌の清潔状態に保ったというわけである。ナフタリも、所持品を棄てなければならない。「ルレク、フッチ・トタイ！」。ここに来いという兄の緊迫した声を、私は生涯忘れない。私は、意味がよく分からず、聞き違いかなと思いながら兄の足許のリュックから顔をだし、あたりを見回した。リュックの中で感知した声と刺激臭のもとが、目の前にあった。

ドイツ人達が手をあげ、マイケーを振りまわしながら威嚇し、獰猛な面構えの犬が、吠えたり噛んだりしていた。古参のユダヤ人囚人達が、新入りの頭を剃り、塩素剤入りの小汚い水槽で消毒している。

リュックから出ると、監視役のひとりが、やはり古参の囚人のようであったが、私に気付いた。ナフタリのところへ来ると、こんな子供を連れてここで何をしている、ここは大人の男しか入れないところだ、と言った。兄は彼をじっと見詰め、慈悲心にみちあふれた態度で、この子には父親も母親もいません、「わたしにどうしろと言うのですか。外に出して雪の中へ放り出せとでもおっしゃるのですか」と答えた。

私達はこの監視役から、この収容所における殺害方法について初めて権威ある証言を得た。彼はナフタリに向かって、「ここにはガス室はない。しかし焼却炉はある」と言った。そして、「あの煙突から」と見上げながら、「一日二四時間煙が吐き出される。ムーゼルマン（〝回教徒〟、飢餓、衰弱等で死を迎える人の意。収容所内の隠語）が、ここでぼろぼろ死んでいる。この収容所に来る人は誰でも一個のムーゼルマンになるのだ」と説明した。それから監視役は「この子が五歳か一五歳かはどうでもいい、三歳でも一三歳でも同じだ。しかし、知っておいた方がいいことがある」と述べ、「この子が第八ブロックに入ることができれば、大丈夫だろう」とつけ加えた。この最後の言葉が、私の命を再度救うのである。監視役のこの囚人は、言いたいことを言うと、私達に背を向け、何も見なかったように行ってしまった。

私達が歩いていると、ひとりのドイツ人監視が私に気付き、こちらをじっと見た。ナフタリは、ドイツ人が弟に目をつけたので、ぞっとした。そして、そのドイツ人が先程と同じ質問をしたので、警戒心をつのらせた。しかし兄は何度も修羅場を切り抜けている。とっさの判断で、靴のかかとから父の金時計をとりだし、それを彼の方に放ったのである。母がいざという時のために準備した貴重品はこれでなくなった。ドイツ人監視はかがむと、靴ひもを結び直すような恰好で時計をひろい、私達を完全に無視して巡視を続けた。

私達にはあとひとつ貴重品があった。金品には返られない、全く性格の異なる貴重品である。それはナフタリが命をかけて守ると自分に言いきかせたものであったがこの到着日に失った。強制収容所の解放後、ブッヘンヴァルト生活について何度も話し合う機会があった。いつであったか、そのような機会に、父親の原稿保存問題について告白し、私は驚きもしたし、随分心配した。父は『ユダヤ教の宗教法並びに伝承における神の御名の聖別』と題する本を書いていた。「神の御名の聖別」（Kiddush Hashem）という成句は、極限状況下における殉教行動あるいはミツボット（戒律）の順守に関わる表現である。

父は、多年この本の執筆に精根を傾けた。それまで手がつけられていなかった、一連の問題をとりあげたのである。何故これを著作に選んだのか、と人々がよくたずねた。一九二〇年代、世界中のユダヤ人社会からラビ達が、数百数千の質問を送って来た。安息日、食物規定、婚姻関係の法、離婚の手続等々の課題である。ラビ達は父に宗教法上の問題、対人関係、聖日等について尋ねた。しかし、神の御名の聖別については、殆んど誰も質問しなかった。この課題を自分の著書に何故選んだのかと問われて、父は全員が、答えを必要とする時がいずれ来る、と述べている。もっとも父は、自分が未来を果たしてどの程度正確に読んでいるのかは、知らなかった。

父が検討した問題のなかで、例えばよちよち歩きの小児が、ほかの人々の一団と一緒に避難所かバラックに隠れているテーマがある。私達が小児から連想するのは泣き声である、泣き始めてほかの人達を危険にさらす。その場合、泣き声で存在を悟られないように、ほかの人達は、窒息させるリスクを冒して、その子の口を塞ぐことが許されるのか。許されるとすれば、誰が口を塞ぐべきなのか。その子の父親かそれとも母親か、あるいは赤の他人か。父は、この種の性格の難しいジレンマについて、深く掘りさげて考察した。

状況が極限状態にあるとき、ミツボットとユダヤ教宗教法をどこまで順守しなければならないのか。これも父親が関心を抱いた課題であった。例えばローシュ・ハシャナ（ユダヤ教の新年）に、伝統的な雄羊の角笛であるショファールを吹《すい》鳴《めい》することになっている。これを吹くと、その音が遠くまで響き、監視やユダヤ人迫害者の耳に達し、隠れているユダヤ人達の存在が分かって、危険にさらされる。それでも吹鳴すべきなのか。三つの大罪（殺人、偶像崇拝、姦淫）を犯すよりも死を選ぶとする戒律を、どの程度厳格に守らなければならないのか。生き抜くために、一連の禁忌を無視すべき時があるのか。あるとすればいつか。

ナフタリはこの原稿を命懸けで守った。ピョートルクフ・ゲットーの我家の地下室から持ち出すことに成功し、チェンストホヴァで七週間収容生活を送った時は、決して身から離さず、ナップザックに入れて常時携帯していた。ナチスが私達をブッヘンヴァルトへ移送したとき、ナフタリはリュックに入れてこの貴重原稿を運んだ。到着時兄はそのリュックに私を入れて私の命を救ったが、そのリュックは火中に投じられて焼却される。兄は私の命と共に原稿を救おうとし、あのあわただしい状況のなかで、ナップザックに入れた。その時兄は、この原稿がすべて失われてしまうとは知らなかった。原稿は失われたが、時が経つうちにその草稿の一部が断片的に何度も見つかった。一九八二年七月、私は初めて遠方の地オーストラリアを訪れた。メルボルンのホテルに到着すると、私宛の手紙が一通届いていた。発信者はハーバーとある。知らない人である。当時イスラエルはレバノンで戦争中（ガリラヤ平和作戦）であったから、安全対策のブリーフィングを事前にうけており、不審な手紙は警備当局に渡してチェックしてもらうことになっていた。警備担当が開くと、中にあったのは、本の一部複写であった。書名「イムレイ・コーヘン・レスポンザ」、著者名ラビ・イエヒエル・ミハル・ハコーヘン・ホーランダーとある。出版が一九三七年で私が生まれた年と重なる。出版地もピョートルクフ、私の出生地である。

このコピーに短い手紙がついていた。「この本は私の叔父のものです。数頁コピーしてお送り致します。第三四節をご覧下さい」とある。私はそのページを探して読んだ。「ラビ・モシェ・ハイム・ラウ師。猊下《げいか》から御書を受けとりました。お求めになりましたので、私の意見をお送りします。まず、(イスラエルの)子らによる神の御名の聖別に関してでありますが…」という内容であった。六ヶ月後、ホロコーストに関する講演のため、ブルックリンを訪れた。ここでも、私の知らないひとりのユダヤ人が来て、「イムレイ・コーヘン・レスポンザ」の完本を一冊私にくれた。

私はナフタリのところへ行った。当時兄はイスラエルの駐ニューヨーク総領事で、その本を持参した。ナフタリも、この本の断片を持っていた。父の手書きの一頁である。父が自分の本を送った主要ラビのひとりが、チェビン(ポーランドのトシェビニア)のラビ・ドヴ・ベリシュ・ヴァイデンフェルト師である。師は戦時中ウズベキスタンのサマルカンドに追放され、戦後エルサレムにたどり着いた人であるが、父の注解したページを、ずっと身につけていた。ナフタリと私は、イスラエルに着くと、師の許を訪れた。すると師はナフタリに、このページを贈った。それから私がニューヨークでナフタリと会ったとき、兄はこのページを取りだして私に見せた。ヴァイデンフェルト師は、神の御名を聖別する戒律が宗教法上成人に達していない者に適用されるかという命題に注解をしているが、そのページにはこの注解に対する父のレスポンザがのっていた。これには大変驚いた。

ブッヘンヴァルトに到着したその日、私達は着衣と靴を全部脱いで、ホールの中央に山積みになっているところへ投げこまなければならなかった。頭髪と体毛剃りで私の番になった時、疑問を呈する者は誰もいなかった。私がやせ衰えた小さい子供であることに驚きもせず、何で小さい子供がここに居ると質問もしなかった。彼らは全員が無表情でロボットのように仕事を遂行していた。血と肉の体をもつ人間に誰も関心を持っていなかった。

私は、何年もたってから、これが囚人の心理的防御メカニズムであることを理解した。監視役として任命された囚人は、自分達の扱う人々がこれから死んでいくという理解から、心が折れそうになる。この情緒的崩壊を防ぐためのメカニズムである。消毒する新入りを人間と見ない。彼らは、すべての感情を遮断する防御バリヤーをつくっているのである。

　彼らは、ロボットのように新入りを頭からつまさきまで洗い、体毛を剃《そ》った。剃った部位をブラシを使って消毒した。彼らはブラシを塩素入りの大桶に浸した。黒々と澱《よど》んで汚い。恐らく幼かったからであろうか、つまり強制収容所では見慣れぬ光景であったが、異臭を発し吐気のする大桶に浸したブラッシングはまぬがれた。

　私は長い列の中に立った。絶えず押されていた。最初は体毛剃り（勿論私は除外された）と頭髪刈りの後、白衣姿の医者の前に来た。医者は予防注射をした。この医者も、ほかの者と同じように、ロボットのように働いていた。あたかも人間がコンベアベルトで流れてくるように、前に立つ人の顔を見ることもなく無表情で、注射針を打った。すべてが冷たく、よそよそしく、なによりも機械的であった。

　私の番になったとき、医者はかがみこまなければならなかった。そこで私が小さい子供であることに気付いたのである。驚きの色が顔に出ていた。ブッヘンヴァルトで、この医者が後にも先にも、こんな小さい子供を見たのはただの一回だけである。

「ヴィ・アルト・ビスト・ドウ？」。医者は私にドイツ語で年齢をたずねた。このような質問には慣れているから、私はヒュンフツェーン（一五歳）と自信満々で答えた。医者は信じられぬという表情で、私の目を見た。そして質問を繰り返した。私は主張を変えなかった。「言ったでしょう。僕は一五歳だよ」。医者は聞くのをあきらめて、私のすぐ後に立つナフタリを見て、君はこの子の父親かとたずねた。「違います」とナフタリ。「この子の兄です」

　医者は私達に、チェコスロヴァキア出身の囚人であると言った。ユダヤ人ではなかった。しかし、私を傷つけたくないという。注射器に入っている薬剤は大人の分量で、全部を注入するとすぐ死ぬ。「年齢が分かれば適量が分かる。本当は何歳だ」と医者がたずねた。ナフタリはすぐ「七歳半です」と答えた。すべて迅速、効率を旨として行動する必要がある。

　その瞬間、このロボット医者は、チェコスロヴァキア出身の私の天使になった。医者はあたりを見回し、ゲシュタポが見ていない瞬間を利用して、薬剤を半分地面に棄て、残りをいきなり私に注射した。そして、私を素早く押しのけた。作業工程を渋滞させてはならないのだ。医者の素早い判断と一徹さ、そして彼の中に脈打っていた人間味のスパークのおかげで、私は救われた。チェコスロヴァキア出身のこの医者は、恐らく共産党員であるため、ブッヘンヴァルトに送られたのである。

私は、奇跡とたまたま出会った善意の人々のおかげで、選別過程を通り生きのびた。戦時中の少年時代を振り返ると、私は自分が経験した奇跡の連鎖に驚く。そして、偶然ではなく、神の摂理の手がすべてを導いていると、心の中で思っている。

予防注射の段階が終わると、ナチスは私達を長いトンネルの中へ急がせた。アーチ型天井からシャワーの蛇口がいくつもぶら下がっていた。上を見た私達は、全員がショックをうけた。私達は顔を見合わせた。ナチ強制収容所にあるシャワーが何を意味するのか、一九四五年一月時点で誰もが知っていた。死の収容所と呼ばれていたのは、このシャワーのためである。脱出して辛くも生きのびた人々は、大量の人間を殺したガス室がシャワー室のように見えた、と言っていた。私達は、ブッヘンヴァルト到着の初日で、一番恐れていたことが現実になった、と思った。

突然、私達のグループにいたひとりの人が、シャワーのある床にばたりと倒れ、死んでしまった。名前をシュロモ・ビッツといい、ピョートルクフに近い町の仕立屋さんであった。友人の話によると、ピョートルクフ・ゲットーを出て以来毒入りカプセルを歯の間に隠し持っていたという。絶体絶命の時が来たと感じ、あの世に行く時が来たと言った。そして、シャワーの蛇口がたれさがっている下で、詰めものとして歯の中に入れていたカプセルを噛み砕き、飲み下して死んだのである。

それから、ドアがばたんと閉まる音がした。そしてシャワーの蛇口から物凄い勢いで水が落ちてきた。凍りつくような冷水である。氷水を上からホースでふきつけるようなものであった。私達が外部から黴菌や恐ろしい疫病を持ちこむので、これで洗い流すという仕組みであった。まわりの人々は歓喜の声をあげた。直前まで、いよいよ最後の時が来た、と全員が思っていた。生きてはここから出られない、これで今生の別れと覚悟した。そこへ身も凍る冷水が滝のように落ちてきたので、命とりの毒ガスでないことが分かり、安堵したのである。馬鹿々しい仕掛けではあったが、身も凍る寒さが、かえって私達の心を暖めてくれた。

シャワー室から次の処置所へ行った。そこで私達はヘフトリンク（囚人）用身の回り品を受けとった。縦縞入りでトウプ色（褐色を帯び濃暗灰色）の囚人服一着、木靴一足が含まれる。同時に番号を与えられた。その時から個人はメンシュ

（人間）であることを止める。私達の名前は抹消され、番号だけの存在となる。私の受けた番号は一一七〇三〇。ナフタリは縦縞入りの囚人服と一一七〇二九の番号を与えられた。

チェコ人の医者とその友人が——やはり囚人であったが——何とか私の体に合う衣服を見つけてくれた。木靴で雪のなかを歩くのは大変難しいので、二人は普通の靴を私にくれた。古くて方々に継ぎがあたっていた。それに私の足には大きすぎた。二人が紐で縛ってくれたので、雪の中でもどうにか歩けるようになった。囚人服の袖のところに、ナチスは番号と出身国の頭文字をつけさせた。ポーランド人ならP、ロシア人はR。そして私達ユダヤ人は別扱いで、ユーデ（Jude）の烙印を押された。

私は金髪で色白であったから、非ユダヤ人の身分に変えることができた。医者とその友人が、ポーランド人囚人の遺体がつけていた赤い着衣からPの刻印を切りとり、それを私の袖口に安全ピンで留めてくれた。二人は私の経歴も作った。それによると、私はポーランド人の子供で、両親はワルシャワ爆撃で死亡し、本人は混乱の中でユダヤ人と一緒くたに狩りこみにあい、ウムシュラークプラッツ（移送集合地）から、チェンストホヴァ経由でブッヘンヴァルトへ移送されて来た。私はこの偽経歴を身につけた。チェコ人の医者とその友人はナフタリに、この子が第八ブロックへ行けば、助かるかも知れない、と耳打ちした。私はその声が聞えたが、意味がよく分からなかった。しかし、兄の目が輝いたのは認めた。

それから監視役が、ほかのグループの人達と一緒に、第五二ブロックへ連れて行った。そこは、身の毛がよだつような恐ろしいところであった。数千人の人がうごめいていた。殆んどの人が、飢餓と病気にうちのめされたムーゼルマンであった。床にころがり垂れ流しで排泄している。異臭が耐え難かった。毎朝、監視役が四〇体ほどの遺体を引きずりだした。

このブロックの片隅に、水樽がおいてあった。汚水のような水であったが、私達の飲料用である。ほかに水はないので、これを飲まざるを得なかった。杓子どころかコップもない。のどがかわいて、囚人達は両手ですくって飲んだ。

私達が一画に落着いてしばらくすると、ウィリという名のブロック長が来て、「ポーランド人の子はどこだ」と怒鳴った。ナフタリは私を連れて床からおり、ウィリのところへ行くと、「この子です」と言った。このドイツ人は私達に、当面第五二ブロックにいなければならないが、ほかのブロックへ移すかも知れないので、そのつもりでいよと命じた。この間私はナフタリにくっついて過ごした。

私達は夕食をたべた。干からびたパン一塊を五人で分けた。そのパンを五等分にするため、私達は鉄条網の切れはしをのこぎりのように使って切った。パンと一緒に何か得体の知れない流動物を飲んだ。食後ウィリが来て「ポーランド人の子はどこだ」とたずねた。ナフタリと私が立ち上がると、ウィリは毛布を一枚くれた。私達兄弟はこれにくるまり、互いに暖め合った。ナフタリが傍らにいるので、その夜は比較的よく眠れた。

　目が覚めた。外はまだ暗かった。凍るような冷水が私の体にざあざあかかっている。私達を起床させる方法がこれであった。寒い。体の震えが止まらない。歯ががちがち鳴る。濡れた着衣が体にくっついて気持ちが悪い。直ちに起床！ブロック中に怒声が響きわたった。私達兄弟は状況がよく分からぬままに、外の雪の中へ押しだされていた。深さ二五センチはある。外に出された時にどうするかは、経験から心得ている。私達は点呼のためすぐに五列縦隊になった。すると、脱帽の号令がかかり、ついで着帽の声がした。その後、脱帽、着帽の繰り返しが続いた。全く無意味な行動で、苛《いじ》めのための苛め。残忍性しかない。

　彼らは私達を全く突然に起こしたので、誰も排泄する時間がなかった。誰かの足許に黄色い小さな水溜りができると、監視がゴムの棍棒で散々殴りつける。殴られた人は体を折り曲げ、雪の中に倒れこむ場合がよくあった。立ち上がることはまずない。私は、そのような人達をじっと見詰めていた記憶がある。暗いなか、倒れた人の顔に白い雪が照り返していた。囚人達は、近くに倒れている人の二の舞になるのは困るので、両股をぴったりくっつけて、必死になって小便の洩れるのをこらえた。

　私は、この恐ろしい第五二ブロックに二日間いた。ナフタリは、死体運搬の仕事を与えられた。厚板で作ったカートに乗せ、焼却炉まで運ぶのである。ナチスは四人一組で運搬係りを編成した。前の二人が馬の代用になって綱で引張り、後の二人が押し役である。運搬者と運搬される者の区別がつかないことも希ではなかった。カートをがたがた運ぶ作業者は、立っているのがやっとの状態であった。

　このカート運搬の光景は、私の心に深く刻みついた。カートという言葉を聞くと、あるいは耳にしたと思うと、あの時の戦慄《せんりつ》的恐怖が、まざまざとよみがえってくるのである。ヘブライ語でカートに相当する言葉はアガラである。解放後イスラエルの地に着いてから、私はカディシュ（哀悼の祈り）を誦することを学んだ。カディシュを誦し「バーアガラ・ウヴィズマン・カリヴ」という個所にくると、アガラはブッヘンヴァルトで囚人達が押していたカートのことである、と確信した。その後時間がたって私は、カディシュが、ヘブライ語に近い古代言語のアラム語で書かれていることを知った。カディシュがカートや死に関するものではないことも学んだ。神の偉大性の宣明なのである。私が誤解したアガラの章句は、〝迅速、すぐに〟の意味で、神の統治の速やかな到来を祈る文脈のなかで使われている。

第五二ブロックで二日間過ごした後、ウィリは私に第八ブロックへ移れと言った。私にとって、ナフタリと離れ離れになるのは、考えられないことであった。私達の母親と生き別れになってから、私はいつも兄の傍らにいたので、兄のいない生活は理解できなかった。

ホロコーストの後、私の人生で何が辛いといって、別離ほど辛いものはないようになった。一定期間勤めていた部署を離れる時が来ると、私はいつも同僚達に、送別会だけはやらないで欲しいと言うのである。儀式の伴う別れは、苦しくて耐えられず、きちんと対応できない。私にとって〝別離〟は、身を切られるような、一番辛い言葉である。〝死〟という言葉より、多分こちらの方が苛烈な意味を持つ。〝死〟は悲惨で、恐ろしい言葉であろう。しかし、時間がたてばあきらめもつく。私は魂の永遠性を信じる。私は死を、控えの間から主室へ入る通路として理解している。現世（オーラム・ハゼ）から来世（オーラム・ハバー）への橋渡しである。これと対照的に、別離は切断を意味する。私には、威嚇《いかく》的で直視するのが難しい状態である。

ナフタリは、第八ブロックの方が待遇が良い、生き残れるのはあそこしかない、と言って、私を納得させようとした。袖口にＰの文字をつけた人は生き残れるだろう。私は、その文字をつけた運のよい人のひとりである。ユダヤ人は絶対そこへ行けない。だから、どんな場合でも自分がユダヤ人であることを明かしてはいけない。言ったら駄目だよと兄は教え諭した。会いに行くからという約束に背中を押されて、私は涙ながらに兄と別れた。

ナフタリの収容キャンプはユダヤ人キャンプといわれ、第八ブロックに比べれば小さかった。二つのキャンプはフェンスで分離され、監視がいて行き来が許されていなかった。別れてから数時間後、ナフタリがフェンスつまり鉄条網の傍らに立ち、私の名前を呼んだ。私は少し落着きをとり戻していた。仕方がない。収容所の入口に近い新しいブロックに移らなければならないのだ。私は納得した。新しいブロックにはほかに子供達がいたが、私が最年少であった。

マルゴリスという名のユダヤ人が新しいブロックを出入し

ていた。時々兄と私の連絡をしてくれた。私がまだ生きていることを兄に知らせてくれたのは、彼である。囚人の大半は、ナチスの捕虜になったロシア人で、私に温かく接してくれた。私は第八ブロックのマスコットになった。ブロック長さえ私をきちんと扱った。皮肉な話であるが、彼の名はヴィルヘルム・ハマンである。ユダヤ人絶滅を企てたペルシャの大臣（エステル記三―八章）と同じ名前であった。ハマンの名前で、「異邦の義の人」の称号に値する人は、歴史上この人物だけであろう。このブロックで私の本当の出自を知っていたのは、マルゴリスを除けばブロック長だけであったと思う。私は、ナフタリの指示をしっかり守って、自分の秘密を胸にしまいこみ、誰にも明かさなかった。

何年もたって、私は元の収容所囚人の回想記を読む機会があった。そして、強制収容所でひとつの伝説が口伝えに伝えられていたことを知った。ブッヘンヴァルトで七歳半のユダヤ人の子が生きているという話である。モシャブ・ニルガリムのゼーヴ・カッツが著書『証言者の記録』(*Memorial Testimony*) のなかで、「私は、奇跡がある、奇跡は世界から消滅したわけではないという話を聞いた。彼らが私に〝ユダヤ人の子がいる。ラビの息子で、ポーランド人の子供と偽ってブッヘンヴァルトに生存している〟と語ったのである」と書いている。私がその子供であり第八ブロックで生存しているとは、当時誰も考えもしなかったであろう。

彼らが私達を引き離した後、私は兄に数週間会わなかった。長い期間のようで、私はひとりぼっちで淋しかった。一方兄は、筆舌に尽くし難い地獄の中にいた。兄は、ユダヤ人を収容する〝小キャンプ〟にいたが、その後第五二ブロックからほかのブロックに移っている。まわりは赤痢患者と死体だけの世界であったが、その間私は比較的安全なところで生きていた。

私のブロックには、フョードルというロシアの軍人がいた。ロストフ出身であったが、まるで私の守護天使のような人であった。よくジャガイモを盗んできて、温かいスープをつくってくれたものである。フョードルは黒っぽいスエーターを手に入れた。労働者の着用していたもので、つぎが当っていた。フョードルはこれを解きほぐした。そして即席の編み棒を使い、その毛糸で耳覆いを編んでくれた。ドイツ人はよく夜間起床を命じ脱帽したまま寒中行進や点呼をやった。ブッヘンヴァルトはドイツの北東部に位置し、冬の夜は厳しく、身を切る寒さである。頭をむきだしにしていると、耳がすぐ凍傷にかかる。

毎晩就寝前、私達一四名は、床の上にぎっしり詰まったような状態で、横になった。まるでイワシの缶詰のようであった。誰かが寝返りをうとうとすると、全員が体を動かして自分の位置を調整しなければならなかった。フョードルがいつも傍を通り、帽子の下に耳覆いをつけているのを確認するのである。夜間呼集で夜の寒空に立っても毛糸の耳覆いをつけていれば、安心である。フョードル自身は点呼の時、耳覆いをつけていなかった。

四四年後の一九八九年、当時ソ連邦であったロシアを訪問したとき、私はフョードルの話を紹介し、感謝の言葉を述べる機会があった。当時はグラスノスチ（情報公開）の頃で、ソ連邦が一五の共和国に分解し、鉄のカーテンが崩壊する直前の時代である。当時ソ連共産党書記長で最高会議幹部会議長であったミハイル・ゴルバチョフの側近達は、ユダヤ人社会との関係構築を勧告した。当時世界のユダヤ人社会は「我が民の出国を認めよ」（Let my people go!）というスローガンで、出国の自由を要求していた。ソ連人はこれに充分こたえておらず、抗議が続いた。ソ連政府が手を拱《こまね》いていたわけではない。ソ連におけるユダヤ人迫害に関する国際報道が、ソ連の対西側関係を阻害していると認識し、世界各地からラビ六名を正式に招いたのである。レニングラードとモスクワ訪問が組まれていた。この二大都市では、在住ユダヤ人社会のメンバーとの会合、シナゴーグ訪問もプログラムに含まれる。私は、テルアビブ・ヤッフォ市、即ち代表団では最大のユダヤ人社会の主席ラビということで、スポークスマンの役割を果たした。

モスクワでは、アークヒポヴァ通りにあるコール・ヤコブ・シナゴーグで、私達は長老格のユダヤ人数名と会い、彼らの要望をたずねた。今何を必要としているか。ソビエトが私達にクレムリンで話をする機会を与えてくれれば、相手に何を伝えて欲しいか、と聞いたのであるが、私達はソ連のユダヤ人達が日々の生活にも困るような状況にあることが、よく分かっていた。しかし、シナゴーグにいたユダヤ人は、誰ひとりとして食料、薬品あるいは出国ビザを要求しなかった。最年長の人がユダヤ人社会の火急の要望であるとして述べたのが、ユダヤ人墓地の問題であった。別個の墓地に葬って欲しいというのである。何故これが最大の懸案問題であるのか、理由をたずねると、その人は「私は片足を既に来世に入れている老人です。しかし私には、娘一人と孫が二人いる。ユダヤ人です。私が党の共同墓地に葬られるなら、孫達は自分の出自を考えることもなく、同化されてしまうでしょう。しかし私が、別個の墓地に葬られるなら、孫達は何故と問うでしょう。その疑問がでれば娘は、おじいさんはユダヤ人だったと答えられる。そうすれば、彼らがユダヤ人として生きる機会が生まれます」と答えた。

私は、ソ連に別個の墓地を設けた前例はあるか、と質問した。すると、モスクワ・シナゴーグのユダヤ人達は、アルメニア人社会は別個の墓地を持つと答えた。私は老人の要望を心にとめた。

私達がソ連に到着したのは五月一日、国際労働者祭つまりメーデーの日であった。五月三日、私達はクレムリンに招かれた。ユダヤ教の暦では、この年のこの日はニサン月の第二八日にあたる。イスラエルのヨム・ハショア（ホロコースト殉難者追悼の日）の翌日である。私は、代表団のスポークスマンとして挨拶した。ソ連側の招待に感謝する旨述べた後、突然この日のことを思い出したのである。ホスト役であるソ連邦最高会議幹部会の執行委書記テンギス・メンテシャシュヴィリに向かって、私は「メンテシャシュヴィリ同志、今日は私の四四歳の誕生日にあたります」と言った。書記は私をじっと見たが、無表情である。書記は私の年齢などに関心はない。それでも私は話を続けた。実際は五二歳ではあるが、それでも自分はこの日を四四歳の誕生日として祝っている。こう言った時私は、「書記は、こいつとうとういかれてしまったと考えたに違いない」と思った。しかし私は構わず自分の個人史を語り続けた。

「ユダヤ暦によると、今日はニサン月の第二八日です。昨日はホロコースト追悼日でした。米軍がドイツのブッヘンヴァルト強制収容所を解放したとき、私は囚人としてそこにいました。米独両軍の銃撃戦にまきこまれた私は、自分の体を盾として私を守ってくれる人がいなかったら、恐らく殺されていたでしょう。この人について私が知っているのは僅かです。非ユダヤ人でロシア人捕虜、名前はフョードル、ロストフ出身の方でした」

「メンテシャシュヴィリ同志、ブッヘンヴァルトの身の毛もよだつ恐ろしい状況の中で、ロシア人民とユダヤ人は力を合わせ、ナチスに抵抗し、サタンと悪と、無辜《むこ》の人民殺戮と戦ってきました。解放以来私は、この日を私の誕生日として祝っています。ロシア人フョードルがいなかったならば、私の命は断たれていたでしょう。四四年前のこの日、私は八歳でこの世に再び生を享《う》けたのです。フョードルのおかげによるところ大です。あの困難の時代、私達は協力できました。今日は駄目、できないということがあるでしょうか。あなた方と力を合わせ、悪と戦い憎悪と戦う。これが私達の考える貴国訪問のゴールです」

メンテシャシュヴィリは、テーブルの中央から鉛筆をとった。補佐のひとりが彼に黄色いメモ帳を渡した。そして書記はキリル字で〝ロストフのフョードル〟と書いた。翌日、ソ連邦最高会議幹部会の機関紙イズベスチャが、ソ連を公式訪問したラビ代表団について報道した。同紙の別のページには、フョードルの消息を求める記事が掲載された。名前はフョードル、ロストフ出身、一九四五年四月一一日ブッヘンヴァルトから解放された人物。本人を知る人はクレムリンに連絡されたし。番号は以下の通りとある。

フョードル探しは結局失敗した。しかし、この話は別の効果があった。クレムリンのマホガニーテーブルのまわりに張りついていた氷を溶かし、和気藹々《あいあい》とした空気となり、メンテシャシュヴィリのスタッフ達と会話がはずんだ。私は頃合を計って、別個の埋葬地の話をした。通訳のキリルを介して、メンテシャシュヴィリが、このような要請をされるからには事前に調査されたと思うが、ソ連に前例はあるのかと問うた。

私は、アルメニア人社会は別個に墓地を持っている、と自信をもって言った。書記は注意深く聴いていたが、例のシャープペンシルを手にとって、テーブルをとんとんとつつきながら大声一番、「もしそうなら、我々は差別してはならない！　アルメニア人が持っているのなら、ユダヤ人も持って然るべきだ」と言った。そして語を継ぐと、「今日は、五月三日、そうですね。一九八九年九月一日に、当方のアレクサンドル・ヤグディン教育相が、『ユダヤ人はほかの少数民族と同じように、自分の望む学校で子弟を、学ばせる権利がある』と発表します。ラビ・ラウ師、猊下《げいか》は墓地について私に話をなさったが、ここにユダヤ人学校についてもお約束します」とつけ加えた。

これは本当に驚きであった。私はこのような気前のよいジェスチャーを期待していなかったので、狂喜した。墓地の夢が本物になったのだ。シナゴーグのあの老人の顔が浮んだ。

私達ラビの代表団とロシアの指導者との間にあったよそよそしい壁を打ち砕いたのは、ブッヘンヴァルトにいたロシア人軍人の話である。私達がブッヘンヴァルトで別れてから数十年がたつのに、フョードルは今日の合意に間接的な寄与をしてくれた。彼のおかげで、ソ連のユダヤ人は別個の学校と墓地を持てるようになったのである。この成果に自分が貢献したことを、本人は分かっていない。しかしながら、身も凍るブッヘンヴァルトの恐ろしい状況のなかで、彼のおかげもあって私はブロックで生き長らえた。彼は勿論この事実を知っている。彼が認識しているのはそこまでであろうか。

私は〝ポーランド人の子供〟であり、Pという文字が持つ力で生存できたが、日常生活は大変きつかった。それでも、この暗黒の中でも一条の光はあった。私の記憶でいつも輝いているのは、勿論ナフタリである。私のいるブロックは鉄条網で囲まれていたが、兄はよくそこへ来た。来る度に前よりも衰弱しているのが分かる。日々やせ衰え、やつれていくようである。弟の私ルレクは、マーガリンを塗ったパン一切れを大切にとっておき、兄にあげた。兄は薄い一切れのパンをかじる。私は大満足でその姿を見ているのであった。肉親の兄のため一切のパンを確保し、食べていいよと言える。私には誇らしいことであった。このパンのおかげで、兄の体重の減り具合が小さくなったかなとも思った。兄のために靴を入手しようと頑張ってみたが、こちらの方はうまくいかなかった。

私の〝帰属〟は、ユダヤ人ではないポーランド人児童の〝身分〟であったが、そのようなことにお構いなくナフタリは、収容所内のユダヤ人の動静について、いつも私に教えてくれた。私は極めて幼かったので、ユダヤ教についてまだ教育を受けておらず、ユダヤ人社会の慣習も祝祭日に関する知識も非常に限定されていた。

ペサハ（過越祭）が近づき、ナフタリと友人達は、一週間の期間中発酵パンをどうしても口にしない決意であった。パンの配給は一日三・五オンス（一〇〇グラム弱）にすぎない。それでも兄達にとって、ペサハの律法を守ることが大切なのであった。数ヶ月前から、つまり一月の初めからジャガイモ集めに着手し、準備を始めている。兄達は私にこの準備を教え、意義を説明してくれた。囚人達は一月になる前からジャガイモの取り引きを決める。物々交換で、一日分の配給パンがジャガイモ三個で交換された。しかし祭日が近づくと、商取引のルールも変わってきた。

私はペサハのしきたりを守らなかった。なにも知らなかったというのが第一の理由である。ある日、ナフタリの弱々しい声がした。私を呼んでいる。第八ブロックの鉄条網へ走っていくと、亡者のような姿で兄が立っていた。ここまで重い足をひきずりながら来たのである。兄はポケットからジャガイモ数個をとりだし、焼却炉での遺体処置作業で邪魔になると言いながら、私にくれた。兄はペサハのために貯えていたものを持ってきたのだ。大事に保管しておくのだよと言った兄は、ジャガイモが大切な理由を説明し、発酵食品に手をつけてはならない訳をつけ加えた。私はこのジャガイモを命懸けで守った。

プリム祭についても、ブッヘンヴァルトのユダヤ人達は、ペサハの場合と同じように、この祭りのしきたりを可能な限り守ろうとした。しかし、食料を友人に贈ったり、貧者に贈物をしたりあるいは祭りの御馳走をたべたりするのはできなかった。この祭りの中心になるメギラット・エステル（エステル記）を読もうと考えたのであるが、誰もエステル記を持っていない。それでも彼らはあきらめなかった。祭りが迫る頃、収容所内の年配者数名が会合を開き、絶望に陥ろうとする心をふり払い、記憶をもとにエステル記を文章化しようと決めた。それぞれ自分の覚えている個所を書きとめ、ブロックの年配者がつくった委員会が、これをまとめて編集し、エステル記を再構築するのである。

重要な個所なら、全員が記憶していた。例えば、「アハシュエロス（クセルクセス）の時代のことである」、「ユダヤ人にとって輝かしく、祝うべきこと、喜ばしく、誇れることであった」、「要塞の町シュシャン（スサ）に一人のユダヤ人がいた。名をモルデハイ（モルデカイ）といい……」「モルデハイはひざまずかず、敬礼しなかった」などである。囚人達は、廃棄された粟袋《あわ》を引き裂いて作った黄色いノートに木炭で書きとめ、これを編集した。プリムの始まる夜、ブッヘンヴァルトのユダヤ人達は、この手作りエステル記を読んだ。文章が不完全であり、羊皮紙に書かれておらず、律法の定める条件をみたしていなかったので、彼らは祝福を誦唱することができなかった。それでも彼らは、記憶の底からひきあげたものを組み立て、状況が状況であるから質素にならざるを得なかったとはいえ、伝統的なプリム祭の雰囲気をかもしだすことができたのである。

夕べの行事のしめくくりに、ユダヤ人達は象徴的な語句を歌った。「ヤコブのバラは歓喜し、意気あがり……／あなたはどの世代でも常に彼らの救い、彼らの希望／……あなたに希望を託す人は恥をかかせられることはなく／あなたを信じる人は、永遠に名誉を傷つけられることはない」といった意味の歌である。彼らが「私を滅ぼそうとした者ハマンよ、呪われよ」と歌ったとき、この個所が誰をさすのか、全員が分かっていた。そして「ユダヤ人モルデハイに祝福がありますように」というくだりは、会衆全員に大きい希望を与え、励ましとなった。

ささやかにプリム祭を祝った日の翌朝、ユダヤ人達は日の出前から強制労働につかされた。なかには歩行困難の人も何人かいた。転ぶと雪の中に埋められてしまうか、ウクライナ人監視兵に銃の台尻で頭を殴打され、二度と立ち上がれない。ブッヘンヴァルトのプリム祭について私に話をしてくれたユダヤ人達は、あるグール・ハシッドについても語った。名前をアブラハム（アブルム）・エリヤフという。この方も、私の少年時代の英雄になった人物のひとりである。いつも懐かしい思い出が一杯である。背が高く肩幅のがっちりした大男で、力があっておまけに強い個性の持ち主である。私達が言う〝本物のゴリアテ〟に、ぴったりの人だった。ほかのユダヤ人達と違って、背筋がぴんとして堂々としていた。ほかの人と違って歩行も問題なかった。バラックから作業に出る時は、列の先頭に立つことはなく、いつも最後尾に位置して、歩行困難者達に力を貸し、落伍しないように支えた。皆はイーディッシュ語で、アブルム・デー・プッシャ（押し屋のアブルム）、アブルム・デー・シュティッパー（引張り屋のアブルム）と愛称をつけた。右手で今にも倒れそうな人をつかみ、左手ではふらふらの人を支え、胸で推して進む人だった。ユダヤ人がよろめき始めると、素早くつかんで、力を貸すのである。まことに素晴らしい人で、ウクライナ人すら彼を崇拝した。

プリム祭の夕べと翌朝に手作りのエステル記を読んだ後、アブルムはいつものように倒れそうな人達を支え、命を救った。このタフなユダヤ人を大いに尊敬していた、ウクライナ人監視兵が、我慢しきれなくなって、アブルムの耳許で二つの言葉を囁いた。「ヒトラー、カプート」と言ったのである。ヒトラーはくたばったの意である。このニュースは、列の最後にいるアブラハム・エリヤフから先頭まで、まるで野火のひろがるように、またたく間に伝わった。すると、今にも倒れそうなムーゼルマンが、突然しゃきっとなり、背筋をぴんと伸ばして、誰の助けも借りないで、歩き始めた。列の中ほどにいた人が、ぶつぶつ何かを唱え始め、やがて全員が唱和した。「私を滅ぼそうとした者ハマンよ、呪われよ／ヤコブのバラは歓喜し、意気あがり……」。祭りの夕べの歌が翌朝再び歌われた。解放の約一ヶ月前の話である。ブッヘンヴァルトでユダヤ人達が歌を斉唱しながら強制労働に向かったのは、その時だけであった。

ブッヘンヴァルトのユダヤ人達は、過越祭の初夜の行事であるセデルも祝った。記憶をたどりながら、彼らは祝祭日の歌カレヴ・ヨムを歌った。「昼でも夜でもない日が近づいている／主は汝《なんじ》の町に昼夜をわかたぬ警護をつけられた／夜の闇は、昼の光のように照らされる」。セデルの時に読むハガダーや種なしパンのマッツァもなかった。発酵していない食べものは、ジャガイモしかなかった。しかし、強制収容所の過酷な状況のなかでも、ユダヤ人達は懸命にユダヤ教の伝統を守ろうとしたのである。

四月になって、遠く近くで殷々《いんいん》たる砲声を聞くようになった。噂がとびかった。戦争は終わりつつある。ナチスは敗北した。これで生きのびられる。希望はある、いや可能性が強まった等々、話がひろがった。第八ブロックの住民は、ほかの誰よりもこの希望に確信がもてた。他のブロックと比べると、生活条件が比較的に良かった。一日一杯のスープを支給されていた。殴打は左程頻繁ではなく、ほかのブロック住民のような強制労働につかされることはなかった。第八ブロックに移されなかったなら、私は生き残れなかったと思う。

戦争は終わりつつあった。ドイツ人達は終戦前に収容所を撤去することに決めた。囚人達は列車でほかの所へ移送する意図である。ナフタリは、移送対象のひとりであった。兄は別れを言いに私のところに来た。グループを離れて私のところまで重い足を引きずってくるのは、大変危険なことであった。しかし兄にとって、弟が自分の移送を知っておくことが、極めて重要なのであった。私達のブロック入口にSS兵達が立っていた。兄は、このような厳戒態勢を初めて見たので、非常に心配した。第八ブロックを解体するのか。それとも、少なくともそこにいる少数の児童を、収容所の囚人諸共始末するのか、と兄は考えた。

監視兵達がいて危険なのであるが、ナフタリはそれでも私に別れを言おうとした。もっと安全な所を探して兄はブロックの裏側にまわった。そこにはSS兵がいなかった。兄は力をふりしぼって、私の名前を呼んだ。兄が私に話したのは僅か一分である。しかし、兄の口をついて出る言葉は、あたかも遺言のようで、一語一句私の心に刻みこまれた。

「ルレク」と兄は言った。「私は連れて行かれる。連れて行かれた所からこちらへ戻れない。再会できるといいけど、どうなるか分からない。君はあと数ヶ月で八歳になる。立派な大人だ。本当の話は隠せない。隠そうとも思わない。この地獄からは助からない。もうこれで世界の終わりだ。お父さんはもういない。ミレクもだ。母がどうなったか分からない。どこかで私達のことをずっと考えているかも知れないね。しかし、本当に生きているか、兄さんには分からない。今度は兄さんの番だ。君はひとりぼっちになる。でも、ここには友達がいる。ブロック長のハマンはいい人だ。フョードルは君が好きだ。そしてマルゴリスも、少しは君の面倒をみてくれるだろう。奇跡が起きて、君はずっと生きているかも知れぬ。こんなことはいつかは終わる。ここに来たのは、君に言っておきたいことがあるからだ。よく聞いておくのだよ。

この世界に、エレツイスラエルという所がある。エレツイスラエルと言ってごらん。イスラエルの地という意味だよ。さあ、兄さんの後からもう一度言ってごらん」

私はヘブライ語を知らなかった。しかし、意味は分からなかったが、この二つの語を繰り返して言った。「エレツイスラエルはユダヤ人のお家だ。昔々外国人達が私達をそこから追い出したのだよ。私達は戻らなければならない。外国人達が殺さない所は、世界でもそこしかない。君が生きていれば、きっと君をどこかへ一緒に連れていこうとする人が、現われる。君は良い子だからだ。しかし、どこへも行ってはいけないよ。兄さんの言うことをよく覚えておくのだよ。君が行く所はエレツイスラエルだけだ。あそこにはひとりおじさんがいる」

ナフタリは、ラビ・モルデハイ・フォーゲルマンのことを言っているのである。カトヴィッツェにいたラビである。おじは一九四〇年にパレスチナへ逃げ、キリヤトモツキンのラビになっていた。しかしナフタリは、細々したことを言わなかった。兄は、おじがいると言っただけで、「エレツイスラエルのおじさんは、私達に何が起きたか知りたいだろう。君がエレツイスラエルに着いたら、名前をだして、ピョートルクフのラビ・ラウの息子と言いなさい。これだけ知っていれば充分だ。君の名前を手掛りに、皆がおじさんを探すはずだ。さよならルレク。忘れるな、エレツイスラエルだよ」

兄は、そう言うと収容所の門の方へ歩いて行った。私は、視界から完全に消えるまで兄の後ろ姿を見ていた。胸を引き裂くような私の泣き声が、いつまでもいつまでも聞えていた。兄の述懐である。

ドイツ人達は、各ブロックから全員を集め、ゲートの所へ移動させた。残虐行為の目撃者である囚人を一人でも残さないためである。それから彼らは、駅に待機中の列車に囚人達を積みこんだ。そして彼らの思惑どおり、生きて移送列車を降りた囚人は、ひとりもいなかった。解放から二週間たって米軍が遺棄列車を発見した。車両の中には死体が何百体も山積みになっていた。ブッヘンヴァルトの囚人達であった。

ナフタリは、乗降場に残った囚人のひとりであった。全員を乗せきれず、ドイツ人達は積み残しの囚人を木工所として使われていた建物に入れた。次の移送列車が到着するまで待機ということであった。ナフタリは脱走を考え、窓を割って三階から収容所の敷地内に飛び降りた。

一九四五年四月五日、ナフタリは、脱走を試みたユダヤ人数十名と一緒に列車に詰めこまれた。結局失敗したのである。兄はあきらめず、走行中の列車から飛び降りる決意であった。しかし、この一週間で体力はどんどん衰えてしまった。兄は体の萎《な》えを感じながら、自分の任務を考え勇猛心を奮いおこした。一九四四年一一月のあの時、自分にささやいた母の言葉が、今なお耳に残る。母は「あの子から目を放さないでね」と言った。一九四二年一〇月には父が「ルレクを救え」と求めた。この義務感が兄を支えた。列車から飛び降りたナフタリは、森や野原を長時間歩き続け、収容所のゲートまで戻った。そして、最後の力をふりしぼって第八ブロックへ這って行き、その近くで力尽きた。二時間後（一九四五年四月一一日）、米軍航空機がブッヘンヴァルトの近くに着陸した。

米兵はナフタリを病院へ運び、隔離した。第八ブロックの誰かが私を病院へ連れて行った。私は兄の物凄い形相を見て、ぞっとした。しかし、兄が生きていたので嬉しかった。兄はチフスにかかっていた。毎日私はその隔離病棟に行き窓越しに兄を見ていた。兄は少しずつ回復して行った。ところが、今度は私がはしかにかかってダウンした。

ナフタリは、本当に私の英雄である。今でも日常生活の中で、死の移送列車から飛び降りる兄の姿を思い描く。自分の命を救うためではなく、弟の私をブッヘンヴァルトの第八ブロックに置き去りにしたからである。一九四四年一一月のあの日ピョートルクフの駅の騒ぎと混乱の中で私を押しつけながら「トゥレク、ルレクの面倒を見るのよ」と叫んだ母の声。そして家系をつなげという父の命令。ナフタリには任務があった。絶対に失敗は許されない。何とか生き抜いてまっとうする責任があった。それが、兄に生きる力を与えたのである。兄は、長時間、飢えと寒さと病気に苦しみ、眠れぬ日も続いた。そのため、人間的要求を失った。しかし、そのまま沈んでしまってはならぬことを、兄はよく知っていた。あきらめてはいけないのである。

ナフタリは、一九九七年出版の回想録『バラムの託宣』で、次のように結んだ。

> この五〇年間私は、トレブリンカに移送される前に父が私に託した責任を、守ってきた。父は、当時五歳の虚弱児の面倒を見よと言ったのである。小さくて三歳児、いやもっと幼く見えた。以来三年私は、私達がルレクと呼んでいた弟イスラエル・ラウの父親・母親・後見人そして守護者として行動した。状況が状況であり、私はしばしば絶望感に襲われ、自分自身度々破滅の淵に追いこまれた。普通であれば、私達の家族にふりかかった恐るべき運命に屈したであろうが、弟の安全を守りラビの家系である一家の血

を絶やすなという父の指示があった。私達の命のために戦うという使命観が、私に生き抜く力と意志を与えてくれた、と思っている。

ユダヤ暦のアダル月第一日（西暦一九九三年二月二一日）、私と弟はエルサレムの西壁の前に立った。ユダヤ人にとって世界で一番神聖な場所である。そこで私達は一緒に午後の祈りを捧げた。四八年前、私達が初めてエルサレムに来たとき、この同じ場所に立った。当時まだ幼かった弟イスラエル・メイルは、自分が何を見ているのか理解できないまま、西壁の岩石を眺めていた。時は流れ、弟はラビとしてイスラエル最高の地位に選ばれることになった。今回、その選出の二時間前に私と一緒に同じ場所で祈りを捧げたのである。私の弟は、死の収容所の灰の中から立ち上がり、その日イスラエル国の主席ラビに選ばれた。私は近くから見上げ、自分の両眼から涙の湧きあがるのを感じた。私は、西壁を後にするとき、私の肩の荷がおりたようで、使命意識から解放されたと思った。殆んど不可能にみえた私の任務は、ついに完遂されたのである。

第五章　解　放

もう去らせてくれ。夜が明けるから。――創世記三二章二七

一九四五年四月一一日。ブッヘンヴァルト解放の日、私は第八ブロックで、風に舞う木の葉のように震えていた。どうにかして助かりたい。考えることはそれだけである。私は、ジャガイモの皮を集めて口に入れ、無くなるまでもぐもぐ噛んだ。私は隠れ場にちぢこまり、誰にも見付からないように、息をひそめていた。外で何か起きているのは知っている。解放の話でもちきりであったが、誰が解放者か、アメリカ人かロシア人か、私達には全然分からなかった。

あちこちで、ひそひそ声がする。ソ連軍かどうか分からないが、軍隊が来ても、本当に解放されるのか分からない。そのような不安を語りあっているのであった。私は幼かったので、詳しいことを知る由もなく、小間切れの情報を聞きとるだけであったが、まわりの緊張感は分かった。私の保護者であるフョードルは、ナチの悪漢共が解放者の来る前に、最早これまでと私達を一人残らず始末するのではないか、と恐れていた。サムソンが、敵と一緒に立っている建物の柱を押し倒す前に、「私の命はペリシテ人と共に絶えればよい」（士師記一六章三〇）と叫んだようにである。

恐ろしい話であった。救い主が来るまで、この数日間を何とか切り抜けなくてはと、私は自分に言いきかせた。銃弾が至るところから飛んでくる。米軍と包囲された独軍が撃ち合っているのだった。第八ブロックとゲートの間に立ってい

ると、フョードルが抱えるようにして自分の体で守ってくれた。ゲートの外では激しい砲爆撃戦が展開していた。爆発の度に、私達のブロックがみしみし揺れた。子供心にも大変なことになっているのは分かった。しかし私は、その意味をつかみきれなかった。ぴんと張りつめた空気、ひそひそ話、そして私のまわりの人々がみせる感情のたかぶりを感じるだけである。

解放の日の朝、私は第八ブロックの内庭に立っていた。収容所のゲートに近いところである。バラックの外では、人々があてもなくそこいらを動きまわっていた。今まで見たことのない光景である。収容所の厳しい規則に違反して、皆作業に出ていない。〝普通〟の日であれば、ブッヘンヴァルトの鉄の規律からみて、このような光景は絶対にない。ところが、ある日突然すべてが瓦解《がかい》した。規律の鉄塔が微塵に砕け散り、跡形もない。規則など初めから存在しなかったかのようである。

収容所上空には数機の飛行機が旋回していた。あたかもパイロットがあの黒々とした場所を探るかのように、旋回する度に高度が低くなってくる。

私の記憶では、解放とこの飛行機、そしてまわりの人々の反応が強く結びついている。飛行機が旋回する度に、内庭に立って上空を見上げている人達は、帽子を振り、声を振り絞って「フレー、フレー」と叫んでいた。誰に対して何故万歳を叫んでいるのか。私は分からなかったが、皆が歓喜しているのは感じた。

すると、噂が伝わってきた。アメリカのジープがゲートを倒して、ブッヘンヴァルトの中に入って来たという。これで全部はっきりした。ナフタリは、自分の回想録『バラムの託宣』で、ジープからアメリカ兵六名が飛びおりた、と書いている。「その数名の兵がかぶっていたヘルメットをとった。そして私達を見た。衝撃をうけたようである。私は、まわりに立っている囚人数十名の顔を見た。私と同じようにまさに仰天している。全員がこの六名を見つめている。兵士のうち一名は黒人だった。この兵士達こそこんなに長い間待っていた救い主」であった。

六名の兵士は、キャンデーと煙草をばらまき、後の仕事は後続する師団主力に任せるというわけで、ジープに戻るとどこかへ行ってしまった。

私達の苛烈な苦しみは終わった。ゲートの上に揚げられていた「運命は人それぞれ」という傲慢な言葉は、突如として力を失った。この語句にまつわる恐ろしい意味は最早存在しない。第八ブロックに残っていた人達は、あっという間にいなくなった。ゲートが壊されたのは本当か噂にすぎないのか、自分の目で確かめようとしたのである。人の群れはひとつの流れとなって、あたかも水が堤防からあふれるような勢いで、ゲートへ向かった。私も皆と一緒に走った。フォードルは私の手をしっかり握り、私を守ろうとした。どうしたはずみか、私は彼から離れた。あるいは群集が間に入ってきたかも知れない。いずれにせよ私は、彼の付き添いなしでゲートに向かって駆けた。

私は当時八歳未満で、その日の出来事の多くは直接記憶していない。現場にいた人々が数十年後私に語ってくれた話が多々あり、本記事はそれにだいぶ依拠している。

皆が大騒ぎしているとき、突然銃撃音がした。監視塔から撃っている。収容所ゲートの、例の言葉の上にかかっていた時計に、弾が命中した。時計の針は三時一五分で止まった。あれから四〇年以上たった一九九一年一月、私はこの収容所を訪れた。驚いたことに、あの時計はまだ三時一五分を指したままであった。何故修理して正確な時を刻むようにしないのかと問うと、私の案内者は、「この時計は、一九四五年四月一一日、ブッヘンヴァルト解放の日に止まりました。以来、記念、追悼の意味でそのままにしてあるのです。私達は意図的に壊れたままにしています」と答えた。簡単明瞭、特に私には極めて意味のある言葉であった。針の止まった時計を見詰めていると、ブッヘンヴァルトの子供の頃に引き戻された。感慨無量である。風に舞う木の葉（ヨブ記一三章二五）の存在であった時代から解放の日までの長い道程、そしてその日から今日までの時間の流れを、つくづく考えた。

成人になった私が、こうして収容所内を見学していると、拷問室の前に来た。厚い壁に囲まれ、鉄格子のついた小窓しかない所である。その窓の下枠のところに、文字が見えた。近寄って調べると、イーディッシュ語が五文字、深く刻まれている。ネクマと読める。報復の意である。拷問にのたうつユダヤ人が、自分の爪だけで固いコンクリートに文字を刻まなければならぬ。私は、本人の決意の強さを想像できるだけである。

そのユダヤ人は、最後の日を迎える頃、自分の中で力をふりしぼって誓ったに違いない。私はそのエネルギーと驚く程の精神力を感じた。私は、この人の苦しみとナチスがやったことに対する報復の遺言、を感じとった。恐怖の時代から数十年たち、イスラエルの公式代表のひとりとして、再びブッヘンヴァルトの地に立ち、コンクリートに刻みつけられたヘブライ文字を見詰めていると、自然と涙が湧いてきた。

後年、ブッヘンヴァルト解放の日について語ってくれた人のひとりが、イスラエルで六番目に大きい都市の住民である。一九七八年、私が四一歳の時、この沿岸都市の重鎮達が、市の主席ラビ選挙に立候補しないか、と応募をすすめた。私はこのような重責を担うにはまだ力不足の若輩であった。それでも彼らは、選出される可能性が高い、是非立候補して欲しいと言った。私は、当時市長であったルーベン・クリーグラーを初めとする市の行政責任者や労働党支部幹部の出席する選考会に出た。私は市長に、選出されるならば自分の直系にあたるラビの家系に従い、その道を継いでいく、と言った。※

私は、市長及び幹部職員達と四時間にわたって話をした。その間、縮れ毛で白髪の男性が、一言も発せず黙って座っていた。その話し合いは終わった。私が立ち上がり、皆に握手して辞去する段になって、その人が初めて口をきいた。

「御出席の皆様、ラビ・ラウ師。散会の前に発言することをお許し下さい。今までずっと私は沈黙していましたが、すぐにその理由をお分かりいただけると思います。ラビ・ラウ師の前に座っている間、私は一九四五年四月一一日をずっと追体験していました。私は、ポーランドの出身地ザルカから地獄のブッヘンヴァルト強制収容所へ移送されました。四月一一日、収容所上空に米軍機数機が飛来し、旋回しました。囚人達は、私もそのひとりですが、わっとバラックを飛びだし、一斉にゲートへ向かって走りだしました。六年も続いた地獄からやっと解放されると考えたのです。走っていると、銃弾が雨あられと飛んできました。誰がどこから、何故撃っているのか。全く見当がつきません。何がどうなっているのか分かりません。私達の命が危ない。判断できるのはそれだけでした。ゲートに向かって走る群れのなかに、ひとりの小さい子供がまじっていました。後で知ったのですが、名をルレクといい、八歳に満たない子供だったのです。ブッヘンヴァルトに収容されている子供はユダヤ人のはずと気付きましたので、その子に飛びかかって押し倒し、銃弾から守ろうとおおいかぶさったのです。そして今日です。私の目の前に、何とそのご本人がいるではありませんか。元気な様子です。ラビ・ラウ師こそ、そのルレク、ブッヘンヴァルトにいた子供です。

ここで皆さんに申し上げたいことがある。私、ダビッド・アニレビッチは、あの地獄から救われ、パルマッハ（英委任統治下パレスチナの軍事組織）の隊員として戦い、現在イスラエルの一都市の副市長として働いています。自分の体を張って守った子供が、自分の精神的指導者になる。皆さん、功徳とはこれを言うのです。皆さん（副市長は拳でテーブルを叩き、コップの水が揺れた）、神は見ておられるのです」

部屋がしんと静まりかえった。出席者達が、私自身を含め、びっくりして沈黙したのである。私にとって初めて聞く話であった。ダビッド・アニレビッチは私を固く抱きしめた。そして私達は口がきけないまま別れた。この後九年間、私はナタニヤ市の主席ラビとして働いた。

ダビッド・アニレビッチは、乱れ飛ぶ銃弾の嵐から私の命を救ってくれたが、私の記憶はそこが抜けている。フョードルと離れ離れになった後、銃弾が唸りを生じて飛びかい、つんざくような砲撃音がした。そこまでは覚えている。その後は、収容所のゲート付近に積みあがった巨大な死体の山の記憶である、途中の記憶がとんでいる。

私には、アメリカ兵がゲートを通って収容所に入る光景は記憶にある。後年知ったのであるが、このアメリカ兵は第六機甲師団の一部であった。戦車軍団といわれたジョージ・スミス・パットン中将麾下《きか》の第三軍に所属する。あたりには死体が散乱し、なかには撃たれて間もない死体もあって血が流れている。そして、縦縞入り囚人服を着た、やせ細って案山子《かかし》のようなムーゼルマンがさ迷っていた。その光景を見たアメリカ兵の表情は、今でも思い出す。ドイツ兵達が退去する際、置土産とばかり手当り次第に撃ちまくったのである。アメリカ兵達は相当ショックを受けたらしく、凍りついたようにしばらく立ちつくしていた。私も凍りついた。収容所内に入って来た新しい軍隊に仰天したのである。私達に乱暴する新手の敵か、それとも味方か。判断がつかないから、

※原書注・私は、自分の両親と生まれた町の説明をした後、市長に出身地をたずねた。すると市長は「ポーランド東部のガリツィア地方」と答え、「父はリヴォフ、母はクラクフ出身です」と言った。「ガリツィア地方の何という町です」と聞くと、市長は、なに小さな町です。名前を言ってもどこにあるか分かりませんよと言って、答えてくれない。私はそれでは承知せず、「町はどんなに小さくとも、特徴があり、独自の伝統があります」とくいさがった。根負けした市長は、プロブズナの生まれと言った。そこは、私の先祖のひとりラビ・ダビッド・ハレヴィ・セガルが、町のラビとして働いていたところである（第二章参照）。師は宗教法の注解書『トゥレイ・ザハヴ』の著者である。「私の先祖はあなたの町のラビでした。その子孫があなたの市のラビになるかも知れませんね」と私は言った。市長は大変感動したようで、子供の頃父にラビ・セガル師のシナゴーグに連れて行かれた、と懐かしそうに説明した。

死体の山の陰に隠れた。

米第三軍の従軍ラビは、ハーシェル・シャクター師であった。後年主要在米ユダヤ人団体会長会議（CPMAJO）の議長になった人物である。シャクター師はジープから降りて、死体の山の前に立った。まだ血の流れている体も沢山ある。うめき声も聞えた。師は、突然自分を見ている目を感じた。ぞっとした師は、兵士の本能でピストルを引き抜くと、警戒しながらゆっくりとまわりこんだ。そして足許の私にぶつかった。師は、両眼を大きく開いて睨みつけている私を見て、ぎょっとしたらしい。殺戮の現場、血の海の中に、いきなり小さい子供に出くわしたので、驚くのも当然である。

私はじっとしていた。師はすぐ落ち着きをとり戻した。このような所にいる子は、ユダヤ人以外にいないからである。師はピストルをホルスターに収めると、私を両手でかかえあげ父親のように抱いた。そして、アメリカ英語の強い訛《なま》りのイーディッシュ語で、「ヴィアルト・ビスト・ドゥ・マインキント?」（何歳だね、ボクは）とたずねた。

私は師の両眼に涙があふれるのを見た。それでも私は、染みついた習慣から、いつも身構えている人のように、用心しながら答えた。「どうしてそんなこと聞くの？　僕の方が大人なのは分かっているでしょう」。師は、涙を一杯ためた目で私を見詰めて微笑み、「どうして、君の方が年上と思うの？」とたずねた。私は躊躇《ちゅうちょ》せず、「おじさんは、子供のように笑ったり泣いたりしているからだよ。僕は長い間笑ってないよ。もう泣くこともできない。どっちが大人か分かるでしょう」と答えた。

すると、師は私に自己紹介した。会話の空気が変わった。ラビ・シャクター師が私のことをたずねたので、私は、ピョートルクフのルレクと答えた。

「お家は？」

「お父さんはピョートルクフのラビです」

「それでずっとひとりでここにいたのか。お父さんはどうしたか」

「お父さんはいません。お母さんもいません。でも、お兄ちゃんがいます。倒れちゃって。今病気です。ここにいるよ」

ラビ・シャクター師は、私の父のことを聞いたことがあると言った。私はすっかり信用されてしまった。ラビ・メイル・シャピーラについても耳にしたという。父の従兄弟で、ルブリンのラビ。タルムードの日割研鑽『ダフ・ヨミ』の提唱者である。私はわくわくした。

それから、このアメリカ人ラビは、私の手をとり、一緒にバラックへ行って、解放を知らせてまわった。バラックによっては一緒に入ったところもあるが、ラビがひとりで入ったバラックもある。なかの惨憺《さんたん》たる状態が記憶にある。かいこ棚に折り重なるように押しこまれている人々。痩せさらばえ、立ち上がる力もなく虚空を見ている人々、万歳と叫びながらゲートへ向かって走れた人達ではない。アメリカ人ラビは、イーディッシュ語で「ユダヤ人よ、君達は解放されたぞ！」と叫んだ。収容者達は、信じられない様で、「軍服を着てイーディッシュ語で絶叫しているこのメシゲナー（気狂い）は一体誰だ」といった、怪訝《けげん》な顔をしている。

　実際、それは不思議でシュールな光景であった。痩せ衰えた囚人達がかいこ棚に横たわり、如何にも力のありそうな恰幅のよいラビ・ハーシェル・シャクター師が、まっすぐな姿勢で、救済を告げる使者として、その前に立っている。このユダヤ人達は、預言者ゼカリヤが描くように「火の中から取り出された燃えさし」のようであった（ゼカリヤ書三章二）。

　ラビ・シャクター師は、所内のバラックを全部まわった後、ナフタリ探しを始めた。私達はブッヘンヴァルト病院へ行った。ここで兄はチフスの治療をうけていた。ラビは「私の名前はハーシェル・シャクターといいます」と述べ、「ブッヘンヴァルトを解放した師団の従軍ラビです」と自己紹介した。そして自分のバッグからオレンジジュースの缶を数個取り出しながら、「私は君が誰か知っている。私が君を助ける。もう大丈夫だ。安心し給え」と励ました。ラビは、「私達は奴隷の身分から解放され、自由になったのだ」と出エジプト記の話に触れながら、マザルトヴ（おめでとう）と言って話を結んだ。ナフタリは、解放後自分に救いの手を差しのべた最初の人として、ラビ・ハーシェル・シャクター師の名をあげ、ラビが自分自身に対する自信と人間性に対する信頼を回復してくれた、と言っている。

　私は、ラビ・シャクター師と会った時の記憶の一部は八歳児の空想、と長い間考えていた。しかし、記憶内容が正確であったことは、一九八三年四月一一日に確認された。この日、ブッヘンヴァルト解放三八年の記念会議が、ホロコースト生き残りやワルシャワ・ゲットー・レジスタンス機構（ＷＡＧＲＯ）が中心になって、開催された。会議は、ブッヘンヴァルトを解放したアメリカ軍の役割に焦点をあて、ナフタリ、ベンヤミン・ネタニヤフ（当時駐米イスラエル大使館次席）、イスラエルの国立ホロコースト記念館ヤドヴァシェム会長ギデオン・ハウスナー、ロナルド・レーガン大統領などが招待された。ブッヘンヴァルトの生き残りを代表して、ナフタリと私以外に、作家のエリ・ヴィーゼルが出席した。ヴィーゼルは、当強制収容所の囚人であり、解放後フランスへ行った人である。会議の主催側を代表して、アメリカ・ホロコースト生き残り協会（American Association of Holocaust Survivors）の会長が、ラビ・シャクター師との出会いについて私に話を求め、それから「あなたがびっくりすることがありますよ」と言って微笑んだ。

米海兵隊軍楽隊が、パルチザン賛歌として知られるイーディッシュ語の歌「ツォグ・ニット・ケインモル」（道は行き止まりと〝決して言うなかれ〟の意）を奏し始めた。いよいよ私の出番である。ホールは薄暗く、私が舞台に向かってはしご段を上がり始めると、スポットライトがあてられ足許を照らした。そして舞台にあがると、スポットライトが動き、今度は壇上の人物を照らした。私はすぐに分かった。ラビ・シャクター師が立っていたのだ。師の背後の壁には、巨大な写真が投影されていた。小銃を抱えた子供の私で、解放後ブッヘンヴァルトを出る時の姿である。

「突然私は、死体の山からこちらを覗いている目に気付きました」。ラビ・シャクター師は、三八年前の状況を思い出しながら語った。「私は思わずその子を抱きかかえました。涙がでて仕方がなかった」

会衆は、シャクター師の語るブッヘンヴァルトにおける出会いに、大変感動した。レーガン大統領は私の手をしっかりと握り声をつまらせながら、「この伝説的生き証人にどうしても会いたかった」と言った。

収容所解放後、私はしばらくブッヘンヴァルトにとどまった。ブッヘンヴァルトは、ゲーテやシラーを生んだヴァイマール市の郊外である。皮肉なことに、収容所は、ドイツ文化の殿堂であるドイツ国立劇場から徒歩で僅か一〇分の距離しかない。解放後パットン中将は、ヴァイマール住民を収容所に招くことを決めた。住民はすぐ傍らの地獄を自分の目で確かめるべきと考えたのである。

私が収容所のなかを何の恐れもなくぶらぶら歩きまわっていると、ヴァイマールの住民達がいた。女性と老人男性が殆んどである。そこへ突然指揮車が走って来て、私の傍でとまった。そして大男のアメリカ兵が、私を軽々と持ちあげた。片手で私の両足首を握り、もう一方の手で肩をつかんで、高々とかかげ、ドイツ語でヴァイマール住民に向かって叫んだ。「この小さな男の子が見えるか。この六年間君達が相手にして戦ってきたのは、これだ。この子の存在故に、君達は世界戦争を始めたのだ。彼は国家社会主義の敵であり、ナチスにとって不倶戴天の敵というわけだ。小さいポーランドの子だよ。君達はこの子の父親と母親を殺した。そしてこの子も殺すところだった！　君達が総統に従ったのは、このためだったのか。このために君達は、盲目的に総統に従ったのか」

女性達は泣いていた。しかし私は誇らかな気持ちであった。私を高々と持ちあげたこのアメリカ兵は、ドイツ人に熱く訓戒してくれたのである。私は心からドイツ人が憎かった。アメリカ兵は、私のため、私の両親のため、いやユダヤ民族全体のために、話をしたのだ。

だいぶ時間がたって、私がイスラエルの主席ラビの地位にある頃、プロのバスケットボール選手として世界的に知られるカリーム・アブドゥル・ジャバーの訪問をうけた。ロサンゼルス・レイカーズの所属であった。この時、私は、自分の人生を導く標識として、この出来事をあらためて考えた。彼は旧名をフェルディナンド・ルイスといい、キリスト教徒として生まれたのだが、一九七一年にマルコムXの自叙伝を読んだ後、イスラムへの改宗を決意した。スポーツ用具会社のプロモーションで外国に行くことになり、出発前の記者会見で、私が腰をぬかすような話をした。イスラエル滞在時、主席ラビに面会を求めると述べたのだ。「実は、父親の親友のひとりがブッヘンヴァルトを解放した部隊の所属兵でした。この（私の父の）親友は、私のような大男で、小さい男の子を抱きあげ、〝こんなに小さい子を自分の敵と考え、冷酷極まりない残忍な方法で始末する。恥を知れ〟とドイツ人達を叱責したそうです」と言ったのである。アブドゥル・ジャバーは、父と自分は過去五〇年間この小さい男の子の行方を探してきたが、イスラエルでラビとしての大変な要職についたことを知ったと述べ、「私の父は信仰の篤いキリスト教徒ですが、健康上の理由から聖地へ行けません。今回の旅行で私がイスラエルに行くことを知ると、そのラビの許を訪ね、祝福をいただいてこいと言ったのです」

この著名なバスケットボール選手は約束を守り、イスラエルの主席ラビ庁のオフィスを訪れて、私と会った。感情のたかぶった訪問であった。イスラエルの有力紙ハアレツのインタビューで、アブドゥル・ジャバーは、エルサレムで私と会った時の模様に触れ、暖かく迎えられたことや話し合いの内容について熱っぽく語った。そしてこの黒人選手は、ホロコースト生き残りと会うことの意義について説明し、「今日アメリカの黒人は、アンダーグラウンド・レイルロード（奴隷制廃止前の時代逃亡奴隷を支援した組織）で脱出した奴隷の経験を理解していない。我々は、その経験をした者と話をしたことがないからだ。私は、恐ろしい地獄の生き残りと話

をする機会を得た。自分にはとても名誉なことであった。親切なもてなしも素晴らしかった」と結んだ。※1

アメリカ兵の多くは、チューインガムやキャンデー、チョコレートを山のようにくれて、すっかり私をスポイルした。彼らは、自分達の発見したあり得ない世界で、私が生き残っている事実に感動したのである。

収容所の大人達は、アメリカ兵が分配する缶詰め肉を争って口にした。しかし、その缶詰めは脂っこく（体の弱った人には）疑問の多い品質であった。何年も飢餓状態にあったので、消化する力を失っていた。ブッヘンヴァルトで解放された人の六〇％が、チフスで死亡した。無闇にこの種の缶詰をむさぼり食って、病状を悪化させたのである。私は甘いお菓子で満足した。フョードルは、ほかのロシア兵捕虜と一緒にヴァイマールとその周辺の町へ作業に行った。彼らは毎日鶏やチーズを持ち帰った。勿論私も分け前にあずかった。

フョードルは依然として私の英雄であった。ある日、馬を一頭捕まえ、馬の背に飛び乗ると、私のまわりを早駆けしたことがある。仲々恰好がよかった。手綱を口にくわえた姿は颯爽《さっそう》としていて、馬がまるで空中に浮いているように見えた。今でも記憶に鮮やかなのが、フョードルのナイフつかみである。「ルレク、見てろ！」と言うと足で馬の腹を蹴って早駆けの態勢になり、ポケットナイフを抜くと、さっと投げて地面に突き刺した。それから、横這いの姿勢から馬の腹にとりつき、あお向きになり、片手でそのナイフを引抜いたのである。太陽の光線でナイフの刃がきらりと光った。八歳の私にとって、この鮮やかな手並みは、自由と勇気を具現しているように見えた。

四月末、帰還の壮大なドラマが始まり、ロシア兵捕虜は、自国へ戻されることになった。私が大変なついているフョードルは、私が自分と一緒にロシアへ帰ることを、当然のように思った。ナフタリは衰弱し半分朦朧《もうろう》状態で、収容所病院に隔離されていた。私は病室に入ることを許されていなかった。時々フョードルと一緒に病室の窓のところへ行き、彼に肩車をしてもらい、小窓から中を覗いて手を振った。アルギッテという名のオランダ人女性が赤十字の篤志看護婦として勤務して働いており、私が小窓を叩くと、いつもナフタリをこちらへ向かせてくれた。その頃になると、トゥレクに小さい弟がいることが、収容所中に知れ渡っていた。意識が混乱しているとき、絶えず私に話しかけていたそうである。オランダ人看護婦の親切な配慮で、兄は私を見ることができた。しかし衰弱がひどく、手を振ることもできなかった。

しかしナフタリは、環境に負けるような男ではなかった。

明日がどうなるか分からぬ混沌の中でも、周到な兄はいろいろ手をうっていた。病に倒れたとき、兄は三名のユダヤ人を私の保護者に指名している。現在テルアビブに居住するドブ・ランダウ、ブルックリン在住のハイム・ハルバーシュタム、そしてシャローム・テッパーである。[※2]

ナフタリは三名に対し、ルレクから目を離すな、世話せよと命じ、自分が病気から回復しない場合は弟を頼む、エレツイスラエルへ連れて行くようにと指示していた。この三名の保護者は、私のことを逐一ナフタリに報告した。私がフォードルべったりで、彼自身引き続いて私の面倒を見ていることも報告している。ナフタリは、この三名を介してフォードルに、弟はロシアへ付いて行かない、兄と一緒にエレツイスラエルへ行くと伝えた。

シャローム・テッパーは正義感の強い人であった。ブッヘンヴァルトが解放されて一ヶ月程たった頃、生き残りの人達が追悼式を催し、仮の記念碑を建てた。彼らは、その碑に犠牲者六万一〇〇〇人の民族名を刻んだ。「ロシア人、ポーランド人、フランス人、ベルギー人、オランダ人、スペイン人及びイタリア人」である。この碑をつくったのは共産主義者達で、ファシスト圧政者のもとでの苦しみを強調したかったのである。ところが、彼らの見解によると、ユダヤ人はこの

※1原書注・二〇〇四年五月、カリーム・アブドゥル・ジャバーとアンソニー・ウォルトンが共著で『戦友——第七六一戦車大隊史・第二次世界大戦の忘れられた英雄達』と題する本を出版した。黒人兵だけで編成された戦車大隊の戦史である。大隊は、ヨーロッパ各地を転戦し、ナチスと一八三日に及ぶ激戦を展開した。大隊はダッハウ付近で戦い、マウトハウゼンとギュンスキルヘンの両強制収容所を解放した。アメリカで一九九二年に放映されたドキュメンタリー映画では、第七六一大隊がブッヘンヴァルトも解放したことになっている。しかしアブドゥル・ジャバーは、著書のなかで、これは間違いであるとし、ブッヘンヴァルトを解放したのは、別の黒人部隊であると説明している。

※2原書注・シャローム・テッパーはエレツイスラエル（イスラエルの地）へ移住した後、イスラエルの独立戦争に従軍し、ファルージャ攻防戦で戦死した。テッパーは、生存する親族がひとりもいない、まさに天涯孤独の人で、ナハラト・イツハク墓地に埋葬された。毎年慰霊のため墓参りをするのは、ナフタリだけであった。ヤドヴァシェムの創立記念集会が会長公邸で開かれた際、私はテッパーの話をして宣伝に努めた。その後ハイファの住民という人から電話があった。テッパーの従兄弟であった。その人も毎年ナハラト・イツハク墓地を訪れ、墓前でカディシュを誦し、追悼している。

恐怖の体験の埒外《らちがい》におかれる。

記念碑が建立されて数時間後、ナフタリが記念碑の下に横たわるテッパーを発見した。血だまりのような中でのたうつテッパーを前囚人達が足で散々蹴っていた。テッパーは、ユダヤ人が犠牲者として指摘されていないことに腹をたて、その侮辱に耐えられず、式典の後赤ペンキとバケツそれにブラシを見つけてきて、リストの一番上にユーデン（ユダヤ人）の文字を書き加えたのである。テッパーはユダヤ人の正確な死者数を知らなかったので、ダビデの星を描いた。そして赤ペンキが下に垂れて、ほかの名前の一部が見えなくなった。それに怒った連中が、テッパーを蹴りまくったのである。

ロシア兵捕虜がロシアへ帰還の途につく日、ナフタリはまだ弱っていたが、見送りのため隔離病棟を出て、ロシアのグループに近づくと、恐ろしい光景を見た。兄は棒で殴られたような気持ちになった。私がフョードルと一緒だったのである。その私は、片手に小さいスーツケースを提げ、もう一方の手はフョードルの手をしっかり握っていた。ナフタリの世界が一挙に崩壊した。私は、兄の顔にがっかりした表情を読みとって、フョードルの手を振りほどくと、スーツケースを手に持ったまま兄のところへ行った。「トゥレク、僕は行かないよ。フョードルのスーツケースを持ってあげるだけだよ。これは僕のじゃない。僕はお兄ちゃんと一緒だよ。エレツイスラエルに連れて行くって言ったよね」。私は兄に念を押した。私は、兄が言ったことを一語一句覚えていることを、兄に示したかった。私にとってイスラエルは、誰も殺されずに済む所であり、ナフタリが説明してくれたように、私達の家であった。私はフョードルのところに戻り、さよならと言った。しかし別れはつらかった。

私はこの時の別れを思い出すと、心に痛みを感じる。私が生き長らえたのは、彼のおかげである。彼が私のために身の危険をかえりみずに行動したのは、一度や二度ではない。

囚人のなかにフランス人の医者がいた。共産党員で子供がなく、私を養子にしたいと言った。彼はナフタリにも一緒に行こうと説得にかかった。温かく大きい家がある。君達に不自由させることはない。この三年間奪われた快適な生活を保証する、とも言った。私達はそのようなうまい話にのるわけにはいかない。ナフタリも私もその点については少しの迷いもなかった。

ナフタリが回復する前であったが、ベルゲン・ベルゼンからトラックの輸送隊が到着するという噂をきいた。その強制収容所で生き残った女子供を運んでいるという。つい六ヶ月前の一九四四年一一月に母親から引き離されたとき、男はチェンストホヴァの労働キャンプ、女子供はベルゲン・ベルゼンへ送られるという噂を聞いた。この六ヶ月間、恐ろしい毎日であったが、私は母がベルゲン・ベルゼンにいると自分に言いきかせていた。自分にとって母の存在が心の依りどころであり、住所も分かっていると自分を納得させておくのが子供心に大事なのであった。しかし私は、その住所の持つ特異性については全く知識がなかった。実際のところ、母が本当にそこにいるのか知らなかったし、その場所へ送られた人々の運命について、分かるはずもなかった。ところが、生き残りがベルゲン・ベルゼンからブッヘンヴァルトへ来るという。ナフタリと自分がこうして生き残っているのだから、母だってきっとそうだろう、と私は考えた。

ナフタリがまだ隔離されて、チフスと戦っている頃、私は毎日必ず病室の窓のところへ行った。兄は、私がフョードルと一緒にロシアへ行ってしまわぬよう、確認のため私に訪問を義務づけていた。いつものように、その日も兄の所へ行った。しかし、ベルゲン・ベルゼンからの輸送隊到着の噂は、話さないでおこうと決めた。母が到着者のなかにいなければ、兄は気落ちする。体によくない。病状が悪化すると考え、自分ひとりで探すことにした。母を見つけたら、病室の窓まで連れて行って、兄を覗かせてあげよう。母を見て兄は驚喜し、病気も早くよくなる。私達にとっては二重三重の喜びである。

私は、憑《つ》かれたように母親を探し始めた。自分のような小さい子が生き残れたのだから、母親は大人だし経験もあるので、生きているに違いない。これが子供の計算であった。

二六両のトラックがブッヘンヴァルトに到着した。なかには女性がベンチにびっしりと座っていた。子供は全員で恐らく一〇名程であった。トラックには、四段の梯子が取りつけてあった。両側に支えのついたものである。私は、最初のトラックにのぼった。心臓がどきどきする。頭もぐらぐらした。中を覗くと、女性達が一斉にこちらを見た。こんな子が一体何をしているといった顔で、驚いている。私は一人ひとり顔を覗きこんで確認した。女性は一言も発しない。「坊や、あなた一体誰？　何を探しているの？」普通ならこのような質問がとぶ。しかし女性達はうつろな目で私を見るだけである。

母は最初のトラックにいなかった。私は、ほかの二五両もそれぞれ確認した。別れてから母の顔が変わったのかも知れない。兄だってチフスで衰弱し、すっかり顔つきが変わったではないか。私は自分にそう言いきかせた。自分が探せなくても母親なら私を必ず見つける。自分の息子を確認できない母親がいるものか。私は、母親の方から私を確認することを期待しながら、ゆっくりと丁寧に見てまわった。

トラックのなかの女性達は、若い人も年配の人も一様に顔に精気がなく、まるで仮面のようで表情がない。まわりのこと全く無関心である。両眼はガラスの如く、色褪《あ》せた衣服を着た姿は、死んでいるように見えた。女性達は、八歳児の子が入ってきても、自分の子供であるかも知れないのに、全く関心を払わず、呆然《ぼうぜん》としていた。トラック二六両の人々の顔が全部そうであった。私は一人の顔も見逃すことなく母親が息子の私を確認してくれることを願いながら見てまわった。

最後のトラックをチェックした後、私はがっかりして梯子をおりた。まるで腑《ふ》抜けである。私の母親がベルゲン・ベルゼンに行かなかったのか、生きてその場所から出ることがないかのどちらかである。いずれにせよ、母親は輸送隊にいなかった。私は、ブッヘンヴァルトに到着したトラックや私が必死に母を探したことは、一切ナフタリに話さなかった。話をしたのは収容所を出た後である。ドイツ人達は、母をほかの収容所へ移送したかもしれない。私は前向きに考えて自分を慰めた。しかしこの一縷《る》の望みも、すぐに消えた。数週間後私達は、母親がラーベンスブリュックで死亡したという通知をうけとった。享年四四歳であった。

一九四五年五月、私ははしかにかかった。体が焼けるように熱い。それに体のいたるところに発疹が現れ、痒《かゆ》くてたまらなかった。苦しかったが、命に別条はなかった。私は病院の二階病室に隔離され、兄が見舞いに来て、なにくれとなく面倒をみてくれた。ある日、窓を叩く音がした。大儀だったが寝返りをうった。見ると兄が排水管の上に立って、窓を開けろと合図している。体が衰弱しているので苦しかったが、言われた通りにした。兄はポーランド語で「こっちへおいで」と言った。私は病衣の上からシーツをかぶり、しっかりまきつけて兄の背中にしがみついた。兄はチフスから回復したばかりで、やせ細り、骨がごつごつ私の体にあたった。兄は私をおぶったまま、排水管を伝って下におりた。

しばらく歩いていると、行列が見えた、ナフタリは、エレツイスラエルへの移住許可書をもらうために並んでいるのだ、と説明した。兄弟一緒のアリヤ（帰還）。エレツイスラエルを目指す兄の決意は固かった。しかし、許可数は限られている。先着順だから、病気で大変なのは分かっているが来てもらった、と言った。そして、今この列に並ばないと、ブッヘンヴァルト残留となり、エレツイスラエルへは行けなくなる、とつけ加えた。

万難を排して私達の〝帰還〟を果たす。私はこの決意を理解した。災難は去ったように見えたが、それでも私は、エレツイスラエルが命であり、ブッヘンヴァルトは死の世界であると考えた。

「君はここに居たいか」。ナフタリがたずねた。分かっているくせに何で聞く。私には余計な質問で、答えははっきりしていた。「居たくない。一日も居たくない」。私は断固とした声で答えた。私達の番がきた。ナフタリは申請書に署名した。私は読み方も書き方も知らなかったので、拇印を押した。それから兄は再び私を背負い、今度は階段を使って、私をベッドまで運んでくれた。この隔離室に戻ると、熱がぶり返し体が燃えるようで、そのうえに発疹が炎症を起して七転八倒した。みじめなうえに高熱でうわごとをいう状態であったが、エレツイスラエルへのビザがあるので、気分がやわらいだ。

一九四五年六月二日、いよいよブッヘンヴァルトを去る時がきた。汽車でフランスへ向かうのである。私達はその第一陣であった。私は、発疹も消え、すっかり健康になっていた。

ナフタリと私は、キャンデーと食料を詰めたバッグを持ち、ブッヘンヴァルトから永遠におさらばした。

出発の前、ひとりのアメリカ兵が、軍支給品の古い小型スーツケースを、私にくれた。このスーツケースは、いつも私と一緒であった。私は、エレツイスラエルはおろか、国内でのさまざまな研修の場へも、必ず携行した。結婚する頃になると、ぼろぼろの状態になっており、妻は捨てたいと言った。しかし私は断固として拒否し、「これは私の拠り所だ」と説明しながら、天井裏の収納室に保管した。「神の御心によって、子供達は何不自由のない生活をしている。しかし、いつか子供のひとりが、あれが足りないこれが無いなどと文句を言うようになったら、その子を屋根裏部屋へのぼらせ、このスーツケースを下に持って来るように命じる。そして、何十年も沢山のところでこれが父さんの拠り所だった。不平を言ってはならないよ。父さんは一度も言ったことがないのだと諌めるつもりだ」と妻に言った。妻は私の考えを理解し、私と同じようにこのボロボロのスーツケースを宝物のように守った。

スーツケースは、テルアビブの高温多湿のためばらばらとなり、今では存在しない。しかし私の居間には、一枚の写真が恭《うやうや》しく飾られている。私がその写真を入手したのは一九九四年。ニューヨークのウォルドルフ・アストリアホテルで、イスラエル債の募金活動キャンペーン晩餐会が開催された時である。私は主賓として招かれていた。後援者がエリ・ヴィーゼルである。彼は約五〇年前、ブッヘンヴァルトから解放された。私と一緒である。演壇に立ったヴィーゼルは、「私は、自分のスピーチを二つに分けてお話したい」と前置きし、「律法（トーラー）の王冠を代表し、私達のラビであり師である、イスラエル国の主席ラビに、このトーラー賞を贈る前に、敬意をこめて、ルレクの思い出に触れておかなければならない」と言った。壇上の席にいる者ナフタリ、妻そして私以外に、ルレクが何者であるかを知る者は会場にいない。ヴィーゼルは話を続けた。

「私は、会場の皆さんの誰よりも前に、妻マリオンに出会う前にですが、ルレクに会っております。彼は、ブッヘンヴァルト生き残りのなかで最年少者のひとりでした。私達が追悼者のカディシュを一緒に唱和したとはいえ、ルレクの朗誦が一番感動的であり、私達は思わず涙した」

「カナダのバンクーバーで、ホロコースト教育センターが創設され、その開所式で私は挨拶を求められました。館内には写真が展示されていました。ブッヘンヴァルトを解放したアメリカ兵のひとりが、解放前後の収容所の様子を撮影し、これを当センターに寄贈したのです。写真を見ていくと、意外にも前に見たことのある顔を見つけました。〝これはルレクだ！〟私は思わず叫びました。案内者は驚いています。それで事情を説明しました。私はそこにいた。写真の子供も知っている。現在イスラエルのラビだと言ったのです。私は拡大写真をフレームに入れてもらいました。本日、これを写真の主に献呈しようと思います。ルレク、立って下さい。こちらへどうぞ」

私は、飛びあがるほど驚いた。いただいた写真を家に持ち帰ると、子供達が一斉に「ここにスーツケースがある！」と叫んだ。写真には、スーツケースを手に、にんまり笑っている私が映っている。虫歯で前歯が欠けたところはご愛敬である。私は着る物がなかったので、誰か収容所の倉庫に押し入り、ヒトラーユーゲントの制服を見つけてくれた。私には大きすぎたが、ほかに物がないので、だぶだぶのまま着た。袖口に〝ブッヘンヴァルト〟の文字と、一一七〇三〇の番号がついた赤の三角布が縫いつけてある。

私は、このような姿でエレツイスラエルに到着した。八歳になるユダヤ人の少年が、ヒトラーユーゲントの制服を着用した姿で、写真では私が小銃を抱えている。私達は、アメリカ兵に護衛されて収容所を去った。私達が汽車に乗るとき、アメリカ兵のひとりが弾を抜いた小銃を私に渡しながら、「これでナチスと戦い、両親の仇を討て」と言った。私は、この話には別の話があると聞いた。アメリカ兵がこれからの人生、どうするのとたずねると、私は、「復讐したい」と答えた。すると、それを聞いたアメリカ兵が私に小銃をくれた。私はその小銃を手放さず、ドイツからパリ、そしてリヨン、マルセイユ、ジェノバと持ち歩き、そこから船出してハイファ港に到着したとき、イギリス兵が没収した。

　私はその写真を玄関の右手の壁にかけ、外出する度に、その写真を見ている。袖口に身震いする〝ブッヘンヴァルト〟の文字をつけた、ヒトラーユーゲントの制服を着用し、スーツケースを手に持ち小銃をささげた男児の姿、である。入口のドア右手（出口の左）には、メズザーがとりつけてある。この二つのシンボルが私を囲み、私の世界を構成している。写真を見る度に私は、「イスラエル・ラウよ。君には命をかけた任務がある。殺害された父、母そして兄の遺志を継ぎ言葉を伝える者として仕え、宗派の一門を守って、君の存在とその存在が正しいことを証明せよ」と自分に言い聞かせている。

　賢者達は「汝は自分がどこから来たのか理解せよ」と言った（父祖達《アヴォート》の倫理三章一）。私は自分の生涯をかけて、毎日、毎時間この任務遂行のために働いている。神の至高性を受け入れる象徴としてのメズザーは、この任務の具体的顕現を示す。アヴォートが指摘するように「汝は、自分がどこへ進んでいるのか、そしてどなたの前で弁明し申し開きをするのか、理解せよ」（同三章一）である。

第六章　枯れた骨の幻

彼らは言っている。〃我々の骨は枯れた。我々の望みはうせ、我々は滅びる〃と……また、私がお前の中に霊を吹きこむと、お前達は生きる。

――エゼキエル書三七章一一、一四

私達がブッヘンヴァルトのゲートを出るとき、私はヒトラーユーゲントの制服を着用し、片手にスーツケース、もう一方の手にはキャンデーをしっかり握りしめていた。ナフタリは、小さなバッグを持っていた。なかには、後に残った僅かの持ち物が入っていた。家族のなかで二人しか生き残らなかった。この感懐を胸に、私達二人は新しい世界へ向かって進み始めた。

私は、新しい生活の場へ運ぶ汽車に乗っていた。さまざまな思いが去来する。苦しい思い出ばかりである。両親と次兄を失くした痛恨の記憶、第八ブロックでの出来事等々。しかし同時に兄ナフタリとの強い兄弟愛もある。車中にあって、私は今まで味わったことのない幸福感にひたっていた。ナフタリは、約束したように私をエレツイスラエルへ連れていく。私は兄の決心を固く信じた。

私達は、ドイツを東から西へ横断して、フランスに入った。どこかの駅で、大きい横断幕が張られた。全世界が分かるように、英語と仏語で「ブッヘンヴァルトの子供達、祖国へ帰還」と書いてあった。衣服がなくて、私をはじめ少年達は、ヒトラーユーゲントの制服を着ており、そのため問題が生じていた。列車がフランス領内に入ると、出迎えた人々が勘違いして、列車がナチの青少年を輸送していると考えた。誤解を避けるため横断幕がつけられたのである。

停車駅ではどこも群集が待ち構えていて、私達を歓迎した。アメリカ兵達は、ホロコースト生き残りのなかに小さい子がまじっていることに感動し、私を強く抱きしめた。なかには私を喜ばせようとして、空中高く放りあげる兵隊もいた。私が救われたことを本当に喜んでいるのであった。過去六年間の私の経験など、全然理解してはいないと思うのであるが、彼らの態度から、兵隊達が私に深く同情していることが感じられた。どの停車駅でも、私はあちこちから頬を撫でられ、持ちきれない程のキャンデーをもらった。

私達は、二日間の旅路の後エクイに到着した。北西フランス、パリから五〇マイルほどのところに位置し、緑の多い美しい町である。町のはずれの森の中に、予後保養所があった。大きい建物がひとつ。そのまわりに、草むらに囲まれてバンガローがいくつか散在していた。地方名士の邸宅をフランス・ユダヤ慈善団体であるＯＳＥ（児童救出協会）が借りあげ、ほかにいくつか福祉団体が支援していた。

エクイに送られた子弟は五〇〇名、ブッヘンヴァルト及びベルゲン・ベルゼン収容所の生き残りである。センターの幹部とスタッフは、身心共に衰弱した私達の心の回復に、誠心誠意尽くしてくれた。私が最年少のひとりで、最年長者は二五歳ほどの人であった。ここのスタッフ――教師、カウンセラー、心理学者そして看護婦――の大半は、フランス語をしゃべったが、私達は誰ひとりとして理解できなかった。しかしスタッフは、優しく親身になって世話してくれるので、言葉の壁は克服された。私達は、言葉で言われなくても愛されていることが分かった。慈愛にみちた目で私達に話しかけ、いつも笑顔で接してくれた。環境は素晴らしく、居心地がよかった。私が六年間過ごしたゲットーと収容所に比べれば、天と地の違いがあった。

私達の寮母であるラヘル・ミンツはウッチ出身の人であった。晩年イスラエルへ移住し、キブツ・ツォルアの住民となった。そこは、エルサレムからさ程遠くないところで、彼女の息子がメンバーであった。キブツで葬儀が行なわれたとき、エクイで世話になった青少年を代表して、私が追悼の言葉を述べ、エクイで生活した生き残りの人々が参列し献花した。

ナフタリは、この予後保養所にいる間、いつも手紙を書いていた。母の行方と安否を知ろうとして、記憶にある人宛に手当たり次第問合せを続けたのだ。私達は七ヶ月程前、母と生き別れになった。子供の私達でも、散々な目にあったものの、こうして生きのびたのであるからと、一縷の望みを託しながら、必死に行方を探したのである。ナフタリは、ポーランド政府、エルサレムのユダヤ機関、国連救済復興機関（UNRRA）はもとより、自分とラヘル・ミンツが考えつく団体や機関には、全部問い合せた。エクイで私達の目となり耳となってくれたラヘルは、イーディッシュ、ポーランドそしてフランスの三言語をしゃべり、ナフタリの問い合せ内容を翻訳してくれた。

ある日の午後、ナフタリが壁新聞の記事執筆に忙殺されている頃、私は独り芝生に座っていた。この壁新聞はラヘル・ミンツの発案で出されるようになり、後で分かったのだが、その時ナフタリは「生と死の狭間で」と題する記事をまとめていた。ホロコーストの生り残り、つまり私達のことを書いており、母を探そうとする気持ちが色濃く投影された内容であった。一方で私は、読み書きができず、運動に熱中していた。その日私は、林の中に設置されたぶらんこに乗っていた。片手に、近くの放牧地でとられた新鮮な牛乳入りの小さいマグ、もう一方の手にはチョコレートをしっかり握り、フランス人看護婦の押すぶらんこで揺られていると、男がやってきた。私達のグループのひとりで、封筒を差しだしながら、「ルレク、これをトゥレクに渡してくれ」と言った。私はぶらんこに夢中で、字が読めないので、手紙を渡して走り去った人のことなど気にもとめなかった。封筒は失くすといけないので、尻の下に敷いた。

ナフタリが、行方探しの記事執筆を終えて私のところへ来た。手紙を読み始めた兄の顔がみる間に蒼白になった。兄はわたしの横に座ると、私の肩を抱きながら、「ルレク、もうお母さんはいないよ」と言った。私は〝胸が張り裂けんばかり〟に泣いた。その時の兄の観察である。後年語ってくれた。手紙の差出人は不明である。封筒の中にはメモ用紙が一枚入っており、ヘブライ語で「君はカディシュを誦しなければならない。君の母親はもういない。ラーベンスブリュックで死亡した」と書いてあった。その名前が何を意味するのか、私には分からなかった。しかしナフタリが説明してくれた。ブッヘンヴァルトが男性用で、ラーベンスブリュックは女子用の強制収容所で、こちらもドイツ東部にあるという。

ナフタリは手紙を持参した人が誰か、何度も確かめようとした。しかし私は、手紙の持参人よりぶらんこの方に気をとられていたので、その人のことはまるっきり覚えていなかった。「ルレク」と兄は言った。「読み書きができないといっても、カディシュは言えないと駄目だよ。君はもう大きいのだからね」。ナフタリの友人達が、礼拝に必要な男子一〇名を揃えてくれた。私は兄の挑戦をうけてたち、自分には耳新しい言葉を熱心に練習し、何度も復習した。

最初に覚えたヘブライ語の文字はカディシュにある文字である。自分が言っている単語の意味は理解しなかったが、母音と子音の形が視覚上の記憶として残った。私は形で覚える暗記法を考えついた。例えば、ヨッドはグループの中で一番小さい文字、タヴは、底辺のない四角で、客を招き入れる戸口の形。ギメルは前かがみで歩く動物に似ていた。たとえばキリンか駱駝の姿である（この二つの動物の名前は、いずれもギメルで始まる）。しかしヘブライ文字のなかで一番好きなのは、ラメドであった。一本の長い線が右まがりで立ち、左端が垂直につき出ている。まるで直立した像のようである。私の想像の世界では、ラメドは、英語のＬに相当する文字であるが、ほかの者に比べると肩から上が突出した、高くて真直ぐな人のイメージがあった。カディシュの最初の語イトガダル（栄光あれ）にある文字の中で、一番美しかった。後に私は、自分の姓ラウと名前イスラエルの双方に、ラメドの文字が含まれるのを知り、この文字に対する愛着が益々湧いてきた。

カディシュの最初の語はヨッドの文字で始まることも、私の好奇心をかきたてた。点のように小さい文字であるのに、語の一番先にきているだけではなく、いわば文章の最初にきて、全体の先導役になっているではないか。実に小さい。でもカディシュ全体を支えているように見えた。

母に関しては、皮肉なことに二つのめでたい結婚式の間に、その悲劇的最期が明らかになった。

一九七〇年代、私がテルアビブ北部のラビをしている頃であったが、ある日自宅に電話がかかってきた。電話の主はリション・レツィオン在住の女性で、娘の結婚の儀式をしかじかの日にお願いしたいということであった。一人娘の結婚式の司宰を、ずっと前からお願いしたいと考えていた。女性はそう言った。私は日誌を開き、日程を確認しようとした。ところが、生憎その日は、別の結婚式がテルアビブである。そこで同じ時間に二つの場所には居られない、と断った。

それでも、リション・レツィオンの女性はあきらめず、娘の結婚式はテルアビブの中心部で行なわれる、そちらさんの式場に近い、なんとか都合をつけて下さい、とねばるのである。私は、ほかのラビを推薦したかった。しかし彼女は、いやと言わせませんよという雰囲気である。それでは伺いますけど、何時だったら来ていただけます、とくいさがってくる。私は、午後九時半いや一〇時までは行けませんと答えた。すると女性は、「それでも結構、深夜だって構いません」と宣《のたも》うた。私の方は、それでも約束するには躊躇《ちゅうちょ》した。時間に追われて最初の結婚式を司宰したくないと説明した。何でこんなに執拗《しつよう》なのだろう。女性は、「理由は結婚式会場で、式の後に申し上げます」と、謎めいたことを言うのである。女性の言葉は私の好奇心をしっかり刺激した。

さて、結婚式場に到着したが、二人の女性のうちどちらが花嫁の母親か分からない。ねばりにねばった女性はどちらかと迷ったが、私の方は容易に確認された。場内に入ると、すぐ女性のひとりが私の方へ歩いてきた。

女性は電話では式の後と言っていた。しかし、挨拶するとすぐに私をわきに引っ張って行った。女性はやや背の低い人で、私を見上げながら話をした。ちょっとためらってから、私が絶対忘れないことを口にした。「あなたのお母さんは、私の腕のなかで死んだのよ」と言ったのである。

私は、「いつ、どうして?」としか言えなかった。

「式の後お話しします」。女性はそう答えた。私は、このような精神状態で式を司宰したことはない。許していただきたいが、花嫁も花婿も見ていなかった。私の眼鏡は曇ったままである。挙式用の天蓋（フッパー）の下に幸福真っ盛りのカップルと一緒に立っているためには、多大の努力を要した。私は、花嫁の母親との会話を続けたくて、心ここにあらずの状態で、お祝いの言葉を短く言っただけであった。挙式後私達は静かなコーナーに席をとり、女性が話を続けてくれた。

「私はピョートルクフの出身です。いつも秋になると、ヘブライ暦のヘシュバン月第一一日に、追悼式で地域住民にお話をなさいますね。そうです。あの町でナチの最終アクツィオンがあった日です。その日に私の娘が生まれました。私はあなたのお話をいつも聞いていました。そして決心したのです。娘がフッパーの下に立つ日が来たら、あなたに式を司宰していただこうと考えました。私の両親の結婚に立ち会ったのは、ラビ・モシェ・ハイム・ラウです。その息子が私の娘の結婚式を司宰するのです。母親をラーベンスブリュックで失くしたラビがラーベンスブリュック生き残りの娘の結婚式を司宰するのです。私からみれば、次の世代は、私達が経験した地獄に対する一種の補償ですね」。女性はしみじみとそう言った。彼女は、私と同じように感情を抑えることができなかった。

それから、彼女は、私の母親が死亡した時の模様を話してくれた。解放までさ程遠くない頃、飢えと衰弱で死亡した由である。私の母親は、地獄の二年半をどうにか生きのびたが、最後に力尽きて死んだ。花嫁の母によると、ラーベンスブリュックでは、ほかの女性達から好意をもたれて、彼女達が精一杯支えてくれた。毎朝女性達はバラックを出ると、ゲートを通り弾薬工場へ働きに行く。開戦から六年目になって、女性達は全員飢えていた。着るものもない。ぼろをまとい栄養失調の体にむち打って、寒い冬の雪の中を、重い足を引きずりながら歩くのである。隊伍を組んで工場へ行けない者は、出口のところで射殺された。ナチスは、働けない労働者に百グラムのパンを与えるような無駄はしない。

私の母親は、最早歩けない状態になった。まわりの女性達は、このままでは命が断たれると判断し、対策を考えた。女性一六名が――彼女達自身殆んど同じように衰弱していたが――毎朝夜が明けると私の母親を中へ入れた。左右の人が手と肩で支え隊伍を組んでゲートを通過する。ドイツ兵達は、頭を算えるが、足はチェックしない。母は点検の時頭をもたげているので、衰弱状態が気付かれずに済んだ。隊伍の中で私の母親を最後まで支えてくれた女性のひとりが、この花嫁の母であった。

この結婚式まで、私は母の死亡日を知らなかった。ナフタリと私は、死亡の通知を受けた日を命日にしていた。花嫁の母から話を聞いて、私達の母親は実際には解放の数ケ月前に死亡したことを知った。ヘブライ暦テベット月第一〇日（一九四四年一二月二六日）に近い日である。この日は断食日で、私達はユダヤ史の悲劇的事件を悼み喪に服する（バビロニアのネブカトネザル王によるエルサレム包囲の始まり。この包囲戦は、タムーズ月第一七日に神殿壁に突破孔をあけたことをもって終わる。三週間後のアブ月第九日、ネブカドネザル王の軍勢は、神殿――第一神殿――を焼いて破壊した）。この日が私には適切と思われ、私は母のヤールツァイト（命日）として追悼した。イスラエル国の独立後、国の主席ラビ達はこの日を、実際の死亡日が不明なホロコースト犠牲者を記念する、国の追悼日に選んだ。私が追悼したのはこの日であった。

私は、父と次兄シュムエルの死亡日を知っている。トレブリンカの生き残りの報告があるからで、ヘブライ暦五七〇三年ヘシュバン月第一一日（西暦一九四二年一〇月二二日）である。この日、父と次兄はほかの人々と共にピョートルクフから移送された。この日は、多くのユダヤ人がラヘル（ラケル、創世記二九―三五章）のヤールツァイトとして追悼する日でもある。ラヘルは聖書に名高い女性族長であり、その霊がイスラエルへの地へのユダヤ人の帰還を待っているといわれる。ホロコーストで殺害されたケドシーム（殉教者）を追悼する日をいつにするか。もし私に決めよといわれていたなら、私は主席ラビ庁が選んだもともとの日（テベット月の第一〇日）を選択していたであろう。その日は、一九四二年一月二〇日に近い。ヴァンゼー会議開催の日である。〝最終解決〟即ちユダヤ民族抹殺計画の実施をナチスが決めた日として知られる。

私に封筒を渡したのは誰か。誰があの悲しい知らせを書いたのか。母の死亡時の状況が分かった今、どうでもよい問題となったが、ナフタリは承知しなかった。しかし、発信人追跡の努力は、すべて無駄に終わった。一九八二年、私の娘ミリアムがテルアビブで結婚式をあげ、ナフタリは参列するだけの目的でニューヨークから飛んで来た。式の間、兄はモシェ・プシゴルスキの横に立っていた。グール出身のハシッドである。モシェは、私達と行動を共にした人である。ピョートルクフからチェンストホヴァそしてブッヘンヴァルト。戦後はエクイからエレツイスラエルまで一緒である。イスラエルでは、バット・ヤムにあるアデレト・ブネイアキバ・イェシバ（神学校）の校長になった。式に立ち会いながら、モシェはナフタリの耳許で「もう言ってもよいだろう」と囁いた。「四〇年前エクイで、ぶらんこに乗っているルレクに手紙を渡したのは、実は私なのだ。随分長い間私はこの秘密を自分で抱えこんできた。だが、今日そのルレクが自分の娘をフッパーの下へ導いているのを見ていると、打ち明けて自分の心を軽くしようと決心した。エクイでは君達の目を見ることができなかった。どうしても言えなかった。私であることを明かせなかったのだ」。驚いたナフタリが、どうして私達の母親の死が分かったのか、「あなたはいつも私達と一緒だった。ピョートルクフ、チェンストホヴァ、ブッヘンヴァルト。どこでも同じ所にいた。なのに、私の知らない母のことを、どうして知っていたのです」、とたずねた。

「私が書いたのではない」。モシェが答えた。

「では誰が」

「ライベル・アイスナーだ」

ライベル・アリエ・アイスナーは、私の知る人のなかでは本当に優しい人物のひとりであった。グール派のハシッドで、私達よりも年長であった。エレツイスラエル行きの時、同じ船に乗った人である。私達がエクイにいる頃、ライベルは自分の妻の行方を知ろうと、ヨーロッパを探しまわっていた。奥さんはピョートルクフ出身である。ライベルは、あちこち回った末に、ラーベンスブリュック強制収容所へ行った。奥さんは私達の母親と一緒に、ピョートルクフからそこへ移送されたのである。ライベルは、その収容所で二人共死亡したことを発見した。ナフタリと私がエクイにいることを知ると、救援機関のひとつに頼り、その代表を介して私達に手紙を送った。自分ではこの恐ろしいニュースをどうしてもナフタリに知らせることができなかったのである。戦後四〇年。その間私達はテルアビブで何度もライベルと会っている。しかし彼はその手紙について一言も口にしなかった。

フランスの予後保養所に一歩足を踏みいれた途端、私達は誘いや約束を山ほど提示された。当地のユダヤ人社会はもとより一般社会も、何とか私達がとどまるように説得に努めた。私達が行くところどこでも、住民が〝ブッヘンヴァルトの孤児〟とすぐに確認し、私達を優しく抱擁し、ありとあらゆるものをくれるのである。そして、欲しいものがあれば言ってちょうだいとか、家も教育も無料で提供すると熱心にフランス居住を勧めるのであった。ナフタリは、母親の死亡という悲しい知らせを受けた後、思案の末エレツイスラエル行きを決意した。

ある朝ラヘル・ミンツが、重要人物の来訪があるから、午後四時に芝生へ全員集合、と言った。彼女が読みあげたリストには、市長、警察署長、そして軍の代表が含まれていた。彼女は話をしながら、エクイ孤児院を支援している諸団体の代表も出席する、と何気なく言った。

ラヘルが出て行くと、私達のなかで年長者達がすぐに自分達は出席しない、と言いだした。「ドイツ人が私達の両親を殺しているとき、この人達はどこにいた？」、「このお偉いさん達は今になって思いだしたのか。それも、ブッヘンヴァルトの孤児達と一緒に写真に映って、新聞に掲載するためではないか」。私達には、この疑問に対する答えを聞く必要などなかった。エクイ滞在中この種の現象は、既に経験済みであった。ホロコーストが注目されるようになり、その宣伝効果に便乗しようとする人々が沢山いた。お歴々が、〝ブッヘンヴァルトの孤児達〟を捜しだして、自分の宣言のため私達の立場を利用した。この人々にとって、私達は宣伝材料にすぎなかった。

私達のグループのなかで、年長者達は人間としてのプライドをとり戻しつつあり、言葉は丁寧だが断固とした声で、訪問ボイコットを決めた、とミンツ夫人に告げた。仰天した夫人は、お客さん方は私達全員にそれぞれの贈物を用意しているとか、お客を侮辱してはいけない、直前になってボイコットを決めるなど失礼よと言った。しかし、年長の代表達は、そんなことで納得しない。ひとりが立ち上がって、「おためごかしの親切など不要です。贈物などいりません。訪問やお付きあいは御免です。私達はエレツイスラエルへ行きます。

エクイはその途中の通過点にすぎない。私達の家はここではありません。フランス人は、味方になって欲しい時に私達の側についてくれなかった。今度は、私達が彼らの側につかないだけのことです」

ラヘル・ミンツは、こんなに厳しい反応を予期していなかった。決心を変えさせるのは難しいと判断し、彼女は奥の手を使った。「どうか私のために出てちょうだい」と言ったのである。正直言って、慈善団体が援助せず後援者もいなければ、この施設は成り立たない。彼女は、この後新たなグループの到着も予定していた。私達の年長者代表は、彼女の個人的訴えを聞いて、妥協することに決めた。ミンツ夫人のために出席するが、協力はしない。つまり、拍手しないし、目をそらし出席者の方を見ないのである。この集会で撮影された写真には顔が写っていない。全員俯《うつむ》き坊主頭しか写っていないのである。青少年五〇〇名が黙って下を向き、来賓はその坊主頭に話をした。

ラヘル・ミンツがフランス語で司会し、子供達のためにポーランド及びイーディッシュの二言語で通訳した。来賓は、それぞれ短い挨拶をして、舞台中央のベンチに座った。ラヘル・ミンツが最後の来賓を紹介した。アウシュヴィッツ生き残りのユダヤ人、戦前フランスで会社を経営していた人である。妻と子供達をアウシュヴィッツで失い、辛くも生き残った本人は、フランスへ戻り、解放後は全財産を投げうって、日夜戦争孤児の救援にあたっているという。「この方に残されたのは、その子供達だけになったのです」とラヘルが説明した。

その瞬間、事前に決めていたわけではないのに、頭が一斉にあがり、五〇〇人の目が舞台の上に立つそのユダヤ人に注がれた。気持ちを共有する空気があった。その人は、私達のひとりであった。私達は彼を見詰めた。彼は、共感の気持ちにみちた五〇〇人の目が自分に注がれているのを、しっかりと見た。涙があふれ、彼はマイクを固く握りしめたまま絶句した。マイクは両手の震動をひろうばかりで、長い間その音が流れた。彼は自分の気持ちを抑えようとしたが、イーディッシュ語でやっと三語しか声にならなかった。「キンダー、タイエレー・キンダー…」(子供達よ、愛しき子供達よ)。それだけ言うと、この人は声をあげて泣きだした。

この大人はマイクの前で泣いた。スピーカーを通してその声を聞くのは、辛かった。しかし、その人は奇跡を起こしたのである。彼と同じように、私達の頬にも涙が流れた。泣くのは男らしくないと全員が考えていた。強制収容所から生きて出られたのであるから、泣くのはおかしい。それでも草の生えた広場に座る少年達は、袖口でひそかに涙をぬぐった。私達は、お互いに左右をこっそり盗み見して、全員が声を殺して泣いているのを発見した。そして、遂にダムが決壊した。堰《せき》を切ったようにエクイの芝生が文字どおり涙の谷と化した。このユダヤ人来賓は舞台のベンチに座った。私達は、心から思う存分泣いた。声をあげて。

この日から五八年たった今でも、私はこの話をしていると、涙がでてくる。なつかしき父、母そして家族、気どりのない世界、すべて失われた。私達はそれに涙した。それは、すべてをなくした私達自身のためではあったが、希望の涙でもあった。使命観を持つ人、自分の将来は自分で決めることができると信じる人の涙であった。彼らはもはや無力ではなく、他者の情けにすがるだけの存在ではないのである。

皆が癒しの涙を流していると、アロン・フェルドベルクという名の青年が立ち上がった。二五歳で私達のグループでは年長者であったが、解放時やせ細っていたため、少年組にすべりこんだ。解放後二ヶ月たって、私達がエクイに到着したとき、アロンは僅か八六ポンド（三九キロ）しかなかった。アロンは来賓客達に向かって、洗練されたポーランド語で話を始めた。

「失礼ですが、私の友人達を代表して、少しお話をしたいと思います。まず私達は皆さんに御礼を申し上げます。御訪問に対する御礼ではありません。私達はこの訪問を望まなかったからです。贈物は不要ですから、贈物に対する御礼でもありません。私達は、数分前皆さんからいただいた、最大の贈物に対して御礼を申し上げたいのです。それは、泣く力のことです。彼らが私の父と母を奪い去ったとき、私の涙は枯れ果てました。彼らが棍棒で情け容赦なく私を殴打したとき、私は唇をかんで耐え、泣くことはありませんでした。私は何年も泣くことはなく、笑うこともありませんでした。私達は飢えに苦しみ寒さに凍え、血を流し、あらゆる苦難に耐えたが、涙はでなかった。この数ヶ月、解放の前後私は自分が感情を持つ普通の人間ではないのではないか、もう普通の人間に戻れないのではないか、と思っていました。心を失ったということです。泣いて当然な時に涙もでないのであれば、自分の胸には人間の心ではなく石が詰まっているに違いありません。しかし、今は違います。自然に涙がでました。皆さんに申し上げたい。今日泣くことのできる人は、明日笑うことができる。そしてその人こそメンシュ（人間）なのです。私達は人間に戻った。感謝の気持ちで一杯です」

「私は、出身地であるポーランドのベンジンで、戦争が勃発するまで聖書とタルムードを勉強していました。両親は宗教シオニストで、そらんじて言えるまで、聖書の特定章句を私にしっかり勉強させました。この六年、私は家族に会えず聖書も見ていません。殆ど全部忘れたと言っていいでしょう。しかし一個所だけ心に残っているところがあります」

それからアロンは、記憶をたどりヘブライ語でエゼキエル書を、朗唱した。第三七章の冒頭、枯れた骨の復活に関するエゼキエルの幻視である。

主の手が私の上に臨んだ……そしてある谷の真ん中に降ろされた。そこは骨でいっぱいであった……見ると、谷の上には非常に多くの骨があり、また見ると、それは甚だしく枯れていた。その時、主は私に言われた。「人の子よ。これらの骨は生き返ることができるか」……私が預言していると、音がした。見よ、カタカタと音を立てて、骨と骨が近づいた……そして霊がその中に入り、彼らは生き返って自分の足で立った。彼らは非常に大きな集団となった。そして主は私に言われた。「人の子よ、これらの骨はイスラエルの全家である。彼らは言っている。『我々の骨は枯れた。我々の望みはうせ、我々は滅びる』と……主なる神はこう言われる。私はお前達の墓を開き、……お前達をイスラエルの地へ連れて行く。そしてお前達は私が主であることを知るようになる……また、私がお前達の中に霊を吹き込むと、お前達は生きる。

アロンは、朗唱を終えると、拳で胸を叩き自信にみちた声で、「これまで、私達は枯れた骨でした。ここエクイでその骨と骨がつながり、骨の上に筋と肉が生じ、体の形になりつつあります。しかし私達にはついさっきまで声をあげて泣くようになるまで、霊がありませんでした。ヨーロッパは私の墓地です。神は預言者エゼキエルに、墓を開き、墓地から引き上げイスラエルの地へ連れて行く、と申されました。私達が行くのはそこです。私達は必ずそこへ到達します」と宣言した。

＊　　＊　　＊

アメリカのユダヤ人諸団体も代表達が私達にアメリカ行きを強くすすめた。なかには、エレツイスラエルは危険と報告する人達もいた。あそこで戦争が起きている。ユダヤ人は地下の抵抗組織で戦っており、独立はない。英委任統治政府は厳しい統制をもって臨み、ユダヤ人とアラブ人はまさに血みどろになって闘争中であるとし、「君達は戦時中充分すぎる程苦しんだ。流血の惨もいやという程見ているではないか。パレスチナは君達の行くところではない」と主張するのである。私達は、この種の発言をさまざまな善意の人達から繰り返し聞いた。そしてこの説得工作が、エクイグループの多くの人に影響した。

私達はどこへ行くのだろうか。友人の多くがいろいろ思案した。さまざまな意見や主張があったが、ナフタリは耳を傾けて聴いたが、父の遺志を堅持していた。兄は、エレツイスラエルへ行くことに迷いはなく、堅い決心に後押しされて、エレツイスラエルの代表と連絡をつけるべく、パリへ行った。そしてこの大都会で、ユダヤ機関の事務所を探しだしたのである。事務所へ行くと、アリヤ（移住）部の代表に会い、ホロコーストの孤児であるユダヤ人青少年五〇〇名がエクイにいるが、その内一五〇名ほどはエレツイスラエルへのアリヤ（帰還）を望んでいる、と言った。ユダヤ機関代表のルツ・アリヤヴ・クリューガーが、エクイの子供達のことを聞いたのは、これが初めてであった。彼女は兄にキャンデーと帰りの汽車賃を持たせ、なるべく早くエクイを訪問すると約束した。数日後彼女はエクイに来た。ユダヤ機関代表そしてフランスの世界シオニスト機構の幹部達と一緒であった。エクイ施設を運用するＯＳＥ（児童救出協会）の代表は、この訪問を心よく思わなかった。

ラヘル・ミンツは、私達が母の死を知らせるメッセージを受けとるまで、ナフタリにフランス残留を強くすすめていた。ポーランド、イーディシュの両言語で躍起になって説得しようとした。母に何が起きたのか。ヨーロッパでしか正確につかめない。大変な事態ではあったけれども、もしかしたら生存しているのが分かるかも知れないと希望をもたせる一方、ミンツ夫人は、聞く人が尻込みするようなエレツイスラエルの状況を極めてネガティブに描きだした。しかし、例の封筒がナフタリの躊躇心に結着をつけた。迷いがふっきれたのである。私達はエレツイスラエルへ行く、私達はディアスポラに残留しない。物質的豊かさでは充分ではないのである。ナフタリは、アメリカやフランスでは、カディシュを誦するためミニヤン（礼拝に必要な一〇名の成人男性）を確保できないのではないか、と心配していた。

エクイにいる五〇〇名のうち、アリヤを決めたのは一八五名であった。ほかの者は、全員私達の親友であったが、ヨーロッパに残るか海外へ移住かを決めた。そのひとりが、エリ・ヴィーゼルである。鉄のカーテンの背後にあるユダヤ人社会は、信仰を奪われ、〝我が民を出国させよ〟という抑圧からの解放の声をあげていた。彼はその静かな叫びに力を貸し、そのおかげで国際社会に注目されるようになった。彼は長年フランスに住み、後にニューヨークへ移った。

グループのなかには、自分の伝統、文化に背を向け、ユダヤ教と縁を切ろうと考える者もいた。私達の予後保養所の食堂は、激しい論争の場と化した。ユダヤ人であるが故に苦しみを味わいつくした、余りにも代償が大きかった。ユダヤ人は、宗教上のアイデンティティを棄て、ほかの民族と同じようになるべきだ。伝統に背を向ける者はそう論じた。しかしながら、大半の者はそれに反対した。

私は、幼い子供であったから、年長者同士の論争にかかわることはなかった。黙って聞いているだけで、何を議論しているのか理解できない場合や、何故声を荒げて言いあっているのか、理由が分からぬこともあった。〝アメリカ〟という言葉を聞くこともあった。私にとってそれは、ブッヘンヴァルトを解放し、私にキャンデーやチューインガムを山ほどくれたアメリカ兵のことであった。私には、その言葉の背後にある国の概念がなかった。しかし、ひとつだけはっきりしていることがあった。つまり私は、他人が何と言おうとも、ナフタリの言うとおりにするのである。

イスラエルが自分の本当の家であり、終《つい》の棲家《すみか》である。ここで家庭をもうけ、家族繁栄のもとを築こうと考えるようになったのは、イスラエルへ移住し、自分自身の判断を身につけてからである。私がラビになってから、海外から日常的に提示されるラビの職務は、如何に魅力的でやり甲斐がありそうでも、ことごとくはねつけてきた。アントワープの主席ラビの職務を提示された時は、「私は、何もない状態でエレツイスラエルへ来ました。この国は私に大きいものを与えてくれました。一生かかってもお返しできません。外国にいてはその恩返しはなおさら難しくなります。私はヨーロッパから出たのです。戻ることはありません」と返答した。ほかのユダヤ人社会からの提示についても、私は同じ答えを繰り返している。

私達はエクイに一ヶ月程滞在し、体と心の傷を癒し、人間性をとり戻そうとした。そして一九四五年七月三日（火曜日）、早朝、私達一五二名の青少年は、ユダヤ機関の代表に付き添われて、エクイを去った。まずバスでパリへ行き、そこで汽車に乗り、リヨンそしてマルセイユを目指した。駅には当地ユダヤ人社会の人々が待っていて、私達をやさしく抱擁し、温かく迎えてくれた。この地獄の六年間に恐ろしいことが沢山あったが、ユダヤ人はひとつの大きい家族のようで、その慰めに私達の心はなごんだ。

終点のマルセイユで、私達は数日間訓練キャンプで過ごした。ここでアリヤの準備をするのである。移住担当者が、イタリアのジェノバまでの輸送船を手配している間待機したが、手配が済んで七月七日に乗船した。戦時中兵員輸送に使用された元仏海軍船であった。私達は狭い船室に詰めこまれた。その混み具合は、信じられない程で、言語に絶する程人が詰まっていた。しかし私は、エレツイスラエルへ向かう途中にあるという期待感に加え、兄ナフタリの考えているとおりにしていれば大丈夫という安心感があった。私は全然心配していなかった。兄の語る未来は、過去六年の経験に比べれば、遙かに明るかった。

私達はジェノバで二時間停泊した。それから私達はオーストラリア船籍のマタロア号に乗りかえた。船上で私達は、ユダヤ機関とユースアリヤ（孤児を中心とするユダヤ人子弟の受入れ、養育機関）のほかさまざまな団体の幹部と会った。さらに、戦時中ヨーロッパで戦ったユダヤ旅団の兵士数名も私達に会った。エレツイスラエルへ行くためにこの老朽船に便乗中であった。

航海中甲板では、即席でいろいろな催しがあり、私は長時間その中で過ごした。強制収容所とエクイで習ったイーディッシュ語の歌を歌うのである。私はちゃんとした声をしていたし、なにしろ船中最年少者というので、人気があった。ある日、私が歌っていると、誰かが背後から私の腕をぐいと引っ張った。私はショックをうけた。腕が痛かったし、過去の嫌な思い出がよみがえったからである。さらに、その人を私が見ることができないのも、不安をかきたてた。しかし、それがナフタリであることは、すぐに分かった。

兄は、私を船倉へ連れて行き、ホースでシラミを洗い流そうと考えていた。体中シラミだらけであったが、私はすっかり慣れっこになっており、体の一部のように感じており、少しも苦痛ではなかった。しかしナフタリは、数百名の人を前にして、自分の小さい弟がシラミだらけで歌っている姿が、見るに耐えなかったのであろう。蛇口に頭を押しつけると、凄い水流でごしごしやった。私は水をしたたらせながら、甲板にあがり、私の好きな「イーディッシュ・ママ」を歌った。あたかも私が皆の気持ちを代弁しているようで、歌を聴く多くの人が涙を流していた。

私がユダヤ教の典礼を初めて学んだのは、この船中においてである。兄が私に対する教育を始めるにあたり、シフ兄弟（エレアザル、ハニナ）が、手助けをしてくれた。手洗い儀式のきまりを教えてくれたのも、彼らである。両手に交互に三回水を注ぐ。最初に右手、その次が左手の順で、これを繰り返す。私はヘブライ語を知らなかった。しかし私は、根気強く律法を学んだ。エレアザル・シフは、ハラハー（宗教法の規定）に則った正しい爪の切り方も教えてくれた。

一九四五年七月一五日（日）朝、荒波に翻弄されること数日にして、マタロア号はハイファ港に到着した。私達は非常な興奮状態にあって、一晩中起きていた。私達の本当の家にやっとたどり着いた。ユダヤ民族のために定められた家に、とうとう来た。全員が胸おどらせ、感激にひたった。私達は甲板に群がり、私達の夢の地エレツイスラエルの様子を、自分の目でしっかり確認しようとした。闇に包まれた彼方に、カルメル山が黒々とそびえ、僅かであるが光がぽつりぽつりと見えた。

ホロコースト生き残りの第一陣が〝あちらから〟到着するというので、埠頭は出迎えの人で一杯だった。皆それぞれにエレツイスラエルへの帰還・歓迎といったプラカードを掲げている。出迎えた人々は、船上の男子が全員両親をナチスに殺された孤児であることを知っていた。かわいそうな孤児達を何とか癒してあげようという気持ちで一杯の人達であった、それと同時に、親族を探す人、連絡の途絶えた親族やコミュニティーを知ろうとする人もいた。埠頭の人々そして船上の子供達は、共に感激していたが、相手に対する好奇心も並ではなかった。私はもどかしい気持ちで一杯であった。到着した地について何でも吸収しようと、あたりをきょろきょろ見回し、落ち着きがなかった。船が港に錨をおろしたとき、私は子供心に自分の新しい人生がここから始まる、と考えていた。

第七章　〝約束〟の地での第一歩

雲のように飛ぶ者は誰か。――イザヤ書六〇章八

　船がハイファ港に近づくと、群集の顔が見分けられるようになってきた。新聞記者とカメラマンが沢山いた。ユダヤ機関の人もいれば、軍服姿で小銃を持つ英軍兵もいた。船がさらに陸岸に近づく。すると、一種独特の空気を感じるようになった。とにかくざわついている。埠頭は待つ人々の好奇心、じれったさ、あるいは親族や友人がまじっていないかという期待感が混然一体となって、異様な興奮状態にあった。

　私は、港をながめながら、解放後のことを考えていた。ブッヘンヴァルトからの出発、エクイ予後保養所、そしてエレツイスラエルへの旅立ちと到着。映像のように思い出すことができる。それと同時に、この節目節目の出来事は、プロのカメラマンや報道写真家によって詳しく記録されている。そしてこの一連の写真が、当時を回顧する時助けになった。

　ブッヘンヴァルト出発時、全財産が入った小さいスーツケースを手にする私は、微笑んでいた。エクイで兄ナフタリと一緒の時の写真は、二人とも片手に牛乳カップ、もう一方の手にパンを持ち、私は満面に微笑みを浮かべていた。私が笑っていない写真は一枚しかない。ハアレツ紙のカメラマン三名――ハイファ支局のエホシュア・ギルボアとアリエ・ネシェル、そしてテルアビブ本社のハビブ・カナン――が、ホロコースト生き残りの第一次移住者の到着を記録した。翌日同紙が、青年に抱かれた子供の写真を掲載した。やせ細った

八歳児の姿である（ほかの関連写真と一緒に、本書に掲載した）。その子供は大人のように渋い顔をしている。どこか暗い。

最初の恐怖が、アラブ人の港湾労働者の姿であった。だぶだぶのズボンをはいている。そのような衣服は見たことがなく、好奇心をそそった。「あの変なパンツ、何?」私は横にいた人にたずねた。するとその人は、「あの人達はユダヤ人ではない。アラブ人だ。小さい子供をさらって、あのズボンの中に隠すのだ。それから子供を奴隷市場へ連れて行って、奴隷として売りとばすのだ」と言ったのである。

私は、この〝手のこんだ〟説明を聞くと、ナフタリの手をつかみ、船からおりないと言明した。それから兄を散々責めたてた。「何のために僕をここへ連れてきたの。ここは僕の国じゃない。ここには絶対いたくない。あのだぶだぶズボンに入れられて、売られたくない。僕は絶対戻る!」。私はそう言い放った。シフ兄弟が飛んできて、ナフタリを応援し、私をなだめようとした。しかし私は、あのだぶだぶズボンと人さらいの話にすっかり怖気ついて、彼らの説明や説得を聴こうとしなかった。私は、針ねずみが丸くなるように、心の中で身構えていた。私は自分が正しいと信じきっていた。子供をさらって、奇妙なだぶだぶズボンに入れられるような国には絶対行けないのである。

いよいよ下船の時間になった。私は柱にしがみついて頑として動かなかった。そこへエレアザル・シフが来て、私をひょいとかかえあげると、ぶら下げるようにして船をおりた。カメラマンがその瞬間を写真にとった。渋い顔をしているのは、そのためである。約束の地で待ち受ける信じ難い話にびびる子供、というところである。これは、エレツイスラエルとの最初の衝撃的出会いであった。ここまでの旅路で自分の心のなかに躍っていた夢と物語を一挙に吹き飛ばしたのである。

私は、いろいろ抵抗したが、結局は船からおろされた。埠頭で私達を歓迎した群集は、シャローム・アレイヘム、シャローム、シャロームと温かい声で叫んでいた。この言葉をいつまでも繰り返している。しかし、私達が手を振っている人達に近づこうとしても、英軍兵が阻止した。英軍兵は銃の台尻を私達の方に向けながら、大きい格納庫へ私達を誘導した。

ナフタリと私は、リュックサックを二つ持ってきた。これからの新しい生活に必要なものが詰まっていた。ひとつのリュックはすぐに見つかったが、あとひとつは消えてしまった。ナフタリは見つけたリュックを床におくと「ルレク、ここに立っていなさい。君は銃を持っているな。兄さんはもうひとつのリュックを探しに行くからこちらを守っていなさい」と言った。私にとってナフタリの言葉は神聖にして侵すべからず、である。私は、直立不動の姿勢で立った。アメリカ兵からもらった小型の小銃を右肩に掛け、それこそ必死の思いで足許のリュックを守った。まわりには、例のだぶだぶズボンをはいたアラブ人達が、うようよいる。働いているのである。それに、軍服を着た英軍兵が、あちこちにいる。銃と棍棒を持った姿が、これまた恐ろしかった、しかし私は、恐怖をこらえて、リュックを守った。

私は、到着した所がどのような土地であるのか理解できなかった。ナフタリが約束したように、エレツイスラエルではユダヤ人を殺さないのであれば、何故私達は武装兵に囲まれているのだろう。何故あの人達は小銃が必要なのだろう。私は小銃の使用目的なら知っていた。説明されるまでもない。

私が暗い気持ちに襲われていると、ハアレツ紙のカメラマンが来て、また私の写真をとった。その写真には、私が小銃を肩に掛け、リュックを足許にして立っている。おそろしく深刻な表情である。写真は、ヤドヴァシェムで展示されている。そのキャプションには、「肩に掛けた銃が何故必要かと問われて、移民の少年は『私の両親を奪ったドイツ人に復讐するため』と答えた」とある。

ナフタリはリュックを見つけて戻って来た。しかし私は、その後もいろいろな疑問にさいなまれた。さっぱり分からないまま、私はほかの青少年達と一緒に港から、アトリットの収容所へ移された。ハイファの南に位置する沿岸施設である。私達は非合法移民ではない。ユースアリヤは、イギリスの認めた移民割当て数の枠内で証明書を持っている（そのユースアリヤの発行した証明書をだしている）。しかし英軍兵は、看守が囚人を算えるように、ひっきりなしに人数を確認しながら、私達を輸送列車に詰めこみ、港湾域を離れるまで監視していた。

何から何まで以前の繰り返しのように見えた。ポーランドでナチスは、私達を家畜運搬列車に詰めこんで、強制収容所へ移送した。再度私達は輸送列車に詰めこまれたわけである。軍服の色と形は違うものの、やはり今回も兵隊に囲まれた。その兵隊はドイツ兵やウクライナ兵とは違うが、同じように怖い顔をしている。私にとって、それだけでも充分すぎる程充分であった。

私は彼らのしゃべる言語すら理解できなかった。そして、ヨーロッパで体験したように、私達がどこへ行くのか、どの位かかるのか、さっぱり分からない。列車に詰めこまれた私達には、食物も水もなかった。以上のような状況から、私は強制収容所から逃げきっていないと判断した。それとも、船がカーブするとき、行先を間違って、〝あちらへ〟戻ったのかとも考えた。いずれにせよ私には、予期しないことが起きたとしか思えなかった。私はナフタリの説明を疑ったことは一瞬もない。エレツイスラエルに関する話が不正確とは考えたことはない。私の心の中では、兄の口をついて出てくる言葉は、議論の余地はない。私達は、本当の家であるエレツイスラエルへ行く。そこではユダヤ人を殺さない、と兄は言っていた。

私に、やあとあいさつしてくれる者はひとりもいない。笑顔や抱擁もなしである。このような現象から、私は船長が航路をそれたので、とんでもない所へ着いたと判断した。一番の恐怖のもとが、繰り返し人数を算えられることであった。自分が元の囚人番号一一七〇三〇に戻るのではないか。そう考えるとますます恐ろしくなる。三〇分ほどして列車が止まった。そして私の恐怖を煽るように、下車命令がでて、英軍兵が私達を囲み、アトリットの抑留所へ連行した。見ると柵で囲まれている。鉄条網付きである。私達は、真夏の息が詰まるような猛烈な暑熱の中を行進し、扇風機はおろか冷房装置の一切ない兵舎に入れられた。霜のおりるブッヘンヴァルトから肌寒いクールな春のフランスに至り、そこから一挙にエレツイスラエル沿岸の酷暑の中へ突入したのである。

私達――私の兄、兄の友人達そして私――は隊列を組んで兵舎まで行進した。最年少の私が、グループの先頭にたつ名誉を与えられ、大きい紙製の旗を捧げ持った。ブルーのダビデの星の下に古風な文法で文字が書かれていた。ヘブライ文字である。これだけは彼らに読める。「ブッヘンヴァルトのアグダット・イスラエル青少年団」とある。あたかも私達が、ユダヤ教超正統派アグダット・イスラエルのブッヘンヴァルト支部代表団みたいであった。

私達がまだ船に乗っていた頃、ユースアリヤの相談員とユダヤ機関の代表が、今後の生活について青少年と話し合いを開始した。私達の親友であるシフ兄弟、パヒゴルスキ、アイスナー等々は、グールとベルスのハシッド派に属する超正統派の出身で、同じ派のレッベについていくことが分かっていた。彼らが自分達の将来について誰の干渉も許さないことは、はっきりしていた。ナフタリは、もう殆んど一九歳であるが、無一文の孤児で、エレツイスラエルの言語が自由にしゃべれない。どこで何をすればいいのか、兄自身分かっていなかったが、弟の私の面倒をみることを最優先していた。兄は、私達におじがひとり当地にいることを知っており、私をそのおじ家族に預けようと考えた。

私は、ナフタリとその一団を引きつれ、誇らかな気持ちで旗を捧げ胸を張って行進した。この光景は、後代に残す記録としてパレスチナポスト紙（後のエルサレムポスト）所属カメラマンのナフム・ティム・ギダルによって、写真にとられた。

一九九三年、私が主席ラビに選ばれたとき、シオニスト資料館の幹部達が、写真帳を私に贈ってくれた。ギダルの遺したネガフィルムを本人の死後、現像したのである。一九四五年の夏ハイファに到着し、アトリット抑留所に入ったブッヘンヴァルトの子供達の写真がいろいろあり、旗を捧げ青少年グループを率いて先頭に立つ八歳の子供、つまり私の写真も含まれている。イスラエルで新しい人生の第一歩を踏みだす自分の姿を見て、感慨無量であった。

私達は、アトリットに二週間滞在した。私は夜殆んど眠れなかった。荒野に吠えるジャッカルのように、人々が鉄条網付きの柵のまわりを囲み、長時間胸も張り裂けるような悲痛な叫びをあげるのである。その声がまだ耳に残って離れない。夜の静かな雰囲気のなかで、突如あがる叫びは、特に衝撃的であった。「グリーンベルク、ドロホヴィチ！」という声がする。ドロホヴィチ出身のグリーンベルクを誰かが探しているのだ。「ゴールドベルク、ウッチ！」という声もする。この叫びは、夜も昼も、毎日毎日続いた。生き残った親族がいないか。一縷の望みにすがり断片的な情報でもよいからと、遠路はるばるやって来るのである。私達収容所の囚人は、〝あちら〟と〝こちら〟を結ぶ橋なのであった。

ナフタリと私を探し求める人もいた。

アトリットの兵舎に入ると、すぐにひとりの地域代表が来て、キスマンと名乗り、クファルエツィオンのメンバーであると自己紹介した。エルサレムとヘブロンの中間にあるグシュ・エツィオン（通称エツィオンブロック）の宗教キブツである。アトリットには、沢山の農業開拓村から代表が来ていた。キスマンさんはそのひとりで、〝君の兄シコ〟からの伝言だ、とナフタリに言った。最初ナフタリは、誰のことかと判断に迷って、何かの間違いでしょう、ほかの人宛の伝言ではありませんか、と頭をかしげた。しかし、キスマンさんは譲らない。本人がアトリットに向かっているとつけ加えた。

しばらく考えていたナフタリは、やっと納得した。異母兄弟のエホシュア（ヨシュア）・ヨセフ・ラウ・ハーゲル、通称シコのことであった。ナフタリが最後に会ったのは一二年前。シコが、自分のバルミツバ（一三歳の成人式）を祝いに彼の祖父イスラエル・ハーゲルの家へ行った時である。ハーゲルはヴィズニッツ派ハシッドのレッベであった。

私達の母親ハヤは、クラクフのラビ・シムハ・フランケル・テオミムの娘で、私達の父親の再婚相手である。父親の最初の妻ドボラは、ラビ・イスラエル・ハーゲルの娘である。ヴィズニッツのラビ・イスラエルは、有名な著作があり、その書名で「アハヴァット・イスラエル」と呼ばれていたが、ほかに四名のレッベがつながる家系の父であった。そのうちの一名がヴィズニッツのラビ・エリエゼルであった。三名がホロコーストに生き残り、エレツイスラエルへ移住した。

ヴィズニッツのラビ・エリエゼルは、本人の有名な著作にちなんで、「ダメセク・エリエゼル」と呼ばれていたが、子供がなかった。戦争の真只中にある一九四四年にエレツイスラエルへ来るとき、自分の甥にあたるエホシュア（シコ）・ラウ、つまり私達の異母兄弟を伴って移住した。

私の父、先妻のドボラそしてシコは、ブコビナ（ブコビナは現在ルーマニアとウクライナに分かれている）のスチャヴァに住んでいた。当地はシャッツとも呼ばれていたが、父はそこのラビであった。先妻のドボラは重病を患い、若くして死亡した。父子家庭になったのである。祖父のラビ・イスラエルを初めハーゲル家は、シコの面倒を見るので、どこかで再出発したらどうかと勧めた。しかし私の父親が、ハヤと再婚した後も、シコは一緒に住んだ。父がスロヴァキアのプレシュフでラビの地位にあった時もそうである。シコは、バルミツバの年齢に達したとき、母方の祖父とおじ達のイェシバで勉強するため、ヴィズニッツへ行った。そして私達より一年前に、おじと一緒に移住し、キブツ・クファルエツィオンのメンバーになった。シコはナフタリよりも七歳、私より一八歳年長であった。

ナフタリと私が、ほかのブッヘンヴァルト生き残りと一緒にマルセイユで、船待ちをしているとき、ヒレル・ザイトマン博士という人がたずねて来た。ワルシャワ出身のジャーナリストで、自分の日記をベースとしたワルシャワ・ゲットー物語を世に問うた最初の人であった。父親の親友であった。エレツイスラエルへ向かうブッヘンヴァルトの生き残り児童集団を発見し、詳しい情報をエルサレムのユダヤ機関へ送った。特に私達兄弟のことに触れていたそうである。その情報が、キブツに近いユダ丘陵地帯で農作業中のシコに届いたのであった。シコが葡萄畑をつくるため、岩石除去をしているとき、ハツォフェー紙を手にキブツのメンバーが走って来て、「シコ、君には弟が二人いるな。二人共生きているぞ！」と叫んだ。驚いたシコは、手に持っている農機具を落としてしまった。その時まで、ポーランドに残った一族の命運について、全く何も知らなかったのである。

シコは、ユダヤ機関で働いている知人のキスマン氏のところへ行き、ラウ兄弟に会ったら、年長のナフタリにシコが会いに来る途中と伝えてくれ、と頼んだ。そして、クファルエツィオンからヒッチハイクしながら、アトリットへ急行した。一方、ユダヤ機関の代表からこのニュースを聞いたナフタリは、死んだとばかり思っていた兄が生きていたので狂喜した。しかし同時に、私達の父、母と次兄が死亡したことを知らせなければならないのが、辛かった。

私にとっては、本当に嬉しい出来事であった。新しい兄ができたのである。アトリットでキスマンさんに会うまで、私にかなり年上の兄がいることなど全然知らなかった。戦争が始まったとき、私は二歳の幼児であった。当時シコは、ルーマニアのグロスヴァルトダイン（オラデア）にあるヴィズニッツ・イェシバにおり、私達とは隔絶されていた。彼が存在することは、誰も教えてくれなかった。ナフタリが私をブッヘンヴァルトに残して移送されるとき、エレツイスラエルにおじがひとりいる、ラビ・フォーゲルマンだと言った。しかし私はシコという名前は一度も聞いたことがなかった。ナフタリは、シコの生死が不明であり、死んでいるかも知れない身内については、私に話したくなかったのである。

鉄条網にしがみつくようにして、群集が叫んでいた。情報を得たいと必死なのである。その叫びのなかに、ナフタリと男の人が呼びあっている声を聞いた。「トゥレク――シコ！」、「シコ――トゥレク！」と言っている。絶叫の不協和音の中に、私はその男の声を聞きとり、声の主を探すと、カーキ色の短パンに、やはりカーキ色の半袖シャツを着て、裸足にサンダルをひっかけた男である。二六歳で、彼のふさふさした長髪は、既に白っぽくなり、キャップから前髪が出ている。

私が本人を観察していると、ナフタリが私に向かって「ルレク、兄さんに挨拶しよう」と言った。私はどう振る舞えばよいのか分からなかった。シコは私が二歳になるまで、休日にはピョートルクフの家に遊びに来ていた。つまり私と会っていた。しかし私にすればそのような記憶がないから、全くの赤の他人である。シコはフェンス越しに手を伸ばし、私と握手しようとしたが、指先までしか届かなかった。

私は怒っていた。握手などごめんである。誰もこの人について今まで何も教えてくれなかったじゃないか。駄々をこねる私は、この秘密の兄と会うのに、立ったまま鉄条網越しかと心底腹を立てていた。この話が収容所内に野火の如くあっという間にひろがり、二人の兄同士の再会に弟が依怙地《いこじ》になっている、拗《す》ねているという話を、皆が散々口にするようになった。

この話が英軍兵の間にもすぐ伝わり、幹部将校が同情して、鉄条網に隔てられない所でシコと私が会うことを許した。ただし数分間である。ナフタリが私を収容所のゲートへ連れて行くと、その将校が少し前にゲートを開いてシコを所内へ入れていた。私は、今回は協力的に行動した。私達は固く抱きあい、泣きながらもう絶対に離れないと誓った。数分はまたたく間に過ぎて、シコは鉄条網の向こう側に戻った。それからナフタリはシコに、父、母そしてシュムエルの死について語った。シコは、この悲しいニュースを胸にたたみこむと、自分のキブツ生活を話してくれた。

三年後、イスラエルの独立戦争時、シコは危うく命拾いした。妻のチポラ（旧姓ミンツェル）が身重で、エルサレムのミスガブ・ラダフ病院に入院し、長女を出産した。その長女は、祖母ドボラ・ラウにちなんでドボラと名付けられた。シコは付き添って病院へ行ったが、戦闘でグシュ・エツィオンが孤立し、交通線は遮断されてしまった。帰れなくなったのである。装甲車でも無理であった。クファルエツィオンの住民は、運のよかった数名を除いて、全員が惨殺された。ほかの二つのキブツでは、ヨルダン軍に占領され、全員が捕虜になって連行された。新生児ドボラが両親の命を救ったのである。

シコはテルアビブの市立高校で、タルムードを長年教えた。その後市立夜間高校の校長を勤め、退職後はナフタリの家に近いエルサレムのカタモン地区に居住し、教育関係の仕事を続けた。シコには三冊の著書がある。ハラハー（ユダヤ教の宗教法）に関する内容である。アブラハムとエリメレフ（エリメレク、ルツ記）にまつわる聖書の物語から現代に至る事例に沿って、ユダヤ史とユダヤ思想における軍隊、軍紀及び平和協定上生起する、ハラハーの問題を扱っている。

妻チポラが死去した後、シコはトヴァ・アインフェルドと再婚した。トヴァは、夫ヤコブ・ユバルに死なれ、三人の女児を抱えて未亡人になったのである。二人は共に再婚で、式はテルアビブにある私の家で行なった。シコの息子ラビ・モシェ・ハイム・ラウ・ハーゲルは、私達の父親の名を継いだ。空挺隊、戦車隊で活躍、大佐になった。退役後、ヤツィルに、トーラー研修講座を開設している。研修期間一年で高校の後期を対象とし、国防軍入隊前のいわば精神修養を目的とする。現在本人が校長で、娘のドボラとイディットが教師である。

ナフタリと私がイェシバで勉強しながら働いている頃、テルアビブのミンツェル家のアパートが、私達のホームベースであった。安息日や祭日に私達をよく招いてくれた。私が婚約したとき、私のウフルフ（花婿が結婚前安息日にトーラーを読む儀式）の場を設けてくれたのも、彼らである。

アトリットでは、あとひとり兄を得たのは嬉しかったが、それを除けば当地の体験は複雑な気持ちで一杯であった。相談員達はホロコースト生き残りの孤児達に親切であったが、"聖地"での事情がそれほど単純ではないことは、何度も思い知らされた。故国の夢、私達が途中で習ってきた愛国歌は、日常の現実にそぐわなかった。アトリットの収容所へ私達を運んだ輸送列車、そして収容所を囲む鉄条網は、「我々は国土を建設する。我らが郷土を」とか「ここ、我らが父祖の地で」など、私は今でも一語一句間違わずに歌えるが、このような愛国歌と著しく対照的であった。あこがれと現実の落差が余りにも大きく、本当に落胆した。

二週間がたって、私達はアトリットを去った。船で一緒に到着した青少年は、散り散りとなった。それぞれ自分が選んだ道を進むのである。全員が白い名札をつけていた。そこには自分が選んだ運動名が書かれている。世俗の社会主義キブツ運動のタカム（統一キブツ運動）とハショメル・ハツァイルから宗教シオニストキブツ運動や超正統派のアグダット・イスラエルまで、いろいろあった。ユダヤ機関がリストをつくり、それに応じて移民を割り当てたのである。

何年もたって、私は、テルアビブの一地域のラビであった頃、ある兵士グループにこの勝手な配分について話をしたことがある。アビグドル・ベンガル少将（通称ヤヌーシュ）は、"テヘランチルドレン"のひとりであった。ポーランドのユダヤ人子弟が、ロシアからテヘラン経由で一九四三年にエレツイスラエルへ来た話である（大人三六九名を含め一二三〇名が到着した）。ベンガルが第七旅団の旅団長になったとき、私を講演に呼んだ。将校達に"ユダヤ人のアイデンティティ"について話をしてくれという。ベンガルは紹介のなかで、「今頃あなたはイスラエル国防軍の少将となり、私はフルミエ（戒律を厳守するユダヤ教徒）になっていたかも知れない。ラビになったかどうかは分からないが、戒律を厳守する人間になったのは確かである」と述べた。ベンガルと私は、エレツイスラエルに到着した時は、共に孤児という立場にすぎなかった。アトリット担当のユダヤ機関職員は、自分の思うがままに、孤児達を配分できた。私達は何をしたいのか分からなかった。これが、当時は容認されていた配分基準であった。

しかし、私の場合は、違った処置をうけた。神は、独りではなく私よりかなり年上の兄と共に聖地へ到着するように配慮された。自分が世話してあげるとか面倒を見てやるという人々に対して、ナフタリは自分と自分の弟の将来は自分が決めると、きっぱり断った。ナフタリの話によると、父と一緒にワルシャワへ行ったことがある。アグダット・イスラエルのトーラー賢者会議に出席するためである。アグダット・イスラエル統派社会）を代表する会議である。ハレディ（超正の全国大会や、チェコスロヴァキアのマリエンバード（マリアンスケー・ラズネ）で開催された世界大会に、参加したこともある。そして、アグダットの会議役員達に会っている。このような経緯があって、彼と彼の友人達は船上で〝ブッヘンヴァルトのアグダット・イスラエル青少年団〟の旗をつくったのである。それは、意思表示であり、私達がどこに所属するかを明確にしていた。さらにその船には、宗教系キブツのハフェツ・ハイムの創設者のひとりであるラビ・ヒレル・ブルッケンタールが乗っていた。アグダットの労働部門であるポアレイ・アグダット・イスラエルに所属するキブツで、ラビは到着後の落ち着き先を考える場合の選択肢としてこの集団農場に触れた。


一九九〇年代、私がニューヨークから受けとった資料がある。ブッヘンヴァルトから来た青少年の行先配分法を記録したものである。それによると、ユダヤ機関の一職員が私に、ピョートルクフのラビがどうして自分の父親だと分かる、とたずねた。すると、「その子は大いに怒って、〝皆がおじさんのことをナント力さんと呼んでいるけど、それが本当の自分の名前だって、どうして分かるの〟と言い返した。まわりの人達が全員笑った」とある。彼らは、私の出自と知能程度を疑ったわけだが、私は自分をブッヘンヴァルト大学の卒業生である、と考えている。そこで私は人生のさまざまな側面について具体的な知識を取得し、沢山の危機と試練を切り抜けた。幼くして、危機的状況のなかで生き残るすべを身につけたわけであるが、私の目の前の変なおじさんは、私を全然知らないくせに、そして恐らくは私の父親についても知らないだろうが、大勢の人の前で自分が何者かどうして分かるかなどと頓馬なことを聴いて、私を侮辱したのである。

それから何十年もたって、あの屈辱的体験を思い出すと、怒りで血が逆流する思いである。当時私は、おじさん達がペテンにかけようとしても騙されないぞと身構えていた。今では問題が別のところにあったことを知っている。つまりナフタリが保護者として付いていなければ、私の運命は全く違ったものになっていただろう。アトリットに来ているさまざまな運動の代表達の間で、新移民の配分が合意されており、私は、それにもとづいて行き先を決められていただろう。

アトリットで二週間過ごした後、私は数名の少年と一緒にクファルサバの“ユダヤ人子弟のためのプロジェクト”へ送られた。そこは、アグダット・イスラエルとポアレイ・アグダット・イスラエルが保有する施設で、アグダット・イスラエルの最高責任者ラビ・イツハク・メイル・レビン師が、所長であった。レビン師は、グールのレッベであるアブラハム・モルデハイ・アルターの義息で、ルブリンのラビ・メイル・シャピーラ師と共に、セイム（ポーランド議会）の議員を勤めた。レビン師は、イスラエル独立後初代社会福祉相になった人物である。一方、その労働部門のポアレイ・アグダット・イスラエルの代表はグールのハシッド、ベンヤミン・ミンツであった。アメリカの正統派団体ヴァアド・ハハツァラの指導者のひとりである。ちなみにこの団体は、ホロコーストの生き残り救出に力をいれた。戦後ミンツはイスラエルの主席ラビ・イツハク・ハレヴィ・ヘルツォーグ師と共にヨーロッパで、教会と修道院に隠れているユダヤ人子弟を探してまわった。元の信仰へ戻すためである（ミンツは後年郵政相になった）。

私達は、エゲッド（共同組合方式の輸送機関）のバスに乗って、クファルサバへ行った。案内したのはナフタリと同年輩の人で、ハシッド派の服装で黒い帽子をかぶっており、ワルシャワ出身のナフマン・エルバウムと自己紹介した。二年前、テヘランチルドレンと共に、こちらへ移住した人であった。ブネイブラクのポネヴェッツ・イェシバで勉強中であるが、皆の環境適応を手助けするのが自分の仕事で、そのためアトリットへ来たと言った。彼はグールのハシッドで、精力的で快活、聡明な人であった。バスで移動中兄と熱心に話をしていたのが、特に印象に残る。エレッイスラエルの状況を説明したそうである。

クファルサバに着くと、職員達が温かく迎えてくれた。私を担当してくれた人は、アヴネル・ハイ・シャキと自己紹介した。一九九二年に宗教相になった人物である。クファルサバでは、ヘブライ語とエレツイスラエルの地理の授業を担当した。東ヨーロッパ出身のいわゆるアシュケナージではないユダヤ人を見るのは、初めてであった。この人はスファルディ系で、イスラエル北部のツファット生まれ。聞きなれないアクセントで話す人で、しゃがれ声で各単語の最後の音節にアクセントがあった。

最初の夜、アグダット・イスラエルとポアレイ・アグダット・イスラエルの幹部達が挨拶に来て、私達と握手し抱擁した。鉄条網で隔てられたアトリットでは、できなかったことである。幹部の多くは、父を知っていた。幹部達にとって父は同じ時代を共有し、三年前、年五〇歳にしてトレブリンカで殺されたのである。幹部の多くは、新聞報道によって、ピョートルクフのラビの息子達のうち二名がエレツイスラエルへ来たことも、知っていた。教育者として高名なザルマン・ベンヤコブ（通称ヤンケルビッチ）は、後年アグダット・イスラエル党選出の国会議員になった人物であるが、この人が挨拶のため立ち上がった。ところが、ナフタリと私を見て、涙をぽろぽろこぼし、わっと声をあげて泣きだした。孤児の命がすくわれたことを確認して、思わず涙したのである。

大人のエモーショナルな反応と対照的に、子供達は残酷な心をむきだしにした。クファルサバの近くのモシャブ（共同組合村）の子供達は、〝洗濯石鹸〟と私達を叫んでいた。ホロコースト生き残りの子供達の特徴を端的に示す言葉であった。土地っ子達は、日焼けして褐色の肌をしている。それに対して私達の肌は石鹸のように白い。それだけではない。ナチスがユダヤ人の遺体から脂肪をとり、それで石鹸を作ったという恐ろしい報告がある。この呼称は、このおぞましい話を連想する。私達はこの侮辱をめぐって、しばしば殴りあいを演じた。

私のおじであるラビ・フォーゲルマンが、クファルサバまで会いに来た。ナフタリは、父親と一緒にカトヴィッツェに行ったとき、会っている。しかし私は初対面であった。このおじについては話には聞いていた。ブッヘンヴァルトでナフタリが移送されるとき、言ったのである。おじは青い大きい目に、長いあご髭の先端が四角状を呈し、異彩を放っていた。それはそれとしてハンサムな人で、私の額に接吻し、靴下とチョコレートの入ったバッグを私にくれた。これ以上は望めない程の贈物であった。

クファルサバに来て三日後、ナフマン・エルバウムが、旅行だ、ナフタリと私をエルサレムへ連れて行くと言った。〝エルサレム〟と言われても、当時の私にはぴんとこなかった。しかし〝旅行〟という言葉に、心が躍った。これまでの生活で記憶にあるのは外部から遮断された収容所と宿舎である。ナフタリと私は、外の空気が吸えるし、未知の土地へも行けるというので、大変喜んだ。

私達はまずヤッフォに行って、そこからエルサレム行きのアラブのバスに乗った。時は一九四五年。半日がかりの旅となった。今日ならスーパーハイウェーを急行で一時間である。バスはのろのろ運転のうえ、エンジンのオーバーヒートですぐ停まってしまう。その度に私達乗客は全員下車して、バスを押さなければならなかった。バスはやがて坂道にさしかかる。狭い道がまがりくねり、バスは丘陵地帯をあえぎながら、のぼっていく。集落がない。やがて、バスはエルサレムに近づいて来た。私は数階建のビルを見て、ぞくぞくした。大きい横断幕をつけたビルがあり、私の好奇心に火がついた。ヘブライ語の読み書きをまだ知らないので、ナフタリに意味をたずねた。兄は口ごもり、答えなかった。それでナフマンに同じ質問すると、口裏を合わせたように、本人も答えず、別の話を始めた。神秘の言葉を掲げた建物は、未解決の謎として私の心に残った。

五年後、上級クラスに進学するためエルサレムへ行ったとき、やっとその謎が解けた。建物はディスキン孤児院であった。ナフタリに何故答えなかったのかとたずねると、兄はやましさ半分言い訳半分の複雑な表情で私を見て、「本当のことを言えば、君は孤児院に送られると考え、バスから降りるのを拒否する、と考えたのだ」と言った。

ナフマン・エルバウムは、路地裏の隅々までエルサレムのなかを熟知していた。そして、狭い通路を伝って私達を巨大な石の壁へ連れていった。そこには、つば無しの帽子をかぶった老人が数名、壁に向かって立っていた。ナフタリとナフマンは、岩の割れ目から出ている雑草について何やら言いながら、この岩石を見詰めていた、数羽の鳩が岩壁の上を飛んでいた。私は一分もすると目の前の壁にすっかり興味をなくした。

私は、何がどうなっているのか分からなかった。この場所が聖なる意味を持つことを理解していなかった。ここに集まって、壁を前に全身全霊で一生懸命祈っている人々を、ぼんやり眺めていた。まるでシナゴーグに来て、トーラーの巻物を納めた聖櫃《せいひつ》の前で祈るような真剣さである。しかし私から見ると、自分の知るピョートルクフのシナゴーグ、ナチスが次兄シュムエルを母親と私から引き裂いたあのシナゴーグとは似ても似つかない。あるいは私達の最後の祭日（シャブオット）にゲシュタポの隔離場に設けた、間に合わせのシナゴーグとも全然違うエルサレムの石の壁には、トーラーの巻物すら置かれていない。私達をわざわざ連れてくる程そんなに大事なところなのか。何故ナフマンはそれほど重要と考えるのだろう。私には理由が分からなかった。

私達がものも言わず、ぼんやり立っていると、ナフマンがどこかへ行ってしまった、しばらくして戻ってきたが、旧市で見つけた若者達を連れている。そして、自分の時計をちらりと見て、「正午になっている。もう午後の祈りを捧げてもよい時間だ」と言った。解放から三ヶ月たったその時、私は祈りの仕方をまだ心得ていなかったので、祈りには加わらなかった。それからナフマンは、静かにしてくれと皆を制し、「君達をここに連れて来たのは、ほかでもない。彼（と言いながらナフタリを指さした）が、ここエルサレムの西壁で亡き母親と父親のためカディシュを誦することができるようにだ」と言った。これなら、既に覚えている。そらでも言える。それでナフタリと私は一緒に祈った。ナフマンが私達をここへ連れてきた訳を説明したのは、その後である。ここはどこか、ユダヤ民族にとってこの岩の壁が何を意味しているのか。ナフマンは縷々《るる》説明し、カディシュは大切、忘れないことが肝腎と言った。勿論私は絶対に忘れない。

　ナフマン・エルバウムは、エルサレムをあちこち案内してくれた。私達が訪れたラビのなかには、父を知る高名な宗教学者も数名いた。随分後になって知ったのであるが、私達のエレツイスラエル到着に、父の知人達が大いに感動し、関心を寄せたという。私達が訪れたラビのひとりが、父の親友だったシュロモ・ダビッド・カハネ師である。六名で構成されるワルシャワのラビ評議会のメンバーであったが、その頃はエルサレム旧市のラビであった。カハネ師は私を温かく迎え、頭に接吻してくれた。

　同じ日の夜、ナフマンは自分の師のところへナフタリを連れて行った。グールのレッベ、レッベ・アブラハム・モルデハイ・アルター師である。グール派は、ワルシャワに近いグラ・カルヴァリアに本部をおき、ハシッド派としてはポーランド最大で、約二五万の信徒を擁していたが、ホロコーストで殆ど殺されてしまった。ラビ・アルターは、傑作といわれる著書にちなんで「イムレイ・エメット」とも呼ばれる。トーラーに関するハシッド派の注解である。アルター師は、実質上ポーランドの全ユダヤ人社会の精神的指導者であった。ポーランドに生まれ、戦前エレツイスラエルを六回訪れている。一九四〇年、息子三名と共にナチスを逃れ、エルサレムに居を構えた。こうすることによって、師はエレツイスラエルがすべてのユダヤ人にとって正しい場所であることを、信徒達に範をもって示したのである。師は複数の家を建て、イェシバを数校創設した。テルアビブのイェシバ・ヒドシェイ・ハリム（グールの初代レッベ、ラビ・イツハク・メイル・アルターの古典的著作にちなんで名付けられた）、エルサレムのイェシバ・セファト・エメット（グールの第三代レッベ、エフダ・アリエ・ライブにちなんで名付けられた）

は、その例である。ポーランドのユダヤ人社会とゆかりのあるユダヤ人は全員がそうであるが、私達の父親もレッベ・アブラハム・モルデハイ・アルターを非常に尊敬していた。ナフマンは、レッベの信徒のひとりとして、私達を師にひきあわせる義務がある、と考えたのである。

その日の夜、随分遅い時間になって、私はレッベの信徒であるヴァイルディガー若夫婦の家に泊り、寝てしまった。その頃ナフタリは、セファト・エメット・イェシバの近くにあるレッベの家を訪れていた。レッベは健康が思わしくなく、滅多に人を迎えていなかった。しかし、世間に知れたうちの家系の故に、そしてまたナフマンの縁故のおかげもあって、ナフマンがシナゴーグ管理者の耳元にそっと囁いただけで、ドアが開いた。管理者はナフタリに一枚の紙を差し出し、自分と両親の名前を書くように言った。管理者が名前の書かれた紙を渡すと、レッベはその紙を目元に近づけ、ナフタリにもっと傍に寄るように言った。ナフタリは著書『バラムの託宣』のなかで、その時の模様を次のように書いている。

部屋は長方形、家具らしい家具が殆んどない質素なところであった。レッベは、中央におかれた背の高いひじかけ椅子に座っていた。白い靴下をはいた足はストールの上にのせた。管理者の後について、レッベに近づいた。黒い帽子が傾き加減で前頭部にのっかっている。白いあご髭があごにまとわりつき、長いペヨット（もみあげ）が、耳のまわりに垂れ、耳がすっかり隠れていた。威厳にみちた態度に接すると、師に対する尊敬心が湧き、自ずと謙虚な気持ちになった。私が近づくと、レッベは右手を差しだし、私の手をしっかり握った。そして低い声で呟《つぶや》いた。しかし、私には殆んど聞きとれなかった。レッベは右手を握ったまま、一分程も私を見詰めていた。レッベが私の手を放すと、管理者が時間だと合図した。私はレッベを見たままドアまで後ずさりして、辞去した。外には沢山のハシッド派信徒が待っていて、私達を取り囲んで、レッベの言葉を聞こうとした。管理者が、レッベが述べたことを繰り返して言った。それは、ゼカリヤ書を想起する内容で、「天の慈悲と我らの聖なる父祖達の功徳によって、火の中から燃えさしが引き抜かれた。神が――主の御名を賛えよ――汝の傍に立ち、汝の道がどこへ向おうとも、汝をまもられますように」という言葉であった。

ナフタリは、ハシッド派の集いの場で最初の出会いを経験した後、ヴァイルディガー家に戻り、私と一緒に夜を過ごした。翌日午前五時三〇分、ナフマン・エルバウムがドアを叩き、朝の礼拝に参加するようナフタリに声をかけた。二人は礼拝の行なわれる研修ホールへ向かった。午前六時一五分、グールのレッベの息子ラビ・イスラエル師が入室した。レッベの後継者である師は、著書の名にちなんでベイト・イスラエルとも呼ばれていた。ラビはナフタリのところで立ちどまり、手を差しのべながら挨拶し、「君がナフタリか。ピョートルクフのレッベ・モシェ・ハイム師の息子ですね。君の弟はどこです」と言った。

ラビは管理者に合図した。ナフタリに敬意を表して、トーラーの置かれたビマー（祭壇）へ招じ、重大危機をまぬがれた後に捧げる感謝の祈りを、ナフタリに求めたのである。ナフタリがこの祈りを捧げた後、ラビ・イスラエル・アルター師は、会衆に静粛を求め、ナフタリにカディシュを独りで誦することを許した。礼拝の後、師はナフタリを朝食に招いた。ラビ・イスラエルは、移住以来研修ホールの向かい側にあるアパートで独り住まいをした。戦後のこの時期になっても、妻子の生死が不明であった（その後、ホロコーストで死亡したことが判明した）。その日の夕方、ラビ・アルターは、ナフタリを夕食に招いた。いろいろ意見を交換するためであるが、私はヴァイルディガー夫妻と一緒にいた。

ナフタリは、その夜の出来事を、何度も繰り返し語るようになる。ラビは生き残りであるナフタリに腹一杯たべるように促し、自分自身は食事に殆んど手をつけず、静かにしていた。夕食後ラビは外に出ようと合図した。二人は沈黙したままエルサレムの通りを歩いた。ラビは何も話さない。時々ナフタリを食い入るように見詰め、それからまたはや足ですたすたと歩きだす。通りの向こうに渡りこちらへ戻りと、エルサレム中を歩いていると、ラビが突然とまり、ナフタリの袖口をつかむと、切迫した声で「君はあれを見たか」とたずねた。呆気にとられた兄が「何のことです」と問い返した。ラビは明白なことでもあるかのように、「煙突からあがる煙のことです」と言った。ナフタリはこの質問に衝撃をうけたが、はいと答えた。だがラビは、それで勘弁しない。「君は自分の目で燃えているところを見たのか」と念を押した。ナフタリが再度「はい」と答えると、ラビはいきなり踵《きびす》を返し、少し前かがみになりながら、もと来た道を足早に戻って行った。沈黙したままである。ラビは、妻と子供達をガス室で殺されており、自分の家族と信徒達の命運が去来し、もの思いにふけっていた。

二人は黙ったまま歩いた。通りの角に来たとき、ラビは再度ナフタリの袖口をつかみ、イーディッシュ語で、「君が煙突を見たというのは確かだろうね」とたずねた。ナフタリは今度も確かに見たと答えた。しかしラビは、それで納得せず百パーセント確実かと問い、「それで君は、煙突から煙があがるのを、自分の目で見たのか。実際に燃えていたのか。君が見たのは、煙突のついた建物だけではなかったのか」と追究の手をゆるめない。ナフタリは、きっぱりと「はい、確かに煙を見ました。私は、彼らが焼却炉に投入する、煙のもとになるものも見ました」と言いながら、あとは涙が出そうになってぐっと押えた。

ラビはナフタリの肩に手をのせ、「それで、君は主を見たのか。君の傍に主はおみえになったのか」とたずねた。これは、ナフタリが答えることのできない質問であった。ラビは、この会話でナフタリが疲労困憊しているのを見て、今夜は家に泊りなさいと言った。ナフタリにとって、生涯忘れられない夜となった。問答で感情がたかぶり、眠ろうとしても全然眠れなかった。

翌日午前五時、ラビ・イスラエル・アルター師は、伝統的な早朝洗手の後、ナフタリの部屋に来て、朝の礼拝前にミクベ（斎戒沐浴《さいかいもくよく》用の浴室）へ行くと言った。しかしナフタリは同行せず、その代わりに研修ホールへ行き、タルムードの第一巻を手にとって、ぱらぱらと頁をめくった。目についたのが、ベイツァー項であった。兄はイェシバの学生としてタルムードを学んでいたが、戦争勃発以来手にするのは、その時が初めてであった。ラビ・イスラエル・アルターは、ミクベから戻ると研修ホールへ行った。ラビは、ナフタリがその書を読みふけっているのを見て、イェシバに戻るつもりはないかとたずねた。それから二人は、祭日の慣習に関する論議を勉強し、祭日に雌鳥が生んだ卵は消費のために認められるかどうかの問題に触れた。かくしてナフタリは、ラビ・イスラエル・アルターと座りこみ、千年におよぶタルムードの論議に没頭した。

ラビは、ナフタリの将来計画に関心をいだいた。ナフタリは自分自身については何も考えていなかったが、弟の私の身のふりかたは決めていて、親族のラビ・フォーゲルマンに預けることにしていた。ラビは、耳を澄まして聴いた。師は眼光鋭く、射るような目で知られる。まるでレーザー光線で射抜くような感じである。ラビは鋭い観察力を発揮して、ナフタリにイェシバで勉強したらいい、しかしハバット派の施設ではない方がよい、と助言した。独特の服装で、あご髭ともみあげの形も特殊で、極めて特異なモードである。ナフタリはこのような特殊性を厳格に要求する環境になじまない、と考えたのである。ラビは、リトアニア系のイェシバに行くことを勧めた。そこでは普通の背広を着用しグレイの帽子をかぶる。使用言語はイーディッシュ語の代わりにヘブライ語である。律法の解釈はもっとゆるやかである。

ナフタリは彼の勧告を受け入れ、その後すぐペタハティクバのウォムジャ（ロムザ）・イェシバを選んだ。リトアニア系である。教師のひとりが父親代わりになり、励ましてくれていた。ラビ・エラザル・メナヘム・マン・シャッハ師で、後年ポネヴェツ・イェシバの校長になった人物である。

初めてエルサレムへ行ったとき、私達は、ほかに三名のラビの許を訪れた。私の父親をよく知る人々である。そのひとりラビ・ドヴ・ベリシュ・ヴァイデンフェルト師は、かつてガリツィア地方チェビン（トルシェビニヤ）のラビであった。第一級の律法学者（ハラハー研究）で、私の額に接吻してくれた。後年師は私に、父の手紙の写しをくれた。前にも触れたが、ラビ・ヴァイデンフェルト師の注解に対する父の意見が書かれている。二番目の人が、ラビ・シュロモ・カハネ師。戦前ワルシャワのハラバニーム（ラビ評議会）のメンバーで、ホロコーストに生き残り、その頃エルサレム旧市のラビであった。私とナフタリを西壁に連れていってくれたラビである。三番目はグールのレッベだった。私達は帰りがけにテルアビブにも行って、ベルスのレッベ、ラビ・アハロン・ロケアフ師の所を訪れた。師は温かく迎えてくれた。

私達は、意義深いエルサレム訪問の後、クファルサバに戻った。この後私は数日しかそこにいなかった。ナフタリは、キリヤトモツキンにいるラビ・モルデハイ・フォーゲルマン宅に私を預ける計画であった。フォーゲルマン師の妻ベラは、私の父の妹である。一九四〇年、戦争勃発のすぐ後夫婦は六歳になるひとり娘レア・ナオミを連れて、カトヴィッツェの自宅を出ると、ポーランドから脱出した。携帯したのは、安息日用蝋燭立て一対、縮刷版タルムード四巻、タリット（礼拝用肩掛け）一枚、テフィリン一対だけであった。私は、そのテフィリンをまだ自宅に保管している。長い年月を経て、すっかり黄ばんでしまったが、手入れをして保管している。ヘブライ暦五七四四年のエルル月第九日（西暦一九八四年九月六日）、ラビ・フォーゲルマンが死去したとき、レア・ナオミが、「自分の家で成長した甥であるあなたが、受け取るのが、世界で一番ふさわしい。どうかラビの家系をあなたがつないでちょうだい」と言って、私に渡したのである。フォーゲルマン一家は、この脱出行に所持金を使い果たし、無一文の状態でエレツイスラエルに到着した。ハイファに近い開拓村キリヤトモツキンがラビを求めていたので、ラビ・フォーゲルマンが臨時に派遣された。そのうちにキリヤトモツキンの都市化が進んだが、私達のおじはその職務にとどまり、四五年以上も当地のラビであった。

私は、幼少の頃から地獄を体験してきたので、普通の生活環境で成長する必要がある。そう判断した兄は、私の叔母夫妻と住むべきであると考えた。兄自身は、ラビ・アルター師の勧告に従い、イェシバで勉強する計画であったが、私にこの計画を明かすのは乗り気ではなかった。自分がキリヤトモツキンに置き去りにされると考えて、バスに絶対乗らないと言いだす。兄はそのように判断していた。

当時私は、対人不信におちいっていた。かなりの重症で、他人が恐ろしかった。ナフタリは、そこのところを上手にもっていった。「髭をはやしたやさしい親戚のおじさん。君にチョコレートと靴下を持ってきてくれた人。覚えているかい。明日会いに行くよ。クファルサバまで来てくれたから、今度は私達がお返しに訪ねると、兄さんは約束した。知っているよね」と兄は言った。ポーランドではお返し訪問の習慣がある。それで私は納得した。おじの印象が極めてよかったので、「当然お返しに行かなくちゃ」と私は自分から訪問を促した。

翌日、おじの家へ行った。二度目の外出である。途中でナフタリが、木造の家で、まわりは緑が多いなどと、おじの家の説明をした。青々とした緑などと描写がうまいので、美しい田園のようで、それに如何にも平和そうに聞えた。

キリヤトモツキンに着いた時は、夜になっていた。私達は、ナフム・ソコロフ通り二一番地へ向かって歩いた。平屋三部屋の家で、簡素な美しさがあった。叔母は、六年間も会っていないので、大変興奮していた。そして、私達が悲しまないよう、泣くのをこらえていた。叔母は自分の娘の話をした。その日は家にいなかった。叔母は私達を抱き締めた。私は、慈愛にみちた家族の温かさを感じた。夜も更けて、長旅に加えて新しい家族に会った興奮もあって、身心共に疲れた私は眠くなった。

翌日、目を覚ました私に、キリヤトモツキンの新しい生活が待っていた。

第八章　野球を習う

雲のように飛び、巣に帰る鳩のように速い。――イザヤ書六〇章八b

私は、青い布張りをした椅子が高いため床にとどかず、足をぶらぶらさせている。これが、フォーゲルマン家の最初の思い出である。叔母夫婦は、目の前のテーブルにキャンデーを山盛りにして、どうぞと言った。そのなかに細い円筒状のものが混じっていた。黄色っぽい紙に包まれていて、巻き煙草のように見えた、叔母はそれをとって私にくれた。私は仰天した。そして目をむいて、難詰するように「僕は煙草吸わないもん」と叔母を睨みつけた。皆がどっと笑った。私はどぎまぎした。でも何で皆が笑うのか理由が分からない。黄色っぽい紙に包まれていたのはニコチンではなく、チョコレートであった。

笑いとチョコレートの濃厚な甘み、そしてナフタリと私に注がれるフォーゲルマン家の愛とやさしさが、渾然《こん》一体となって私の心を温めてくれた。最初の夜であったにもかかわらず、私はこの六年間味わったことのない幸福な気持ちと安堵感に包まれて、眠った。私は、家と家族を手にしたのである。最初の夜、ここが何年も自分の家になるとは気付かなかったが、まるで体まで温まるようなぬくみを感じた。

それでも、私には適応上の問題があった。最初の数日間私は叔母すら真底から信用しているわけではなかった。その叔母は、心から私に母親のような愛を注いでいたのである。私は、つき放すような目で、叔母を観察していた。私は、叔母の本心を疑い、その行動を、ことごとく詮索し、私の父親の本当の妹である証拠を求めた。叔母が私のためになることを考え、誠心誠意私につくしていることが分かり、私は落ち着いた。

キリヤトモツキンに来て、初日であったが、叔母が私に色つきのゴムボールをくれた。弾力があって、よくはねる。叔母は近所の子供達を自宅に呼んだ。イガル・カルパーとウーリ・ハシュマンの二人である。イガルは少し背が低く丸々としていた。指が短く、ピアノを習っているという。ウーリはやせ型で背が高かった。二人の少年は私にボール遊びをやろうと熱心に誘った。しかし私は尻込みした。これまで私は同年配の子供達と一緒に遊んだことがない。孤立することが恐ろしかったのである。この二名は私には未知の人間である。これまで未知の人間と接触して、ロクなことはなかった。これが私の経験で、私は殆んどの人を信用していなかった。何をされるか分からない、とまず身構えてしまう。それに、私はゲームのルールを知らない。思案の末私は、新しい二人の友達とボール遊びをすることに同意した。ただし、叔母の保護を条件にした。叔母は私の恐怖心を察して、協力してくれた。

二人の少年は私に友好的で、ボール遊びの仲間が増えて嬉しそうであった。私は自分でも、キャッチボールがしたいと思った。これまでボールを手にするどころか投げたこともない。自分には珍しい遊びである。三人は、叔母の家の小さな庭でボール遊びをした。勿論、私が要求したように叔母の保護付きである。

イガルとウーリは私と同い年であったが、二人共私より背が高かった。二人はポーランド語を知らない。私はヘブライ語をしゃべれない。しかし、子供には言語を乗り越える能力がある。子供同士に共通する国際言語がある。私は遊びのなかでそれを実感した。キャッチボールをしている内に、少年のひとりが微笑み、もうひとりの子も笑った。私がど真ん中の直球を投げると、ひとりが歓声をあげ、もうひとりの子が、私の肩を軽くぽんと叩いた。親しみのこもった動作であった。イガルとウーリが私に敵意を持っていない証拠で、私は二人が自分に危害を加えることはなく、安心してよいと考えた。二人は私と同じ子供であった。敵意のないことが分かって、私を締めつけていた緊張感がとけ、私はだいぶ気が楽になった。

しばらくすると、珍しいものに挑戦する気持ちが薄れ、私はキャッチボールにあきてきた。そして、ボールを地面に落とすと、イガルそれからウーリのところへ行き、背伸びして、頬を軽くつまんだ。これが言葉を介さない私の意志伝達法で、「君は良い子だ。君はオーケーだ。僕は君が好きだよ」という意味のジェスチャーであり、自分の気持ちを伝えるには、これしか知らなかった。これまで、どのような集団でも私が大抵最年少で、大人達はいつも私の頬をつまんで愛情を表現した。私は、どこの世界でもそうであろうと軽く考えて、そうしたのである。イガルとウーリは、別の意味にとった。

ウーリは、以来ことある毎に、キャッチボールをして私が頬をつまんだことに触れる。私は、老人の顔で彼を見ていた。あれは子供の表情ではなかったというのである。私の目付きは茶目気や陽気なところがなく、恐ろしく深刻で、探るような目であった。私を知る人の多くが認めているように、私は既に幼年の頃自分の生物学的年齢よりも遙かに年をとった、分別くさい行動をしていた。エレツイスラエルでほかの子供達と会う機会が増えると、この違いがますます明らかとなる。

短時間ではあったが、庭先での出会いは私にポジティブな印象を与えたが、野球に夢中になる程の熱意はなかった。私は家の中に引きこもって、ナフタリと一緒に過ごす方がよかった。しかし兄は、イェシバに行かなければならない。そして私は、兄が言ったように、叔母夫婦のところに居るのである。これは、私のとってはまさに青天の霹靂《へきれき》であった。ラビとその妻に感謝することはあっても嫌悪感など全然ない。しかし私は、兄と別れなければならない。そう思うと私は非常な不安を感じた。別離は自分にとって最大の恐怖であったから、暗い気持ちに襲われるのである。

私はナフタリと一緒にハイファ行きのバス停まで行った。ブッヘンヴァルトからナフタリが移送されるとき、兄は私に今生の別れを言いに来た。別れに大きい違いはあるものの、どの別れも私にとっては、本当に辛い。あの時以来兄とは一日たりとも離れ離れになったことはない。不安の種になるようなことが、次々と頭に浮かんでくる。私は矢継ぎ早に質問を浴びせた。「どうして？　何故行くの？　僕はどの位ここに居なきゃならないの？　お兄ちゃんにはもう一度会えるの？」。ナフタリは勉強のためイェシバに行く、と説明した。しかし私はそれだけでは納得しない。「イェシバって何？　そのイェシバはどこにあるの？」

兄はペタハティクバにあると答えた。

「ペタハティクバって何？」、「どこにあるの？キリヤトモツキンの近く？　それとも遠いの？」

私は、安息日には戻るのかとたずねた。兄は、戻らないがスコット（仮庵祭）には訪ねると約束した。この祭日がいつなのか、何日間続くのか、兄は何故この日に訪問するのだろう。ナフタリは、今からちょうど六週間後、この時イェシバの授業が休みであるから、戻れると説明した。

私には、この六週間が永遠の時のように思われた。私には、このような長期の時間概念がなかった。私はベソをかき、涙がでた。どこへ行くにも一緒であったナフタリがいなくなる。そう考えると、私がひそんでいた世界が一挙に崩壊して、放り出された気持ちであった。私は、唯一の肉親である兄を中心とする防衛の世界を構築していたのである。しかし、その時ハイファ行きのバスが来た。

ナフタリはバスに乗った。私は叔母と一緒にバス停に立ち尽くしていた。兄は手を振ってさよならと言った。私は手で涙をぬぐった。悲しみをやわらげようと叔母は私の手を引くと、バス停の横にあるキオスクへ連れて行った。「ルレク、あなたの好きなものを取りなさい。何でもいいのよ」、叔母はやさしい声でそう勧めた。私は、しゃくりあげながら、何も欲しくない、トゥレクを戻してよと言った。人が集まって来て、人垣ができた。誰でもラビの妻は知っているし、〝あちらから〟来た子供の話、つまりブッヘンヴァルトの生き残りである甥のことなら耳にしている。まわりの人達は、憐みと好奇心の入りまじった目で、私達を見ている。私は気まずい気分であったが、涙がとまらなかった。バスの窓から手を振るナフタリの姿が目に焼きついて離れない。長い時間がたって、少し落ち着いたが、涙に代わって深い深い悲しみが襲ってきた。

一九四五年九月は、私がキリヤトモツキンの親戚の家に来た時である。人生の新しい段階の始まりだったが、私は心の準備が全くなかった。しかし、ナフタリと別れた翌日、私は学校へ行かなければならなかった。この通学が私の適応を加速した。悲しみに溺れているわけにはいかなかった。目の前の課題に対応するには、自分の内なる力をふるい起こして、取り組まなければならない。これが、新しい環境に適応するということである。宗教系の学校で一番近いところでは、ハイファ近郊のキリヤトシュムエルにしかなかった。トーラー・ヴァ・アヴォダー思想運動の提唱者、シュムエル・ハイム・ランダウの名にちなんでつけられたところである。もともとこの運動は、トーラーの勉強と農業労働の統合を目指した（後に、宗教上の戒律順守と現代のライフスタイルの統合を意味するようになった）。寒暖の差の激しい夏も冬も私はフォーゲルマンの自宅から学校まで、毎日徒歩で三〇分ほどかけて通学した。

最初私は、通学が好きではなかった。しかし、そうすることを学んだ。私は八歳児であったが、読み書きを知らなかったので、校長は一学年の教室に私を入れた。

四時間の授業を受けた後、私は叔母にもう学校へは行かないと宣言した。学習のペースが遅くて、いらいらするのである。言葉をひとつ覚えるために、何十回も暗唱させる必要がどこにある。私には全く理解できなかった。この四時間で学んだ言葉は、シャローム（今日は）という単語ひとつで、シャローム・一年生、シャローム・先生といった組み合わせでの暗記であった。私が叔母に特に訴えたのが、授業のやり方、教え方であった。教師が黒板に船を描き、キッパー（ふち無しの丸帽）を頭にのせた人々が甲板に群がっているところをつけ足した。手を振る姿である。教師は「甲板上のこの人は、手を振って何と言っているのでしょう」と質問した。児童は一斉に「シャローム」と言った。

私は、このようなことは自分には不要と感じた。授業のペース、教え方、生徒に対する学校側の期待値等々、全部気にくわなかった。叔母は私の主張を理解し、その日のうちに私を連れて、校長のヤコブ・ブラウフェルト先生の家に行った。叔母は、私の理解できないヘブライ語で、私の不満と主張を校長に説明した。年齢ひとつとっても、叔母は、私が六歳から六歳半の学級児では一番年をとっているとし、「あちらでの（苦難の）体験を終えた後であり、この子はほかの子供達よりずっと成熟しているのです」と述べた。しかし校長は、ヘブライ語が分からないのだから、最初から始めるより仕様がないと反論し、二学年にあげても、言葉が壁になって、学習プログラムについていけないと言った。

私の叔母はくいさがった。この子はもともとヘブライ語を身につけておらず、一年の学級でもヘブライ語が分からないのだから、一年生、二年生のどの学級に編入されても同じこと。でも二年生の学級であれば、少し年が上というだけになると言った。校長は反論できなかった。ただ条件をひとつ付けた。算数の基本を理解するため、ヘブライ語で二〇までの数字が言えるようになれという。叔母はこの条件をのんだ。そして私は、その条件に挑戦し、必ず覚えると決意した。そして、帰り道に早速勉強を始めた。

叔母は、家に着くまでに、数字とプラス、マイナスのヘブライ語呼称を教えた。数字はヘブライ語の文字数と同じ二二まで、ヘブライ語で言えるようになった。おかげで私は、翌日第二学年に進級した。そしてちょうどその一ヶ月後に第三学年に進級した。私と同年齢の生徒達がいるクラスである。春になって、プリム祭とペサハ（過越祭）の間に再び進級し、四年生になった。

私のおじは、いつも安息日に、興味のある青少年にタルムードを教えた。子供達は、毎週午後三時に家へ来た。いつも来ていたひとりがツェビク・リヒテンシュタインで、私と仲良くなった。後年ゼエブ・アルモグ少将として、その名を馳せることになる。消耗戦争（一九六九―七〇年）時、コマンド隊によるスエズ湾北部域のグリーン島急襲作戦を指揮したことで知られる。後年イスラエル海軍の司令官になった。ツェビクは、このタルムード学習の後、私の手をとり、キリヤトシュムエルにあるブネイ・アキバ青少年団の会合に連れて行ってくれた。

このタルムード勉強会に参加した人達のなかには、後年偶然再会した人もいる。四〇年後、私がイスラエルの主席ラビとして服務している頃、ダン・ティホン国会議長の執務室から電話がかかってきた。国会議長として就任するに際し、そちらへ伺って祝福をうけたい、とティホンは言った。

ダン・ティホンは、私の執務室に入ると、ラビ・フォーゲルマンの写真を見て、その前で直立不動の姿勢をとった。不思議に思って、「彼を御存知なのか」とたずねた。

「ラビ・フォーゲルマンを知っているかですって？」、「ユダヤ教の世界に私を導いてくれた人がいるとすれば、この人がそうです。ユダヤ教の伝統とラビに対する尊崇する気持ちがあるとすれば、勿論私は尊崇しているが、この方のおかげです」とダン・ティホンは答えた。

私が「どうやって知り合われたのか」とたずねると、ティホンは意外なことを言った。「多分私を覚えておられないだろうが、私はあなたのことをはっきり覚えている。初めて会った時から、あなたの成長をずっと見守ってきたのです。私は名前をダニー・ベイトナーといい、世俗派が住むキリヤトハイム地区に住んでいましたが、安息日にはいつもあなたのおじ上の家へ行っていました。そして、あなたの横に座って、タルムードの授業をうけていたのです」。私は心底驚いた。

＊　　＊　　＊

キリヤトシュムエルでの学業を終えると、私はエルサレムのコール・トーラー・イェシバに進学した。おじのもとで既にフリン（畜殺と肉食に関する戒律）の項は学んでいたので、ここでも飛び級ができた。

話を前に戻すと、叔母夫婦はキリヤトモツキンに宗教教育が組織化されていないことを痛感し、自分達でつくるまで安心しなかった。就学前の宗教系幼稚園が無いので、信仰生活を重んじる家族や新婚夫婦はキリヤトモツキンには来ない、と理解していた。私の叔母は粘り強い強靭な意志の人で、実践的でもあった。金曜日の夕方にローソクを灯す時のしきたりなど、宗教上の慣習を教える宗教系幼稚園をつくらなければならない。叔母はそう決心した。ポスト・ホロコーストの時代沢山の人が宗教からはっきり引き離されたままであったから、この計画は画期的であった。〝神に対する畏敬〟と〝自由思想〟(今日的言葉で言えば、宗教的と世俗的)の間に大きい溝があった。

私の叔母は、子供達が幼稚園レベルで宗教教育を受け始めるならば、継続欲求から、小学校での学習継続、そして宗教系高校あるいは男女別々のイェシバ式高校へとつながっていく、と判断した。

私の叔母は、幼稚園開設を決めると、エルサレムのミズラヒ婦人団体の会長に会いに行った。イデオロギー上連帯する組織である。会長のサラ・ヘルツォーグは、当時エレツイスラエルの主席ラビ(アシュケナージ系)であったイツハク・ヘルツォーグの妻であった。会長は幼稚園開設を許可し、園児二五名を収容する教室が借用できるように、月謝五リラの徴収を認めた。さらに、園児の数を確保したら、幼稚園教師の給与を出すと叔母に約束した。

叔母は喜び勇んでキリヤトモツキンに帰って来た。ところが、戻って気付いたのであるが、肝腎な点をすっかり忘れていた。就学前の児童を持つ敬虔な家庭のリストも無いのに、どうやって園児の募集ができるか、である。しかし、そこは叔母である。臨機応変の才能を如何なく発揮し、「シュルリク」と私に言った。私の愛称である。「あなたはもの覚えがいいわ。神様が授けられた立派な才能よ。これから数週間、シャバットの夕方、シナゴーグへは私と一緒に行くよ、毎回違った道を通るのよ。遠まわりになることもあるわ。平屋の家を通るとき、シャバットのローソクが点っている家はどこか、しっかり覚えておくのよ。シャバットが終わった後、どの家にローソクが灯っていたか、住所を教えてちょうだい。いいわね。私がノートに書き写すから」と言った。

これまで中心的なシナゴーグへは、おじと一緒に普通の道を通って行っていたのだが、それから数週間叔母と一緒に毎回違った道を使って行った。ハショフティーム通りの一軒を除けば、全部平屋の家であったから、窓を通して点灯したローソクの光をみることができた。そして、ローソクの点っている家の住所は、私が暗記した。

安息日が終わると、私のおじが終了を示すハヴダラー（区別の意）の祈りを捧げる。そして叔母が紙と鉛筆を持って来て、さあと構える。そこで私が、ローソク点火の家の住所を言うのである。叔母はこのリストをもとに家庭訪問の日程を決める。何度か叔母と一緒に行ったことがあるが、ドアをノックして、出て来た家人に「レベッチン・フォーゲルマンと申します。御免なさいね、突然押しかけちゃって。実は、金曜の夜この前を通りましたらローソクの光が見えたので、私に御用のお子さんがいらっしゃらないかと、伺った次第です」と言っていた。なかには、うちの子供はもう大人ですよと笑う人もいる。それでも叔母はあきらめず、「では、私に御用のお孫さんはいらっしゃいませんか」とくいさがる。でも、この時人々は〝私に御用〟とは一体どういうことかと、眉をひそめる。

叔母は、不審の空気を察知しても、あわてふためくことはない。ミツバー（戒律）実践の任務につく人の気概をもって、訪問目的を説明した。「私は、子供達が遊びながら学習する幼稚園を開きたいのです。普通の幼稚園と同じで、園児用に通常の設備は全部揃えます。それだけではありません。子供達は、朝目が覚めた時の祈りであるモデー・アニーのやり方を身につけ、今日一日に感謝することを学びます。アドン・オーラムのような、儀式で歌う歌も覚えるし、毎日の祈りで口にするシェマア・イスラエルの唱え方、安息日のローソク点火など、園児はいろいろ学びます。ワインを通して祝福するキドゥシュだって、勉強しますよ」。誰も彼も計画に賛成で、就学前の子供がいる家庭にも知らせると約束した。こうして叔母は一年のうちに二五名の園児を確保し、キリヤトモツキンで最初の宗教系幼稚園をオープンした。この後、八年制の宗教系学校が開設され、さらにセグラー・イェシバ女子高等学校もできて、数百名の生徒が通学するようになった。すべては、安息日のローソク探知の〝スパイ〟作戦が始まりである。

＊　　＊　　＊

私は、ホロコースト時代の栄養失調が尾を引いて、背が低く痩せ細っていた。キリヤトモツキンのデュアルマン・ドロン医師は、毎日匙《さじ》一杯の肝油摂取を私に義務づけた。従姉のレア・ナオミは、一緒に成長し私には本当の姉同様の存在であったが、やはり摂取することになっていた。しかし彼女は断固拒否した。叔母は、肝油を匙一杯飲めば、一ミルをやると約束した。一〇〇〇分の一リラである。肝油瓶は台所のカウンターの上に鎮座し、その横に二本の匙が並べてある。さあどうぞというわけである。毎日レア・ナオミと私はここを経由して学校へ行く。前者はキリヤトモツキン、後者はキリヤトシュムエルである。しかるに、肝油を摂取するのは後者たる私である。私はレア・ナオミの分まで飲んだ。肝油二杯は私の腹中にお金は二ミルが私の懐中に入ることとなった。このおかげであろうか。私は身長五フィート一〇インチ（一七八センチメートル）に達し、国防軍には甲種合格で入隊した。

私は、キリヤトモツキンに来て二年ちょっと程は学業に没頭した。その間私の世界を占めていたのは、学校の勉強だけである。ところが一九四七年一一月に、その日常を変える事態が起きた。国連がイスラエルの建国決議をして、戦争になったのである（注・一一月下旬以降アラブ不正規軍、翌年五月一五日以降アラブ正規軍の侵攻をもって始まる戦いを、イスラエルの独立戦争と称する）。イラク、シリアから武器弾薬輸送隊が、シリア及びレバノンを経由して、ハイファを含むエレツイスラエルのアラブ側に補給していた。

キリヤトモツキンは、ハイファとアッコーの間に位置し、この地域で多数の戦闘が生起した。一年半後に戦争が終わったとき、独立戦争に戦功をたてた英雄一二名が表彰されたが、その内二名は、キリヤトモツキン東部戦域における作戦功績者であった。

ハイファから北のアッコーの方へ幹線道路が走っている。その道路の西にキリヤトモツキン、その対面にあたる東部にキリヤトビアリクが位置している。部隊はその十字路域に配置されていた。四月下旬部隊は、アラブの武器弾薬輸送隊が北から間もなく到着するという情報を受けた。これは、表向きハイファ港行きになっていた。貨物はしっかり梱包され、キャンバスで覆われ、固縛されていたが、中味は大量の兵器類であった。

突然銃撃音を聞いたのは、私が家にいた時であった。その音でブッヘンヴァルトでの記憶がよみがえった。母と一緒に隠れて息をひそめた屋根裏部屋、声をたてて隠れ場が明らかにならないように母親がくれた蜜入りクッキー、建物の中を探しまわるドイツ兵の恐ろしい捜査。ユダヤ人を探すため、すべてのものをひっくり返し、ドアを激しく叩き窓を粉砕した。その時の状況が走馬灯のようにかけめぐる。私は、私達の夢の地であるエレツイスラエルでも、全く同じ音がしていることに気付いた。私は死ぬほどこわかった。それから、連続してすごい爆発音がした。キリヤ地区（モツキンとビアリク両地域）とハイファ湾域が激しい衝撃波に見舞われ、窓という窓が全部割れた。爆発現場には深さ二〇メートルもある大穴があいた。我方の部隊の攻撃で、輸送隊の搭載弾薬が十字路で爆発したのである。この作戦は、ダビッド・ベングリオンが独立宣言をだす三週間前に、実施されている。

ハイファの石油精製所襲撃という恐ろしい事件も、記憶に生々しい。アラブ人達がユダヤ人作業員をナイフで襲撃し、胸を刺しノドを切った。結局四一名殺されたが、そのうち三名はキリヤトモツキンの住民であった。ブッヘンヴァルトから二年半たった時代に、今度は自分達の地で再びユダヤ人達が殺される。ブッヘンヴァルトで、ナフタリはエレツイスラエルでは彼らはユダヤ人を殺さない、とよく言った。それまでずっと私はそう考えていたのである。ところが、この現実に私は顔面を叩かれたように感じた。兄が楽観する根拠が分からなかった。約束の地では事情が全く違うというのは幻想ではないか。幻想にしがみついていいのか。このような思いが去来した。

イスラエル国誕生の初期、政府は国家と宗教の問題に対処する手段を欠いていた。政府は、この問題を扱うため特別委員会を設置し、初代首相ダビッド・ベングリオン等がメンバーになった。委員会は、宗教上の戒律と世俗の慣行が入りまじった現行方式の維持を決めた。例えば、ハイファと湾岸地域では、安息日もバスが運行されてきたが、それが継続するのである。テルアビブに近いギヴアタイムでは、独立前ハダル映画館が安息日も上映していた。これも現状維持である。ところがその近くのラマトガンでは、安息日の上映はない。なんともちぐはぐである。

キリヤトモツキンはひとつの地方自治体であった。宗教系の共同体ではなかったが、有力者達は安息日の公然順守の立場であった。公共の交通機関は運行されず、商店と映画館はすべて当日休業であった。

しかし不幸なことに、私達の居住地はハイファのすぐ近くである。そのハイファは、ユダヤ人、アラブ人のほかいくつかの宗教の信徒も住む、混合居住都市であるが、交通機関が安息日に動いているため、ハシャハル・バス会社（後にエゲッドと合併）は、キリヤトモツキン経由ガリヤ湖岸行きのルート運行を決めた。ハイファを発車したバスは、私達の居住地域を縦断し、信仰の篤い人々が住むキリヤトシュムエルを横断し、キリヤトヤム（ガゥヤムというテント村があった。新移民即ち難民の受け入れ地である）を通り、ガリラヤ湖岸に到着する。

ラビ・フォーゲルマンは、筋の通った人で、イスラエル建国後は何十代と抱き続けた夢である安息日が国内で順守され、その日は公共の交通機関も運行されない、とナイーブに信じていた。しかし現実はそうではなかった。幻滅したラビと近隣住民は、自分達の手で解決すると決めた。水泳シーズンの幕開け後にくる最初の安息日に、この路線バスの運行が始まる。そしてその日が来た。ラビ・フォーゲルマンは、キリヤトモツキンの中心シナゴーグでトーラー朗読を終えた後、信徒を率いて道路に出た。そして、安息日のムッサフ（追加）礼拝を外で行なうと宣言し、礼拝中の人の列にバスが突っ込んでくることはないだろうと言った。

当時私は一二歳前後で、いつくかのシナゴーグから来た人々と一緒にその列の中に立っていた。アシュケナージ系もスファルディ系も一緒である。元からの住民と新移民、そして若者から老人まで、あらゆる世代の人達が集まっていた。キリヤトビアリクの方から五二番バスが来た。西へ向かうのである。繊細なおじは、バスの前に立ちふさがるようなことはしなかったが、素早く礼拝用肩掛け（タリット）をはずすと、道路に広げた。銀の縁どりをした見事な肩掛けが、黒のアスファルト道に敷かれたのである。すると、そこに集まった人々が、一斉に自分の肩掛けを広げ始め、ハショフティーム通りは、一センチの隙間もなく肩掛けで敷き詰められてしまった。バスは鋭いブレーキの軋《きし》り音を立てて、ラビの横でとまった。肩掛けのすぐ前である。運転手は、バスから降りると、がたがた震えながら、「ラビ、どうしてこんなことを私にするのです。私がユダヤ人ではないとでも思っているのですか。タリットを轢《ひ》けるものじゃないでしょうが！」と言った。

ラビは答えた。「私の息子よ。タリットを踏みつけられるのが禁じられているように、シャバットの神聖を踏みつけにするのも禁じられているのです。あなたのまわりにいる人達は全員ユダヤ人です。この居住地にユダヤ人として生きていくために来たのです。ここでは、シャバットが汚されたことは一度もない。どうか、キリヤトモツキンのシャバットの伝統を破らないで下さい。過去から未来につながる世代の鎖を切らないで欲しい」

運転手は、真面目にそして静かに聴いていた。それからバスに戻り、後進を掛けると広い場所までバックさせ、Uターンして戻って行った。現在のキリヤトモツキンは知らないが、私が住んでいる時は、安息日とユダヤ教の祭日にはあれ以来公共の交通機関は運行されていなかった。

英委任統治時代の列車運行システムが廃止されて、イスラエル国有鉄道が運行を開始するとの発表があった。最初の運行路線がハイファ・ナハリヤ線である。運行初日、キリヤトモッキン駅に乗客が集まった。その北のアッコーは、独立戦争後多数の移民を受け入れ、この路線ではやはり重要な停車駅であった。どの駅でも沢山の旗がはためき、歓声があがって祝賀気分が横溢していた。自分達の手で運行するという達成感が嬉しいのである。当時住民の大半は自家用車を持っていなかったので、鉄道は重要な交通手段であった。運行で生活の質が改善されたのである。

鉄道運行は素晴らしい、便利である。大変よろしかった。イスラエル国有鉄道が時刻表を配布するまでは、である。ハイファ・ナハリヤ線の時刻表が各郵便箱に入れられ、私のおじは目を輝かせ、大いに興奮して頁をめくった。ところが突然表情が変り、「オイヴァヴォイ、何ということだ。シャバットだよ」と溜息をついたのである。英委任統治時代から、都市部で公共の交通機関が運行され、その都市間を鉄道が結んでいることから、さらにまたベングリオンを座長とする委員会が現状維持を決めたことから、鉄道側で安息日運行を決めたのである。ラビ・フォーゲルマンは、安息日運行の事実を知って、いっときもじっとして居られなくなった。夜も一睡もできないのである。

翌日朝早く、おじはテルアビブ行きのバスに乗った。シャロナ地区といわれる所へ向かったのである。当時そこは多くの省庁が本部をおいていた（現在この地区には、国防省しか残っていない。ほかの省庁は全部エルサレムへ移動している）。おじは、予約もなしに、まっすぐ運輸省へ行った。向かったのは大臣室である。そこにはできたてほやほやの国の初代の運輸相ダビッド・レメズがいた。二人は初対面であったが、ラビの見上げるような身長と、遠方のキリヤトモツキンから最重要問題でわざわざ来たという事実を考慮し、五分で済むというラビの面会条件を勘案して、ラビは面会を許された。大臣が部屋の外に出ると、ラビが廊下に立っていた。部屋に招きいれた大臣は、「飲物はいかがですか。冷たいものか、それともホットに致しますか」、「お茶でもどうです」とたずねた。ラビ・フォーゲルマンは大臣の目をまっすぐ見て、イサクのために嫁を見つけようとするエリエゼルが、ラバンに「用件をお話するまで、食事をいただくわけにはまいりません」と言った故事（創世記二四章三三）をもじって、「用件をお話するまで、飲物はいただきません」と言った。

大臣は興味をそそられた。そうするとラビは上衣の内ポケットから例の時刻表を引っ張りだすと、今度は申命記（二一章一―八）にある状況に関連させながら、「私の立場は、〝殺されて野に倒れている人〟を処置しなければならない町の長老の立場と似たようなものです。殺されて倒れている人が発見され、その犯人が誰か分からないならば、死体のある場所に一番近い町の長老達が〝我々はこの死とかかわりがない〟ことを証言しなければなりません」と前置きして、「私はキリヤトモツキンのラビですので、犯罪現場に一番近いところにいます。それで私は、この列車時刻表に記載されていることに自分は責任がない、そして列車がシャバットに運行される事実を、ここに証言します」と言った。

　ラビは語をつぎ、「大臣、私はキリヤトモツキンのラビです。この時刻表に記載のある町です。そしてこれは新生イスラエル国有鉄道です。しかし」と息をつぎ、サムエル記（上一章二七）にあるハンナの祈りを引用しながら、「これが、〝私が授かるようにと祈った子〟でしょうか。鉄道はイスラエルの名前を冠しており、列車の車輪でシャバットの神聖を踏みにじっているのです。私達は何十代も命懸けで守ってきたではありませんか。そのため犠牲になったことも多々ある。私達の聖地、その大地を敬うために来たのにこれですか。私達が多年熱望していたことがこれですか」と言った。ラビ・フォーゲルマンは、運輸大臣に安息日の意味を述べたのであるが、詩文や聖書を多々引用しながら、ユダヤ人にとって安息日が如何に重要かを、実に三〇分間も縷々《るる》説明した。それは自分の深い苦悩と痛みを語るモノローグでもあった。

　ダビッド・レメズはこの間沈黙したままである。大臣は、ラビの口をついて出る言葉の奔流を遮《さえぎ》ることはせず、口を差しはさむこともしなかった。黙ってラビに熱弁をふるわせたのである。うっとりして聴いている風でもあった。ラビが話を終えると、レメズは卓上の黒い電話をとり、事務次官と話をしたいと言った。ラビが聴いていると、大臣は次官に「第一次路線の時刻表は印刷済みか」とたずねた。勿論印刷済みで、大臣はハイファ市長と共にパルマー広場で開かれる開通式に出席することになっているという返事であった。すると大臣は「旅客列車の時刻表を変えてもらいたい。ここでは貨物列車の運行については話し合いたくないが、ハイファ・ナハリヤ路線の旅客列車は、シャバット及びユダヤ教の祭日には運行しない。今後整備される路線も同じだ。公共の交通機関はシャバットに運行しないというルールに従ってもらう」とはっきり言った。

　事務次官は、聞き間違いではないかと考えたのであろう。何度も念を押して、列車は安息日に運行しないということですか、とたずねた。レメズの答えは明確であった。当時、この種の決断をくだす権限は大臣が握っていた。

　レメズが受話器を置くと、感激のあまりラビ・フォーゲルマンは、思わず涙を流した。通り一遍の決まり文句であしらわれる、と思っていたからである。「お話はうけたまわった。考えておきましょう。関係部署の感触もさぐる。らちがあかなければ、ベングリオンのところへ持っていこう」といった類いの返事である。当時ベングリオンは、すべての問題に関与していた。私のおじは、自分が座っている目の前で、大臣が次官に電話して、時刻表変更の指示をだして、不法を正す処置をとるとは、夢にも思わなかった。おじは少し落ち着くと、大臣に礼を述べて、ドアの方へ歩きだした。

レメズは、立ち上がると執務机をまわってラビのところへ行き、見送りのため一緒に廊下へ出た。職員全員がラビに対する丁重な扱いを目撃した。ダビッド・レメズは、ラビ・フォーゲルマンよりちょっと背が低かったが、背筋を伸ばし、ラビの肩を軽くぽんと叩き、強いロシア語訛りで「フォーゲルマン師、いつか私のような異端者がいなくなって、ユダヤ民族が淋しく思う日が来ますよ。私のような異端の世代が今後登場してはなりませんな」と言った。私のおじは、運輸大臣レメズのこの言葉をかみしめながら、キリヤトモツキンに戻った。おじはその晩も感情がたかぶって全然眠れなかった。大臣との会話を逐語的に思い返し、最初から最後まで再現して過ごしたのである。後年私は、宗教と国家の問題が浮上する度に、ラビと運輸大臣の話し合いを思い出した。

私のおじをまきこんだこの事件は、対話の重要性を私に教えてくれた。ほかの人が、安息日と祭日に列車が運行されることを知ったならば、〝ゲヴァルト（おお）、悲しいかな〟と天に向かって叫び、あるいはキリヤトモツキンのシナゴーグで騒々しいデモを組織したであろう。しかし、ラビ・フォーゲルマンは違った手段をとり、安息日を踏みにじる運行システムの最高責任者と会うことに決めた。そして、対話のできるパートナーを見つけたのである。

キリヤトモツキンとキリヤトシュムエルの間を走る鉄道線路の近くに、一連の英軍基地があった。そこは、一九四八年五月に英軍がイスラエルから撤収したため、空っぽになった。しかし数日の内に人で一杯になった。今度は新移民がきたのである。カマボコ型兵舎群は、イーディッシュ語、ポーランド語、ルーマニア語が入り乱れ、人であふれ返った。この人達の殆んど全員がホロコーストの生き残りである。六年間苦しみ抜いた人もいれば、後半の二年間で済んだ者もいるが、双方の苦悩に相異はない。家族を殺され、ばらばらにされたのである。犠牲をださなかった家族はひとつもない。生き残りは無一文で、ハイファ近郊のシャアル・ハアリヤーに到着した。マーバラ（テント村）と称する受入れセンターである。ここにしばらくいた後、からになった英軍基地を含め仮設住宅へ移る。キリヤトシュムエルには、平屋の仮設住宅が建てられた。今日まで、〝モーリシャス島移民地区〟として知られる。戦後ヨーロッパから難民がエレツイスラエルへ移住しようとしても、英軍官憲に上陸を阻止され、（キプロス島や）南アフリカ東方のインド洋上のモーリシャス島へ送られた。イスラエル独立後、この人達は移住を認められ、この居住地区に落ち着いた。

　ある日、叔母が私に使い走りの用を頼んだ。ゲフィルテフィッシュ（伝統的ユダヤ魚料理）を私の又従姉妹《いとこ》夫婦のところへ持っていくように言ったのである。この夫婦は、キリヤトシュムエルのテント及び掘立小屋村に住んでいた。ユーカリ林のすぐ近くである。叔母によると、私の又従姉妹ミミ・ヘルチックの母親（叔母の従姉妹）は、ルブリンのラビ・メイル・シャピーラの妹で、ラビ・シュムエル・イツハク・ショル（ミンハット・シャイの著者）の孫娘である。私は、親戚が増えたので有頂天になった。こんな人が存在することすら知らなかったのである。新聞に掲載されたリストに名前があった、と叔母は言った。叔母によると、ルーマニアから移住しようとして英海軍に阻止され、キプロス島へ送られた。つまりその島から来たのである。英委任統治時代沢山のユダヤ人がエレツイスラエルの海岸までたどり着きながら、英軍官憲によってその島へ移送されていたのである。私はこの時初めて、その事実を知った。

　私は、ゲフィルテフィッシュを手に、ユーカリ林の中に立つ仮設住宅へ行った。そして、かつては大きかった家系の失われたリンクを、一部発見したのであった。ミミとイツハク・ヘルチクは、その内にテルアビブへ転居し、姓をヘブライ名のアルツィに変えた。イツハク・アルツィは長年テルアビブの副市長をつとめ、やがてクネセット（イスラエル議会）の議員になった。

　フォーゲルマン家で成長した私は、少年時代、新移民の環境順応過程を多々目撃した。その移民達は、文字どおりの生活困窮者で、着の身着のままの状態で到着する。古参の住民達が、物質的に贅沢な暮らしをしているわけではなかった。しかし、生活必需品の欠乏で、新移民に対する心遣いがそこなわれることはなかった。

　過越祭が近づき、私達はフォーゲルマン家で、セデルの儀式を行なうべく計画した。極く内輪の少人数での集いである。叔母夫婦、その娘のレア・ナオミ、そして私。ほかに数名のゲストだけである。ところが、セデルの朝、叔母が計画変更を発表した。家でセデルはやらない。でもあなたは、セデルの意味に関する伝統的な四つの質問は、唱えるのよ。別のところでね、と叔母は約束した。

私は、いつものようにおじと一緒にシナゴーグへ歩いて行った。セデルの儀式に使うテーブルがないのは何故だろう、と考えていたが、おじは、もっと大きいテーブルがある、心配するなと言った。私達は家に戻り、それから祭日用の晴着姿で、キリヤトモツキン北部の大きい移民施設へ歩いて行った。そこで私達は、新移民一〇〇〇名と一緒に、セデルを祝った。

会場に来た人は、全員が全員喜び勇んで参加したわけではない。一人ひとりが苦悩の過去をかかえている。それにこのセデルの夜のように、自分の出自を強く感じさせる行事はほかにない。あるいはまた、移民家庭の貧困も影響しているだろう。ホロコーストで体験した地獄の後、なかにはユダヤ教の伝統に背を向けた人もいるかと思われる。ラビ・フォーゲルマンは、彼らの苦悩に敏感な人であった。宗教の人としての精神的指導力を発揮し、体全体に父親の情をにじませて、ラビは言葉と態度で彼らに接し、安心させた。

私達がセデルを行なった所は、トタン板造りで、大変暑かった。非常に混雑して人いきれで大変だった。彼らは、過越祭の伝統的な歌の節や歌い方を知らず、セデルの時に使うハガダー（式次第）記載の物語を知らなかった。しかし、「汝の怒りを諸国の民に注げ」の個所で、彼らのしゃがれ声は大きな叫びに変わる。そして「代々どの世代にあっても、ひとはエジプトから出た者として自分自身を見よ」と本心から宣言するのである。彼らは、ハガダーを流暢に読めるわけではなく慣れているわけでもなかったが、厳粛な態度で静かに座っていた。

私のおじが新移民一〇〇〇名のために、キリヤトモツキンで行なったセデルは、私が頑張って見習うべき御手本となった。私の子供達が小さかった頃、私は自宅でセデルをやったことはない。例外は、新婚当時嫁側の親戚と過ごした過越祭の時である。その後私は、毎年おじの行動にならい、セデルで少なからず皆のお役に立てると考える所へ、家族と一緒に行くことにしている。

一九七〇年代後半のある年、私はテルアビブにある兵隊用ホステルで、セデルの執行を要請された。対象は、独立戦争からヨムキプール戦争まで、イスラエルの戦いで肉親を亡くした人々である。それは、これまで何十回も執り行なったセデルで一番困難なものであった。ホロコースト生き残りの新移民と共に過ごした、独立間もない頃のあのセデルへ私を引き戻した。ホールに集まった六〇〇名の人々は、肉親を亡くした者にとってはふさわしくないと考え、笑ったり歌ったりすることを自ら禁じているのであった。ホールは凍りついたようであった。私は氷を溶かそうとしたが、無理であった。私は、皆の沈黙で非常にやり難いと参列者に言った。しかし、私と一緒に座っている人々は全く口を聞かず、重苦しい沈黙が続いた。

たまりかねた私は、決心した。エレツイスラエルへ向かう船中で習った愛国歌を、ひとりで歌い始めた。最初に歌ったのは、ヒネマトヴである。「見よ、兄弟が共に座っている。なんという恵み、なんという喜び」(詩編一三三章一)。私は歌い続けた。おずおずした声で数人が唱和した。それから段々と加わる人が増えていき、大合唱となった。場内は次第になごやかな空気になった。氷は溶け、その夜は生涯忘れることのできない経験になった。

その夜家に帰る途中、かなり年輩の夫婦が、私のうしろを歩いているのに気がついた。男性が私に声をかけた。腰のまがった人で、強いロシア語訛りで「私達は遺族、ハイファに住んでいます。ひとり息子のアムノンは、独立戦争で戦死しました。以来三〇年私達夫婦は、夜は、いつも家にいます。昼間は働いているのですが、夜は家にこもり、クラシック音楽を聴いたり本を読んだりして過ごしてきました。なるべく社会の負担にならないよう、ほかの人の足手まといにならないように、ひっそりと暮らしているのです。しかし今年は、遺族のためにあなたがセデルを執り行なう旨、国防省から連絡がありました。それで私達は、これまでの日常から離れて、参加することに決めたのです。これまで四つの壁に囲まれた生活でしたが、セデルの夜はぽつんと過ごさない時が来たかな、と思いました。私達をひっぱりだしてくれたあなたに、お礼を申し上げなければなりません」。遺族の父は私の手をしっかり握ってそう言った。

その過越祭で、私はこの老夫婦を自ら課した孤立から解放した。私にとっては良き報いであった。私は、おじの行為との強い結びつきを感じた。自由の祭りを共に祝うべき家族を失った、孤独の新移民一〇〇〇名。おじはその孤独の人々とセデルを祝う決心をしたのである。私は詩編一四六編が頭に浮かぶ。「虐げられている人のために裁きをし、飢えている人にパンをお与えになる。主は捕われ人を解き放ち、主は見えない人の目を開く。主はうずくまっている人を起こされ、主は義の人を愛される。寄留の民を守り、みなしごとやもめを励まされる」お方として神を賛美する詩である。

私が好きなハシッド派の言い慣わしのひとつに、「人間社会の不運な人々は、詩編の中では何故義の人と一緒に現れるのだろう。詩編の作者は、さまざまなタイプの惨めな人のなかに何故義の人をおくのだろう。しかも、話の流れの中心で。何故ならば、神が愛されるのは、このような種類の義の人だからである」という名言がある。ラビ・フォーゲルマンはまさにその人であった。ラビは不運な人、惨めな人、虐げられた人そして飢えた人の中に自身をおいた。私は、おじが私の少年時代にやったように、この言い慣しを自分のモットーとして身につけた。

一九五〇年六月、私は小学校を卒業した。その学校の第一回卒業生五名のひとりである。私のバルミツバ（成人式）のちょうど一週間後であった。八年間の初等科を五年で終了し、卒業式には叔母夫婦が出席し、喜んでくれたので、大変嬉しかった。教師達が、式の日まで内緒にしていた記念品を、私にくれたのである。それは木製の額で、乾草を満載した荷馬車と馬を押す馬方、そして作物を肩にした一人の農夫が描かれ、真ん中に優等生、イスラエル・ラウと刻みこまれている。この額は叔母夫婦の居間に永い間飾られていた。ヘブライ語を一字も読めない状態でエレツイスラエルへ到着した子供が、八学年を五年で修了して賞をもらったので、叔母夫婦は大変誇りに思っていた。

さて、問題は進学をどうするかである。ハイファのヤブネ高等学校は選択肢のひとつであった。キリヤ地区から沢山の生徒が進学する高校であったが、ちょうどその頃ナフタリがヨセフ・エフダ・ライナーという名の若手ラビに会い、これが進路を変えるきっかけとなった。ライナー師は、エルサレムのコール・トーラー・イェシバ神学校の若手教師で、私をラビの職務へ導いてくれた人々である。

このイェシバは自前の建物がなく、旧女子高等学校の校舎を借りていた。生徒達は老朽ホテルで食事をした。宿舎といえば一〇人一部屋で、ちゃんとした洗面所もなかった。私の父親はプレショフにトラット・ハイム・イェシバを創設し、そこの校長を勤めた。ライナー師は父の優等生のひとりで、ホロコーストに生き残り、エレツイスラエルへ移住した人である。

ラビ・ライナーは、ラビ・ラウの息子達が到着したというニュースを新聞で読んでいた。そして、ナフタリを介して、ラビ・フォーゲルマンに自分が指導教官になると申し出て、許可を求めた。「創世記には、ヨセフがベンヤミン（ベニヤミン）に関して兄弟達に〝その子をここに連れて来い、自分の目で確かめことにする〃と命じるくだりがあります。私は、この子の父親に大変御世話になり恩義があり、師の息子を我が子同様に考えて教育し、恩返しをしたい。どうかその子をコール・トーラー・イェシバに渡して下さい。私が本人の精神的身体的成長に責任を持ちます」と言った。

叔母夫婦は、ライナー師のイェシバでの学習を認めてくれた。キリヤトモツキンやその周辺域には私に合った宗教系学校がないことを痛感し、手放すのが辛かったのであるが、いずれは大人になって家を出ると考え、同意したのである。

私は、これからコール・トーラーのイェシバ学生になるとの決意を抱きながら、自分のバルミツバを祝った。ナフタリは、ユダヤ機関のパリ駐在員として働いていたが、この日のために帰ってきた。当時はイスラエル全体が大変貧しい頃で、兄はスーツケース一杯のコーシェルサラミ（食材、調理法共にユダヤ教の食物規定に従ったサラミ）とスモークドミートのほか、リンゴを一箱持ってきた。貴重な食品である。お祭りを祝賀するに充分な御馳走が揃ったが、お祝いのテーブルには、ぽっかり穴があいたような雰囲気があった。この時の写真には、私の傍らに座るおじと兄が映っている。その背後に私の父親と母親がいる。壁に掛った写真である。

式の順序に従って、成人式を迎えた男子に義務づけられた講話を行なう番になった。私は、数少ない肉親と誇らかなラビ・フォーゲルマンを前に、覚悟を抱きながら、話をした。一九五〇年六月である。自分は人生の新しい段階を迎えている。そのような感慨があった。それから二ヶ月後、年齢一三歳二ヶ月で、私はイェシバの世界に第一歩を踏み入れた。

第九章　学んで行なえ

我々は、余人をもって代え難い人の損失を悲しむ。――タルムード、サンヘドリン11ｂ

コール・トーラー・イェシバのローシュ・イェシバ（主席）は、ラビ・バルーフ・クントシュタット師であった。師は創立者でもある。私の入学試験を監督し、これまで勉強したことがないと言うと、タルムードの「キドゥシン」の巻を手にとり、29頁ａを開くと私に渡し、「ここを三〇分間、中世の学者ラシの注解と追加注解（トサフォット）を使って勉強しなさい。三〇分たったら私の所に戻って来なさい。君がタルムードの勉強の仕方を知っているのか、見てみよう」と言った。指示されたその頁は、息子に対する父親の責任に関する議論であった。息子に割礼を施す。息子が長子であればピドヨン・ハベン（祭司階級のコーヘン家の一員によって執行する初子《ういご》贖《あがな》いの儀式）を行なう。トーラーを教え、仕事を教え、そして息子を結婚させることも父親の責任である。

三〇分の学習後、師が私に面接試験を行ない、いろいろ質問した。それから自分の手を私の肩にのせて言った。「ラビ・ライナーが君のことを話してくれた。私は名誉にも君の御父上の知己を得た者である。御父上はドイツのみならず東ヨーロッパ各地で、忘れ難い説教をされた。私はそれを拝聴した者のひとりです。賢者は〝我々は、余人をもって代え難い人の損失を悲しむ〟と言っている。私が父親の役割を遂行し、君にトーラーを教える」。師は、無作為にタルムードのこの頁を開いたのではない。師は、この試験を通して、私は肉体的には孤児であるが、私の教育に責任をもってあたる精神的父親がいることを、教えてくれたのである。

私は、一切合財を小さいスーツケース一個に詰めこんで、コール・トーラーに到着した。ベージュ色をしたブッヘンヴァルト由来の例のスーツケースである。そのブッヘンヴァルトからエクイ、そこからマルセイユ、ジェノヴァ、ハイファ、アトリット、クファルサバそしてキリヤトモツキン。思えばいつも私と一緒であった。このスーツケースが私と一緒にエルサレムまでついて来るのは、私には極めて意義のあることのように思えた。何故ならば、それは継続を象徴し、私を私の過去と結ぶと共に、この困難な時代に体験したことを知る縁《よすが》になっているからである。

コール・トーラーは施設が三ヶ所に分散していた。研修ホールは、ケレンカエメットとウシュシキン通りの交叉する角にあり、食堂と寄宿舎数部屋はマミラ地区のベイトサバという建物（後にエレツイスラエル・ホテルと呼ばれるようになった）の中にあった。学生の大半は、シャアレイヘセド地区の寄宿舎の方に住んでいた。アラブ式の家屋で、一部屋に一〇名が詰めこまれた。井戸は外にあった。夜は冷える。井戸が凍ることがよくあった。

エルサレムの第一日、夕方の礼拝を済ませて、私達は、夕食をとるためマミラ地区のイェシバ食堂へ行った。外に出てケレンカエメット通りを歩いていると、二人の少女に呼び止められた。見ると大きい荷物を背負っている。二人は、イェシバの新入生でイスラエル・ラウという人を御存知ありませんか、と私達にたずねた。

私は二人が誰か分からなかった。その二人も私を確認できなかった。サラ、ユディットと名乗り、ラビ・モルデハイ・ハコーヘン師夫妻の娘さんであることが分かった。師の妻つまり二人の母親はリフカといい、私の父の従姉妹《いとこ》であった。リフカはエルサレム生まれであるが、私の父の叔父ラビ・アブラハム・ツビ・ショルのひとり娘である。ついでにいえば、アブラハムは、ラビ・シュムエル・イツハク・ショル（注解書『ミンハット・シャイ』の著者につらなる家系）の息子である。アブラハムはガリツィアからエレツイスラエルへ移住し、当時北エルサレムにあるハシッド派社会の宗教法廷の審判長であった。私は、娘たちの父つまりリフカの連れ合いを知っていた。二ヶ月前キリヤトモツキンで行なわれた私のバルミツバに来てくれて、そこで会ったからである。

二人の娘は、メアシェアリムのオネグシャバット通りから歩いて来た。徒歩で優に四〇分かかるところを、羽毛布団と枕を私のために持って来てくれたのである。二人は「キリヤトモツキンは海岸の近くでしょう。だから気候温暖ね。でもエルサレムは、これから一ヶ月もすれば大変寒くなってくるのよ」と気遣ってくれた。私にはサプライズで、大変有り難い贈物であった。私は、この布団と枕を長い間使った。結婚するまでである。

二人の娘は安息日にどうぞおいで下さいと言った。その言葉に甘えて、安息日にはよく行った。メアシェアリムまで歩き、オネグシャバット通りのハコーヘン家で昼食を御馳走になった。オネグシャバットは、安息日の喜びという意であるが、私にとって字義どおりの道となった。

コール・トーラーに入学すると、私は初級コースに入った。指導教官はラビ・ヨナ・メルツバッフ師である。日曜日の第一回授業で、私達が学んだのはフリン（普通の事柄）の項である。驚いたことに、いつも安息日の午後キリヤトモツキンの家でラビ・フォーゲルマンが教えたのは、まさにこの一巻である。私はおじの言っていることが全然理解できなくとも、聴くだけは注意深く聴いた。リトアニアのイェシバ世界では、この一巻を余り頻繁にとりあげない。フリンの項は、祭儀上禁じられている食物の戒律を扱う。よく無視される課題である。もうひとりのローシュ・イェシバであるラビ・シュロモ・ザルマン・オイェルバッフ師は、ハラハーの研究を特に優先した。イェシバのラビ達は、全員がドイツ出身で、ハラハーに関して極めて厳格であることで知られるが、師はシャバット（安息日の戒律）項、ベイツァー（祭日に関連する戒律）項そしてフリン項を統合した研修プログラムをつくるように、説得した。初級コースの学生は、誰ひとりとしてフリンの項を勉強しておらず、全く未知の科目であった。

ヘブライ語タルムード百科事典の主要編纂者三名のうち一名は、私達の指導教官であるラビ・メルツバッフ師であった。師は、ラビが扱う資料集成を自家薬籠《やくろう》中の物とした。ホロコーストの前、ドイツのダルムシュタットのラビとして活動している。聖書とタルムードのみならず、数学や天文学のような世俗の学問にも通暁し、博識であった。師の講座は、まず教訓的な話をもって始まる。タルムードのこの項の初めの言葉は、「人は誰でも畜殺できる」であった。換言すれば、宗教法の順守に細心の注意を払い畜殺の戒律をよく知る人ならば、ラビでなくても畜殺が許されるということである。師は、第一回講義で、戒律に従った畜殺の基本を教えた。使用道具で必要な条件は、ナイフが鋭利で、滑らかであることである。つまり、刃に切り欠きや欠損部分があってはならない。要すれば、できる限り速やかに素早く切断し、苦痛を与えないことである。

タルムードは、二つの主な欠陥を指摘している。ヘブライ語でメサフセヘット（一方向には引っ掛かるか、逆の方向には滑らかに切れる欠け目）、オゲレット（双方向に引っ掛かる欠け目）である。ラビ・メルツバッフ師は、どちらのタイプも、畜殺される動物の気管と食道を一気に切れず、苦しみを長びかせると言った。ラビがそこまで説明したとき、私が手をあげた。ラビは鼻眼鏡の奥から私を見た。君のような小僧がこんな複雑な問題に何かつけ加えられるのかね、といわんばかりの表情である。

長いテーブルのまわりに座る学生達が一斉に私を見た。私は新入生のなかで最年少で、小さいうえに痩せ細っている。学生のなかで、短パンにベレー帽をかぶっているのは、私ひとりであった。キリヤトモツキンで着用していた衣服を着ていたのである。緑色のジャケットに短パン。イェシバには似つかわしくない、場違いのいささか滑稽な代物である。学生達は私が〝ブッヘンヴァルトの孤児〟であることを知っており、温かく接してくれた。それでも、私の過去を理解し親切に扱ってくれるとはいえ、学生達は眉をひそめ、射るような目で私を見た。

私は彼らの視線を無視して、問題に集中した。発言を求め、許されると私は「通常私達は指先でナイフをチェックします。これだと微妙な欠け目がよく分かりません。しかしタルムードの賢者のひとりは、舌先を使用しました。こちらがもっと敏感だからです」と言った。その時私は、キリヤトモツキンで習った正確なアラム語の表現を使った。私が意見発表を終えた。部屋が静まり返っている。そして言い合わせたように、学生達が顔を私の方に向けた。こいつは何者かと問うような目つきである。ラビ・メルツバッフ師は、ずり落ちそうな眼鏡を持ちあげながら、私に向かって「只今の発言者は誰です？」とアシュケナージ系のアクセントでたずねた。私は自分の名前を言った。するとラビは、フリンの項を以前学習したことがあるのかと問うた。それで私は、自分が住んでいたラビ・フォーゲルマンの自宅でいつも安息日に学習会が開かれ、それに出席していたと答えた。ラビ・メルツバッフはその答えに満足し、授業に戻った。

午後には、一〇〇名近いイェシバの学生達が、組（ハブルータ）になって、学習した。研修ホールはすし詰め状態で喧騒が渦を巻く。その日の午後、ラビ・ゲダリヤ・アイスマン師が私を呼んだ。ラビ・アイスマン師は、イェシバのマシュギアフ・ルハニー（教官兼カウンセラー）である。私達は、書棚の傍らに立って話をした。アイスマン師は、明日からラビ・ライナー師の授業に出るように言った。ライナー師は、私をイェシバの世界、特にコール・トーラーに導いてくれた人であるが、二年生を教えていたので、初級コースに入りたての一年生に声がかかったので、いささか驚いた。するとアイスマン師は、「そのとおりです。ラビ・メルツバッフから、君がフリンの項を既に学習していることを聞きました。従って君は一年生のクラスには所属しない。二年生のクラスで学習するのです」と答えた。

私は大いに奮い立った。そしてその年はラビ・ライナー師のクラスで勉強したのである。一九五一年九月、私は三年生のクラスに進級した。担当のラビ・エルハナン・クントシュタット師は、リトアニアのミル・イェシバの卒業者である。ホロコーストの時、数千人がロシア経由で上海へ逃れた。リトアニアのコブノ（カウナス）駐在であった日本の杉原千畝副領事が発給してくれたビザのおかげで、助かったのである。クントシュタット師もそのひとりであった。杉原氏は、人命救助の功績により、義の人としてヤドヴァシェムから顕彰された。

ラビ・エルハナン師の父であるラビ・バルーフ・クントシュタットは、ドイツのフルダにあるラビ法廷の審判員であった。同僚のラビ・エヒエル・ミヘル・シュレジンガー（フランクフルト＝アムマイン出身）と一緒にコール・トーラー・イェシバを創立した人である。

ラビのクントシュタット及びシュレジンガーの両者は、学習用の使用言語を、従来のイーディシュ語からヘブライ語に変えることを、使命として考えていた。エルサレムのアシュケナージ社会は、ドイツから来たユダヤ教正統派による革新的導入に、真っ向こうから反対した。改革派の運動の声を帯びているのではないか、と考えたのである。しかし二人は、時代がこの変革を要求していると確信し、降参しなかった。

創立者が頑張ってくれたおかげで、私はスファルディ系の学友と共にコール・トーラーで学ぶことができた。スファルディ系は、イーディッシュ語を使用言語とするイェシバで学習できない。ラビ・シュレジンガー師は若くして死亡し、ラビ・シュロモ・ザルマン・オイェルバッフ師が後任に任命された。エルサレム生まれの大天才として知られていた。師は週に三回イェシバに来て、最高学年の五年生を対象に講義した。さらに毎週水曜日には、全学生を対象として、タルムードの特定課題について集中講義を行なった。

コール・トーラーは、特にホロコースト生き残りと、ユースアリヤ運動でヨーロッパから来た者（孤児が多かった）に気をつかってくれた。彼らはほかの学生よりも年をとっていた。戦争のため六年間勉強できなかったのである。彼らの知識は、ほぼ一年生レベル、よくても二年生レベルであった。しかし相当に年をくった人達であったので、取り扱いに細心の注意が必要であった。イェシバは、この年をとった学生のために特別クラスを開設し、名誉レベルの四年生のタイトルをつけた。この特別クラスは、ラビ・バルーフ・クントシュタット師が教えた。私達年少者は一学年飛びこえて、ラビ・オイェルバッフ師の担当する五年生に進級した。名誉四学年から五年生に進級する学生が、たまにいた。

コール・トーラーでの生活は、学習上極めて有益で、稔り豊かな日々であった。授業法のおかげである。この方法が教育分野で真の成果をあげていると考える。学問的な学習だけでなく社会性と精神性を併せ持つ人格の形成に力をいれた。同じルール違反に対して、学友と私は違った扱いをうけた。私のハブルータ（学習パートナー）はベルギーからの難民の子弟で、現在の実家はブネイブラクにあった。私より一歳年上である。授業中は学習に集中した。しかし、思春期の少年にあり勝ちなのであるが、六時間の授業が終わると、世間話に興じたり、冗談を言いあったりした。ところが、カウンセラーのラビ・ゲダリヤ師が、書棚の横に陣取って目を光らせている。トーラーの学習のための貴重な時間が、無駄使いされないように注意するのである。

私達が呑気に冗談を言っていると、師が私の学習パートナーを指さし、無駄話と軽薄な行為をやめよ、と注意した。「トーラーの学習を怠り無駄話にふける者は、次の世で燃える石炭を食わされる」というタルムードの言葉を指摘しているのであった。しかし、学習をおろそかにしているのは、私の学習パートナーだけではなかった。私もその会話に加わっていた。ところが、カウンセラーは私を叱責しなかった。私は何故だろうと考えこんだ。私が孤児だから大目にみたのか。学習パートナーは両親が揃っているから、懲罰の要ありと判断したのであろうか。

翌日、ラビ・ゲダリヤ師が立っている書棚の傍を通ると、師は私に「イスラエル・ラウ。軽薄な言葉を避けるように、もっと気をつけなさい。特に、その言葉が中傷や陰口を含むようであれば、なおさらです」と言った。あたかも友人がアドバイスするような、穏やかな口調であった。私の学習パートナーに対する物の言い方とは大違いである。

後年ラビ・ゲダリヤ師が、教育方針について触れられたことがある。それは画一的なものではなく、師は学生一人ひとりに違った対応をしておられるように思われた。私が聞いたところによると、何十年もたって師は私の学習パートナーに、次のように言われたそうである。

「私がトーラーの学習をおろそかにしているとして君を叱りながら、君の学習パートナーに対して一度も注意しなかったので、多分君は私に恨みを抱いているかも知れない。しかし、実際はそうではない。私は考慮したうえで行動したのだ。私が〝君は立派だ。しかし、もっと立派になる必要がある〟と言えば、君は、〝これで一安心。立派だったらそれでいいじゃないか。カウンセラーのラビ・ゲダリヤ先生すらそう言うのだから、もうこれで充分だよ〟と納得してしまうに違いない。そして前と同じ態度で行動していく。無関心を振り払って奮起を促がす厳しい言葉が、必要だった」

「しかし君の学習パートナーは、君とは対極にある個性の持ち主だった。私が叱れば、すっかり落ちこんでしまっただろう。イェシバを退学したかも知れない。彼には、相談できる両親がいない。勉強するにはイェシバが最適。そこへ行かねばなりません、と言ってくれる親がいない。自分のことを考えてくれる人がいない。私が彼に厳しい言葉を投げつければ、自閉状態に陥っただろう。同じ状況におかれた同年代の人の大半は、トーラーの世界に残らなかった。根付かせるため、温室で育てるように養育する責任があったのだ。後年彼がこの世界で成功したのは、最初の段階で本人を締めつけるよりも励ましてやったためもあるだろう」

これが、一〇〇名のイェシバ学生を預かる人の教育方針であった。師は教育学や心理学を学んだことはなく、スイスの発達心理学者ジャン・ピアジェが誰であるかも知らなかった。しかし師は経験と直観を併せ持ち、そして何よりも、人間を尊敬し各人のニーズに敏感であった。

エルサレムに来て数ヶ月、私は家族から切り離されてしまったとつくづく考えていた。キリヤトモツキンの叔母とおじ。異母兄弟のシコ。シコは独立戦争の後、妻と娘を連れて転居し、義理の父と一緒に住むようになった。ナフタリはヨーロッパへ戻った。イスラエル独立前ユダヤ機関で、「アリヤベット」の仕事をしていた。イギリス人が許可した移民割当数以外の人数を移住させる、いわゆる非合法移民の組織化である。兄は独立後も移民業務にかかわった。国の独立で非合法の枠はとれ、ホロコーストの時、教会、修道院、女子修道会そしてキリスト教徒の家に送られたユダヤ人児童を探しだして、イスラエルへ移住させる仕事をしていた。パリにいる時は、兄は郵便で私と連絡をとった。

その年私は、扁桃腺《へんとう》の手術をうけた。普通の三倍も肥大し、膿がでた。治療がうまくいかなかったらしく、一週間入院する破目になり、退院後もしばらく療養が必要であった。私は、義姉チポラ（シコの嫁）のミンツェル家に世話になった。

療養中イェシバの学友達がよく見舞ってくれた。キリヤトモツキンからも叔母のベラが来てくれた。来る度に何時間もベッドの傍らで見守るのである。五年前ブッヘンヴァルトで病気になったとき、兄もチフスで病の床にあった。今度は自分の面倒を見てくれる人がいるので、これが僅かな慰めであった。

ニューヨークにいる私の父の妹メッタ叔母さんも、私の健康を心配し、一八ドルの郵便為替を送ってくれた（一八は縁起の良い数字とされる。一八はヘブライ語でヘット（八）、ヨッド（一〇）の二文字で表現され、二文字を合わせるとハイとなる。命の意である）。このお金で栄養のあるものを食べて、体力をつけてちょうだいということであった。六年間の栄養失調がまだ尾を引いていたので、イェシバの食事よりもっと栄養のあるものが必要であった。確かにイェシバの食事は貧しかった。資金難のため食材を調達できず、さらにイスラエル全体が貧しかった。朝食の献立はいつも同じで、パン、ココナッツオイルそしてジャムである。肉は見たことがない。バターどころかマーガリンもなかった。ココナッツオイルは、在米ユダヤ人合同配分委員会（ユダヤ人難民及び困窮者の救援機関、通称ジョイント）を介して輸入されたもので、私達はこれをパンに塗って食べた。安息日には私達は代用肉で作ったパイをもらった。鶏肉は年に二回いただいた。ヨムキプールの断食前の食事、そしてプリム祭の食事の時だけである。シャブオットの時には、勿論伝統的な乳製品がでた。過越祭とスコットには、イェシバは休校になった。

メッタ叔母は郵便為替を――当時は金券と呼ばれていたが――輸入食品購入の引換券として使ってもらいたかったのである。しかし私は、それに使わなかった。私は独りで食事をしているわけではない。いつも腹を空かしている食べ盛りの学生が数十人もいれば、一八ドルの食料品などあっという間になくなってしまう。確かに私は食物に飢えていたが、本にも飢えていた。私は後者に対する願望の方が強かった。それで私はこの郵便為替を換金し、書類の購入に使った。以後私の蔵書は段々増えていく。私が初めて購入したのは、全六巻の「ミシュナー・ベルラー」である。著者は、ポーランドのラドゥンのラビ・イスラエル・メイル・ハコーヘン・カガン。

ハフェツ・ハイムという名で知られ、二〇世紀有数の傑出した教育学者で倫理学者である。本は、「オラフ・ハイム」（ヨセフ・カロが編纂したユダヤ教法典『シュルハン・アルフ』の第一部）の注解である。

私は、バビロニア・タルムード全巻の購入を夢見た。自分のバルミツバに贈物として一巻でももらいたかったところだが、もらっていない。その時もらった一番価値のある本は、全三巻の「オラフ・ハイム」であった。シコの義理の父アブラハム・ヨセフ・ミンツェルからの贈物だった。当時ミンツェルは、テルアビブのアレンビー通りで、宗教関連の書店を経営していた。

タルムードを入手する夢を果たすためには、お金が必要である。そこで私は、家庭教師のアルバイトを始めた。イェシバの昼休みは午後二時から三時まで。ラビ・ゲダリヤ師の勧めで、この時間にタルムードとミシュナを教えることになった。対象はヴァイル家の息子ヤイルとヨッシの二名である。ヴァイル家はヤッフォ通りとキング・ジョージ通りの交差する十字路の角に、大きい靴屋を経営していた。息子達はホレヴ小学校に通学していた。父親は、宗教科目で補習をやって欲しいと言った。私は毎日午後に、レハヴィアの自宅へ行って、この二人に教えた。アルバイト代は一時間当り七五グルシュ（一〇〇グルシュ＝一リラ）である。当時、タルムード全一六巻は七五リラであった。平均月収のほぼ二倍である（きちんとした専門職の平均月収。例えば、一九五二年に新聞の編集部員になったナフタリ、あるいはラビである私のおじは、月に四〇リラ程の収入であった）。

ヴァイル家のアパートの四階に、カウフマンという名前の宗教書セールスマンが住んでいた。私は、購入に必要な額を手にするため、一〇〇時間以上もヤイルとヨッシを教えた。そして遂にその日が来た。私は四階にあがって、長方形の段ボール箱を背負ってイェシバへ戻った。箱の中には小型版のタルムード全一六巻が入っていた。重くて体が曲がりそうであったが、世界一幸福な人間は僕だと思いながら、運んだ。その後義理の父が結婚祝いに大型版を全巻贈ってくれたが、現在講義のため国内をまわる時は、茶表紙のこの小型版を携帯している。

当時、メアシェアリムには、宗教書を扱う古本屋が三軒あった。金曜日、授業がない日、私は掘り出しものを探して、よくここをぶらついた。〝ぶらつく〟とは比喩的に言ったまでで、どの古書店も床から天井まで本で充満している。ぎっしり詰まっていて、文字どおり足の踏み所もない。歩きまわることすら難しい。ある時、店主のひとりが私に「君はラビ・

オヴァディアに似ているね。段々そう思うようになってきたよ」と言った。私が怪訝《けげん》な顔をすると、その店主は「この近くにオヴァディア・ヨセフという若者がいてね。若いのに結婚して沢山の子供に恵まれた。エルサレムのイェシバの学生さ。よく店に来て本を見せてくれと言った。本を買う余裕など全くないのさ。それで私は脚立の上に乗っていいよと言った。一方の梯子に右足もう一方に左足をかけて立つわけだ。若者は来る度に、その姿勢で三時間過ごした。一冊の本を読み通すのだ。本の内容は丸々本人の頭に収納されるというわけだ」と補足した。後年ラビ・オヴァディアはスファルディ系ユダヤ社会を代表する主席ラビ（一九七二年）になった。比類のない宗教学者であり指導者であった。

ヘブライ暦のアブ月第一日（七月後半）、カウンセラーのラビ・ゲダリヤ師が私を呼んだ。三年間の学習を終了した段階であった。師は夏休みの準備をしたいと言う。夏期休暇は、アブ月第九日の断食から翌エルル月第一日までである。師の鋭い目は、私の健康状態を見逃していなかった。師はもっと太陽の光を浴びて体力をつける要あり、と判断し、「君は若い。まだ一六歳だ。昼も夜も本ばかり読んで勉強しているが、代わりに少し肉体労働をやっても損にはならないだろう」と言いながら、夏休みの二〇日間海岸で休養するのは可能か、とたずねた。

私が行けるところは、世界で一ヶ所しかない。キリヤトモツキンにあるラビ・フォーゲルマンの家だけである。しかしおじは、兄弟のいるフィレンツェを訪問中で、叔母は病気で、目下ジフロンヤコブの療養所に入院している。兄のナフタリはまだフランスにいた。シコ夫婦はテルアビブにいたが、妻方の両親が同居しており、面倒はかけられない。眉間にしわを寄せ私の説明を注意深く聴いていた師は、考えがあると言った。「理想家の小集団が、シャアルヴィムというキブツを建設した。私達のイェシバの卒業生も仲間です。キブツのラビであるラビ・メイル・シュレジンガーも卒業生です。そこに行ったらどうかな。少し畑で働くのだ。環境が変わる。太陽の光を浴びて、体力をつけて来月帰ってきたまえ」と提案し、イザヤ書を引用し、「主に望みをおく人は新たな力を得、鷲のように翼を張ってのぼる」（イザヤ書四〇章三一）と私を励ました。

師の提案は実に嬉しかった。私はブッヘンヴァルトから持ってきた例のスーツケースを手にして、再び旅に出た。今度はキブツ・シャアルヴィム行きである。当時メンバーは三七名。この数字の組合せは、私の姓と同じになるので、私は特別の縁のように感じた。創立グループは、ポアレイ・アグダット・イスラエルの青少年運動メンバーで、国防軍のナハル（パイオニア戦闘青年隊の意）を経て入植した人々であった。キブツは一九五一年に設立されたが、ヨルダンとの休戦ラインから三〇〇ヤードほどしか離れていない。休戦ラインの向こう側には、ヨルダンのアラブ軍団の統制する警察要塞があり、近くにはラトルンのトラピスト修道院があった。一九六七年の六日戦争時、イスラエルの部隊が警察要塞を攻撃占領したが、捕獲文書のなかに、地図付きの詳細なキブツ攻撃計画書が含まれていた。占領、殲滅《せんめつ》とある。

私がキブツに来た翌日、トーラーの巻物が安置された。それまで、キブツ・ハフェツハイムから借りていた巻物であったので、住民達の喜びはひとしおであった。式典では、四つの柱に支えられた天蓋（結婚式のフッパーに似ている）の下に安置される。私は、その柱のひとつを棒持する役に選ばれた。大変な名誉で、私は誇りに思った。私の横の捧持者は、テルアビブ大都市圏のラビであった。ラビ・イツハク・エディディヤ・フランケルがその人で、奇しくも七年後私の義理の父になる。もうひとりの捧持者は、ハイファ市のアバ・フーシ市長につぐヤコブ・カッツ副市長で、後年クネセット議員（一九五五―六七）として活躍する人物である。カッツ副市長は、ピョートルクフの私の父を知っていた。さらにナフタリと私が七年前ハイファ港に到着したとき、歓迎陣の中にいた。

私は、ちょうど祝賀の雰囲気で喜びにあふれている時に、キブツに来た。滞在中ずっとそうであった。私は、ラビ・ゲダリヤ師の指示に従って、存分に太陽の光を浴び野外作業の苦楽も学んだ。キブツは五〇〇頭の羊をオーストラリアから受け入れたばかりで、私は羊の世話係りに任命された。キブツは創設からまだ日が浅く、貧しくて土地を取得できず、私は羊の群れを随分遠いところまで放牧に連れていかなければならなかった。

キブツでは、羊の世話のほか壕掘りもやった。あたりは岩だらけの所で、つるはしと鍬《くわ》で、岩石を砕き穴を掘った。キブツの家の目の前にヨルダンのアラブ軍団が布陣しているので、国防省がキブツに防空壕の整備を命じた。建設の入札で一番札をとった会社が、労働シオニスト党マパムである。その労働者は一日五リラ二〇グルシュ（約二一ドル）稼いでいた。その年の夏、私達はシャアルヴィムに三つの防空壕をつくった。そして、穴を掘りながら、政治問題で激しく論争した。私はイェシバの学生、相手の労働者達は最左翼のハショメル・ハツァイル運動所属。この運動はマパム党の一部である。

私にとってすべて新しく、新鮮であった。毎日、八時間のきつい肉体労働をやった。イェシバでの生活とは大違いである。キブツの食事は乏しかった。パンにマヨネーズを塗って食べるだけである。少量のジャムがつくことも時にあった。本当に希であるが、硬ゆでの卵を一個もらった。しかし食事が乏しいからといって、へたばりはしない。私は仕事が好きだった。羊の世話と穴掘り、どちらもである。休暇が終われば真黒に日焼けし、体力もついてイェシバに戻る。それが楽しみであった。私は、肉体的側面の発達が嬉しかった。ラビ・ゲダリヤ師が強調した重要な側面である。

その年、即ち一九五三年の夏、私の中にキブツ・シャアルヴィムに対する深い愛情が築かれた。その夏から私は、自分の成長過程で——高等学校、イェシバット・ヘスデル（兵役と宗教研修を組合せたコース）そしてコレル（タルムード高等研究所）と進みながら、ずっとこのキブツの状況と発展を見守った。キブツの生活は、信仰の道に生きるユダヤ人としての自分に、健全な影響を与え、愉快な思い出を残してくれた。しかしそれは、自分の居場所は別のところ、つまりイェシバの世界にあることも、はっきり教えてくれた。夏の終わり、私は躊躇《ちゅうちょ》することなくコール・トーラーへ戻った。

コール・トーラーで三年間学んだ後、ラビ・ゲダリヤ師は、あと一年イェシバに在籍することを勧めた。師は、イスラエル中部のロッドの東に位置するベエルヤコブ、あるいはハイファの南に位置するジフロンヤコブのどちらかのイェシバを考えていた。両イェシバの校長は、高名なラビ・バルーフ・ベル・レイボヴィッツ師の弟子で、共に異才といわれた。ちなみにレイボヴィッツ師は、リトアニアにあったカメニツ・イェシバの校長である。カウンセラーのラビ・ゲダリヤ師は、私が出会った人の中では最も優れた教育者であった。そのラビ・ゲダリヤ師が、私に武者修業を勧めてくれたのである。当時コール・トーラーの上級コースは、ラビ・シュロモ・ザルマン・オイェルバッフ師が担当していた。ゲダリヤ師は、別の学習法をほかのイェシバで経験し、それから上級コースへ入れ、と言った。私は、決める前に二つのイェシバを見ておこうと考えた。

エルサレムを出発して、まずベエルヤコブに立ち寄った。しかし、人がひしめいており、これ以上学生を受け入れる余裕はないという印象であった。私はその足で北へ向かい、ジフロンヤコブを目指した。旧テルアビブ・ハイファ街道のバス停に着いた時は、もう夕方であった。私は徒歩で丘をのぼり、イェシバの研修ホールへ行った。地理的にいえば、町の真ん中である。学生達は町のなかに下宿し、そこに寝泊りし食事もとる。イェシバは、ラビ・ノア・シモノヴィッツ師が創立し、師の義理の父であるラビ・ヒズキヤフ・ミシュコフスキの名をとって、クネセット・ヒズキヤフと呼ばれていた。ラビ・ミシュコフスキは、正統派組織ヴァド・ハハツァラーの指導者のひとりであった。ちなみにこの組織は、多数の人をホロコーストから救出し、戦後児童数百名をエレツイスラエルへ移住させた。

夜の空気は、ひんやりとして冷たかった。私は小さなスーツケースを手に、シナゴーグの高いドアを開けた。薄暗い中で若者達が学習中で、肩を寄せ合うようにして座っている。体を前後に揺らしながら何か言いあっている。雑音のようなざわめきの中で、鳴り響くような、澄みきった声がした。あたかも自分自身に語りかけるような、心を打つ旋律である。私はドアのところに立ち尽くし釘付けになって、聴いていた。

後日私は、その声の持主である少年と知り合いになる。当時一六歳、イツハク・ベルンシュタインという名前で、後年この人ありと知られるイェシバの校長になった。場所も雰囲気も自分にぴったりである。その夜私はここにいるぞと自分に言い聞かせた。

私は建物の中に入り、コール・トーラーの学生です、ローシュ・イェシバに面会するようにと、ラビ・ゲダリヤ師に指示されて、参りました、と訪問目的を告げた。待てと言われて待っていると、ラビ・ノア師が到着した。ちょうど夕べの礼拝時で、私達は大急ぎで着席した。礼拝の後私はラビのところへ行った。

ラビ・ノア・シモノヴィッツ師は、広い額で知的な目をした、あか抜けのした人物であった。ヨーロッパではタルムード・イルイ（若い天才、神童）として知られ、ホロコーストでは何度も危機一髪のところで難をのがれ、辛くも生き残って非合法移民船でエレツイスラエルに到着した。しかしその船は英軍に拿捕《だほ》され、両親、家族のない独身のラビは、年齢三五歳でキプロス島へ移送、同島に抑留された。やがて、ラビ・ヒズキヤフ・ミシュコフスキの娘ハンナと結婚したが、子宝に恵まれなかった。

夕べの礼拝が終わった後、私はローシュ・イェシバであるラビ・ヒズキヤフ師に自己紹介した。師は私に、ピョートルクフのラビの息子ではないか、とたずねた。私がそうですと答えると、師は私を抱きしめ、涙声で「私が君の面倒を見る。

私達が君の学びの場を準備する」と言った。しかし、私の出自、家族歴がえこひいきの対象になるわけではなかった。師は、ほかの受験生と平等に扱い、私を面接し、試験した。

　私はそれが有り難かった。私は家柄やコネではなく、自分の知識と能力で判断してもらいたいのである。師はどこで勉強したのかとたずねた。コール・トーラーであると答えると、師は「ラビ・シュロモ・ザルマン師か？」と問うた。私は、ラビ・ザルマン師のクラスにはまだ到達していないと述べ、毎週水曜日午後六時から、ラビ・シュロモ・ザルマン師は全学生を対象にタルムードの集中講義を行なわれるので、自分もそれに参加していると説明した。

「何年間ですか」

「三年間です」と私は答えた。

「コール・トーラーで三年間学習し、ラビ・シュロモ・ザルマン師の集中講義にも出席しているのであれば、君は当校に応募する資格がある」、「しかし、私は、試験基準を変えることはしない。明日、朝の礼拝と朝食の後、シナゴーグの入り口ホールで君を試験する」と言った。師は、私のタルムードの知識を試験した。それだけではない。師は私の心の内を理解しようとした。師の射るような目は、すべてを貫通して、私の心を見抜くようであった。眼力であろうか。試験に続いて、ラビ・ノア師は、「本当に学びたいのであれば、君が真面目な学者になるよう手助けできる。しかし、問題は君が本気で望むかどうかだ」と言った。私は本気であった。

　このイェシバでの一年は、私の宗教的成長上重要な段階であった。当時、ジフロンヤコブは、中心地からはずれた一農村であった。その年、イェシバの学生で結婚した者は、ひとりもいなかった。葬儀もしなければ、公の会合すらなかった。つまり、学習の時間を割くようなことが、何もなかったということである。

　学習パートナーとの学習では、私達はタルムード学習に特定課題の集中的検討と全般的学習の二つのアプローチを使った。それ以外に私達は、毎日二つの講義に出席した。この二つは、学習方法が違っていた。最初のクラスは、ラビ・エリヤフ・ミシュコフスキ師が教えた。ラビ・ノアの義弟で、クファルハシディームのラビをしており、素晴らしい学者であった。[※1]

　師は、毎日クファルハシディームからバスを一回乗り換えてジフロンヤコブまで教えに来た。大変な道のりである。ラビ・ノア師自身はもうひとつの講義を担当した。[※2]

　クネセット・ヒズキヤフで最長老のラビが、聡明にして聖人の風格をもつラビ・エリヤフ・ラピアン師であった。高齢であるにもかかわらず教育に熱心であった。一九世紀、東ヨーロッパのユダヤ教正統派の間に、倫理観をベースとする教育・文化運動が生まれた。これをムサル（倫理、道徳の意）運動というが、師はこの運動から吸収した識見、教養で、イェシバの学生達を豊かにしてくれた。師の巧みな話術に人々はすっかり魅了された。その雄弁の才は、師のカリスマ的人格の一側面であり、人格形成時期の若者達を感化すること極めて大であった。

毎週安息日が終わる夕方、ラビ・エリ師（私達はご本人をそう呼んでいた）は、ムサルについて語るのを常とした。この講座には、世俗派のキブツ住民も押しかけた。師の話に魅せられたのである。師は、安息日を汚すことになるため、乗用車やバスで来ないで欲しいと言った。師は（徒歩では大変な道のりになるので）、話を安息明けまで延長すると、約束した。これで、キブツ住民達は、安息日を汚すことなく車を使って聴講に来ることができた。キブツ住民は、世俗派とはいえ、伝統に対するノスタルジアがあって、農作業で泥まみれのジープに乗って到着し、敬意を払って作業帽をかぶり、師のムサル講話に耳を傾けるのであった。

その講座で、ラビ・エリ師が私達学生と年配者である自分とのコントラストに、触れたことがある。「君達は、一六、七歳。私は君達より七〇歳以上も年が上である。私を例として考えて欲しい。私の視力は若い頃とは違う。歩行能力も衰えた。体全体が昔と違う。特に記憶がそうである。これからは君達の時代である。トーラーをしっかり学んで成長する時だ。知識を貪欲に吸収し、拡大しなければならない。限りは

※1原書注・リトアニアのグロドノ・イェシバは、校長のラビ・シモン・シュコップ師のもとで、多数の俊才を輩出した。そのひとりがラビ・エリヤフ師で、ラビ・シュコップ師の教育法に従って私達を教えた。

※2原書注・ノア師は、カメニッツのラビ・バルーフ・ベル・レイボヴィッツ師の教育法に従って教えた。このカメニッツは、ブリスク、ボロジンの二つのイェシバと類似しており、すべてが二つの側面から分析される。例えば、教師は「次週我々は、夕方と朝メギラット・エステル（エステル記）を読む。これを二回読むことはひとつのミツバー（戒律）なのか、それともふたつの異なるミツボット（ミツバーの複数形）なのか。毎回我々は祝福を唱えている。誰かがもしプリムの朝に改宗者になれば、その人はその朝その義務がある。何故ならば、それは別々の二つのミツボットだからである」と説明するかも知れない。このような問題提起で討論が始まる。この方法は、リトアニアのイェシバに特徴的なもので、提起された問題の徹底的究明を必要とする。

ない。感受性の豊かな今を無駄にしてはいけない。センスの鋭い時を利用して、分析力を磨き給え。君達は、討論を深めていく能力を備えている。記憶力も失われておらず、これまで吸収した情報を、封印した箱のように、しっかり保持している。私は、寄る年波で、その箱に裂け目ができて、そこから洩れていくだけになった。

ソロモン王が年老いて、『コヘレトの言葉』で言ったことを、諸君は覚えているだろう。そこには、『青春の日々にこそ、汝の創造主に心を留めよ。苦しみの日々が来ないうちに。"年を重ねることに喜びはない"と言う年齢にならないうちに』とある(コヘレトの言葉一二章一)。彼の言う"苦しみの日々"とは、今の私の日々、高齢者の日々のことである。『コレヘントの言葉』は続けて、『家を守る者も震える日』と語る(同一二章三)。私の体は私の家のようなものであるが、その体を守る手は震えている。『粉を砕く音はやむ』(同四)という言葉をあてはめれば、食物を砕き、声をあげ話す私の口はやむ状態にある。その力を失ったからである。さらに『窓から眺める女の目はかすむ』(同三)とは、私の目ことである。その目は視力を失いつつある。そして『力ある男も身を屈める』(同三)とは、私の二本の足、家全体を支える足のことである。既に随分曲がっている……」。師は、声が震えながらも、確信をもって、「これからは君達の時代だ。今を生きよ。さもなければ、この先必ず後悔する。時間をつまらないことで浪費して、今の時を無駄にすれば、私の年齢にすぐに達する。それまで生きていればいいがね。その歳で機会を逸し悶々の日を送ることになる。我々が毎朝祈るのは、それが理由である。我らが無駄に労することなく、あるいは世に混乱を増やさないため(イザヤ書六五章二三)にである」と結んだ。

ラビ・エリ師は、私達が「多くの日を重ねて」成長していくことを願い、その気持ちを度々表明した。これは、創世記(一八章一一)と列王記上(一章一)の言葉であるが、師は、聖書が二人の人間にあてはめた表現である、と言った。即ち、アブラハムとダビデ王である。聖書がアブラハムの記述に使用する理由は分かる。年齢が一七五歳に達したからである。しかし、七〇歳で死亡したダビデ王にまで適用するのは、何故であろう。これは、この表現が特定の個人に適用されることを、私達に教えてくれる。最後の審判の日に創造主の前に立つとき、一日の損失や無駄もない全生命をさらけだす。彼らは、一日一日を大切にして知識をひろげ、社会に尽くし他者を助ける日々を送った。ラビ・エリ師は、高齢に達した境地から、私達に「多くの日を重ねよ」と奮起を促し、励ました。そして私達は、師の訓戒と道徳的教訓を一語一句聞き漏らすまいと耳を澄まし、その言葉をかみしめた。

ラビ・エリ師は、既に片目の視力を失っており、もうひとつの目も段々視力が弱っていた。ある日、師はアブラハム・ティホ医師の眼科病院に入院した。ティホ先生は、有名な眼科医である。その夜私が病院に行くと、師は包帯で頭をぐるぐる巻きにされ、ベッドに横たわっていた。師は激痛に見舞われながらも、自制して平静であった。「君か、イスラエル・メイルは君か」。「はい」と私は答えた。

「そこの抽き出しに、祈祷書がある」、「夜の祈りをまだ捧げていない。しかし、もう遅いね。私は暗記して祈りを捧げたことは、一度もない。いつも祈祷書を読むのだよ。私と一緒に読んでくれ。そうしてもらえば、私は祈りに集中できるから」。師は私にそう頼んだ。

私には分かっていた。師は全生涯祈り続け、一語一句すべて記憶しているに違いないのである。それでも私は抽き出しから祈祷書をとり出した。師は私が読む言葉を、なぞって唱えた。そして、日々の祈りであるシュモネー・エスレー（一八の祈り）になって、私が「許し給え、我らが父よ。私達は間違いを犯しました。許し給え、我らが王よ、私達は勝手な振る舞いをして罪を犯しました」と読み始めると、ラビはついていくことができなくなり、わっと声をあげて泣きだした。すると、担当の看護婦が、「ラビ・ラピアン、泣いてはいけません！　涙が妨げとなって、切開部分が治りません。水分で薬が溶解してしまいます」と叫んだ。

ラビは、歯をくいしばって、ぐっとこらえた。そして祈りを続けた。その後ラビは、この看護婦を呼び、時間をたずねた。朝の二時二〇分であった。それからラビは、家族のことを聞いた。

「君が私の担当だね。私の看護役だ。しかし、イスロエル・マイヤーが私の傍についているから」と、ラビが私の名をイーディッシュ語の訛りで口にしながら言った。「家に帰って、子供の面倒をみて下さい。家事、養育に手抜きがあってはいけない。こんな遅い時間までここにいる必要はない。私のことなら大丈夫。こっちはイスロエル・マイヤーが面倒をみますから」と帰宅を促がした。

看護婦は、本当に嬉しそうに微笑んだ。しかしラビ・エリが自分の表情を読めないのは分かっているので、「ここにいるのが私の仕事ですので。でも本当に有り難う」と答えた。一五分後師は再び彼女を呼んだ。「看護婦さん、君はまだここにいるのか。離れてはいけないことは分かった。妻のハンナが、エルサレムへ向かう途中、クッキーを私に持たせてくれた。抽き出しの中に、茶色の紙袋があります。包装したクッキーが入っています。たべて下さい」。師の声には、感謝と思いやりの気持ちであふれていた。私にとって、この夜は本当に特別な時であった。肉体的な痛みに苦しみながら、それでも他者に対する思いやりを失わない。私は高潔な人格に触れたのである。

その年つまり西暦一九五三年は、ヘブライ暦では閏年《うるう》であった。（ヘブライ暦は太陽大陰暦で、一九年に七度一年一三ヶ月の閏年がくる）その年私は、一〇月から四月までの六ヶ月間、イェシバを離れたことは二回しかない。一回目は、ブネイブラクのハゾン・イシの葬儀参列、二回目は、故人となった二人の著名ラビの追悼式参列である。参列といっても、ラビ・エリ師に付き添って行ったもので、お二人とはハゾン・イシと、ほぼ同じ頃死去したエルサレムのエッツ・ハイム・イェシバの校長ラビ・イッサル・ザルマン・メルツェルである。

トーラーが私の世界であった。私は心から学習に打ちこんだ。私達がタルムードのババ・メツィア項を学んだとき、私は昼だけでなく深夜まで没頭し、二つ折りにした版一二〇枚の書を、注解を含め多くの個所を暗記するまで学んだ。教室では、高度の手法を使った徹底分析を行なったので、一〇ないし一一枚しか進まなかった。しかし、午後と夜は自分の天下で、この項を隅から隅まで学習し、九回も読み通した。

一九五〇年代のイェシバは、文字どおり極貧の世界であった。学生を支援する資金がなく、収容する建物もなかった。ベエルヤコブとジフロンヤコブのイェシバは、それぞれのシナゴーグに設けられたが、見るも無惨な状態にあった。私達の食堂は、遺棄された狭苦しいアラブの家屋にあった。水道がないので、炊事婦が水桶を置いていた。その傍にカップが一個あって、儀式の手洗いをそれでやった。ある日、ローシュ・イェシバが台所に立っていた。腰の下の方まである長い上着を脱ぎ、シャツの袖をたくしあげ、手ふきを腰に巻いた姿である。

何故か。炊事婦が二ヶ月も月給をもらえず、ストライキ中だったからである。ラビ・ノア師は、イェシバの学生に面倒をかけることをよしとせず、自ら台所に立ったのである。野菜を洗い、パンを切り、キュウリの皮をむき、玉ねぎを刻みと孤軍奮闘して、腹をすかした三七名の学生のために夕食を準備した。

ラビ・ノア師は、献身的な教師であったが、学生達に対しては自愛にみちた父親的存在であった。師がエルサレム出張から失望して戻ってきたのは、一度だけではない。支援を求めて、宗教省へ陳情に行き、つらい一日を過ごし、疲れ切って帰ってくるのである。ところが、師はイェシバの研修ホールに入ると、帽子を椅子の上に放り投げ、キッパーをつけ座りこみ、汗をぬぐって書を読みだすと、顔が輝きだすのである。師はひとつの問いについて説明を始める。それが終わると次の問いにかかり、テキストに新しい光をあてていく。顔は紅潮し、やがて問いを解明していくと、その顔は学生達共々喜びにあふれていく。師は学生達のために生きた。彼らは〝息子達〟であり同志であった。イェシバは、建物等の外見はまことに貧相で、見るも哀れな様相を呈していたが、精神的には豊かであった。ラビ・ノア師は、トーラーを糧とし学習と授業、教育に生きる人であった。

ラビ・ノア師の突然の死で、私の頭は真っ白になった。それから深い悲しみが襲ってきた。既にそのイェシバを去った後ではあったが、衝撃が大きかった。師はホロコースト生き残りの難民であったが、勤勉精励の人で、イェシバを創立し、細腕だけで築きあげたのである。ジフロンヤコブでは、トラブルに見舞われ厳しい年が続いたが、クファルハシディームに恒久施設をつくることに努力し、我が子同然の学生達のためを思って、建設に事細かく関与した。そして、神に感謝する完工式の当日に死去した。学生達は、新しい場所にできた教室のこけら落としに行く代わりに、師の葬儀に参列することになってしまった。

かつてラビ・ノア師が、私に事の始めを話してくれたことがある。私はその話を今でもはっきり覚えている。師が友人のラビ・モシェ・シュムエル・シャピーラと一緒に行動を開始したのは、一九五一年である。シャピーラも、リトアニアのイェシバでもトップの神学校の卒業生であった。二人は、当時非公式の宗教代表といわれたハゾン・イシ師に会うため、ブネイブラクへ行き、イェシバ設立計画に関してアドバイスと祝福を求めた。二人が計画していたのは、一六歳から一七歳の若者を対象としたイェシバで、レベルはイェシバ・ゲドラーと同じで、中等教育後の学校に相当する。バルミツバの後、男子はイェシバ・クタナー（中等教育に相当）で通常三年間学ぶ。そこで、イェシバ・クタナー卒業後の学習の継続機会を与えるのである。

ハゾン・イシは、二人のラビが同じ所で働くならば、そのエネルギーは無駄になるとし、「お二人はそれぞれひとりで労苦を背負うことができる」と答え、別々にイェシバを建設するように勧告した。

二人は、ハゾン・イシと論争する程向こう見ずではなく、彼の勧告をそのまま受け入れた。かくして、ひとりはベエルヤコブ、もうひとりはジフロンヤコブへ行った。

当初学生達は学習レベルが分からず、施設が無惨としか言いようがない程貧相であったので、不安を感じ、ジフロンヤコブの新設イェシバに入学することを躊躇《ちゅうちょ》した。ラビ・ノアは再びハゾン・イシの許を訪れ、イェシバを閉鎖し、エルサレムへ戻りたいと許しを乞うた。意気消沈して、「うまくいきません。学生は来ることは来ます。私の講義を聴いて喜んでくれます。しかし、一緒にいてくれません。エルサレム、ブネイブラクあるいはペタハティクバのイェシバに戻ってしまうのです」と言った。

ハゾン・イシは、彼の苦悩に答えて、エルサレムにいるラビ・ラピアンという名のラビについて語った。ラビ・エリヤフ・ラピアンは、ムサル運動の長老格的指導者であり、イェシバに来てもらうよう説得しなさい、とハゾン・イシは言った。そしてラビ・ノアに連絡先を教え、「ハゾン・イシによって派遣されてきました。本人はラピアンにマシュギアフ・ルハニー（精神的指導主事）としてジフロンのイェシバに来ていただくよう要請しています」と言いなさい、と指示した。

ラビ・ノアは指示のとおりに行動した。しかし、ラビ・ラピアンは断り、「ホロコーストの後、リトアニアを出て、私は多年ロンドンで学んだ。九〇歳になろうとする現在、私はエルサレムへのぼる（アリヤ）誓いを果たし、神殿と祭司の奉仕に関する法を詳述した、ミシュナとタルムードのコダシーム（聖なる事柄）を学んでいるところです。私はエルサレムから離れません。私は自分の学びをここで続けなければなりません。そうしなければ、メシアが出現し神殿を再建したとき、人々が私にハラハー上の問題をたずねても、私は答えられない。私がミシュナとそれに対応するタルムードの特にこの項の学習を自分に義務づけたのは、そのためです」と拒否理由を説明した。

ラビ・ノアは手ぶらでブネイブラクへ戻り、ハゾン・イシに報告した。ハゾン・イシはあきらめず、ラビ・ラピアンに手紙を送った。このような経緯があって、ラビ・ラピアンはジフロンヤコブ行きに同意した。師は、新しいイェシバの強力な吸引力になった。クファル・ハロエー、ミドラシヤット・ノアムなどジフロンに近い宗教系シオニスト・イェシバ高校の生徒達が、続々とクネセット・ヒズキヤフへ来るようになったのである。この生徒達は、ラビ・エリ師の人格と学識に魅せられ、その虜《とりこ》になった。師は倫理に関する講座のみならず、タルムードの総合的知識でも知られた。ロンドンのエッツ・ハイム・イェシバでは、師はマシュギアフの任務ではなく、もっと長老格のローシュ・イェシバ（主席）の地位にあった。一九五四年二月、ラビ・エリヤフ・ミシュコフスキ師が病気になって、ジフロンヤコブへ出講できなくなったので、ラビ・エリ師が代わりに教えることになった。その頃既に視力がだいぶ衰えていたので、徹底分析講座で記憶をもとに講義した。ババ・メツィアの項で財務関係を扱う「ハメカベル」と「ハショエル」に関するもので、初期及び後期の注解を含めて講義が行なわれた。さらに、師のムサル的アプローチは、理論の学習だけでなく、実践教育も強調する。「父祖達の倫理」が第一章一七で「大切なのは机上の勉強ではなく実践である」と指摘するとおりである。

師はイェシバの学生達に、毎日少なくとも三つのヘセド（慈愛、いつくしみ）の利他的行為を強く求めた。それは身近なことでも構わない。例えば、タルムードの複雑なトサフォット（補遺の意。一二―一四世紀仏独のラビによるタルムードに関する批判的解釈）注解で難儀している学生、あるいは学業に追いつかない学生を助けるのも、然りである。一日三つの利他行為を果たすまで眠れないのである。私は、深夜になってもまだ割り当てを遂行していない時は、食堂の外にある桶のところへ行き、カップに水を汲んでおいた。水を汲む段階が省かれ、ほかの学生にとって手洗い即時可能で、ささやかながら、これも利他行為である。

ラビ・エリ師は、私達にあとひとつガイドラインを設けた。学生は各自小さいノートブックを携帯し、ラビが講義の時に概括したルールを、一週間分書きつけるのである。ルールのひとつが、夜寝る前に、タルムードのなかで目下勉強中の個所に該当するトサフォット詳解の先端部に紙を一枚おけ、であった。そして、その紙を下へ少しずつずらしていく。それはトサフォットが提起する次の問題を読むためである。それはいつも「そして、もし汝が（次のように）言うならば」という言葉で始まり、「それでは汝は（次のように）言わなければならない」という個所で、その問題に対する回答が始まる。そこで私達は書を閉じなければならない。そして眠ってしまう前に、注解者が提示した回答を必死で考えなければならない。これは素晴らしい方法で、問題の提起に対して私達自身があれかこれかと答えを考えることになる。この方法で私達は思考を磨き、頭脳を鋭利にした。さらに私達は、非公式の競争までやるようになった。注解を盗み読みしないで答えを言いあてるのである。毎晩私は、一つの難しい問題の内容を考えながら寝入った。そして翌日、私のたてた解が正しいかどうか、楽しみながら、頁をめくっていった。

後になって私は、ラビ・エリ師の学習法には、もっと大きい教育ゴールがあることに気付いた。一七歳の少年に雑念を抱く時間的余裕を与えず、タルムードに専念させる方法である。事実私達は、勉強以外のことは、世事に疎かった。「職業はトーラーの学習」という言いまわしがあるとすれば、それを具現しているのは私達で、ジフロンヤコブのイェシバにおける生活が、まさにそれであった。私達は新聞を読まず、世俗的な事柄から殆んど完全に切り離されていた。イスラエルと世界で何が起きているのか。シナゴーグへ礼拝に行く途中に知るのである。

ラビ・エリ師の設定したルールに、ほかのことについて語らないというのもあった。少なくとも週一日、特に安息日に、私達の会話から毀誉褒貶《きよほうへん》を一切除く。「彼が言った」とか「彼がした」といった一見人畜無害なフレーズも使わない。慈善行為、勉学集中と判断力涵養《かんよう》、そして口に気をつける。これが、イェシバの青年達の人格形成法の一部であった。

ラビ・ノア師が僅か四五歳で急死したとき、ラビ・エリ・ラピアン師は、クファルハシディームの新しいホールで、忘れ難い追悼頌徳《しょうとく》演説を行なった。ラビ・ラピアン師は、父が息子に語りかけるように追悼の言葉を述べた。

ラビ・ノア師よ、天なる法廷で自分のために私に証言せよと求め給え、私はあなたのために証言しよう。秘められたものも啓示されたものもすべての聖典は、天なる法廷がいくつかの質問を発していると、述べている。第一の質問は、トーラーを学ぶために時間をとったかである。私を証人に呼び給え。私は天なる法廷で、あなたが日夜勤勉であり、学びのため一瞬たりとも時間を無駄にしなかった、と証言しよう。

ラビ・ラピアン師は、慈愛にみちた声で、ラビ・ノア師のたゆまぬ努力を語り、話を続けた。

そこでは、第二の質問が発せられる。あなたは、商取引に正直であったかと問われる。イェシバ全体が、請負人、商人、職人から炊事婦、用務員に至るまで、あなたの双肩にかかっていた。しかしあなたは、いつも各人を誠実に扱い、高潔な態度を崩さなかった。

それから、ラビ・ラピアン師は、私達に向かって言った。

イェシバの学生達に一言申し上げたい。ラビ・ノア師は子宝に恵まれなかった。君達が師の子供である。七日間のシヴアー（数字の七、転じて哀悼の意）の服喪が終わるまで、ここにとどまるように。君達はひとりもイェシバを離れてはならない。我々はラビ・ノア師を、故人にとってかけがえのない大地、エレツイスラエルに葬る。それからイェシバに戻り、シヴアーの服喪を守りながら、昼夜を問わず学習に打ちこむ。力の及ぶ限り奮励努力せよ。君達の学ぶ一語一句が、ラビ・ノア師の魂の天への飛翔を助ける。君達の学習能力は故人の努力によって身についているのである。

その日イェシバでは、テフィリンが一番不足していた。町の外から来た人達は、葬儀が終わったらすぐ戻るつもりで参列した。それで、私を含むエルサレムからの参列者は、朝の礼拝時につけるテフィリンを持参していなかった。しかし、エリ師の厳とした言葉に圧倒されて、私達は一週間のシヴアーのため滞在することになった。私のように多くの学生は、七日間の滞在の用意をしていなかった。しかし全員が師の要請に従い、数少ないテフィリンを交代で身につけてしのいだ。私達が学ぶ一語一句が、ラビ・ノア師の霊的飛翔のためと理解していたので、私達は感激しつつ学んだ。私達の前で、ラビ・エリ師が書見台によりかかりながら、異常なまでの真剣な面持ちで、学びに没頭した。私達全員を鼓舞する姿がそこにあった。

第一〇章　トーラーの世界

三人の者がひとつのテーブルを囲んで食事をしながら、トーラーの言葉を口にしなければ、偶像崇拝者の捧げものの相伴にあずかるが如くである。——父祖達の倫理三章三

私は、ジフロンヤコブのイェシバに〝国内留学〟をした後、四年間のイェシバ集中研修をしっかり身につけて、コール・トーラーへ戻った。ジフロンにいる間に強くなり精神的にも成長したと感じた。コール・トーラーへ戻るのは家に帰るようなものである。

私は、ラビ・シュロモ・ザルマン・オイェルバッフ師担当のクラスへ戻った。師は、若い頃から英才の誉れ高く、その名はエルサレムに鳴り響いていた。処女作『メオレイ・エシュ』（火の光）を著したのは、僅か一八歳の時である。特に安息日と祭日における電気と電気技術の宗教法上の問題を扱った内容で、世俗の普通校や商業学校で学んだことのない少年の手による、総合的研究である。師は、エルサレムのエッツ・ハイム・イェシバの付属ヘデル（宗教系初等・中等学校）に学び、それからエッツ・ハイム・イェシバに来たのであるが、イェシバ世界の長老格であるラビ・イッセル・ザルマン・メルツェル師につき、傑出した弟子となった。何も分からない電子工学の分野を学ぶため、少年シュロモ・ザルマンは、電気技師から個人授業をうけて、物理学と電気について学んだ。

ラビ・シュロモ・ザルマン師は、三四歳の時、サバティカルイヤーの律法に関する注解『マアダネイ・エレッツ』（大地の喜び）を出版した。七年毎の畑の休耕を扱うのであるが、

特に初物、十分の一税、貧者のために残す収穫の一部に関する複雑な定めが論じられている。この著作のため、師は植物学と農業（穀物の品種を含む）を学び、作物の成熟プロセスも研究した。

師は、他者の追随を許さぬ知識の持ち主でありながら、極めて謙虚な人であった。生前住んでいたのは二部屋のアパートで、ここで一〇人の子供を育てあげた。生涯をトーラーの学習に捧げ、四五年間コール・トーラー・イェシバで教えたが、一介の教師であることを最大の誇りとする人格者であった。遺言には、多くの人が自分の宗教法の権威を尊重し頼りにしたとはいえ、ガオン（天才学者）とかポセク・ハドル（当代最大最高の宗教法上の権威）あるいはアムッド・ホラアー（知の柱）といった墓碑銘の規格的称号を、墓に刻まないで欲しいとあり、師が許したのは、「エルサレムのコール・トーラー・イェシバでトーラーを広めたり」という一行だけであった。

ラビ・シュロモ・ザルマン師は、希有の血統で、正統派ユダヤ人社会から賛仰されていた。世俗派のイスラエル人が師の名を初めて耳にしたのは、葬儀の時である。宗教界から実に三〇万人が参列し、棺の後に従った。師は政治を嫌悪し、党派の問題から距離をおいた。

私は、イェシバに初めて来たとき、師に強い印象をうけた。それから、国内留学から戻ってくると、イェシバは私を師のクラスの筆写役に任命した。当時まだテープレコーダーが入手できなかったからである。ラビ・シュロモ・ザルマン師は毎週水曜日午後六時から、授業を行なった。師は、その週に私達が学ぶ課題を概括し、自分自身の解釈を述べる。私達は、タルムードの特定個所とそれに関連するすべての注解を勉強した後、自分達が築きあげたバーチャルな建物の境界を規定しなければならない。それから中をくり抜き、その中を光でみたすのである。ラビ・シュロモ・ザルマン師の一般講義は、師が見た道筋に従い自分の目を通して見た問題を明らかにし、それに照明を当てる。曲がりくねった延々たる論議は不必要であるとした。

師は木製の書見台を前にして座り、目の前にタルムードを置き、特定の頁を開くと、とりあげた問題を論じ始める。師の話はよどみがなかった。ノートを参照せず、学生達と視線を合わせて語るのである。私は、筆写係として師の言葉をすべて書きとった。師のペースに合わせ、すっきりした文字で素早く書くのである。夜、夕食後に私は別のノートブックに書き写し、木曜日の朝礼拝の後、そのノートブックを師に渡す。数日後、師は訂正や脚注、そして解説をつけて、ノートブックを私に返す。そこで私は、モルデハイ（通称〝ミロ〟）・ヴェルメッサーに渡すのである。エルサレムのヒレル通りに住むミロは、タイプライターを持っており、ぽつりぽつりとタイプを打てた。そして、カーボン紙でコピーを二〇部つくり、いつも一部目を師、そして二部目を私に渡してくれた。

ある日私は、ノートブックに「師はハゾン・イシを問題にした」と書いた。ラビ・シュロモ・ザルマン師が、ハゾン・イシによる解釈に関して問題を提起した、の意である。ラビは、「問題にした」の個所を抹消し、ヘブライ語の略語に変えた。私は理由が分からなかったので、どういう意味かとたずねた。すると師は、別の問いかけをもって問いに答え、「私がハゾン・イシを問題視できると思うのかね。私は彼の足下のちりだ。略語は、〝研究の要あり〟の意味だよ。言い換えれば、ハゾン・イシを研究する必要があるということだ。誰が彼を問題視できる？　彼の主張が分からないのであれば、理解するためご本人の著作を研究しなければならない」と言った。

授業が終わってラビが帰宅する際は、私がよくお伴した。黙ったまま歩く時もあれば、話をしながら行く場合もあった。ある時ラビは、歩きながら、キリヤトモツキンのラビ・フォーゲルマンが訪ねて来たことがある、と言った。そして、あの人は特別な御方だ。君を自分の息子のように愛している。君が大学入学資格試験（普通校の卒業試験）に合格することを願っておられる。君の将来を配慮してのことだね。今後の生活に役立つとのお考えだ。確かに、我々のイェシバではユダヤ教の科目しか勉強しない。世俗の科目はなしだ。私は、君の特異な状況を考慮し、さらに君のおじさんを喜ばせるため、要請に応じることにした。君のおじは偉大なトーラー学者だ。そしてこれがご本人の世界観だ。イェシバの授業の後、夜に受験勉強ができるのであれば、君は才能もあるし、やりなさい。勉強しなさい」と私を励ましたのである。

大学入学資格試験に備えるにあたって、私は標準の予備試験をうけるべきであると考えた。ラビが科目は何かとたずねたので、私は物理、化学、生物そして地理が含まれると答え、自分は科学分野には才能がないし、文科系の方がずっとよいと希望をのべた。すると師は非常に驚いた様子で、口をぱくりと開いて、物理学が嫌いとは一体どういうことだと言い、「天地創造の問題を扱う学問ではないか。これは造物主の偉大性と共に創造の偉大性を知ることである」と説明した。

師は興奮しながら話を続け、「私は五番バスに乗っている。大学へ行く学生達と一緒だ。運がよければ学生は席をつめてくれる。朝のラッシュ時にはバスはすし詰め状態、しかし彼らは白髪の私を見ると席を譲る。バス内の通路で学生達は授業や試験前の話をしている。耳を傾けて聴いていますが、物理や電気工学、気象学の話をしていれば、聴き耳をたてるのです。何か新しいこと、面白い学説がないかと思ってね。イザヤ書四〇章に〝目を高く上げ、誰が天の万象を創造したかを見よ〟（四〇章二六）とあるではないか。物理は嫌いだなんて言わせないよ」と言った。

一九五四年のある日、イェシバから自宅までラビ・シュロモ・ザルマン師に付き添って歩いていると、師は突然立ちどまり、話を始めた。そこで私の行く手を照らし、将来の方向づけをしてくれたのである。師は、ラビ・クントシュタット、ラビ・ライナー、そしてイェシバの教務部長のゼーブ・ランクから聞いたことを、詳しく話しだしたのである。それは、私の父の並々ならぬ話術の才に関することで、ラビ・シュロモ・ザルマン師は、自分がほかの人達から聞いた例をベースにして、「君の御父上がイーディッシュカイト（ユダヤ教）について話をするため、フランクフルトへ来られたそうである」と前置きし、次のように私に言った。

深夜、一時間程話をした頃、突然電気が消えた。フランクフルト・シナゴーグには数百名のユダヤ人が詰めかけていた。大半はドイツのユダヤ人だった。真っ暗闇で不安にかられた会衆が先を競って外へ出ようとして、騒ぎに発展することも考えられ、それを恐れた君の父上はすぐイーディッシュ語に切り換えた。会衆の多くは東ヨーロッパ出身で、イーディッシュ語の方がご本人には手慣れた言語で、もっと劇的な表現も駆使できる。「ユダヤ人よ」と父上はまず制した。そして「もう深夜です。深夜の礼拝の時間です。この時の礼拝で私達は、エレミヤが、〝息子達のゆえにラケル（ラヘル）が泣く〟（エレミヤ書三一章一五）を想起します。御存知のように、彼女の墓はベツレヘムにあります。彼女はマメー・ルヘル、私達の族長の母ラヘルは、ディアスポラのために泣き、子孫が彼らの領域へ戻る日を待ち望んでいるのです」と前置きして、君の御父上は、あたかも現場に立って自分の目で見ているかのように、ラヘルとその墓について描写した。やがて修理が終わり場内に電灯がついた。それまでの二〇分間御父上は大群集を惹きつけていたのです。それから御父上は本題に戻り、一〇分間話を続けたのです。

当時私は一七歳で、授業の後普通の日に、極く普通の付き添いで、何故ラビがこの話をしたのか、はっきりした理由がつかめなかった。しかし師は私の父親について聞いており、尊敬していたので、私は師の許しを得て、ナフタリから聞いた話を語った。次のような内容である。

一九四九年、兄ナフタリが青少年のイスラエル移住（アリヤ）の手配をするため、ワルシャワへ行った。兄は第二アリヤ（アリヤ・ベイト）機関のシャウル・アビゴル理事長の手紙を携帯していた。宛先はイスラエルの駐ワルシャワ代表イスラエル・バルジライ（旧称ユレク・アイゼンベルク、当時の肩書は公使、後年マパム党出身保健相）であった。ユダヤ人移住には公使の助けが必要であった。兄が自己紹介すると、公使は「君はラウという名前なのか」とたずね、「昔、ラビ・ラウという人がいた。生涯忘れることのできない人です」と言った。兄が何も言わずにいると、公使は続けて「実は、その人が私の任務遂行を阻止したのです。所はポーランドのヴォツワベク。そこで、町のラビ選挙が行なわれるところで、我々ハショメル・ハツァイル組織は、アグダット・イスラエルの候補のひとりに反対していました。二つの悪のうち害の少ない方をというわけで、ミズラヒの候補の方がまだまし、と考えていました。選挙の前日、アグダットの代表が、ポーランド一の雄弁家という人物を連れてきました。三五〇万のポーランド・ユダヤ人社会で並ぶものなき名演説家という振れこみです。これが、ピョートルクフのラビ・ラウでした。我々のハショメル・ハツァイル派としては、ラビ・ラウが、その演説能力のおかげで、社会に大きい影響力を持っていることは分かっていたので、本人の演説を妨害してやろうということになった。私はその妨害担当のひとりで、早く会場に行って最前列の席を確保することになっていました。ほかの同志は会場のあちこちに陣取り、ひとりは会場の入口にある電源の開閉ボックスの横に立って待機しました。妨害手順を言えば、ラビ・ラウが二言三言何かしゃべった後、私がさっと手をあげる。それを合図に会場内の同志達が野次ったりして騒ぎたて、開閉ボックスの横に待機する人は、スイッチを切って会場を真っ暗にして、パニック状態をつくりだし、混乱に乗じて私達は遁走《とんそう》するという手筈でした。ラビが話を始めました。ところが話が面白い。私はすっかり聞き惚れてしまい、会場に来た理由をすっかり忘れてしまったのです。私は手をあげなかった。つまり、同志達は会合を妨害しませんでした。選挙ではアグダットの候補者が選出され、我方の候補者は負けました」と言った。バルジライ公使が話を終えた。その後一分ほど沈黙が続いた。それまで黙っていたナフタリが口を開き、ピョートルクフのラビ・ラウは自分の父親であることを明らかにした。

ラビ・シュロモ・ザルマン師は、滑らかな口調で、次のように言った。

「イスラエル・メイル、よく聞きなさい。詩編の朗唱を求められる事態が生じたとき、例えばアラブのテロ攻撃、あるいは誰かが危篤状態にあるとき、私達は君にシナゴーグの壇上にあがり聖櫃の前で詩編を朗唱するように求める。私達は全員が、君の後から唱和していく。その時私は、霊的感動にみたされる。私は詩編の詩句は全部暗記しているのだよ。君の論述法、話の伝え方には、人を惹きつける何かがある。君も知っていると思うが、列王記上に預言者エリヤが王アハブをとがめるくだりがある。エズレルの人ナボテを殺害しその人の葡萄畑を盗んだとして、エリヤが〝あなたは人を殺したうえに、その人の所有物を自分のものにしようとするのか〟（二一章一九）と非難する個所だよ」

私は、その話なら知っていると答えた。しかし関連が分からない。ラビは話を続け、「エリヤに何が起きるか、はっきりしている。アハブに何が起きるか、これもはっきりしている。しかし問題は、何故これがナボテに起きたかだ。彼は、王が欲しがる葡萄畑をエズレルの谷に所有している。しかし、先祖から受け継いできたものであるから、売却を拒否する。ナボテは、〝先祖から伝わる嗣業の土地を譲ることなど、主にかけて私にはできません〟と抗議する（同二一章三）。何故ナボテは罰せられたのだろう。何故死の刑罰をうけたのだろう」と言った。

ラビは、ナボテの処刑に関するミドラシュを引用して、次のように理由を説明した。

神はナボテに、当代随一の美声を授けられた。一年に三回、イスラエルびとがエルサレムへ巡礼に行くとき、ナボテは神殿の丘で歌い、巡礼者達はその美しい歌声に聞き惚れた。ところがある日、うぬぼれて思いあがってしまった。群集の称賛に舞いあがったのである。次のエルサレム巡礼の時、ナボテは、人々が懇願しなければ歌わなかった。大臣や有力者の嘆願があって初めて、歌ってもよいと言うのである。そしてナボテは全く歌わなくなった。イスラエルの聖なる御方、主はナボテに、〝汝はこの世にひとつの役割を持っていた。それは、ほかの命あるものに喜びを与えることであった。私は汝にその才能を与えたのである。私は汝の喉に妙なる美音を発する鈴玉を入れた。しかし汝は、玉をころがす美声を享受する喜びを、命あるものから奪っている。喜びを享受する資格は、命ある者にあり、汝の采配するところではない。正当な持ち主から良きことを奪ってはならない。汝に最早人生の目的はないから、汝を私のもとに戻す。汝は、私が授けた任務を遂行しなかった〃と言われた。

少し間をおいて、ラビ・シュロモ・ザルマン師は、「イスラエル・メイルよ」と話を続けた。「神は君に話す力を与えられた。君には人生の任務がある。君は父親に似ている。私達は神の贈物をはねつけてはならない。私達は主に背を向けてはいけないのである。ヨーロッパで、人骨の灰の中から君の髪をつかんで引っ張りだしたことがそれなのか、私には分からない。私は、天と地の主の計算をさぐることはしない。しかし、ひとつだけ自分にはっきり分かることがある。君は、君の学習に専念すべきである。もっともっと勉強し給え。時が来たとき、この鈴玉を鳴らし、はるか彼方まで響きわたるように」と言った。

　私の人生で、これ程重要な会話は殆んどない。それは人生の節目節目で輪郭を明らかにし、私に影響を与えた。

　私は、コール・トーラーを終了して、ブネイブラクのポネヴェツ・イェシバに移った後も、ラビ・シュロモ・ザルマン師と連絡をたやさなかった。いつもローシュ・ハシャナー（ユダヤ教の新年）の前、エルサレムへ行って師の祝福を受けた。勿論、大変御世話になったコール・トーラーのラビ達に対しても然りである。

　私は、ポネヴェツで二年間の修業に励んでいる頃、既にラビ・シュロモ・ザルマン師の学生ではなかったが、ある日いつものように祝福をうけに御自宅へ行った。私達は師の小さい書斎で話をした。その後私が、石造りの階段を鉄製の手摺《す》りを伝っておりていると、上で私を呼ぶ声がした。「イスラエル・メイル！」。振り向くと、師が階段の上に立っていて、あがって来いと手招きしていた。部屋に戻ると、師は、「君、君には父親も母親もいない。君には未来がある。私はコール・トーラーで教える一介の教師にすぎない。私より偉いローシュ・イェシバとラビなら山ほどいる。だから、これが君の未来に役に立つのかどうか分からない。しかし害にはならないだろう。私は紹介状を書こうと思う、今ではないよ。君を待たせたくないからね。どちらへ送ればいいか宛先だけ教えてくれ」と言った。私は本当に驚いた。一呼吸入れ落ち着いてから、私はブネイブレクのポネヴェッ・イェシバに送って欲しいと答えた。一週間もしない内に、私宛にラビ・シュロモ・ザルマン師の手紙が届いた。私製便箋に手書きで、次のように書いてあった。

ラビ・シュロモ・ザルマン・オイェルバッフ

聖都エルサレム　――神の御助力をもって我らが時代に速やかに回復、再建されんことを願う、アーメン

五七一八年エルル月（一九五八年八月）

私の敬愛する学生、イスラエル・メイル・ラウ君が新しい世界で――長寿を全うされんことを――、活躍することを願う者として、本人を紹介します。トーラーの知識に優れ天を畏《おそ》れるラウ君は、聖都エルサレム（速やかに回復、再建されんことを）のコール・トーラー・イェシバで長年私と一緒に学びました。学習に抜群の成績をあげたのは、我々の喜びとするところであります。さらに主は、本人に快活且つ気高い性格と優れた才能を与えられ、〝魂を感化する〟貴重な資質を授けられました。本人には、己れの知恵と精神で若い学生を鼓舞し、トーラーを教え、天に対する畏敬の念を起こさせ、学びの喜びと神を愛する心を植えつける特別な能力があります。ローシュ・イェシバを初めとする教育者が、本人を励まし支援すれば、多大なる喜びとなるでしょう。本人は大いなる潜在力を持ち、将来が約束された人物であります。聖なる長所を引き続き伸ばし今後の仕事に成功するよう、神の御加護を祈ります。神が共におられますように。

シュロモ・ザルマン・オイェルバッフ

この手紙を読んだとき、私は非常な感動に襲われた。その時味わった感謝と驚きの気持ちは、筆舌に尽くし難い。今読み返しても同じ感動に襲われ、涙が止まらない。

ラビ・シュロモ・ザルマン師の父、ラビ・ハイム・エフダ・ライブ・オイェルバッフは、カバリスト（神秘主義）のイェシバであるシャアル・シャマイムのローシュ・イェシバ（主席）であった。師の父が病に倒れたとき、家族は、ラビ・シュロモ・ザルマン師に近い学生を数名家に呼んだ。それで礼拝定数に達し死の床についた父親の傍らで、詩編を誦するのである。私はどきどきしながら部屋に入った。私は幼年期に数えきれない程沢山の死体を見ているが、エルサレムのこの部屋の光景は全く違っていた。この人は、私がよく知っている

人物であり、私の敬愛するラビの父親である。ラビ・シュロモ・ザルマン師が今まさに両親のひとりを失おうとしているとの思いが全員にあって、厳粛な空気であった。私は五歳で孤児になったが、私の師は四八歳で父親を亡くそうとしている。私は何か不思議な気持ちを抱いた。

ラビ・シュロモ・ザルマン師の父上は、極めて端正な人で、白い髭が顎《あご》を覆っており、あたかも眠るような姿でベッドに横たわっていた。ベッドの傍らには、私に背を向ける形でラビ・シュロモ・ザルマン師が座っていた。右手で父親の手を握り、左手に聖書を掲げている。詩編が開かれ、師は体を前後にゆすりながら、低い声で誦していた。涙が聖書に落ちた。すすり泣きの声がする。全員が師と一緒に泣いていた。部屋の片隅に、師の義兄ラビ・シャロム・モルデハイ・ハコーヘン・シュワドランが、壁に面して立ち詩編を誦している。エルサレムのマギッド（説教師）として知られ、話術に巧みな雄弁家であると共に倫理学者であった。

私達は、一時間ほど目を伏せて祈り続けた。突然私は、ラビ・シュロモ・ザルマン師が少し動いたのに気付いた。父親の手から力が抜けていくのを感じたのである。今まさに消えていく命を前に、師は自分の手を握った父親の指をゆっくりと丁寧に離した。そして、立ち上がると、壁に面して立つ義兄のところへ行き、背を軽く叩いた。ラビ・シュワドロンはこちらへ向き直った。目が血走り、涙があふれている。白い髭も涙で濡れていた。

ラビ・シュロモ・ザルマン師は一言も言わなかった。右手で父親を指さし、詩編を持つ手でドアを示した。ラビ・シュワドロンはコーヘン（祭司）である。聖書にある最初の大司祭アロンを祖とする家系であり、ユダヤ教の宗教法でコーヘンは死者と同じ部屋にいることを禁じられている。ラビ・シュロモ・ザルマン師は、自分の父親がこの世を去ろうとしていることを察知し、「目の見えぬ者の前に障害物を置いてはならない」（レビ記一九章一四）という聖書の戒めに従って、師は義兄がこの禁忌を犯さないように、配慮したのである。ラビ・シュロモ・ザルマン師は、父親のベッド傍に戻り、ラビ・シュワドロンは、ドアのところで立ちどまり、目礼して義父に最後の別れを告げた。

ラビ・シュロモ・ザルマン師は、このつらい時をじっとこらえ、父親の手を二度ととることはなかった。それは宗教法上禁じられており、死を早めるとされることはしてはならなかった。病める父親は、かすかに手を振った。すべてはよくなる。自分はより良き世界へ向かって旅立つ。心配するなと息子と娘婿に合図しているように見えた。

私はラビ・シュロモ・ザルマン師と、師の最晩年まで接触を保った。師が私に言ったことは、全部はっきりと覚えている。私が直面した宗教法上の主要な問題については、見解を共有した。師は私の教師であり、私生活ではラビであり、私達の家族の出来事にはすべて出席した。師は車を持っていなかった。車を利用できなければバスを使った。私の長男ラビ・モシェ・ハイムが結婚したとき、師はエルサレムからブネイブレクの結婚式場まで来てくれた。それだけではない。結婚式に使うフッパー（天蓋）は伝統的に外にたてる。生憎その日は雨であった。私はランプを手に師の向かい側にいた。師は感動の面持ちで、土砂降りの中に立っていた。

次男のラビ・ダビッド・バルーフが、ツィッピーと結婚する時もお願いに行った。ツィッピーは、エルサレムの宗教評議会議長ラビ・イツハク・ラルバグの娘である。結婚式はエルサレムの大シナゴーグを予定し、式の日取りを決めた後、ラビ・ラルバグ、息子そして私の三人でラビ・シュロモ・ザルマン師の自宅へ行った。式の司宰をお願いするためである。師はいつものように私達を温かく祝福し、心よく引き受けた。しかし一時間後、乞至急連絡というメッセージをうけた。師からである。連絡すると師は、「すっかり忘れていた。エルサレムには主席ラビのラビ・イツハク・コリッツがいる。名誉ある役割は主席ラビに。勿論自分も出席しフッパーの傍に立つ。しかし、主席ラビが司宰しなければならない」と言った。これが、偉大だが謙虚な師の姿である。

一九九一年の湾岸戦争時、私は三男のツビ・エフダを伴って、エルサレムへ行った。ラビ・シュロモ・ザルマン師の自宅を訪れて、息子のバルミツバへ招くのである。質素な住いだが蔵書が凄い。師は、「行けない」と謝った。戦争だからではない。健康の悪化のため出席できない。八一歳になるラビは、何度も謝った後、息子の方に向き直った。今回が初対面であるが、「ツビカレ、君は自分のバルミツバで講話するのだね」とたずねた。息子がうなずくと、師は続けて、「君のバルミツバへ行けないが、どうか怒らないでくれ給え。しかし、当日君が行なう講話は聞きたい。折角のトーラーの授業機会を失いたくない。当日君が行なう講話を聞きたい。どうだろう」とたずねた。

息子はラビをまじまじと見詰め、自信たっぷりの声で、はいと答えた。ラビが、暗記しているかとたずねると、息子はうなずいた。息子は当代有数のラビの前に立ち、最初から最後までよどみなく自分の講話を行なった。ラビ・シュロモ・ザルマン師は頬杖をつきながら、一三歳の少年の話に聞き入った。小さな部屋に温かい空気が流れた。

ラビ・シュロモ・ザルマン師が死去したとき、息子が亡き父親のために行なう伝統に従って、私は自分の衣服を裂いた。私がこの伝統に従ったのは、師に対してだけである。誰か私の服が破れているのを見て、何があったのかと心配した。自分は、生物学上の父親のために衣服を裂く機会がなかった。ラビ・シュロモ・ザルマン師は自分の精神的父親であるから、私は衣服を裂いた。私はそう答えた。

師の葬儀には数十万の人が参列し、涙で見送った。師の弟が遺言を読んだ。遺言には、「私は、子供達の負担になりたくない。私は主に祈っている。私の精神的機能が維持されますように。その時が来て、主に召され天の私の居場所へ罷《まか》る日まで、正気でいられますように。機能障害がみられるなら、私の世話は無用である。厄介をかけたくない。子供達の負担にならないよう、老人ホームに入れて欲しい」とあった。

ラビ・シュロモ・ザルマン・オイエルバッフ師は、私にとって人生の模範である。師のことをしばしば思う。学者として、教育者そしてひとりの人格者としての師を失って淋しい。死去から随分時間がたった今でもぽっかり穴があいたような気持ちであるが、亡き師の精神は私の心の中にある。

私は、コール・トーラーでの修業を終え、ポネヴェツに移った。ラビ・ヨセフ・カハネマン師のイェシバで、リトアニア方式のイェシバのなかでは一番よく知られている。栄冠の中心に輝く宝石、換言すればイェシバの白眉《はくび》である。ラビは、ホロコーストとその後の時代、ユダヤ宗教界の指導者のひとりであった。そのイェシバは、重厚な建物の中にあり、入口の上に預言者オバデヤの「しかし、シオンの山には逃れた者がいて、そこは聖なる所となる」という言葉（オバデヤ書一章一七）が、刻まれている。余り知られていないこの一節は、ユダヤ人の建物に刻む銘としては異例である。もっと一般的なものが沢山ある。例えば「いかによいことか、ヤコブよ、あなたの天幕は」（民数記二四章五）とか「ここは主の門、義の人がここを入る」（詩編一一八編二〇）という言葉を刻む。私はこの一風変わった銘にすぐ気付いた。そして、イェシバ創立者のラビ・カハネマン師が何故これを銘に選んだのだろう、と考えこんだ。

ラビ・カハネマン師は、ユダヤ教学で先端を行くリトアニアのユダヤ人社会のなかで、自他共に許す人物であった。ちなみにその社会は、ホロコーストで消滅した。師は、天才的トーラー学者として誉れ高い人であった。ウィットに富む雄弁家で、ホロコーストを後世に伝える人としても知られる。師は、自分の住むブネイブラクにオヘル・ケドシム（殉教者のパビリオン）を建立している。教学の中心もろとも潰滅したリトアニア・ユダヤ人社会を追憶する記念堂である。

一九四〇年代中頃、ラビ・カハネマン師はエレツイスラエルに到着したとき、テルアビブの有力者達を集めて、話をした。それは、「私は地獄から来た」という前置きで始まる。

七年ほど前リトアニアのラビ三〇〇名が大会に参集しました。老成した者あるいは若手等々三〇〇名のうちまだ生きているのは、私だけであります。私は、この三〇〇名の姿を自分の心に抱き続けています。私は、ブネイブラクにオヘル・ケドシムという記念堂を建立しました。しかし私は、殉教者の記念館をこれ以上建立したくありません。私は、ユースアリヤやテヘランチルドレンをはじめ、現在エレツイスラエルへ到着しつつあるホームレスのユダヤ人孤児のため、家を建てようと考えています。そこで皆さんにお願いがあります。子供をひとり養子にして、父親になっていただきたい。私は彼らのために家を建てます。しかし私は、これを孤児院とか孤児の家とは呼びたくない。私は父達の家と呼ぶように致します。

当日その会合に集まった人々は、師の計画を熱烈に支持した。ラビ・カハネマン師は、ホロコースト生き残りの孤児を収容する〝父達の家〟を建てた。自分の人生を賭けた任務と考えてのことである。

師が着手した次のプロジェクトが、イェシバ創設である。校名は、自分がいたリトアニアの町ポネヴェッツの名をとった。そこで師はローシュ・イェシバ（主席）として活躍していたのである。ラビ・カハネマン師は、ホロコーストで死亡した六〇〇万のユダヤ人全体を記念しようというのではなく、自分の親族、知人を含むリトアニアのユダヤ人犠牲者を中心に考えた。イェシバの名称は、自分や父親の名前、あるいは大物寄付者の名前ではなく、自分がラビとして勤め、やがて潰滅したユダヤ人社会の名をとった。師は、ラビ・ヤコブ・ハルペリン師から土地七ドナム（一ドナム＝一〇〇〇平方メートル）を購入した。ジフロンメイル地区（ブネイブラク）の丘の上である。この地区名は、ルブリンのラビ・メイル・シャピーラの名をとってつけられた。メイルは私の父親の従兄弟で友人であった。

ラビ・カハネマン師は、この丘に青少年のためのイェシバと〝父達の家〟のほか、高等科のいわゆるイェシバ・ゲドラーを創立した。これは、全世界のユダヤ人社会で、モデル的高等教育機関となる。人生を賭けた任務は、努力の甲斐あって見事に開花し、学生数一〇〇〇名の多きに達した。師は独力で学生全員に食事を提供し、さまざまな面で支援した。平たく言えば、運営資金集めと学生の生活支援に、日夜奔走したということである。

イェシバの玄関口にオバデヤ書の言葉を何故刻んだのか。師は、ホロコーストの犠牲者の追憶とシオンの生命に対する敬意を示す、と私達にその言葉を選んだ理由を説明したことがある。

ラビ・カハネマン師は、ハフェツ・ハイム師の弟子であった。ハフェツ・ハイム師は一九三三年九月に死去している。その八ヶ月前ヒトラーがドイツの総統となり、ユダヤ民族絶滅計画に着手していた。次に何が起きるのか。誰もが不安に思っていた。ハフェツ・ハイム師は、当時既に死期を迎えていたが、やはりヨーロッパ情勢を心配していた。ラビ・カネマン師は、死の床についたハフェツ・ハイム師に付き添った側近のひとりであった。しかし、コーヘンであったので、ハフェツ・ハイム師が息を引きとる直前に、部屋を出なければならなかった。ハフェツ・ハイム師は九六歳で死去したが、最後の言葉は「しかし、シオンの山には逃れた者がいて、そこは聖なる所となる」というオバデヤ書の一節であった。時代は、地獄が始まる前の一九三三年ではあったが、ハフェツ・ハイム師は、ユダヤ人が安全でいられるのはエレツイスラエルしかない、と理解していたのである。

ラビ・カハネマン師は、この言葉を反芻《はんすう》しながら部屋を出た。「その言葉は、私のラビ、ハフェツ・ハイム師の遺言のようであった。ブネイブラクのポネヴェッ・イェシバは、預言者のビジョンの顕現である。今、逃れた者は、シオンの丘にいる」。師は、私達即ち学生達にこのように説明した。オバデヤ書のこの言葉に照らして考えれば、ラビ・カハネマン師のポネヴェッ・イェシバ建設のビジョンは、真実味を増してきた。

ポネヴェッツのラビは、鋭利なウィットで知られた。一九五〇年代初め、リトアニア出身の裕福なアメリカ在住ユダヤ人女性が、ラビ・カハネマン師が講演する大会に招かれた。彼女は、師の巧みな話術に感心はしたが、宗教と伝統については否定的で、その態度を変えなかった。彼女は、ホロコースト孤児の収容施設建設に多額の資金を寄付する、と師に約束した。しかし、それには条件がひとつあるという。その建物のなかで、〝ペヨット（もみあげ）を垂らした〟子供を教育しない。これが条件であった。ラビ・カハネマン師は約束した。そして、彼女がだした寄付金で、師はブネイブラクに二棟の建物を建てた。ロサンゼルスビルとして知られる。ユースアリヤの女児用である（注・超正統派の男児は、もみあげを刈らずにたらしているか、女児はそうではない）。

一九五〇年代、ポネヴェッツは、質と量ともにイェシバ世界の最先端をいく教育機関、と考えられていた。学生数が多く、その時代一〇〇〇名もいた。その内三五〇名がイェシバ・ゲドラーの学生で、私は一連の試験に合格した後、こちらへ編入された。

ラビ・カハネマン師は当代一流の教育家であった。本館に隣接する家屋の一室に、夫婦で住んでいたが、騒々しい環境である。学生達が大声をあげて論争する。ここを訪れる人々は、うるさくないかとよくたずねた。すると師は、「製粉業者は製粉機の騒音を苦にするだろうか」と逆に質問するのが常で、「製粉機がとまれば、音はしなくなるが、その人は逆に悩む。心配で夜も眠れないだろう。私も同じです。早々と電灯が消えて学生達が学習を止めれば、私は一睡もできなくなります。そんなことは御免ですね」と答えるのであった。師が説明するとおり、ポネヴェッツでは日没から朝まで電灯が消えたことがない。一番遅くまで起きていた学生達が就寝するのは、午前二時、三時頃で、その頃には朝一番の授業に出る準備のため、起き出す者がいる。朝の礼拝のずっと前である。

ラビ・カハネマン師が作りあげた学習法は独特で、慎重に構築された方法であった。イェシバ・ゲドラーでは、六名のラビが三レベルのクラスを教えた。第二、第三レベルを担当したのは、ラビ・エラザル・メナヘム・マン・シャッハ師、ラビ・ドビッド・ポヴァルスキ師（ミル・イェシバ出身）、ラビ・シュムエル・ロゾフスキ師（グロドノ・イェシバ出身）の三名である。教師が学習項目の資料を解釈している間、三五〇の学生は全員起立している。さらにラビ・カハネマン師が毎回安息日に講義した。七二歳で若くはない。それに肝臓がひとつしかなかったが、毎日イェシバに来ると言ってきかず、そのうえ寄付金集めでしばしば海外へ出掛けた。帰国すると、タクシーでブネイブラクへ戻るのであるが、たとい午前四時であっても、その日に教えるタルムードの該当頁を車中で学習する。そしてイェシバに帰着すると、その足で上級クラスへ行き、タクシー内で読んだ個所を、メモ無しの即席で講義するのであるが、なかなか機知に富む内容なのであった。

ラビ・カハネマン師は、イェシバの精神的アドバイザーとして、ラビ・エリヤフ・エリエゼル・デッスラーをロンドンから招いた。師はユダヤ人哲学者として知られ、主要著書に三巻物の『ミフタヴ・メエリヤフ』（エリヤフからの書簡、後に英訳され *Strive for Truth* という題名で出版された）がある。ラビ・カハネマン師のまとまりのある教育方針、独特なクラス構成、そして錚々《そうそう》たる教師陣のおかげで、ポネヴェツ・イェシバは、イェシバ世界の旗艦的存在となった。イェシバの学生なら誰でも入学を希望するところであった。学生達は卒業後指導的立場にたつラビやローシュ・イェシバになった。この五〇年間、トーラーの世界を支えるいわば主柱的ラビの多くは、ポネヴェツから出ている。

私に入学試験をやったのは、ラビ・ドビッド・ポヴァルスキ師で、場所は自宅であった。試験問題は今でも覚えているが、ベイツァーの項。祭日の戒律に関する内容であった。私が、師自身が著書『エシュアト・ダビッド』で展開した新しい解釈を引用すると、師は感心した模様で、冗談めかして「君はゴマをすったな」と言い、真顔になって「君は私自身の解釈を引用した。ほかの学生達が私の著書内容を知っているのか、分からないよ」と指摘した。私は、この解釈をコール・トーラーで、ラビ・シュロモ・ザルマン・オイェルバッフ師の指導をうけて学んだ、と答えた。ラビ・ポヴァルスキ師は満足気に微笑んだ。

この試験の後、師は私を本館横のラビ・カハネマン師の部屋へ連れて行き、私を紹介した。予期したように師は私の名前をたずねた。私は、「イスラエル・メイル・ラウです」と答えた。ラビ・カハネマン師は私をじっと見詰め、それからピョートルクフのラビ・ラウと何か関係があるか、とたずねた。私の父親でした。私がそう答えると、ラビ・カハネマン師は急に黙ってしまった。それから、両手で私の頭をかかえ、そして私を強く抱きしめた。まだ記憶に新しいが、朝の礼拝の後で師はタリットを肩にかけテフィリンを頭と腕につけていた——師は礼拝の後も自分の担当するクラスで授業中も、身につけていた——そして師は泣き始めた。ラビ・カハネマン師は、情にもろい人として知られていた。「君の父親のことはよく覚えている。素晴らしい雄弁家だった。一九三七年にウィーンとマリエンバードで開催されたアグダット・イスラエルの世界大会では、君の父親が講演した。私はそれを聞いていた。他に並ぶものなき雄弁家だった」と涙声で言った。

ラビ・カハネマン師は、シャバット入りの食事に私を招いた。イェシバの新入生で、三五〇名のひとりにすぎない私が、ここのローシュ・イェシバである尊師との食事に招かれる。誠に丁重なあいさつであった。安息日入りの夕方師の部屋へ行くと、師は私にシャバットの歌を歌えるかとたずねた。私は知っているものを歌った。ラビは大変喜んだ。そして、トーラーの講義ができるかと問うた。信仰の篤いユダヤ人は、「三人の者がひとつのテーブルを囲んで食事をしながら、トーラーの言葉を口にしなければ、偶像崇拝者の捧げものの相伴にあずかるが如くである」という「父祖達の倫理」(三章三）に従って、食事の時は必ずトーラーを引用しようとする。

私はあるテーマについて話をした。ラビ・カハネマン師は、耳を傾けた。興味を持ったようである。話を終えると、師は父親の弁舌の才を感じると言った。これ以上の褒め言葉はない。この時の安息日の食事以来、外国から大口の寄付者――師はイェシバを支える主柱と呼んでいた――が訪ねてくると、師はきまって私を席に招き、短い講義をするように求めるのであった。

一九五六年一〇月二九日、シナイ作戦（第二次中東戦争）が始まった。私達はラジオでイスラエル国防軍の戦車隊がガザ回廊に突入したというニュースを聞いた。その時のラビ・カハネマン師の態度も記憶に新しい。師は自分の部屋を出るとイェシバに入り、壇上にあがって黄金の聖櫃の前に立った。この聖櫃は一七世紀につくられたもので、もともとイタリアのマントバにある大シナゴーグに安置されていた。第二次世界大戦中に解体され、倉庫に収納されていた。戦後マントバから輸入され、数千個に分解されていたものをブネイブラクの職人たちが組み立て、もとの壮麗な姿に戻したのである。ラビ・カハネマン師は、この重厚な聖櫃を前にして、学生達に学習を中止し書を閉じよと求め、「我々の息子達、兄弟達が、我々全員を守るため出陣した。私は君達にお願いする。彼らが帰還するまでどうか詩編を誦し続けて欲しい。我々はこのようにして、国防軍を支えて我々の本分を尽くす」と訴えた。切々私達の胸に迫る声であった。師はこれ以上何も言わなかった。私達は全員が、その時のイスラエルの現実を共有していた。

それより少し前、衝撃的な事件が起きた。クファルハバッドに複数のアラブ人テロリストが侵入し、夕方の礼拝が行なわれているシナゴーグに、次々と手榴弾を投げこんだのである。シムハ・ジルバーシュトロムと彼の学生五名が殺された。シムハ青年は、私と同じ船でハイファに到着した人で、後年私達は一緒にコール・トーラー・イェシバで教えた仲であった。彼の学生達は、北アフリカからの移民少年であった。六名の遺体はシナゴーグの床に横たわり、祈祷書が血の海につかっていた。夕べの礼拝で読む頁が開かれたままであった。それは、「我々を静かに寝かせ給え」（ハシュキベイヌー――マーリヴ〈夕べの祈り〉より〉という言葉で始まる。私達の見方からすれば、シナイ作戦はこの死に対する報復であった。私達は師の指示に従って詩編を読んだ。特に詩編一四四編一は何度も誦した。「主をたたえよ。私の岩を、私の手に闘うすべを、指にいくさするすべを教えてくださる方を」というくだりである。

ラビ・カハネマン師は政治にかかわらなかった。師は、トーラーを糧とする生き方に命を捧げた極めて信仰の篤い人であったが、同時にひとりの民族主義者でもあった。不幸なことに、私は短期間しか師の謦咳《けいがい》に接することができなかった。しかし私は、師の思い出を胸の中にしまっている。ラビ・カハネマン師は、一九六五年に死去した。しかし師の足跡は残る。ヨーロッパのユダヤ人社会は恐るべき犠牲を払い、壊滅した。トーラー教学のセンターも抹殺された。その後にトーラーの世界が再建される。その再建に尽くした師の功績は永遠に記憶されていく。

第一一章　我が民を導いた火の柱

主は彼らに先立って進み、昼は雲の柱をもって導き、夜は火の柱をもって彼らを照らされた。――出エジプト記一三章二一

私が学んだイェシバの教師や私の親族の者以外で、少年時代の私を感化し奮いたたせてくれた人物が、二名いる。ひとりは、国家独立前後のイスラエルの主席ラビであるイツハク（イサク）・ハレヴィ・ヘルツォーグ師、もうひとりが、ラビ・イスラエル・アルター師である。アルター師はグールの第五代レッベで、非常な影響力をもつ著書の名をとってベイト・イスラエル（イスラエルの家）として知られた。もっと年をとってからであるが、私に大きい影響を与えた三番目の人物が、ラビ・メナヘム・メンデル・シュネルソン師である。ルバビッチ派のレッベで、私がラビになった後知り合いになった。

ラビ・ヘルツォーグ師は、イスラエル独立の前、エレツイスラエルの主席ラビとしてドイツを初めヨーロッパ各地に設けられたＤＰ（離散民）キャンプを訪れ、ホロコーストの生き残りを励ました。師は、この巡回旅行時、カトリック教の施設とも連絡を取ろうとした。ホロコーストの時、自分の子供だけは何とか助けようとして、両親達がカトリック教の施設へ送った。師は、その子供達をエレツイスラエルへ移住させようとしたのである。

この旅行の数年前にあたる一九四〇年、ラビ・ヘルツォーグ師は、ローマ教皇ピウス一二世に会おうとした。ナチのユダヤ人虐殺を教皇として非難することを求めようとしたので

ある。一九四四年、連合軍の勝利が目前にせまる頃、ラビ・ヘルツォーグ師は、再度教皇に接触を試みた。今度は師の友人であるアンジェロ・ロンカリ枢機卿を介して、会見を申し込んだのである。ちなみに、ロンカリは十数年後ローマ教皇ヨハネス二三世となった（ロンカリは、ユダヤ人数千名に、〝臨時〟洗礼証明書を与えて、命を救った）。当時、ハンガリーのユダヤ人を初め、まだ救える命があった。連合軍が勝利しつつある今と考えて、師は教皇と救出法を検討したかったのである。しかし教皇は、ドイツが会談のことをかぎつけて、報復のためハンガリーのユダヤ人を殺すかも知れないと言いわけして、会談を拒否した。

戦争が終わった後も、ラビ・ヘルツォーグ師はあきらめなかった。ピウス教皇と再び接触を試みた。カトリック教諸団体に対して教皇から公式声明を出してもらいたかったのである。ユダヤ人児童をかくまってくれた教会、修道院及び家族に、児童をユダヤ人側に戻すよう呼びかける内容である。教皇は、一九四六年になってやっと会談に同意した。会談はうまくいかなかった。ラビ・ヘルツォーグ師は、ユダヤ人子弟を救おうとする努力は失敗、と考えただけではない。師は会見の場から出ると、警護の人達にひとつだけ求めた。すぐにローマのミクベへ連れて行って欲しいと言ったのである。そこは穢《けが》れを洗い清めるところである。

コール・トーラー・イェシバは、ラビ・ヘルツォーグ師宅の向かい側にあった。少年の頃、イェシバへ入校したとき、精神的アドバイザーのラビ・ゲダリヤ師が、朝の礼拝をラビ・ヘルツォーグ師の自宅で行ないたいと言った。老衰したラビが、シナゴーグへの歩行に困難を感じていたのである。ラビ・ゲダリヤ師は、私に毎朝の礼拝に必要なミニヤン（礼拝成立に必要な最低限の定数。一三歳以上の成人男子一〇名）の確保を求めた。家は二階建てで、一階が礼拝と公務用、二階は家族部屋として使われていた。厖大《ぼうだい》な蔵書が極めて印象的であった。六年間毎朝私はガバイ（シナゴーグの世話係）としての役割を果たし、ミニヤンの一部として礼拝に参加した。ちなみに、このミニヤンには重要な人物が数名含まれていた。そのひとりがラビ・アリエ・レヴィン師で、〝囚人達のラビ〟として知られる。独立戦争の前、当地がまだ英委任統治領下にある頃、イギリス側に逮捕投獄されたユダヤ人地下抵抗組織の闘士達のもとを訪れていた。師は安息日入りの夕方、ラビ・ヘルツォーグ師の家で礼拝するのを常とした。自分の住むクネセット地区から徒歩で優に一時間かかる距離を、歩いて礼拝に来た。

私は、礼拝参加者のなかで最年少ではあったが、ラビ・ヘルツォーグ師と縁もゆかりもないわけではなかった。師は家の父親について、いろいろ御存知であった。従兄弟のラビ・メイル・シャピーラについてはもっと知っておられた。師は父の著書『キドゥーシュ・ハシェム』の存在を知っており、私に稿本の所在について何度もたずねるのである。自分の目でそれを見たことがあるという。当時私は、答えることができなかったが、有り難いことに、後年コピーを数部入手する機会があった。ラビ・ヘルツォーグ師は、私のおじラビ・フォーゲルマンと親友でもあった。私の叔母はラビ・ヘルツォーグ師の妻サラと一緒に、ミズラヒ婦人機構で働いていた。

エルサレム・タルムード研修では、週一回金曜講座が朝に開かれていた。ここでの会合について生涯忘れ難い経験をしたことがある。限られた人々の集まりで、当代最高峰のユダヤ教学者を含め、錚々《そうそう》たる人物が出席した。まさにトーラー安息の場で、私は部屋の片隅に立って、学びと討論の雰囲気を吸収した。まことに貴重な体験であった。当時ラビ・ヘルツォーグ師の個人秘書は、イスラエル・リッペル氏であった。後年宗教省の事務次官になった人である。私がイスラエルの主席ラビに選ばれたとき、選挙委員会のメンバー達が私の選出を祝ってヘイハル・シュロモ（旧主席ラビ庁）に集まった。そのひとりがリッペル氏で、当時宗教省の次官代理であった。多くの人々が祝辞を述べた後、いざ解散という段になった時、リッペル氏が立ち上がり、自分にもひとこと言わせて欲しいと前置きして、次の話をした。

御出席の皆さん、主席ラビの就任を祝って、レハイム（乾杯）をした後でありますが、皆さんにどうしても私の個人的な話をしなければなりません。これは、選挙委員会の判断に影響してはならないと考えて、これまで誰にも話したことのない逸話です。私が、ヘルツォーグ主席ラビの秘書で、側近であった頃、自分の教師の求めで毎朝六時にヘルツォーグ宅に来る少年がいました。ラビ・ヘルツォーグがミニヤンをもって礼拝できるようにするためです。ラビ・ヘルツォーグは本人を大変可愛がっていました。ある日、礼拝が終わって少年がイェシバへ戻って行ったとき、ヘルツォーグ師が私に「イスラエル君、君はあの少年を知っているか。彼の名は君と同じイスラエルだよ」と言いました。「勿論です。イスラエル・ラウ君ですね。よく知っていますよ。毎日ここへ来ますから」と答えました。

するとラビ・ヘルツォーグ師は話を続けて、「あの子が、主席ラビ庁の首座に座る日が、必ず来る。心に留めておき給え」と言ったのです。

ほかの出席者と同様に、リッペルからこの話を聞くのは初めてであった。私は一瞬呆然となった。我に返ると私は、「イスラエルさん、一年前ならグッときましたのに、何を今さらって感じですねえ」と言った。

ラビ・ヘルツォーグ師の晩年は私の記憶に鮮明である。歩行は殆んどできなかったが、精神的衰えはなく、頭脳明晰であった。毎朝、礼拝の後、秘書が新聞を数紙持ってくる。師は見出しに注目しながら、記事をざっと見てコメントした。情勢をいつも頭に入れて自分の積極的関与を怠らなかった。師は、沈着冷静の人であったが、師が怒りをあらわにしたのは、私が見る限り一回しかない。一九五三年、国連が再びエルサレムの国際都市化を蒸し返し、イスラエルを法的地位から排除しようとした時がそうである。当時イスラエルの国連代表は、アバ・エバン大使であった（ラビ・ヘルツォーグ師の息子ハイムは彼の義弟である）。エバン大使は、国連総会で国際化計画反対の演説を行なったが、感情が激して卒倒しそうになる程であった。ラビ・ヘルツォーグ師は、国連の国際化計画の蒸し返しを知ると憤然として立ち上がった。師は「エルサレムに関する契約・誓約共に新たにしなければならない」と決意し、家を出ると通りに出たのである。そして、ケレンカエメット通りを歩き始めた。キング・ジョージ通りを進み、ヤッフォ通りに出て方向を転換した。行く先はヘルツェルの丘である。一部距離は車を使いながら進んで行くと、住民が次第に集まり、師を先頭に大きな流れとなり、ヘルツェルの丘へ全員が向かった。そこで、師は右手をあげ、弱々しい声であったが、「エルサレムよ、もしも、私があなたを忘れるなら、私の右手は萎《な》えるがよい」と叫んだ（詩編一三七編五）。その時師の後から行進した人は、数千名に達した。そのひとりであったエルサレムの某有力者は、「あれがラビ・ヘルツォーグだ。一九三九年の時と同じだ。マクドナルド白書が発表されたとき、師はすぐ反対の意志を表明した。エシュルン・シナゴーグの階段に立って、ユダヤ人のエレツイスラエル移住権を制限する白書を、皆の前で破り棄てたのだ」と言った。

それから二〇数年後、ラビ・ヘルツォーグ師の息子ハイムは（一九八三年イスラエルの第六代大統領に就任）、当時イスラエルの国連代表であったが、シオニズムを人種主義の一形態とする国連総会決議を、国連の壇上で引き裂いた。ハイム氏は私に、あの時、白書を破り棄てる自分の父を思い浮かべていたと語り、「あの晩、演説の草稿をまとめているると、父の姿が瞼《まぶた》に浮んだ。私は、ひとりで全員に立ち向かわなければならない。国連決議に論駁するのは自分だけである。それが分かっていたから、私は、何か劇的なことをやらなければならない、と考えた。言葉で反対と言っても説得力が余りない。ましてや（先入見や敵意で）凝り固まっている者にはきかない」と説明した。ハイムは、義兄のアバ・エバンと同じように、国連演説で派手な表現を用いて、「アルジェリアが、〝地球は平面である。イスラエルが平面にした〟という国連決議案を提出すれば、賛成一六四、反対一三、棄権二六で、採択される」と言った。ハイムは「私の父の行為を繰り返さなければならぬと考えたのは、これが理由だ」と説明した。かくしてハイムは、国連の演壇上で、決議を八つ裂きにしたのである。

グールのレッベも、記憶に残る人物である。ナフタリと私が一九四五年にアリヤでエレツイスラエルへ向かったとき、グールのレッベはラビ・アブラハム・モルデハイ・アルターで、本人の有名な著書の題名をとってイムレイ・エメットと呼ばれていた。当時既にかなりの高齢で、健康を害していた。イムレイ・エメットは、前から信徒にディアスポラを出て父祖の地へ戻らなければならない、と公に述べていた。エルサレムに大きいセファット・エメット・イェシバを創設し、同じエルサレムのダビッド・エリン通りには、小さな研修ホールを設けた。この二つは、イスラエル内外のグール・ハシッド派が集まる会合のセンターになった。

イムレイ・エメットは、一九四八年のシャブオットの時に死去した。アラブ正規軍が侵攻し独立戦争が勃発した頃である。戦争のため、親族は古代から続くオリーブ山のユダヤ人墓地に葬ることができず、ジフロンモシェ地区の自宅庭に埋葬した。マハネユダ市場の向かい側である。普通の葬儀ではないので、儀式の時参列者は埋葬の場所を七回まわり、特別の祈りを捧げてお清めをした。

イムレイ・エメットには三名の息子がいた。ベイト・イスラエル（ラビ・イスラエル・アルター）、レヴ・シムハ（ラビ・シムハ・ブニム・アルター）、プネイ・メナヘム（ラビ・ピンハス・メナヘム・アルター）である。三名はこの順でグールのレッベを勤めた。ほかのハシッド派家系では、息子が二名いると、往々にして指導権を二分し、分裂する結果になった。しかしグールの共同体は、一つのラビのもとで統一されてきた。ラビ・アブラハム・モデルハイが死去した後、ラビ・イスラエルが後を継ぎ、一九七七年二月に死去するまで三〇年近くレッベの地位にあった。

グール共同体は、ほかのどの教派よりもホロコーストで打撃をうけ、殆んど潰滅状態になった。しかし、ラビ・イスラエルが、三〇年に及ぶ指導の間に、文字どおり廃墟から主導的立場にたつハシッド運動に育てあげた。グールのレッベは、アグダット・イスラエルの自他共に許す指導者となり、ユダヤ人世界に次々と学校、イェシバをつくった。この堂々たるネットワークの建設者であるラビ・イスラエル・アルターは、ホロコーストで妻子を失った。トーラーの学者であることは勿論であるが、生まれながらの指導者であった。天の配剤というべきか、まさに神の摂理による必要な時に必要な人物が登場したのである。

ホロコーストの後、多くの生き残りユダヤ人が、ユダヤ教に背を向け信仰を失った。グールのレッベは、時にはイーディッシュ語、時には歯切れのよいポーランド語で、「グールのドアの把手《はしゅ》に触った人は、必ずドアを開ける。必ず家に戻ってくる」とよく言った。まさにそのとおりであった。私の友人イスラエル・クラコフスキは、現在八〇歳代になるが、この人が証言する。何年もグールから離れていたが、レッベ・イスラエルについては忘れることがなかった。戦前の話で、ラビ・イスラエルがまだ〝レッベの息子〟の地位にある頃であったが、グラ・カルバリアにある研修ホールで、クラコフスキが父親の方に挨拶しようと列を乱して前に進むと、ラビ・イスラエルがこの傍若無人な行為に対して平手打ちを一発くらわした。当然の報いである。「あの一発は、私のルーツが植えつけられたところを考える手掛りになっている」と述懐するのであった。この親しい友人は、長い間グールから離れていたが、ニューヨークでホロコースト生き残りの活動家として指導力を発揮する人物となった。マンハッタンにある三つの主要シナゴーグで活動し、孫娘達はハバッド系の学校で学んでいる。

一九五〇年八月、私がエルサレムのコール・トーラー・イェシバに入学したとき、ブッヘンヴァルトから持ってきた例のすりきれたスーツケースには、私のバルミツバの衣服しか入っていなかった。ショートパンツ、上着そしてベレー帽だけである。このような服装はハシッド社会にはまず受け入れられない。グールではなおさらである。イェシバで初めて安息日の食事をとった後、級友達が、グールのレッベが接待する週一回のテッシュ（イーディッシュ語でテーブルの意）に行こうと言い出し、私を誘った。私は何のことか全く分からなかった。レッベのテッシュなるものに出たことがない。私はキリヤトモツキンから来たばかりである。あそこでは安息日入りの夕べには、キリヤトシュムエルでブネイ・アキバ青少年グループの会合に、友人のゼエブ・アルモグと一緒に出席していた。ゼエブがその言葉を口にしたことは一度もない。イェシバの級友達は、私の困惑した顔を見て、レッベの食卓を囲んだ、金曜夜の自宅開放パーティで、ハシッド派の伝統であると説明した。レッベの信徒達が歌い、グールの信徒でハシッド系の歌を作曲しているラビ・ヤコブ・タルムードが合唱団を指揮するという。

級友達の説明は私の好奇心をくすぐった。子供と老人が一緒に歌う合唱団も、私の興味をそそった。級友達は、グールのレッベは遠目でしか見られないが、それでも参加するだけの価値はあると言った。ナフタリが、エレツイスラエル到着時、先代のレッベであるイムレイ・エメットの許を訪れたことは知っている。そしてそのレッベが死去したことも聞いている。私は参加することに決めた。

私達は、ジフロンモシェ地区へ向かった。行先は、勿論ダビッド・エリン通りにある古い研修ホールである。部屋は耐えられない程のすし詰め状態であった。人々の頭より少し高い位置に、三段のステップがついた木製の演壇があり、そこに堂々たる人物が立っていた。長い白髭がたれ曲り、安息日や祭日にハシッド派の人がつけるスポディク（毛皮でできた胴長の帽子）をかぶっている。この人は、立ったまま名前を読みあげた。私は、この人がレッベとばかり思っていた。しかしレッベ自身が出席者の名前を読むのか、解せない気持ちはあった。頭をかしげている内にやっと気付いた。この堂々たる人物は、ガバイであった。名前をラビ・シャイエ・ノア・ビクネーといい、グールのレッベのテーブルに着席する名誉を与えられた人のリストを読みあげていたのである。

どよめいていた室内が突然静かになった。落とした針の音でも聞こえそうである。数百名の人達が身動きもしないと思ったら、人波となって左そして右へ揺れた。私は前後左右から押され、片足がもちあがった状態で、大洋に浮かぶ筏《いかだ》のように、人波にもまれた。そのうちに両足が持ちあがってしまい、一緒に来た仲間から離れ離れになった。

詰めかけた人々が人波となって揺れたのは、レッベが室内に入ったからである。将軍のように後手を組んで悠揚《ゆうよう》迫らぬ態度である。師が室内に入ると、紅海が真二つに割れた故事の如く、人波が左右に割れた。師はその真中を歩く。と思った瞬間、私の前を通る師が私を見た。眼光鋭く射るような目である。忘れようにも忘れられない目である。私の人生でこのような目つきを見たのは二人しかいない。ひとりはこのグールのレッベ、あとひとりは二四年後に会ったルバビッチ派のレッベである。グールのレッベの射抜くような目の人物には、二五年間会ったことがない。

ハシッド派の人々は、全員が帯付きの黒いロープをまとい胴長の毛皮帽をかぶっている。短パンにベレー帽姿の一三歳の少年は如何にも場違いであった。レッベは、一人ひとりを確かめるように鋭い目で人々を見ていく。すると、レッベのテーブルに座る人のリストに私を加えるよう命令が伝えられたのである。〝スルル・マイヤー、ピョートルクフのラビの息子〟という声を聞いて、私は本当にびっくりした。

私は返事をしなかった。今まで誰も私をマイヤーと呼んだことはない。私がアリヤでイスラエルへ来て五年になる。その間私はいつもイスラエルとかイスラエル・ラウとして知られてきた。私をルレクと呼ぶ人もいるが、〝スルル・マイヤー〟とは一体何ごとか。このイーディッシュ語特有の語法は、私の耳に全く馴染みがなかった（イーディッシュ語では、イスラエルは〝スルル〟となり、メイルは〝マイヤー〟となる）。私は皆が自分を呼んでいるとは、考えなかった。しかし、〝ピョートルクフのラビの息子〟という言葉が耳に残った。そしてそんな人はほかにいない、と考えた。ナフタリはパリで働いているし、シコはテルアビブにいる。しかし、気後れして、レッベのテーブルへ行かなかった。

数分後、一緒にここを訪れた級友のエホシュア・クラインレーラーが、私のところへ来た。そして震え声で、聞きそびれたかも知れないが、君の名を呼んだのだよと言った。何故私の名を呼んだのだろう。彼は、分からないけど君の名を呼んだのは確かだから、レッベのテーブルへ行かなければならないと答えた。困惑した私は、彼に何をどうずればいいのかとたずねた。

エホシュアは、冷静に分かり易く説明してくれた。「ガバイが立っている壇があるだろう。あの階段からあがり給え。そこでレッベの座っているテーブルに向かって乾杯する。ワイン入りの小カップとリンゴを一片れ渡されるから、レッベの方を向いて、カップをあげてレハイムと言うのだ。するとレッベもレハイムと答える。これは大変な名誉だよ。なにしろ何百人もの中から選ばれたのだからね」

私は、指名にこたえる以外に手はないと判断し、階段をあがった。誰かが私にカップを渡し、ワインを半分程注いだ。そしてリンゴ一片れを手渡された。すると、レッベと目があった。らんらんとして輝き、射すくめられるような眼光である。胴長の毛皮帽子をかぶり、左右を長老格の人々に囲まれている。レッベは頭を上下に軽く動かしてうなずき、レハイムと言ってカップをあげた。

ホールでは、信徒の合唱団が、ラビ・ヤコブ・タルムードの作曲や重要祭日の典礼で唱える歌を合唱した。作曲とはレハ・ドディ（来たれ、私の愛する者よ、の意。十六世紀ツファト在住のカバリスト、ソロモン・アルカベツの作った詩）に新しい節をつけたのである。しかし私は、レッべとの思いがけない出会いにショックをうけた状態で、合唱など殆んど聞いていなかった。自分に何が起きたのか。私は頭の中で整理するのに精一杯で、室内に響きわたる歌どころではなかった。そこへエホシュアが再びやって来て、驚愕の不意打ちを私に再度くらわした。明日夜、土曜夜のハヴダラー（分離、区分の意、安息日や祭日の締めくくりの儀式）の後、レッべが自宅に来て欲しいと言っている、「君と話がしたいそうだ」と告げたのである。自宅は、研修ホールの真向いのビルのなかにあった。私は思わず息をのんだ。

私は、呆然自失の状態でコール・トーラーへ戻った。何が起きているのか、よく呑み込めない。私はカウンセラーのラビ・ゲダリヤ師のところへ行き、事情を説明した。グールのレッべに招かれたので、夜の授業は欠席したいと許可を求めると、師は微笑して「本当か？」と言った。半信半疑の表情である。そして、「グールのレッべを拒否してはならない。私だったら拒否できない。安心して行き給え」と励ました。師が話を信じたのかどうかは分からないのが、行ってはいけないとは言わなかった。級友のシムハ・エイデルマンが、そんな服装でグールのレッべのところへ行くのは失礼だと言って、自分の帽子と長ズボン、そして帯を貸してくれた。

私は、レッべの自宅の入口に着いた。足が震えている。そこに来たのが、ハニナ・シフである。五年ぶりの再会である。ハニナは「ルレク、元気だったか」とたずねた。それに答えて、今度は私がたずねると、ハニナはセファト・エメット・イェシバで勉強している、グールのレッべとは行き来があると言った（ハニナは、グールのレッべ達のガバイとして仕え、今日に至っている）。

ハニナなら私が招かれた理由が分かるかも知れないと思って、私は探りを入れた。ハニナは、君が来るなんて全然知らなかった。アリヤで同じ船に乗り、上陸後別れたきりだから、レッべに君の話ができるわけがないと言い、「しかし、君がレッべのテーブルへ行き、レハイムと言うところは見た。どうして君があそこに行ったのか、あんなに大勢の中からどうやって君を識別したのかな、と考えていたところだ」と言った。

「それよりも、誰が私を乾杯の席に呼んだのか、さっぱり分からないのです」。私はそう言った。ハニナが返事をする間もなく、ドアが開いて誰かが私を中へ招き入れた。レッベは、檻の中のライオンのように、うつむいたまま部屋の中を行ったり来たりしていた。左手に嗅ぎ煙草をひとつまみ持ち、時々鼻にもっていき、くんくん嗅いでいる。右手にびろうど製のキッパーを持ち、それで顔面を扇いでいる。時は晩夏、室内はまだ暑かった。私はドアのところに立ったまま、レッベは私をちらりとも見ない。何かの間違いで私を招いたのではないか、招くつもりが元々ないのではないか。私は戸惑っていた。

私があれこれ考えていると、レッベが突然立ち止まって私を見た。頭の天辺から足下まで、射るような目で観察し、イーディッシュ語で「誰がその衣服をかしてくれたのかな」とたずねた。「シムハ・エイデルマンです」私は答えると、レッベはにこやかな表情になり、「君の兄さんのナフトゥリ(レッベはイーディッシュ語の訛りでそう言った)には、ここで何度も会った。君より回数が多いのだぞ。君のおじのラビ・フォーゲルマンはどうしておられる」とたずねた。グールのレッベは、僅か一回の質問で、私の全世界の中核をカバーしたのである。つまり、ナフタリとラビ・フォーゲルマンである。私は、目の前にいる人に一度も話をしたことがない。しかるにこの人は、指導者として何万という信徒の面倒を見る立場なのに、私の生活の中心を占める人間が誰かを正確に把握している。私は、グール・ハシッド派の会話方式に従って、要点だけを簡略に答えた。

レッベは話を続けた。「昨晩テッシュに呼ばれて、驚いたことだろう。五年前だが、君の兄さんのナフタリが私の父、イムレイ・エメットを訪ねて来たのは、よく覚えている。テッシュで列の間を通っていると、突然君がいるのに気がついた。見過ごすことなどあり得ない。なにしろ君はお兄さんのナフタリにそっくりだからね。ピョートルクフのシナゴーグで行なわれた君の割礼式の模様は、よく覚えている。その時お父さんは、自分の師であるチョルトコフのラビ・イスラエル・フリードマン、そして初婚時の義理の父であるヴィズニッツのラビ・イスラエル・ハーゲル、この人はアハヴァット・イスラエルと呼ばれたが、この名をとって、君にイスラエルと命名したのだ。するとお父さんは、メイル(マイヤー)という名も併せてつけた。従兄弟で子供がいないルブリンのラビ・メイル・シャピーラ、そしてハフェツ・ハイムの著者であるレディンのラビ・イスラエル・メイルの名をとった。君の父は君を腕に抱き、天と地の主に祈った。はっきり覚えているが、イーディッシュ語でフイネクと言った。それぞれの人の魂から光が飛んでこの子の魂に入りますよう

に と祈ったのだよ。君の父の言葉は忘れなかった。安息日入りの夕方群集の中に君を見たとき、ナフタリの弟であると気付いたのだ。名前は、割礼式の時からずっと覚えていたしね」。レッべは鋭い眼光で私を見詰め、それからリンゴを丸々一個私にくれて、「ここでもっと頻繁に会いたいものだ」と言った。私はうなずきながら、このような宣言がレッべの口からでたのであるから、これから真剣な対応が求められ、うかうかしておられない、と考えた。

レッべが私の命名の由来を明らかにしてから、私は自分をイスラエル・メイルと呼ぶようになった。メイルという名は、長い間無視していたが、イスラエルという名より優先して使うことも時にはある。子供の頃からイスラエルという名で知られていたのだが、著作の多くはメイルの名で通している。

私の一家は、グール・ハシッド集団と直接の関係はない。私の父方はチョルトコフ・ハシッド派の流れであり、母方の方では私は、『ディヴレイ・ハイム』の著者でサンツ（ツァンツ）派のレッべであるラビ・ハイム・ハルバーシュタムの第五代にあたる。しかし私は、私の義理の父ラビ・イツハク・エディディヤ・フランケルを通して、グールと関係を築いた。義理の父はグール・ハシッドのひとりで、レッべとは極めて近い関係にあった。

ラビ・フランケルが七〇歳になろうとする頃、心臓発作に襲われ、テルアビブのイヒロブ病院に搬送された。医師は、絶対安静が必要として、面会や電話を禁じた。私の妻ハヤ・イタが、テルアビブにいる母と共に待機する一方、兄弟達は父に付き添った。フランケルはテルアビブ南部地区のラビであったから、自宅に電話がどんどんかかってくる。皆、ラビの病状を心配しているのである。そのひとつに、早口で甲高い声で面会可能かとたずねた人がいた。私の妻は、医師が面会を禁じていると答え、どちら様でしょうかと聞くと、電話の主は「エルサレムのアルターです」と言った。アルターは極く普通の名前であるから、妻はグールのレッべ本人が電話をかけてきたとは夢にも思わず、電話を切った。しかし妻の兄ラビ・アリエ・フランケルが、気付いてしまった。兄はエルサレムに住み、レッべに近い関係にある。グールのレッべが電話して、入院中のラビ・フランケルの見舞いは可能かとたずねた。そんな噂が流れていたのである。

テルアビブへ急行した兄は、ハヤ・イタに電話の主を知らせ、「レッべがエルサレムから父を見舞いに来る。これがどんな名誉なことか分かるか」、「レッべがエルサレムから離れることは殆んどない。それが、わざわざテルアビブまで来て、父を見舞い祝福したいと言っているのだ。君は、それを邪魔しているのだぞ」と叱った。面食らったのはハヤ・イタである。朝から晩まで電話が鳴りっ放しで、何百人も容態をたずねてくるのよ。まさに電話の波で、レッベのはその一滴にすぎないのよ。それに医師は絶対安静、面会禁止を指示しているのだから、と言い訳した。折角の機会を逸したわけだが、家族は父親に報告しないことで衆議一決した。

翌日、グールのレッベは、ラビ・フランケルの容態が快方に向かっているという話をどこかで聞きつけ、今度は面会の許しを得ず直接病院へ行くことに決めた。レッベが到着したとき、ラビ・フランケルの妻が、たまたま付き添っていた。レッベは病室に入るなり、「娘さんはいらっしゃるかな」といきなりたずねた。そして、「父親を守る用心深さには敬意を表する。ヤセル・コアフ（いい働きだね）」と言った。レッベは、ラビ・フランケルの娘が、自分の電話をとった時の応対と面会阻止で批判されているのではないかと察して、注意深い対応であるとクギを刺しておいたのである。グールのレッベは、ラビ・フランケルのベッド脇に一分ほど立ち、精神を集中し、一語一語かみしめるように、「イツハク・エディディヤよ。私達は君を必要としている。君は、健康にそして強くならなければならない」と言った。それからベッドの傍を離れ、出て行った。

しかし、レッベが病院にいるというニュースは、まさに電流の如く全六階の院内にすぐ広がった。車椅子を押す両親は子供を乗せたまま階下へ急行し、寝たきりの患者は、とにかくベッドを廊下に出してくれと親族に頼む始末である。廊下から玄関まで、人で埋まった。歩ける入院患者が、病衣で集まったのだが、レッベの祝福をうけよう、それが無理なら一回でいいから視線を合わせて欲しい、と全員が願っていた。

グールのレッベが廊下に出ると、警備員のひとりが、通路をふさぐ患者達を、追い散らそうとした。レッベは、エネルギッシュな歩行ペースで知られるが、警備員を制して、ベッドや車椅子の患者一人ひとりに、全快を願う言葉をかけた。看護婦達は、この人を知らず、天使の如き表情の人物の官姓名をしきりに問うた。この時の様子が、思っただけで今でも私の心を動かす。

ラビ・フランケルは、回復後テルアビブ・ヤッフォの主席ラビ及び宗教法廷の審判長に選出された。レッベが述べたように、私達全員が本人を必要とした。

グールのレッベは、一九七七年三月に死亡した。当時私は、テルアビブの一地区のラビで、初対面以来ずっと、レッベと接触を維持していた。葬儀の日、エルサレムは交通渋滞になるだろうと考え、私は自家用車を使わず、タクシーでエルサレムへ向かった。そこは黒ずんだ都になっていた。文字どおりハシッドの黒い衣服で埋めつくされていたのである、二〇万以上の葬儀参加者が、延々何マイルも列をつくり、沈黙して歩いていた。その列は、ジフロンモシェ地区からゲウラを通り、オリーブ山につながっていた（ハシディズムでは、レッベの葬儀で追悼頌徳《しょうとく》演説を行なわない）。あたかも自分達の父親が死去したようで、心の思いを表現する唯一の方法が、深い深い沈黙であった。あたかもエルサレム全市が喪に服しているようにも見えた。マハネユダ市場の商人達は一人ひとりが、レッベとのつながりがあり、思い出を持っていた。ある商人は、自分の娘が病気になったとき、皆が〝ひじり〟と呼ぶ人のところへ行った。レッベは自分の手を彼にあてて、祈った。レッベは、自分の〝目〟であったが、今や真っ暗闇になったと嘆く商人もいた。これがレッベに対するユダヤ人の愛情表現であった。

オリーブ山の墓で埋葬式が行なわれた後、私は、テルアビブ方面へ行く車を探した。丘をおりて、ヤッフォ通りのゲネラリビルの所から通りを歩き始めた。ヒッチハイクのつもりであった。手をあげる前に一台の車がとまった。運転している人はベージュ色のサファリ帽をかぶっている。「ラビ・ラウ、何かお困りですか」とたずねるのである。グールのレッベの葬儀に参列して、戻るところだと答えると、その人はかすかに微笑んだ。私がレッベのことについて話を終えると、その人は自分も同じ葬儀に参列したと言った。

服装がほかの参列者と違うので、私は場違いな雰囲気に好奇心を抱いた。それで、レッベとはどういう関係かとたずねたところ、彼は、自分は国防軍の予備役大佐で、大きい工場を経営し、ツァハラに住んでいると言った。そこはテルアビブ北東部で軍人将校が多く住む。父親は長老のグール・ハシッドであった。息子の方は軍人の道をあゆみ、両親の家の宗教的雰囲気から距離をおいた。父親が老衰し、家族はテルアビブの介護施設に入れた。八日続くハヌカ祭の時、息子は父親をエルサレムへ連れて行った。西壁における午後の礼拝、そしてグールのレッベのところで行なわれるローソクの点火式と、順に車で案内したのであるが、当の息子は、頭にのせるかぶりものを持っておらず、さらにレッベに会う理由もないので、車の外で待っていた。

六週間後、ユダヤ教の植樹祭であるトゥ・ビシュバットの日、息子は父親に再度エルサレム行きを提案した。レッベの所へ連れて行ってもいいよ、と言ったのであるが、今度は父親がことわった。「どうして。前の時はあれ程愉快に過ごしたじゃないですか」。息子は不審に思った。

「行く価値がなかった」。父親は意外にも文句を言うのである。「レッベが、エルサレムへは誰が連れて来たとたずねたので、〝私の息子です。しかし本人は車の中に座っております〟と答えた。一体全体どういうことだ。よそ者が私を車で連れて行ったのか？　私のレッベに会いに行くのに、私自身の息子は一緒に行きたくないと言う。こんなに悲しいことがあるか。お前を許すことはできない」

「それで私は父親に、〝帽子をかぶる、一緒にレッベに会いに行く〟と約束した。そして、御覧のこの帽子をかぶって、室内に入ったのです。レッベは私に温かい言葉をかけて迎え入れ、そして言ったのです。〝あなたは、自分の父親に敬意を払いミツバーを守ることに怠るところがなかった。私はそう聞いています。ところで、天なるあなたの父については如何ですかな〟。レッベは上を指さしながら〝この父には敬意を払わないのですか〟と言ったのです。家へ戻る途中、私はずっと考えていた。レッベの言葉が頭から離れない。帰宅すると細君に、自分のルーツに戻りたい。少しばかり、と言いました。少なくとも、台所をコーシェルにして戒律に従った調理をすれば、父も居心地がよいだろうと考えたのです。少しずつ、私はユダヤ教のミツボット（ミツバーの複数形）へ回帰していきました。その間父親は亡くなりました。ラジオでグールのレッベが死去したというニュースを聞いたとき、祭儀に参列するのが私の義務と思いました。亡き父を偲んでのことですが、私を本来あるべき私自身に戻してくれた感謝の気持ちからですね」

グールのレッベに会って二〇数年後に、ルバビッチ派のレッベも私の精神的な良き指導者になった。

一九七三年一〇月にヨムキプール戦争が終息して間もない頃、エイブ・シェンカーに招かれて、エルサレムのユダヤ機関本部へ行った。アメリカ生まれのシェンカーは、情報省に勤務していたが、マパム（左派政党）の出身であった。本人とは全く面識がない。何故私を招いたのだろうと不思議に思った。私が持っているトーラーの番組を毎回ラジオで聴いている、テレビでも何度かお姿を拝見した、とシェンカーは言った。そして改まった口調で、〝重大任務〟に就いてもらいたい、と私に頼みごとをしたのである。

シェンカーの話によると、アメリカそして特にニューヨークには、イスラエルに対する支援を拒否し、シオニズム絶対反対を唱える超正統派グループがいくつかある。しかしながら、ヨムキプール戦争時、彼らの考え方に変化の兆しが見えてきて、対イスラエル関係を見直し始めている。「これは私の口から言ってもよい話ですが、実はスコット（仮庵祭、七日間続く）の中頃、毛皮帽をかぶり長い白髭姿の超正統派ユダヤ人がブリキ缶を手に、家やシナゴーグを自主的にまわって募金をやっているのです。イスラエル、イスラエル国防軍、戦時公債に対する献金活動なのです。何故そうするかとたずねますと、ヨムキプール戦争はヨーロッパの暗黒時代を思い出させる。この戦争で目がさめた。エレツイスラエルのユダヤ人社会が抹殺の危機に直面していることに気付いた、と説明したのです」。シェンカーはそう言った。

超正統派は、メディアを通して抹殺の危機という感触を得たのである。新聞報道によると、イスラエル兵が矢継ぎ早に殺され、短期間の内に数千名が戦死し、イスラエル中部の軍人墓地に葬る時間的余裕がない。超正統派のユダヤ人達は、この報道に衝撃をうけた。南部正面はキブツ・ベエリ、北部正面はナハリヤにそれぞれ戦死兵が仮埋葬された。この件については箝口《かんこう》令が敷かれたので、不吉な噂が噂を産んで、ニューヨークのユダヤ人達に、イスラエルの状況は三度目の神殿破壊に相当するという印象を与えた。反シオニスト集団は、従来の政策を棄て、イスラエルのために行動するようになってきた。イスラエルの存在権を否定していた者すら、そうなのである。エイブ・シェンカーは、熱気を帯びた表情で、この話をした。

シェンカーは、ユダヤ機関広報・組織部長として、このはずみを生かして、この集団とイスラエルとの連帯を強めたい、と考えた。そのためイスラエルから代表を送って関係強化に、一働きしてもらいたいということであった。しかし、政治家や外交官、あるいは国防軍の将軍は適当ではないとし、私の派遣を考えたという。ユダヤ教の伝統を受け継ぐラビであり、社会的にも尊敬されている。さらに、ヨーロッパの地獄を体験し、辛酸をなめたホロコーストの生き残りであり、最近の戦争を経験したばかりである。シェンカーは、「この共同体へ行けば、必ずドアは開く」と自信たっぷりに言うのである。私がどうしてそんなに確信があるのかとたずねると、シェンカーは、正統派のラビであるイスラエル・ミラー博士と、本件について既に話し合っていると答えた。博士は在米主要ユダヤ人団体会長会議の議長である。イスラエル訪問時、私の講話を聞いた由で、私の派遣計画にゴーサインをだしたという。この推薦を手にして、エイブ・シェンカーは、アメリカの正統派及び超正統派社会とイスラエルとの関係強化を目的とした、一ヶ月の講演旅行を私に求めた。接触する組織には、ハバッド（ルバビッチ派）、ボボフ・ハシッド社会、リトアニア系イェシバ世界、イェシバ大学、スターンカレッジ、フラットブッシュ・イェシバ高等学校といった近代的教育機関、そして超正統派の教育機関が含まれる。

私は了承したが、英語は流暢ではないと条件をつけた。エイブ・シェンカーは心配していなかった。ユダヤ人の半分はヘブライ語が話せる。残る半分に対しては、イーディッシュ語で話せばよいと言うのである。シェンカーは、出発まで二ヶ月あるので、講演内容は教本英語で準備し、暗記しておくべきとも言った。私はこのアドバイスに従うことにした。

アメリカには未だ行ったことはないし、アメリカ発見の旅には大いに好奇心がそそられたので、この任務に奮いたったが、自分の英語能力が貧弱なので、この点が問題であった。講演者そして教師にとって、言語能力が主な武器であるから、表現能力はもとより、どもったり、とちったりあるいは言葉に詰まったりしないかと、心配であった。自分の英語レベルでは極めて不充分と考え、まさに刻苦勉励して、この二ヶ月の準備期間に講演原稿数本を英語で書いた。アメリカで、特に触れたい内容があった。ヨムキプール戦争時、イスラエルは緒戦段階でスエズ運河東岸を占領され、暗澹《あんたん》たる状況が一時あった。逆渡河に成功した後、国際政治の狭間で行き詰まり状態に逢着《ほうちゃく》した。ちょうどその頃講演したことがある。その講演内容を伝えることができればと願った。

戦争当時、私はボランティアとしてイヒロブ病院で昼夜を問わずに働いていた。ある日、夜遅く自宅へ戻ると、防空予備役の大隊長が、一日中私を探しまわっていたという。この大隊長は、平時にはクファルサバにあるＯＲＴの学校長であった。ＯＲＴという組織は（一八八〇年にロシアで創設された）職業訓練を目的とする教育機関で、世界中にネットワークがある。やっと連絡がとれて、何事かと問うと、その人は「ひとつお願いがある」と言った。「ラジオであなたの話をよく聞いている。テレビで見ることもあります。私達は緊急にあなたを必要としているのです。ハーキュリーズ（Ｃ１３０）輸送機で、ファイド航空基地に飛び、そこからジープで運河地帯へ行って下さい。私達がお連れする。実は、私の防空大隊は完全に士気喪失の状態にあるのです。兵隊達はヨムキプール（贖罪日）に突然動員されたのです。まさに青天の霹靂で、なかには結婚寸前の者や一〇月に始まる大学の新学期に備えていた者、新規に事業を始めたばかりの者もいる。いきなり召集をうけて、商売上の対応がとれず借金が増えて困っている人もいる。早急に士気をあげてもらいたいのです。何故このように苦労する必要があるのか。どうか皆に説明していただきたい」。大隊長は私に講演を求めた。

私は、彼の話を真剣にうけとめたが、兵隊の士気高揚なら、私の話より演芸隊の方がよいのではないか、と返事をした。大隊長は、それでは駄目だと言い張る。演芸隊は来る。しかし、二〇分程ショーをやると、さっさと飛行機に乗って国の中心地へ戻ってしまう。兵隊は戦場の砂漠にとり残されたままである。一時の華やぎの後には索莫《さくばく》とした気持ちしか残らない。大隊の士気はさらに落ちる。「感情を刺激するだけではなく、知性に訴える人が、ここには必要なのです」と大隊長は言った。私は同意した。

スエズ運河西岸のファイド航空基地から、私はジープで封鎖線の近くまで連れていかれ、野外劇場に到着した。砂を固めて作ったところである。私は大隊長と一緒に座った。目の前には大隊の隊員が全員砂地に集合している。私は、エレツイスラエルに対する私達の権利について語った。ここは何故私達の郷土なのか、何故ここ以外に私達の家を持てないのか。私は諄々《じゅんじゅん》と説いた。兵隊達はじっと聴いていた。彼らの心は私の言葉に耳を傾けている。私は彼らの態度でそれを感じとった。私はこれまで何百回も講演している。これは、細部にわたって正確に思い出させる数少ない講演のひとつであり、自分にはとても意義深い機会であった。部下の肉体的精神的状態を気遣う指揮官の依頼で、戦争の真っ最中、戦闘の合間を縫った小康状態の時、ほこりにまみれ意気喪失状態の兵隊達に、話をしたのである。アメリカへ発つ前、私は記憶にあるその時の講演内容を文字にして、誰かに英訳を頼んだ。ニューヨークで宗教界の人々を前に講演するので、私はアメリカへ向かう機中で、何度も読み返して、リハーサルをした。

旅行の準備中、ラビ・ミラーから手紙がきた。イスラエルの状況に関する広報活動に協力を賜わり、ニューヨークのユダヤ人に対する講演をお引き受けいただき、感謝するという内容で、滞在中のスケジュールと宿泊や移動等の手配は責任をもって行なうとあり、毎日五回も人前で話をする超多忙な日程になるとしたうえで、イスラエルの状況について知ろうと全員が多大なる関心を抱いており、鶴首《かくしゅ》してお待ちするとあった。そして、手紙の末尾にどの位の謝礼を期待しておられるか、とラビ・ミラーは書いていた。

この質問は私を不意打ちした。無料奉仕の任務と思っていたから、自分の努力に報酬を期待することなど全く考えていなかった。「私は、アメリカ合衆国を訪問したことが一度もありません」。私は返事を書いた。「今回の訪問後、再度招かれるかどうか分かりません。東海岸には、錚々《そうそう》たるユダヤ人達がおられる。私から見れば、当代の精神的指導者であります。次に述べる人物との面会を設定していただければ、これにまさる報酬はありません」。その返書に、私は面会希望者の名前を書いた。ルバビッチ派のレッベ、ラビ・ヨセフ・ドヴ・ハレヴィ・ソロヴェイチク、私の父親を知るサトマル派のレッベ、私の母方の親戚であるボボフ派のレッベ、私の両親の結婚をとりもち、トーラー賢者会議のメンバーであったブルツォフ派のレッベ、ユダヤ教宗教法の偉大なる権威ラビ・モシェ・ファインシュタイン、ブルックリンのイェシバ・トーラー・ヴォダースの校長ラビ・ヤコブ・カメネツキ、ボルチモアのネル・イスラエル・イェシバの校長ラビ・ヤコブ・イツハク・ルーデルマンである。ラビ・ミラーは、私にとって極めて重要な一連の面会を設定してくれた。私の仕事に対する報酬としては、これほど大きいものはなかった。一連の面会で証明される。

このアメリカ旅行で一番のハイライトが、長い間待ち望んでいたルバビッチ派のレッベ、ラビ・メナヘム・メンデル・シュネルソン師との面会である。師の令名はかねてから伺っていたし、その英知を高く評価し、是非謦咳《けいがい》に接したいと日頃から願っていた人物である。一九六五年、テルアビブにあるアフドゥート・ハアヴォダー（統一労働党）関連の協会ハメドゥラーで、安息日夕方のシンポジウムが開催されたことがある。テーマは宗教と国家の問題で、私も参加した。参加者のひとりが、イツハク・グリーンバウム。初代イスラエル政府の内務相で、カリスマ性のある雄弁家であった。この時のシンポジウムで、二〇〇名ほどの参加者を前に、「ソ連が鉄のカーテンを開き、市民にイスラエル国へのドアを明けるとき、本当にその時が来て、我々が当地へ行き、自分はユダヤ人であると堂々と名乗る人を一名でも見つけるなら、それはブルックリンに住むひとりの人物、ルバビッチ派のレッベのおかげである」と言ったのである。グリーンバウムのような左派の政治家からこのような話を聞くのは、驚きであった。しかし彼は、率直に自分の判断を話していた。以来私は、この人物のことを度々考え、是非会いたいと願ったのである。

一九八九年五月、ラビの代表団と一緒にソ連邦を訪れたとき（第四章参照）、私達一行はモスクワのコール・ヤコブ・シナゴーグへ行き、そこで礼拝のため集まったユダヤ人達に会った。大半は老人であったが、若者も数名いた。当時ソ連では宗教活動が禁じられ、ソ連のユダヤ人は〝沈黙のユダヤ人〟として知られていた。そこに集まったのは、ルバビッチ派のレッベの指揮下にある活動家で、ユダヤ教の伝統を守るため、命懸けで秘密裡に行動しているのであった。ソ連当局に捕まれば、シベリア送りとなり、一巻の終わりとなる。一生そこで過ごすのが精々のところである。レッベの力には驚嘆する。これで二度目である。レッベは、ニューヨークの本部から世界中に指示をとばし、ハバッド運動の広宣流布を指揮していた。目的はただひとつ、ユダヤ教の火を消さず、灯し続けることにある。

以前私は、間接的ながらレッベと接触があった。一九七〇年のペサハ（過越祭）の時、レッベの秘書ラビ・ハイム・モルデハイ・ホダコフを介して連絡をとりあったのである。ペサハの五週間前クネセット（イスラエル議会）が帰還法（ユダヤ人の定義が含まれている）の改正を採択した。その改正条項はユダヤ人を「ユダヤ人の母親から生まれ、ほかの宗教の信徒ではない人、あるいはユダヤ教に改宗した人」と定義している。ルバビッチ派のレッベは、〝ハラハーに従って改宗した人、と定義すべきであると主張した。ハラハーにもとづく改宗を、ユダヤ教の世界に入る唯一有効な切符として認めるのが狙いである。

レッベは、祭日の前後を利用して、広報活動を展開した。テーマは、イスラエルの地（エレツイスラエル）とユダヤ民族との不離一体性、そしてユダヤ人の正義である。その第一会合が、ラグバオメルの祭日の前、レホボットで開催されることになった。基調演説をする講師は二名。ひとりは国会議員のメナヘム・ベギン、あとひとりが私である。ベギンは、エレツイスラエルの一体性、私はユダヤ民族の一体性がテーマであった。私は、ラビ・ホダコフを介した講演依頼を受け入れた。同じテーマで、テルアビブとハイファでも話をすることになった。そのためであろうか、四年後ニューヨークでレッベに会ったとき、私は破格の扱いをうけた。レッベが感謝している証拠であった。

ルバビッチ派のレッベとの面会は、一九七四年三月のある晩に設定された。設定者は、時刻は深夜、立会人なしの会見である、と言った。つまり一対一の会談で、レッベは特別に選んだ人しかこの種の話し合いをしない。到着して一時間半後、付添人達が私をレッベの部屋へ案内した。私が辞去したのは朝の四時一〇分前であった。この時の対話は、私の人生の一ハイライトである。

レッベは、私が教育者であることを聞いており、主に青少年教育における私の役割について語った。私は、テルアビブにある宗教系のゼイトリン高校で九年間教えており、その前は、ペタハティクバにある普通校のブレンナーそしてアハッド・ハアム高校で教鞭をとっていた。レッベは、教育者としての私の立場の重要性に触れ、青少年の性格形成に対する責任の重大性を強調した。その子供達は、やがて家をたて家族をつくり、次の世代を生みだしていく。レッベは将来へつなげる教育者の役割を指摘したのである。

レッベは、カインとアベルの話をした。カインが弟を殺す時のことについて、聖書に「お前の弟の血が土の中から私に向かって叫んでいる」とある（創世記四章一〇）。しかし、ヘブライ語の文字どおりの記述では、神は複数形を使ってカインに言っている。「お前の弟の血達が土の中から叫んでいる」というのが正確な表現である。叫んでいるこの〝血達〟とは一体誰のことか。カインはひとりの人間しか殺さなかった。しかし神はカインに向かって、弟と弟の子孫の血がお前の手についている、と言っているのである。お前がアベルを殺さなければ、アベルから命がつながるひとつの世界ができていただろう。エノス（エノシュ）の父親セツ（セト）から、命の枝がひろがっていったように（同四章二五、同五章四―六）。アベル殺しによって、お前は単にひとりの人間を殺したのではない。ひとつの世界を抹殺したのである。〝ひとりのユダヤ人の生命を救う人は、ひとつの世界全体を救う者に等しい。ひとりのユダヤ人の生命を奪う者は、ひとつの世界全体を破壊する人に等しい〟という表現がある。ここにその表現の起源がある。破壊というネガティブな行為にこれがあてはまるのであれば、ポジティブな行為にも充分あてはまるのではないか。ひとりの人間の魂を救えば、その魂から生じるものは、すべてのあなたの功績となる、とレッベは言った。

ルバビッチ派のレッベは、話を終えると、私をじっと見た――射抜くような鋭い眼光は、グールのレッベ以外これまで見たことがない――そして、このルバビッチのレッベは話題を変えた。レッベは、リトアニア系のイーディッシュ語を使った。ロシア語の抑揚があり、英語の単語を少々にヘブライ語の単語を沢山まじえながら、次の話をした。

これは全然違う話題ですが、ひとつおたずねしたいことがあります。イスラエル国民の心について少し理解したいのです。あなたは当地にお住まいだから、世間のことは知っておられる、と理解しています。私が非常に知りたい点がひとつあります。あなたが私の蒙《もう》を啓いてくれると思う。

一九世紀、世界には沢山革命が起きた。例えばロシア。

極めて教条主義の国だが、一九一七年に革命を経験しました。それから一九五〇年代になると、フルシチョフが革命を起こし、レーニン、スターリンの革命をひっくり返した。それぞれの指導者が、自分の個性をソ連の社会に投影しました。アメリカでも同じです。ケネディは、前任者のアイゼンハワーとは全然違う。マーチン・ルーサー・キングは己れの革命を開始した。イギリスでは、アトリーとチャーチルを同一基準で比較することはできない。フランスの場合でいえば、ポンピドーはドゴールとは違う。世界全体が変わりました。この一連の革命では、ユダヤ人が先頭に立つ場合がよくあった。ユダヤ人は革命的な民族です。いつも最先端にいる。旗手である。ロシア、フランス、ドイツで、ユダヤ人多数がマルクス主義、社会主義を支持しました。

ところが、何も変わっていないところが一ヶ所だけある。イスラエル国です。過去四〇年間同じ人間達が、世界で最も革命的な民族の国の政府を牛耳っている。一九三〇年にエレツイスラエルで労働者の党が創立されました。以来一九七四年の今日に至るまで、四〇年以上も同じ人達が指導者として仕事をしている。この間我々は、ホロコーストを経験し、イスラエルの建国、離散の民の帰還集合があり、苛烈な戦争を何度もくぐり抜けてきた。そして今です。ヨムキプール戦争から二ヶ月たって、選挙が再び実施されました。ウント・デ・ゼルベ・ザッハ（そして同じ古顔です）。ゴルダ・メイア、ピンハス・サピール、モシェ・ダヤンが再選された。一方ベギンは既に九回落ちている。革命はない。イスラエル国が、世界中で起きていること——変革——を経験するには、一体何が起きなければならないのか。どうか、この不動性が何なのか、私に説明して欲しい。あなたはそちらから来られた。私は知りたいのです。

正確且つ聡明な状況分析にどう答えればよいのか、私には分からなかった。ルバビッチ派のレッベの知識は広汎且つ深かった。それまでこのような疑問を私に投げかけた人はいない。私は不意打ちされた。全く考えていなかったのである。個人的に知り合いになろうと、ルバビッチ派のレッベに会いに来たのである。話し合いの課題は、教育、ユダヤ民族関連の知識の流布、ハシディズムの普及等々、私が扱いなれた事項、と考えていた。しかし、レッベは自分が考えている疑問を呈示した。私にとって、まさに奇襲的な問いであったが、神が答えを与えて下さった。

「ラビには、ひとつの出来事を紹介したいと思います。今度の戦争、ヨムキプール戦争における私の経験です」と私は言った。「五ヶ月前に起きたことですが、御質問に対する答えがこの中にあるかと思います。戦争は、ヨムキプールの午後に勃発しました。その日は安息日でもありました。私達がシナゴーグで祈りを捧げ、ちょうどエレー・エズケラを朗唱している時でした。一〇名の聖賢が処刑され、殉教したくだりです（ローマによる処刑。ユダヤ教の信仰に対する攻撃に直面した時の、救済の希望が語られる）。午後一時五〇分、突然サイレンがあたりのしじまを破って鳴り響きました。その時点から犠牲者が出始めました。翌日夜九時、電話が鳴りました。電話の主はフェラーさんでした。テルアビブのシェンキン通りとアハッド・ハアム通りが交差する角にあるスカイブルー宴会ホールの持ち主です。強いウィーン訛りで、お願いがあると言いました」

数ヶ月前若いカップルが、ヨムキプールとスコットの間に式をあげようと計画した。戦争になったが、ユダヤ教では式の中止は不吉と考えられるので、予定どおり挙式することを望んだ。花婿は軍から一二時間の外出許可をもらい、軍服姿でホールに到着した。花嫁は白のウェディングドレスを着ていた。双方の親族がラビの到着を待っていたが、当のラビが来ない。当りは真っ暗、灯火管制中であるので、ラビは二人が式を延期したと考えたのかも知れない。あるいは、誰も彼も召集され戦闘中で、結婚式のムードなど誰にもないと判断したのかも知れない。ホールのオーナーは、何とかして下さいと懇願した。私は、誰が式を執り行なう予定なのか確かめてくれと頼んだ。オーナーが確かめたところ、このカップルは知らないという。ラビ庁が誰かを派遣すると約束したが、名前は聞いていないということであった。

私はホールのオーナーに、灯火管制令に従って車のヘッドライトを塗りつぶさなければならないが、まだそれをやっていないので少し時間を要する。ホール到着まで四〇分はかかると言った。それから、二人が書類一式を揃えているのか、チェックして欲しいと頼んだ。第一はケトバー。ユダヤ人がかわす結婚契約書である。第二が、二人が正式にラビ庁に登録されていることを示す登記証明書である。私はこの二人を知らない。正式に登録されていないカップルを、無意識のうちに幇助《ほうじょ》している恐れがある。重婚、ユダヤ教宗教法で禁じられる結婚かも知れないし、あるいは改宗手続を経ていない異教徒間の結婚の可能性もある。フェラー氏が、必要書類が揃っていることを確認した後、式の執行を約束した。私は、息を切らしながらホールに到着した。式場には、三五〇席が用意されていた。それぞれに白のテーブル掛けが敷かれ、ナプキンや目録がおかれている。招待客は一五名しか来ていなかった。花嫁の顔は涙に濡れていたが、私の到着を見て微笑んだ。その表情が目に焼きついて離れない。出席者達も安堵したようであった。

私は式を執り行ない、祝福の言葉を述べた。カップルと双方の親族は大変喜んだ。かくして結婚式は無事終わった。すると、そこへひとりの女性が近づいて来た。このホールで働いているウエートレスである。別の式典で何度もここに来ているので見かけてはいるが、名前は知らない。袖をまくっているので、腕の入れ墨が見えた。番号である。アウシュヴィッツの生き残りであることが分かった。一礼した彼女は、強いポーランド語訛りのヘブライ語で、「ラビ・ラウ先生、こんな話をすれば、お怒りになるかも知れません。こんなことは禁じられている。口にしてはいけないことは、重々承知しています。しかし私がこの話ができるのは、世界にただひとり、あなたしかいません。あなたなら理解していただけると思ったのです。あなたが、ホロコースト生き残りの子供であることを知っています。だからこそ申し上げるのですが、息子がこの戦争から生還しなければ、私は自分の命を断とうと思います。生きていく甲斐がありません。息子が戻らなければ、私があしたに目覚めることはありません」と言った。私は、勿論そのようなことは禁じられると答えた。「その腕の番号をつけ、あなたはあらゆる苦難を乗り越えてこられたのです。どうしてそのようなことを言うのですか。私達は乗り越えてきたではありませんか」

白いエプロンをつけたウエートレスは、話を聴いて下さいと言った。仕事中ではあるが、出席者が少ないので時間がとれるという。

「アウシュヴィッツから解放されたのは一七歳の頃でした。私はそこに三年間いました。裁縫工場での強制労働です。やせ細って体も弱かったのですが、どうにか耐えていました。ドイツ人達は、私の目の前で私の両親を惨殺した後、私をアウシュヴィッツへ移送しました。当時私は一四歳でした。いつも頭に浮かぶのは、血だまりに横たわる両親の姿です。こびりついて離れません。一九四五年一月末に解放され、家のあるシュテーテル（ユダヤ人の小さな町）へ戻る方法を探し始めました。両親がいないのは分かっています。しかし、兄弟姉妹のうち誰かは生き残っているだろうと希望をつないでいましたが、ひとりもいませんでした。

誰かが、ウッチに難民が集まりつつある、そこへ行ってみれば、と言いました。家族に会えるかも知れないと思い、汽車や荷車に乗り、歩きに歩いてウッチへ行ったのです。難民がさまざまなところから流れこんでいました。しかし、私の家族はおろか私のシュテーテルの出身者もいませんでした。ウッチで、ひとりの青年と知り合いました。私と全く同じ境遇の人で、ただひとり生き残ったのです。私達は付き合い始めました。私達は、エレツイスラエルへの移住申し込みに署名し、移住許可書を求めました。それを手にするのは、随分長い間待たなければなりません。そうこうしている内に、私達はドイツ国内にあるDP（離散民）キャンプへ送られました。私達はそのキャンプで結婚しました。委任統治国のイギリスは、私達の移住を許しません。しかし私達は、イスラエル独立の日に、到着しました。この日から移民に広く門戸が開かれたのです。

その頃私は身ごもっていました。私達は新しい移民用キャンプへ送られました。そしてそこで、私の夫が召集されたのです。ちょうど独立戦争の最中で、夫はラトルン攻防戦で戦死しました。夫は、まだイスラエルの身分証明番号や軍の認識番号も持っていませんでした。番号といえば、アウシュヴィッツで腕につけられた番号だけでした。夫の戦死後、出産しました。先程申し上げた息子です。息子には三人の名前をとってつけました。夫、私の父、夫の父の名前です。

現在私は、午前中はアレンビー通りの郵便局で働き、夜はフェラーさんのところでウエートレスとして働いています。私には何もなかったので、息子にだけは不自由させたくないのです。二部屋のアパート暮らしです。一部屋は博物館にしています。壁には、両親の写真が数枚、そしてヨーロッパと船中でとった夫の写真、どれも白黒写真です。それ以外は全部カラー写真で壁一杯に張ってあります。一九四九年に生まれた息子です。今では二四歳になっています。昨日軍の召集をうけ、シナゴーグから戦場へ直行しました。それ以来息子から何の連絡もありません。息子が戻らなかったら、私にもあしたに生きる甲斐がありません。

私は一呼吸いれた。宴会場でウエートレスからこの話を聞くのは、大変苦しかった。ルバビッチ派のレッベに同じ話を伝えるのも、大変苦しかった。レッベはじっと聴いていた。青い目で睨みつけるように私を見ている。私は話を続けた。

「多分私達は革命に少々疲れたのです。レッベ。私達には、もうそんなことに対する力を持っていない。どれだけ戦えばいいというのでしょうか。いつまで戦えばいいのでしょうか。恐らくこのウエートレスは、私の世代が体験したことの生ける事例なのです。再び市中に出て、旗をふりかざして革命を始めるとは、レッベは誰に期待しておっしゃっているのでしょうか。私達が今欲しいのは、少しばかりの平和と平穏な生活なのです」。レッベは私の手に自分の手を重ねた。その目に涙があふれている。そして、大粒の涙がその手の甲にぽとぽと落ちた。レッベは、テルアビブのスカイブルー結婚式場で働くウエートレスなど知らない。しかし、彼女の体験は、心の奥底をゆさぶった。涙で頬を濡らしたレッベは、低い声で「分かった、よく分かった」と言った。[※]

私が次にニューヨークを訪れたのは、八年後である。兄のナフタリがニューヨーク駐在の総領事をしていた頃で、私はナタニヤのラビであった。その時の旅行で、名誉にも私は再度ルバビッチ派のレッベにお目にかかる機会を得た。レッベの部屋に入る直前、私は二人の男性が部屋から次々と出ていくのを見た。ひとりはエルサレムのラビであるラビ・ベツァレル・ゾルティ、もうひとりはイスラエル国会財政委員会のアブラハム・シャピーラ委員長である。私がドアを開けて部屋に入るやいなや、レッベはイーディシュ語で「一別以来、もう八年になりますなあ」と挨拶した。

この時の話で、レッベは余談の形で子供達が結婚適齢期に達しているのかどうかを問うた。旅に出る前夜、長女ミリアムの見合いの日取りを決めた、と答えた。長男のモシェ・ハイムは長女より二歳年上であるが、まだ結婚話をうける態勢にはなっていない。長男はトーラーの学習を望んでおり、目下エルサレムのヘブロン・イェシバで勉強中である。レッベは、提示のあった見合い相手の家柄をたずねた。私は「立派な家柄です」と答えた。見合い相手の祖父は、ラビ・ザルマン・ソロツキン。ルーツィク（ウクライナ）のラビとして知られ、イェシバ教育の全国委員会である、ヴァアド・ハイエシボットの会長、アグダット・イスラエルのトーラー賢者会議の議長であった。

レッベはしばらく考えていたが、「ルーツィクのラビと

※原書注・ウエートレスの息子は、予備役部隊に所属し、長期に及ぶ戦場勤務の後、無事生還した。母親は息子の結婚式に礼を尽くして私を招いた。私はその式を執り行なった。

ピョートルクフのラビは、ホロコーストの前トーラー賢者会議のメンバーとして席を同じくした。その双方の孫が、ユダヤ人の家を築くため、聖地で結ばれる。あの世のお二人の祖父は、さぞかし御満足であろう。これは、天の大いなる喜びであります」と言った。家に戻ると、見合いをした二人が私の帰りを待っていた。そして私の祝福を求めた。ポスト・ホロコースト第一世代のなかで、家系をつなぐための、初めて築く家である。光栄に思った。

この訪問の後、私は何度もルバビッチ派のレッベに会いに行った。レッベの授業を聴講したことも一度ある。そこで私は、この人物がもつ独自性の本質を理解した。それは「後代につなげよ」という一語に尽きる。この聴講以来私がモットーにしている言葉がある。ローシュ・ハシャナ（ユダヤ新年）の朝の礼拝時、カントールが誦する「私の創造主よ、伝統を後代につなぐ英知を、授けて下さい」という章句である。

ルバビッチ派のレッベが行なった「ペサハ・シェニー」に関する授業を、聴講したこともある。義理の父ラビ・フランケルが、キドゥーシュ・ハシェム（神の御名の聖別）に関する会議で、講座を依頼され、私は付き添いの形でニューヨークへ行った。その訪問時に、レッベの話を聴いたのである。これは〝第二の過越祭〟と称され、ヘブライ暦のイヤル月の第一四日に祈りが捧げられる。レッベはこの日の重要性を説いたのである。

私は、これ程人であふれ返ったホールを見たことがない。押し合いへし合いの状態であった。壇上には長いテーブルが置かれ、ハシディズムの長老達が座っている。指導的立場に立つアメリカとカナダの有力ラビの姿もあった。レッベが足早に入ってくると、場内がどよめいた。レッベはマイモニデスの書を小脇に抱えている。講義は四時間に及んだ。その間レッベは、ノートを見ることはおろか、その書を開くこともただの一度もなかった。古典的な権威ある資料はもとより奥義的な一部の人しか読んでいない資料まで、縦横無尽に引用して話を展開するのである。古代から近代に至るあらゆる時代の資料が、レッベの頭に収まっているのであった。

レッベは、聖賢達が小ペサハと呼んだ第二の過越祭の特異性に焦点をあてた。レッベの基本的見解によると、出エジプトの前夜、神はイスラエルびとにペサハの供犠を命じた。その後、奴隷の身分から自由と解放の道を歩んだ移住の象徴として、毎年供犠せよといわれた。しかし、特定の病のため、あるいは不浄の動物や屍《しかばね》に触ったため儀式上清浄でない者は、犠牲を捧げたり、エルサレムへの神殿へ参ったりすることを禁じられた。

この部類に属する者は、共同体の供犠に参加できず、共同体の成員としての意識を持てない、とモーセに不満を訴えた。〝何故私達はけなされ、区別されるのでしょうか〟と彼らは抗議した。自分達も同じくユダヤ人であると主張するのである。主は彼らの訴えを受け入れられ、トーラーのなかで命じられた。不浄であった者、あるいは遠くにいたため皆と一緒に過越祭の供犠に参加できなかった者は、ユダヤの共同体から排除されないように、一ヶ月後に二度目の機会を与えられる。

第二の過越祭は、聴衆の心に直接触れてくる強烈な思想を象徴する。ルバビッチ派のレッベの講義要旨を一口に言えば、そういうことである。我々のまわりには、自分の過失ではないのに（戒律上）清浄ではないユダヤ人、ユダヤ教の世界から引き離され、関係を持たなくなったユダヤ人がいる。そしてその人達は、〝何故我々は差別されなければならないのか。我々を差別しないでくれ。我々だって、奴隷から自由への道をほかのユダヤ人と一緒に歩みたいのである〟と叫んでいるのである。たとい声にだして言わなくても、我々はその声なき声に耳を傾けなければならない。悔い改めの概念はこれから出てくる。我々もまた悔い改めたい。私はずっと遠ざかっていた。しかし今はもっと近寄りたい、とレッベは明瞭且つ正確にそう言った。私的な会話で私は、レッベから同じ主旨の話を聞いたことがある。レッベは、ユダヤ人を会衆の中に戻す話を大いに語ったが、私達はこれをキルヴ・レホキム（道を踏み外した人々を連れ帰ること）と呼ぶべきでない、と強調した。誰が遠く離れたか、誰が近いかを決める我々はそもそも何者か、というわけである。

この授業は実に魅力的であった。私の義理の父は、レッベの識見に驚嘆し、興奮の余り私の足を何度も蹴ったり踏みつけたりした。義理の父自身相当の雄弁家であり、ユダヤ教神学者としても大家のひとりとして認められている。義理の父は批判的な態度の人で、説得するのは並大抵ではない。しかし、その義理の父は、ルバビッチのレッベのような能力を見たことがなかった。講義が終わりホールを出ながら、義理の父ラビ・フランケルは、「私は、ポーランド系ユダヤ人の精髄を目の当たりにした。素晴らしい。かつて私は、ラビ・クックを訪問する栄に浴した。ご本人が私に手紙を送って下さったこともある。私は、現代の大学者は殆んど知っている。しかし、資料を自家薬籠中の物として、このように縦横に駆使する人を見たことがない。まさに天才だ」と言った。

一九九一年九月、テルアビブの主席ラビの頃、私は再びルバビッチのラビをたずねた。その週の初め、クラウンハイツで黒人とハシッドのユダヤ人が衝突した。ニューヨーク市警から二〇〇〇人近い警官が、ブルックリン地区に配置され警備した。日曜日には、レッベは世界中から来る訪問客を迎え入れる。早朝から訪問客が集まり始め、レッベの自宅前の歩道には、二重三重の行列が、またたく間にできる。私の妻と数名の友人が、私と一緒に列に並んだ。私達の番がきて、私は秘書に、テルアビブにおけるミクベ（斎戒沐浴《さいかいもくよく》用の浴場）について、レッベが私にチェックして欲しいと頼んだので、調査結果を持って来たと伝えた。部屋に入ると、私は「やりましたよ」とだけ言った。レッベは青い目で私を見詰め、いつものように早口で、「テルアビブでの仕事は急いで片付けてしまわなければならない。二年以内にイスラエルの主席ラビとして、エルサレムへ行かなければならないからね」と言った。

私はその場に凍りついた。当時、ラビ庁の選挙は問題にさえなっていなかった。選挙の予定は一九九三年三月で、一年半も後の話である。誰も話題にさえしていない。唖然となった。混乱気味に「レッベ、あなたの祝福はどうなのですか」とたずねた。レッベは「祝福する」、「さらに言えば、挑戦すべく立ち上がる者に、天は目の前の任務を遂行できるように特別な霊的力を授けられる、と聖典にある。あなたは既にそれを授けられている。欠けているのは、あなたの同意だけだ」と言った。「天から特別の祝福を与えられているのなら、私はこの力を、健康長寿の祝福がレッベに与えられるように使います。ユダヤ民族はレッベを必要としているのですから」。私はやっとこれだけ言えた。

私は、そのように挨拶して部屋を出た。歩道に立っていたのが当時駐ニューヨーク・イスラエル総領事であったウーリ・サビルである。そのうしろにはディビッド・ディンキンズ・ニューヨーク市長がいた。市長は、暴動についてレッベと協議するため、列に並んでいた（サビルは、外務事務次官時代、イスラエル代表団長としてオスロでＰＬＯと交渉、後にクネセット議員）。私が二人に近づくと、ウーリが「マザル・トヴ、おめでとう、イスラエルの主席ラビ」と挨拶した。私はにっこり笑った。するとサビルは、ラビの発表が歩道の行列にまたたく間にひろがった、と言った。あなたは本気にしているのかと問うと、ウーリはえっと言った。私の言ったことが信じられないという顔付きである。「あそこに座っている人が、ペレスかシャミールか、イスラエルの首相を決められるのなら、勿論主席ラビも決められるさ」。ウーリはそう答えた。※

ヘブライ暦五七五四年タムーズ月の第三日（西暦一九九四年六月一二日）、ルバビッチのレッベが死去した。私が主席ラビに選出された一年後であった。死去のニュースを知らせてくれたラジオの放送記者が、私にコメントを求めた。ショックだった。レッベは脳卒中で最早話ができない状態になってはいたが、レッベの死は容易にはのみこめず、心の整理がつかなかった。エルサレムの執務室へ向かう車の中で、私はラジオインタビューに答えて、レッベの思い出を語り、「ルバビッチのレッベは血のつながった子孫を残さず、子供がいなかったのである、その死によって世界中で多くの人が父を失い、孤児となった」と結んだ。

レッベは、ユダヤ教の存続に献身した。その貢献は特にソ連内で大きいが、ユダヤ人が殆んど影響力を持たないほかの地についても、例えばモロッコ、イエメンそして南米にも貢献した。よく言われることであるが、「世界中どこでも目につくことが二つある。コカコーラとハバッドである。この現象をつくりだしたのがひとりの男、ルバビッチ派のレッベである。五〇年の間に自分の細腕で運動を拡大した」と語り継がれることになる。ちなみに「ハバッド」は、ルバビッチ派ハシディズムの掲げる三大基準である、智慧（ホフマー）、理解（ビナー）、知識（ダアト）の頭文字をとったものである。

葬儀を欠席するわけにはいかなかった。葬儀に間に合うよう、ニューヨーク行き切符の確保に手を尽くした（ユダヤ教では死亡から二四時間以内に埋葬される）。私は、この葬儀のための特別便で出国したが、それでも埋葬後の到着になった。私はアメリカ滞在三時間で、イスラエルへ戻った。墓は、無数の紙で埋もれていた。手紙や便箋である。願いごとや愛する人の名前が書いてある。

埋葬式は済んでいても、まだ数千名の人が土盛りのまわりを囲んでいる。詩編を誦して、終わるとうしろの人に場所を譲って前へ進んでいく。群集は粛々として動いていたが、突然空気を切り裂くような鋭い泣き声があがった。長い白髭を垂らしたハバッドである。同じくイスラエルから飛行機で来た人だった。その人は元〝シオンの捕囚者〟のようであった。

※原書注・クィーンズのモンテフィオール墓地には、レッベが彼の義父の墓の横に葬られているが、ビデオスクリーンが設置してあり、講演の抜粋を含め、レッベ五〇年間の業績をまとめた記録映画が流されている。そこに、レッベが私の主席ラビ選出を発表するくだりも、紹介されている。

シオニスト活動のためソ連当局に投獄あるいは追放されたソ連のユダヤ人は、シオンの捕囚者と言われ、長い間シベリアで苦しんだ。その人は靴を脱ぎ、靴下をはいたままで湿った土の上を歩いた。地面は石ころだらけである。天に向かって両手を広げ、声をふりしぼって、「タテー」と泣き叫んだ。イーディッシュ語で「父」の意である。

私達の血は凍りついた。そして私の目に涙があふれた。ハシッドが亡きレッベを悼むのがどのようなことなのか。私は、その瞬間このブルックリン墓地で理解した。列王記下には、エリシャは、預言者エリヤが火の戦車に乗って天にのぼって行くのを見たとき、「わが父よ、わが父よ、イスラエルの戦車よ、その騎兵よ」と叫んだとある（二章一二）。その理由により、預言者の弟子達は、その〝息子達〟と呼ばれる。墓地のあのハシッドは、恐らく五〇年以上も本当の父親がいなかったのだろうが、ルバビッチのレッベが亡くなった日に、その人は本当の孤児になったのである。そして、天に向かって泣き叫んでいたのは、この喪失感のためであった。

第一二章　結　婚

男は父母を離れて女と結ばれる。──創世記二章二四

私が結婚相手の紹介をうけ始めたのは、ポネヴェッツ・イェシバの学生時代である。私は花婿候補になったのである。二一歳になると、見合い話が急増した。イェシバの世界では結婚適齢期である。学友の多くは、私が自分の家庭を緊急に持つ必要性を感じていたので、結婚第一号になると予想した。彼らは、私を同年配ではあるが、考え方が年寄りじみていると考えた。よく言えば老成しているということだが、それで最初に花婿になると判断した。私が普通の家庭を持っていないのは、皆知っている。皆は休暇中両親の家へ戻るのに、私は年二回キリヤトモツキンの叔母の家に行った。過越祭（ペサハ）と仮庵祭（スコット）の時である。夏には、学友達は大抵ジフロンヤコブの保養リゾートへ行ったが、私が必ずしも参加できるわけではなかった。このように私は自分の家庭を持ちたいと、心から思っていた。

いろいろ好条件の見合い話があった。その多くは、外国居住の家族であった。イスラエル以外の地に居住しなければならないので、全部断った。外国居住家庭の娘を拒否しているわけではない。イスラエルで私と一緒に家庭を築いてもらいたいのである。

特に何度も候補にあがった女性がいた。ラビ・イツハク・エディディヤ・フランケルの娘である。五代続くフランケル家で、初めて誕生した女児であった。女児誕生の喜びが一段

落すると、両親は名前をどうするかで悩み始めた。母方の祖母名はハヤ、父方の祖母名はユタである。どちらの名をつけても、はずされた家族には、失礼になる。結局両親は、二つの名前を付けることにした。それでも問題が解決したわけではない。多くの人が子供にミドルネームをつけている。そこで両親はハヤ―ユタにしようと考えた。ユタをミドルネームにするのである。ところが、名前を呼ぶ時皆はミドルネームを省いて、ハヤと呼ぶ。これではユタの出身家族は浮かばれない。傷つくだろう。悩んだ末に、両親は娘に合成名をつけることにした。即ちハヤ・イタである（イーディッシュ語のユタはヘブライ語ではイタになる）。

ハヤ・イタ・フランケルはどうかと最初に私に言ったのは、ポネヴェツ・イェシバの学習パートナーであるエラフミエル・ボイヤー（後年ブネイブラク市長）である。テルアビブにいるラビ・フランケルの知人だった。ある日イェシバの食堂で一休みしているとき、見合いの話になった。イェシバ学生三五〇名の多くは婚約中で、エラフミエルが「イスラエル君、私にひとつ考えがある。君はラビの息子で、ラビの家で成長した。ラビの道を進む考えのようだ。ラビの娘と結婚したまえ。これが君にとって最適の選択肢だ」と言った。エラフミエル・ボイヤーはプロの結婚仲介人ではないので、彼の提案を真剣に考えなかった。彼は、ハヤ・イタ・フランケルの名前をあげたのだが、本人の結婚仲介意図は実を結ばなかった。

しかしながら、ハヤ・イタの父親の令名は、その前から聞いていた。ダフ・ヨミ・タルムード日課プロジェクトの提唱者ラビ・メイル・シャピーラは、ポーランドのルブリンにあるユダヤ人墓地の入口付近に埋葬されていた。ところが、ポーランド当局が新しい幹道の建設を意図し、墓地の中を通すことに決めた。墓地は規模を縮小し、道路の通るところの墓石は取り除かれるのである。シャピーラの墓もその対象になった。トゥスト（現ウクライナのトブステ）のレッベであった弟のラビ・アブラハム・シャピーラが、当時アメリカに住んでいたが、その努力が実って遺骨がルブリンからエルサレムのハル・ハメヌホット（永眠の丘の意）に移葬された。一九五八年である。葬儀の列は、ロッド空港を出発してテルアビブの大シナゴークへ向かった。そのシナゴーグで、ルブリン時代のラビ・シャピーラを知るラビ・フランケルが、大変感動的な追悼の言葉を述べた。ラビ・シャピーラだけでなく、ホロコーストの犠牲となったポーランドのユダヤ人三〇〇万に対して、祈りを捧げたのである。ラビ・フランケルは、一九三五年にこちらに移住したので、自分自身はホロコーストを体験していないが、毎日犠牲者のために祈りを捧げ、講話をする時は、必ずホロコーストに触れた。ラビ・フランケルの墓はナハラト・イツハク墓地にあるが、墓石には「ホロコーストの哀悼者にしてその記憶の守護者」という銘が刻まれている。

私は、イスラエルの主席ラビに選出されたその日に、墓参りをした。この特別な日に、私は三つの墓に報告する義務を感じた。私は、まず義理の父ラビ・イツハク・エディディヤ・フランケルの墓に参り、テルアビブからエルサレムへ向かう途中、ハル・ハメヌホット墓地のラビ・メイル・シャピーラの墓を訪れ、最後にイェシバ・セファト・エメットの中庭にあるグールのレッベの墓へ行った。

ラビ・メイル・シャピーラの再葬式は夜に終わり、私は従兄弟のシュムエル・イツハク・ラウと一緒にタクシーでテルアビブへ戻った。私達は本人をシュミル・イッチェと呼んでいた。その父ラビ・イスラエル・ヨセフ・ラウ（ガリツィア地方――現ポーランドのコロムイヤのラビであった）は、私の父とは兄弟であったが、当地のユダヤ人墓地の墓石粉砕をゲシュタポに強制された。シュミル・イッチェは私より随分年上で、ホロコーストの前にエレツイスラエルへたどり着き、無事であった。タクシーの中で私の生活状況を詳しくたずねた。一時間の走行中私達はずっと話を続けた。私が二一歳の誕生日を迎えて数ヶ月たっていることを知ると、早く結婚して家庭を築き、家族をつくれと言い、「君は見合いをしなければならん」と促した。私は、いろいろ見合い話があるが、学習に没頭し、そっちの方が忙しく、あわてて結婚する気はないと答えた。

「君はラビの血筋をひいている。君がヤンケレのバルミツバで話をするのを聞いたが、君は確かにその素質がある」。シュムエル・イツハクは、自分のひとり息子のヤコブ・ラウの話をしているのである。あのバルミツバで行なった私の講話は、イスラエルで二回目、全体から言えば三回目だった（最初は、六歳の時チェンストホヴァ強制労働キャンプで行なって、自分の命を救った。二回目は、キリヤトモツキンで自分のバルミツバでやった講話である）。この三回目の講話は、私がポネヴェツの学生の時で、家族が息子を祝福してくれと言ったので話をしたのである。当時ラビ・フランケルは、テルアビブ南のフローレンタイン地区のラビであったが、この式に出席していた。ラビが私の話を聞いたのは、その時が初めてである。彼はグール・ハシッドの伝統を守り、本人の前で誉め称えるような人ではなかったが、私のこの講話に関しては、後年よく話題にした。

ラビ・フランケルが公に私を誉めたのは、私に、初孫娘が生まれた時である。その頃私はナタニヤのラビ、義理の父はテルアビブのラビであった。家族全員がブネイブラクのホテルに集まって、子供の誕生を祝った。安息日入りの夕べ、私は食中毒でダウンし、一晩中嘔吐《おうと》していた。朝になって、全員起床して礼拝に行った。私は起き上がるのがやっとで、顔面蒼白《そうはく》。目を開いているのさえつらい。食堂ではレモンティーを飲んだだけで、食事に手をつけなかった。私にとって食物は、ハヌカのローソクのようであった。ユダヤ教の宗教法によれば、ハヌカのローソクは遠くから眺めているだけで、それから何か実質的な利益を得ることが禁じられている。

私は祖父になったばかりで、女児の命名式の時に、トーラーの言葉を話して欲しいと頼まれた。私の前にラビ・フランケルが話をした。さて私の番である。最初は口さえ開けられなかった。力をふりしぼって立ち上がると、二〇分程話をした。へたりこむように座ると、ラビ・フランケルの野太い声がした。イーディッシュ語で、「イスラエルには医師や薬は不要だ。書見台とマイクを与えたまえ。これで本人は治る。治療法はこれだね。この人が話をすると自分の悩み事を全部忘れるんだね。それだけではない。この人が話をすると、聴いている人達も自分達の心配事を忘れる。これはこの人の大きい才能だね」と言っているのである。ラビ・フランケルが私のいない所ではよく私を誉めているという話を聞いたことはある。しかし、このような誉め言葉を今まで私の前で言ったことは一度もないので、大変驚いた。

前述のように、ラビ・フランケルが私の話を初めて聞いたのは、このヤコブ・ラウのバルミツバの時である。私には何も言わなかったが、ラビのように話をするポネヴェツ・イェシバの学生名を、記憶にとどめたらしい。

ラビ・シャピーラの再葬式を終え、テルアビブへ戻るタクシーの中で、例のバルミツバの子の父親、つまりシュムエル・ラウが「君はラビの家系に入らなければならない」と宣言した。そして、私の膝をいきなりポンと叩き、「考えがあるぞ。ラビ・フランケルの娘だ、君にぴったりだよ」と言ったのである。驚いた。薄暗いタクシーの中で、私はまじまじと本人の顔を見ながら、話を聴いた。シュムエルは、ラビの家族を知っているし、ラビのシナゴーグで礼拝しているし、ご本人の人柄もよく分かっていると称えた。しかしシュムエルは、構想の段階で話を終らせなかった。行動にでた。数日後、ラビ・フランケルの家へ行くと、ポネヴェツで学ぶ自分の従兄弟の話をしたのである。ラビ・フランケルは注意深く聴いていたが、その若者なら覚えている。ピョートルクフのラビの息子だろう、バルミツバで講話をしたね、と言った。見合いの話については、娘は年頃ではないので、結婚云々は考えていないとのことであったが、それでも見合いの種はそこで播かれた。

　フランケル家は、独立前のエレツイスラエルでは、特にテルアビブで大変尊敬されている一家であった。ラビ・フランケルは、ポーランドのルンツシッツ（ウエンチツァ）に生まれ、ラビ・アキバ・アシェルのもとで学んだ。師は本人の父親ラビ・アハロン・フランケルに、「私ができることはすべて与えた」と言って、大都市で別の教師につくことを勧めた。イツハク・フランケルは遊学の途につき、ワルシャワへ行った。そして、ラビ・メナヘム・ジームバ師の主宰するイェシバの門を叩いた。師はポーランドの賢者とうたわれていたが、鉄の取り引きを生業としていた。

　ラビ・フランケルがワルシャワへ行ったのは一三歳の時で、イェシバの事務長に、ルンツシッツから来たイツハク・エディディヤ・フランケルですと自己紹介し、ラビ・ジームバ師のもとでトーラーを勉強したいので、イェシバに受け入れて欲しいと言った。事務長が推薦状を持ってきたかとたずねたが、少年は何も持っていなかった。

　少年は、コツクの賢者ラビ・メナヘム・メンデルの流儀に従って、短刀直入にきり返した。コツクの決まり文句は〝真理〟である。少年は、私に言わせれば書類などいくらでも偽造できるし、推薦状は誇張が多いから、意味がない、と主張した。そして賢者アカブヤ・ベン・マハラレルの言を引用して、「汝の行為が汝を近付け、あるいは汝を遠ざける」と言ったのである。換言すれば、社会は、過去の行為やコネではなく現在の行為で汝を判断する、ということである。少年はイェシバの事務長に、証明書や推薦状をあてにせず、試験で判断して下さいと言った。少年が話を終えると、声がした。姿は見えないが、アカブヤ・ベン・マハラレルの言をどうして知っているとたずねている。

「ミシュナからです」。少年は答えた。

「それで君は、その言を全部知っているのか」。少年フランケルは、ミシュナの六つのセダリム（編）にある賢者の言をすべて暗記しており、例えば人口に膾炙《かいしゃ》した「父祖たちの倫理」に「三つのことを考慮せよ。さすれば、罪に直面することはない。汝は、どこから来て、いずこへ行くのか、そして誰の前で汝は弁明し清算するのかを」（三章一）とあるが、これを含めてすらすらと暗記し始めた。事務長に語った最初の言は、アカブヤが死の床にある時の言葉である、と説明した。息子が来て「父よ、私についてあなたの同僚達に命じて下さい」と言ったのである。言い換えれば、息子の面倒を見てくれ、地位を与えてくれと、あなたの同僚即ちミシュナの聖賢達に指示して欲しい、と言ったのである。息子は、父親が金や資産を自分に残していないので、少なくとも家の名声とコネを利用したい、と考えたのである。しかし、アカブヤ・ベン・マハラレルは「汝の行為が汝を近付け、あるいは汝を遠ざける」と答え、それがこの賢者の最後の言葉となった。

イツハク・エディディヤは、非常に若くしてラビの資格を得て、リピンというポーランドの町のラビになった。長男が誕生し、妻が二番目の子を身籠っている頃、ダンツィヒ（グダニスク）へ行く用事があった。時は一九三四年、当時二一歳のラビ・フランケルが、ハシッド派の伝統的衣服をまとって、通りを歩いていると、二人のポーランド人が、大声でわめきながら、追って来た。反ユダヤの決まり文句を叫んでいる。危険を感じて走りだしたが、二人はどこまでも追いかけて来る。必死で逃げていると、見知らぬ人がラビの腕をつかみ、建物の中へ引っ張りこんで、鍵をかけた。その人はユダヤ人で、災難に見舞われているのを見て、救ってくれたのである。

ラビ・フランケルは、リピンへ戻る途中、一日も早いディアスポラからの脱出を決意した。ポーランドを出て、エレツイスラエルへアリヤ（移住）を敢行する覚悟であった。妻は撤回させようとしたが、彼の決心が固く、「エレツイスラエルしかない。私達の居場所はほかにない」と妻の要求を拒否した。

妻は、グールのレッベに相談もしないで、家族の命運にかかわる重大決定はできない、とくいさがった。それでラビ・フランケルは数日かけて汽車で往復した。行先は、ワルシャワに近いグラ・カルバリア。イムレイ・エメットの著者、レッベ・アブラハム・モルデハイ・アルター師の居住地である。グールのレッベはとても小柄な人で、それに対しラビ・フランケルは、のっぽである。レッベは、エレツイスラエルに関する質問を聞くと、彼を見上げてイーディッシュ語で「イツハク・エディディヤ。本当のことを言いたまえ。君はアドバイスを求めに来たのか、祝福をうけに来たのか、どちらだ」とたずねた。ラビ・フランケルは体を折り曲げた。表面上はアドバイスを求めに来たのであるが、グールのレッベの前では混じり気のない真実しか話せない。「私は祝福をうけに来ました」と言った。

レッベは秘書に電話をかけさせた。電話先は義理の息子ラビ・イッチェ・メイル・レビン。アグダット・イスラエルの指導者である。レッベは、移住許可書の取得に力を貸すように求めた。一方、フランケルに第二子が生まれ、夫婦は前グール・レッベ——イェフダ・アリエ・ライブ——の名前をとって、アリエと名付けた。それからしばらくして、一家は許可書を獲得した。一家は夫イツハク・エディディヤ・フランケル、妻ハンナ・レア・フランケル、一歳半の長男イッセル、そして誕生間もない次男アリエ・フランケルである。彼らは二つのスーツケースだけでリピンを出発した。ひとつは衣類などの持物、もうひとつには、礼拝用肩掛け、テフィリン、蝋燭立てなど礼拝用具が入っていた。夫婦はそれぞれ幼児を抱えて、エレツイスラエルへ向かい、汽車でワルシャワ駅に到着した。フランケル夫人は、人に見えない授乳場所が必要であった。夫婦が場所探しに気をとられているうちに持物の入ったスーツケースが盗まれてしまった。

夫婦は必死になって探しまわったが、どこにもない。ところが、駅に別の泥棒がいて、困りはてた母親をみて、同情した。そして、ラビ・フランケルに俺について来いと言って、ワルシャワの窃盗を仕切る親分のところへ連れて行った。親分はたまたまユダヤ人で、盗難にあった話を聞くと、安心せよ、駅に戻ればスーツケースも戻っていると約束した。そのとおりであった。

一九三五年一月、フランケル一家は船でエレツイスラエルに到着した。落ち着いた所は、テルアビブのフローレンタイン地区で、ラビ・フランケルは近くの宗教系学校で教鞭をとった。そしてラビの家が個人運用の非公認移民吸収省になる。新移民の定着を助け、本人を頼って移住を決意した者を支援した。本人自身の家族も増えて、ラビ・フランケル夫妻は、息子四人と娘一人の子持ちになった。仕事のうえでは、居住地区のラビとして活動し、やがてテルアビブ・ヤッフォの主席ラビになった。政治的な根回しや宣伝活動をやったことはない。勿論、推薦状なしで選出された。ラビ・フランケルは、「汝の行為が汝を近付け、あるいは汝を遠ざける」を、人生を貫く信念とし、その力で選ばれたのである。住民はこのラビを愛した。

フローレンタイン地区の住民は、ラビ・フランケルを地域社会の〝父〟と考えていた。この地区には、さまざまな地域からの移民が住んでいる。ブハラ（ウズベキスタン）、サロニカ（テッサロニキ、ギリシア）、モロッコ、イエメン、ポーランド、ハンガリー、そしてルーマニアの移民がひしめいている。出身が違えば風習も少しずつ違う。ラビはこの人達をまとめあげ、国の慣わしになる伝統をつくりあげた。ユダヤ人は、一年かけて聖書を読む。その締めの日を、シムハット・

トーラー（律法感謝祭）として祝う。ディアスポラでは、八日間続くスコット（仮庵祭）が終わった翌日になるが、エレツイスラエルでは、スコットの最終の日にシェミニ・アツェレト（八日目の聖なる集会――レビ記二三章三六）として祝う。日没と共に祭日は終わり、ユダヤ人はシナゴーグで平日の夕べの祈りを捧げて帰宅し、ハヴダラー（区別）の祈りをもって終わりとする。スコットのために設けた特別の仮庵をとりこわし、普通の日常生活に戻るのである。

しかし、一九四二年一〇月の祭日の終わりに、通例とは違うことが起きた。場所は、テルアビブ南部のエメクイズラエル通り（現エディディヤ・フランケル通り）のアハバット・ヘセッド・シナゴーグである。ラビ・フランケルは、会衆にあと数分残って欲しいと言った。信徒達は奇妙な要請に頭をかしげたが、日頃から尊敬しているラビの言うことである。ラビは聖櫃からトーラーの巻物を取り出すと、会衆に向かって次のように言った。感情が激し、震え声である。

「今日、ポーランドを初め戦火のヨーロッパでは、電話が通じない。電報局は閉鎖され、郵便局も機能していない。ユダヤ人社会は遮断され、ユダヤ人同胞に何が起きたのか、知る手掛りが無い。本来であればまさにこの時間に、ワルシャワ、クラクフを初めポーランド各地の町で、同胞がシムハット・トーラーの祝いを始めるべきなのであるが、果たしてシナゴーグが開いているのか、ユダヤ人がシナゴーグ参集を許されているのか、トーラーの巻物を抱いて祝う伝統行事をやっているのか。私達には全く分からない。私達はあらゆる手段を尽くして連絡をつけようとしてきたが、全く応答がない。しかし、私達ユダヤ人は、苦楽を共にして互いに責任を共有する。少なくとも象徴的に彼らの代わりとなって行動し、彼らのために行事をやりましょう」

会衆は壇上に上がって、円陣をつくりトーラーの巻物を抱えて、練り歩いた。ラビ・フランケルが「神よ、私達を救い給え、神よ、私達に繁栄を」と大声で歌う。行進が終わり、トーラーの巻物は再び聖櫃に安置された。この日以来毎年スコットの終わりに、フローレンタイン地区住民は、エメクイズラエル通りの端に集まり、シムハット・トーラー〝共同体祭〟を開始する。共同体の名称をつけたのは、この地域のさまざまなユダヤ人共同体が参加しているからである。シェミニ・アツェレト／シムハット・トーラーの祭日後の夜、トーラーの巻物を持って踊る第二ラウンドの行列は、ハカホット・シェニヨット（二回目の行列）と呼ばれ、全土的なイスラエルの伝統になったが、その起源は以上のとおりである。

この行列では、ラビはブハラの伝統的衣服をまとい、キッパーをかぶる。フローレンタイン地区の多数派を占めるブハラ出身のユダヤ人に敬意を表してのことである。住民は大半が新移民で、貧しい地区であるが、ラビが先頭に立つこのパレードが、ここを全国区にした。政府要人が多数参集する地となった。ラビが生存中は、首相そして国防軍参謀総長は必ずその行事に参加した。後年この〝第二行列〟のアイデアはエルサレム、テルアビブの中心部、クファルハバッド、軍の中央訓練基地にひろがり、そこからさらに全国のシナゴーグと宗教評議会へ波及していった。

後で知ったのであるが、ポネヴェツ・イェシバの最終学年の時、ラビ・フランケルが私に関心を持ち、娘の結婚相手の有力候補として、私の出身や経歴をあれこれ調べていたそうである。なにしろひとり娘で、目に入れても痛くない程の可愛がりようで、私をあらゆる角度から調査することを決め、完璧主義を遺憾なく発揮して調べあげた由である。

私はそのことを全く知らなかったのであるが、ラビ・フランケルはローシュ・イェシバのラビ・カハネマンに会い、私を面接し入学を許可したラビ・ドビッド・ポヴァルスキとも話をした。それだけではない。私をよく知るテルアビブ出身の学友達から意見を聴取した。それが終わると今度はエルサレムへ行き、私の人格形成に大きく影響し、さらに私の十代の頃をよく知るラビ・オイェルバッフ師に会った。ラビ・オイェルバッフ師は単刀直入の人で、「彼は自身のために取得したものを、すべて他の人に授けるだろう」と言った。これはタルムードのババ・メッツィアの項の言葉であるが、私の人格を簡潔に表現している。後年ラビ・フランケルは私に、オイェルバッフがこの言葉を私にあてはめた意味を説明した。自分の目的を達成するのに必要な資質を持っているだけでなく、それを他の人達に伝える能力を持っている。つまり、自分だけのための生活をするだけでなく、帰属社会に影響を及ぼす人の意味であった。私の師は、アラム語の一行で、私のすべてを言い尽くしたのである。

私の従兄弟シュムエル・ラウは、見合い話を進めた。それでシュムエルと私が同意したことがある。私が、過越祭の第七日にシュムエル宅に招かれ、腹一杯御馳走になった後、二人でラビ・フランケルの自宅を訪れ、一緒に歩いてテルアビブの海岸へ行く。その海岸で、ラビは〝海の歌〟の大合唱を指揮する。モーセとイスラエルの人々が、紅海の奇跡的渡河を果たした後に歌う出エジプト記一五章の詩歌である。ラビ・フランケルは、毎年過越祭の最後の日にこのイベントを組織していた。私が同意した計画によれば、このイベントが終わった帰り道で、ラビの娘と私が言葉をかわすことになっていた。実際には、この計画の最後のところがうまくいかず、私達は全然話をしなかった。娘は父親の近くにおり、父親のまわりには、挨拶をしようと数百人の人が取り囲んでいた。この瞬間に見合いが敢行されようとしているのに、そんなことは露知らず、取り巻いていたのである。

ハヤ・イタと私は、後日見合いをして、意見を交換し、将来の夢や物事に対する考え方を確認しあった。この見合いの評価については、ハヤ・イタは両親と意見を異にした。両親が「自分にふさわしい結婚相手と考えているようだね」と言うと、娘は、気持ちが通じ合いましたと言いながら、でもあの方が本当にふさわしい相手かどうかは、父さん母さんが判断してと答えた。ユダヤ人社会の伝統的シャドハン（仲人、結婚仲介）は、子供の気持ちと両親の考えを組合せて考える。

ラビ・フランケルは、ラビ・オイェルバッフに会った後、娘に次回のデートはいつの予定かとたずねた。次回は家に招いてはどうか。私も直接本人と話ができるし、と父親は娘に提案した。安息日明けのある晩、私は家に行った。父親が否定的な答えをするとは思えなかったが、本当のところは不安で、どうなるのか判断がつかなかった。ラビ・フランケルは、妻と娘のハヤ・イタを外出させていた。テルアビブ南部に住む長男ラビ・イッセル・フランケルの許へ行かせたのである。家には私達だけしかいなかった。

私達はバルコニーに座った。ヤッフォの町全体が展望できた。ラビは、安息日明けの夕食を準備し一緒に食事をした後、さてと姿勢を正し、私が生涯忘れられないことを言った。

「君をイスラエルと呼ばせてもらうよ。いいね。君は、創世記二章を気をつけて読んだことがあるか。アダムとイブを創造されたくだりだ。アダムは〝これこそ私の骨の骨、私の肉の肉。これこそ、女（イシャー）と呼ぼう。まさに、男（イシュ）から取られたものだから〟と言う。ところがここで、トーラーは創造の物語とは異なる記述で、あたかも括弧付きのように、〝こういうわけで、男は父母を離れて女と結ばれ、二人は一体となる〟と言う」

「結婚制度のありようは、この一章に含まれている。これが代々続く制度の基礎であり、君が結婚する時もこうなる。アダムとイブのようにね。結婚式のフッパー（天蓋）の下で、〝昔々主がエデンの国で主の創造を大いなる喜びとされたように、相思相愛のこの二人が喜びに満ちあふれて結ばれますように〟と七つの祝福のひとつを唱えるのも、理由はそこにある」

「そこで君に質問がある」とラビ・フランケルは言った。「めでたいのに、何故トーラーは、結婚のネガティブな面を強調するのだろう。〝こういうわけで、男は父母を離れる〟とある。私達はポジティブな面の重要性はよく分かる。〝二人は一体〟となって家庭を持ち家族をふやしていく。トーラーは両親に関して何故〝離れる〟という言葉を使うのだろうか。二〇年間両親は子供に心血を注ぎ、体をはって守り育てる。夜中に子供が高熱を発すれば、夜を徹して看病し、子供を育てるために超過労働もいとわない。子供の面倒を見るのに一生懸命だ。それなのに二〇年後には、両親から去ってしまう。これは一体どういうことか。両親を見棄てるのか。両親にそんなことをされる覚えがあるのか。トーラーは何故〝離れる〟と言わなければならないのだろう」

私は注意深く聴いていた。そして成程面白い質問だと思った。しかし、この話を聞くためにラビの家へ来たのか、と疑問も湧く。この結婚話を父親としてどう考えているのか。私はこの点を聞きたいのである。これは、なかったことにしよう会なのか。平たく言えば、別れの食事会なのか。ラビは私にワインをすすめ、食事をだして、突然トーラーから質問をだして、何故私を締めあげるのか。私は何もかも分からなくなった。

私は素早く判断して、その章句について、考えたことは一度もないことを認めた。学友達から、婚約や七つの祝福や家庭生活に関する話は沢山聞いているが、誰ひとりとしてこの章句を問題にしなかった、と私はラビに言った。ラビ・フランケルは驚いた風でもない。私が話を終えると、父親の如き眼差しで、「私の考えを話そう」と言った。「私は、全然知らない花嫁、花婿を前にフッパーの下に立ち、式を執り行なうことが時々ある。そしてこの結婚が果たして永続するのか、と往々にして思うことがある。なにしろ全く別の世界の二人が一緒になるわけであるし、一体になれるものかと考える。〝イツハク・エディディヤよ。二つの異なる世界の結婚式をどう思う〟と自問するのだ。しかしよく考えてみると、花嫁花婿の両側には双方の両親が立っているではないか。二〇年前、三〇年前、両親は同じ場所にいた。興奮気味の花嫁、花婿の位置にいたわけだ。その両親だって、同じ鋳型で成型されたわけではない。結びつきがこれまで持ち堪えたのだ。そして今、その両親は次の世代を結婚させて世に送りだす。言い換えれば、両親の家を見れば、父と母が互いに尊敬しあっているのを見れば、平和で愛にみちた家庭であることが分かる。代々つながる世代の鎖。目の前の二人は、その例なんだね」

ここでラビ・フランケルは一呼吸入れ、再び話を続けた。

「イスラエル君よ、〝離れる〟という動詞は、字義どおりに考える必要はない。この言葉のヘブライ語の語根は、〝アイン・ザイン・ベイト〟だが、それは〝継承〟の意味にもとれる。同じ語根の〝イ・ザ・ボン〟が〝継承〟を意味するように。継承は物的なものと精神的なものがある。物の遺産を両親から受け継ぐのは長い人生の後になってからだが、精神的な遺産は子供が結婚して家を出るとき、引き渡すのだ。父母の許を離れることは、受け継がなければならないことを意味する。トーラーはこれにひとつの条件をつけている。つまり、男が父母を離れる時だけ、男は妻と一体になる真の機会を得るということだ。家族を築く成功のもとはここにある」

ラビは、しばし物思いに沈んだ。私に発言内容を咀嚼《そしゃく》する時間が少しあった。ラビは話を続けた。「このところ、君の評判は聞いている。娘には国の内外から結婚話がいろいろきているが、実は君が繰り返し候補にあがっているのだ」。そう言ってラビは私を推薦した人の名前をあげた。それには、ワルシャワにあるイェシバの彼の親友ラビ・ダビッド・ワイスブロドハラフミと、私の異母兄弟シコの義理の兄イスラエル・ミンツァーが含まれる。「私は君のことを考えた。そして君についてたずねたところ、君の才能、優れた素質はいろいろ聞いた。疑いなくそれは本当だと思う。しかし、ひとつだけ気になる点がある。つまり、君はどこから〝離れる〟のだ。君には家庭がない。聖書のいうように〝離れる〟父母がいない。つまり、君には精神的遺産がない」

涙が流れ、喉に伝わるのが分かった。ラビの言葉は、私と潰滅《かいめつ》した私の家族に対する追悼のように響いた。実際のところ、ラビ・フランケルは、ホロコースト生き残り孤児としての背景を考え、母そして父のもとで成長することがなく、見習うべき手本がないので、ユダヤ人としての家庭を築き子供を育てるのが難しいのではないか、と言っていたのである。ラビは、「君の御父上ラビ・モシェ・ハイム・ラウの講演を何度も聞いたことがある。しかし、君は父親の後姿を見て成長していない。つまり薫陶を受けておらず、家族の生活がどういうものか知らない。君はその半生を施設、寮そしてイェシバで、集団生活を送っており、家庭生活の味を知らず、経験がない。私の娘を君の手に託すにあたって、この点が心配なのだ。しかしそれでも、君の経歴を詳しく調べ、エルサレムとブネイブラクのラビや学友全部と話をしたところ、君の兄さんについてあることを知った」

当時ナフタリは、ポアレイ・アグダット・イスラエルの機関紙「シェアリム」の編集を担当していた。ラビ・フランケルは、金曜日の発行紙面に、ユダヤ教宗教法に関するコラムを持っていた。「君の兄の態度を見ていると、テルアビブという大都会から来ているのに、信仰心の篤い人である。君についていろいろ話を聞くと、私が抱いている気懸りな点は、取り越し苦労にすぎないと信じたいのだ」と言い、「君に金がないことや、君の方に結婚費用を分担する親がいないことは、全く問題ではない。そんなことはどうでもよい。娘は、裕福な家庭の男性達から結婚の申し込みをうけているが、私は全く関心がない。私の関心を惹かない。私も無一文の状態でエレツイスラエルへ来た。一歳半の長男そして生後二ヶ月の次男を抱えての移民だった。私は学校で教え、今でも賃貸アパートに住んでいる。私は、花婿の人格しか関心ない」

ラビ・フランケルは、五一年間テルアビブに住み続けた。この大都市の主席ラビを一四年間勤めながら、自分のアパートを持たず、車も所有していなかった。物質面の生活には関心がなく、家族がないことによる心の傷がないかと、それだけを心配していた。思いやり、寛容あるいは妥協の意味を知らないのではないかと考えていた。そこでイェシバの私の学友達と直接会って、確かめたわけである。どのような付き合い方をしているのか、みなしご生活が対人関係に悪影響を及ぼしていないのか、知りたかったのである。

随分長い話し合いの後、ラビ・フランケルが、「君の方でよいというのであれば、私達は君を家族の一員として受け入れてもよい。喜んで迎え入れる」と言った。私は言いようのない喜びと共に強い痛みを感じた。喜びを伝える両親がないのは悲しかった。そうこうしている内に、フランケル夫人と娘が家に戻り、ラビ・フランケルが二人に話し合いの結果を報告した。その週、一九五九年六月初旬であったが、私達は、腹違いの兄エホシュア、長兄ナフタリそしてシャドハン（仲人）役を果たした従兄弟のシュムエル・イツハク・ラウを招き、ラビ・フランケルの四人の息子と引き合わせた。そして全員でヴォルト（婚約合意の署名、イーディシュ語）に対してレハイムと言って乾杯した。数週間後、私の誕生日にあたるヘブライ暦五七一九年シバン月第二二日（西暦一九五九年六月二八日）、婚約式が行なわれた。その八ヶ月後の一九六〇年二月、私達はテルアビブで結婚した。

結婚から七週間後、過越祭の期間中であったが、私の生活を変える出来事が二つ起きた。

ひとつは悲しい事態にまつわる出来事。六九歳になる妻方の祖父ラビ・アハロン・フランケルが、テルハショメル病院に入院した。片方の脚が血栓症で、切断することになった。執刀医は、マルク・モーゼス教授であった。

私達は、過越祭入りの夕べの祈りを捧げた後、ラビ・フランケルのアパートへ行った。そこでセデル（儀式を伴う過越祭の正餐）の始まりを待つことにした。ラビ・フランケルは、毎日病院へ行って自分の父を見舞っていたが、病棟の患者全員に、勿論自分の父を含めてだが、短縮版のセデルを行なうことを約束していた。セデルを終えると、ラビはテルハショメルからフローレンタイン地区まで延々数マイルを徒歩で戻るのである。

家で待っていると、オル・トーラー・シナゴーグの世話役が二名訪ねて来た。ジスキンド・フィンケルシュタインとヨセフ・エリヤフ・ホロンチクである。オル・トーラーは、ラビ・アハロン・フランケルが担当するシナゴーグで、やはりフローレンタイン地区にあるが、信徒が減り始めているという。住民がテルアビブの北の方へ続々と転居しており、残る信徒を引き留めようにも肝腎のラビがいない。困りはてた世話役達は、私に明日の朝シナゴーグへ来てくれ、祭日の初日を仕切って欲しいと懇請した。ハレル（詩編一一三―一一八の引用による祈祷）と（乾期を前にした）露を求める祈りを先導し、講話もお願いしたいという。私は、ラビ・フランケルのシナゴーグで祈る代わりに、その父のシナゴーグで祈ることになるのかと考えながら、同意した。ラビ・フランケルがテルハショメルの父親を見舞い、その帰りを待つ間に、非公式とはいえ聖職者としての職務を引き受けた。私は、運命のめぐり合わせをつくづく感じた。

私はラビの資格を一九五九年の夏に得ていた。婚約した頃である。しかし、無給とはいえ妻の祖父のシナゴーグで、しかも過越祭の初日に、ラビとして奉仕することになった。かなり時間がたって、ラビ・フランケルはやっと帰宅した。そしてこの話を聞くと大変感動した。私が入院中のご本人に報告すると、戻るまで席を温めておいてくれとの話であった。ご本人は戻りはしたが、不幸なことに三ヶ月後に再入院となり、残る片方の脚も切断され、ラビとしてシナゴーグには遂に戻れなくなった。私は五年半ラビとしてそのシナゴーグに奉仕し、テルアビブ北部のティフレット・ツビ・シナゴーグのラビとなり、そこを去った。

私が自分の人生航路で転換点と考えている第二の出来事は、やはり過越祭の期間中に起きた。妻の実家のアパートは三部屋であった。二つは続き部屋で、台所兼食堂兼応接間として使われ、残る一部屋は夫婦の寝室であった。私が妻とこの兼用部屋で寝ていると、耳をつんざくようなサイレンの音がした。消防車と救急車である。午前四時だった。外をのぞくと、空が血のように赤黒く染まっている。

ラビ・フランケルのアパートは、ボロベルスキ・センターの真向いにあった。そこは職人の工房が沢山集まっているところであるが、主に大工の仕事場で、木造小屋の集まりであった。そこでは火事が度々起きた。電気のショートや煙草の吸殻の投げ棄てが原因だった。紅蓮《ぐれん》の炎が天空高く舞いあがり、火勢は一向に衰えない。フローレンタイン地区全体に危険がせまっていた。

家族全員をたたき起して逃げる用意をすべきか、と思ったが、通路で物音がした。そっとドアを開くと、狭い通路に人が沢山いる。ラビ・フランケルがローブ姿で通路に立ち、警官のように階段をあがってくる人々を誘導している。その階段は五〇段もあり、詰めかけた人々は、義理の父のアパートの中に入りきれず、通路に行列をつくり、それが階段の下までつながっている。ボロベルスキ・センターの木造小屋の住民達で、静かに待機していた。

後で知ったが、ここではこれが年中行事のようであった。数ヶ月に一度火災が発生する。すると地区の住民達がラビの自宅へ押し寄せ、ここなら安全と貴重品を預けるのである。ラビが置き場所を指示する。かくしてどの部屋も住民の持物で埋め尽された。蝋燭立て、レコード、書籍、ハヌカ用の八枝の燭台、アルバム、写真等々である。手回し蓄音機を預けた人もいる。ある人は、行列をかきわけてラビのところへ来ると、バッグを渡しながら、この中にゴムバンドで巻いた札束が入ってます、全部で六〇〇ドルあります、娘の結婚持参金として貯めたものですと言った。そこへ、ひとりの若い女性が来た。赤ん坊が柔い布に包まれて床におかれている。

その女性は、我が子を炎から救うため、ラビの家へ連れてきたのである。私は、そのみどり児を見たとき、つい取り乱してしまった。私はバルコニーに出た。目の前は火の海である。私は声をあげて泣いた。そのみどり児と幼児の私の姿が重なっていた。ゲシュタポとドイツ兵の追究の手を逃れ、母親と共にピョートルクフのあの天井裏に隠れていた、あの時のことを。私が泣き声をださないように、母が蜜入りクッキーを私の口の中へいれたことも、思い出された。私は泣きながら、ラビになるなら、ラビ・フランケルのような人になりたい、と考えていた。大衆が心の底から信頼する人、母親が炎から守るため、自分の命よりも大切なみどり児を託せる人である。

私はイスラエルの主席ラビとなった。その就任式の日、私はずっとこのことが、自分の頭にあった。私は、あの日の早朝の出来事について触れ、話を終えた時次のようにつけ加えた。「私は、万巻の書を読破できるかも知れません。レスポンザの内容も無数に知るでしょう。しかし、一番重要な問題は、〝私はどのようなラビを目指すか〟であります」。そう言って私は、父親、ルブリンのラビ・メイル・シャピーラ、私の叔父であるコロムイヤのラビ、キリヤトモツキンの私のおじに触れた。それぞれに味のある人柄であるが、過越祭の期間中行動するラビ・フランケルの姿に、ラビの理想像を見た、と私は言った。

四時間後火事は鎮火し、フローレンタイン地区住民は、自分の所有物を持ち、出て行った。安全な所はラビ・フランケルの自宅であることを、誰も微塵も疑っていなかった。この信頼感が彼らに大きい力を与え、信仰心を強めていた。その晩の思い出は私の心に残り、今日に至るまでラビとしての行動の指針になっている。

新婚の私達が最初に住んだところは、テルアビブのペレツ通り一八番地にある、二部屋のアパートであった。中央バス停とモシャバット広場の間に位置する。ここで三人の子供が生まれた。階段が七五段もあって、乳母車を二つ引いてあがるのは、容易ではなかった。食料雑貨品の運搬も大変だったが、私達は文句も言わずに、このような生活を続けた。

結婚して数年たって、当時宗教副大臣であったゾラフ・バルハフティク博士が、海外のラビ職を提示した。ロンドンのヘンドンにあるアダト・ユダヤ人社会※を担当し、任期は最低で三年という。ラビ・フランケルは、この提案を耳にした。そして、私達夫婦が四日間の準備旅行を検討中であることを知り、その晩は、一睡もできなかった。朝になって早速長男のアリエを私達のところへ派遣した。旅行キャンセルの説得工作である。私は、ラビ・フランケルと話し合い、本人が心配する訳を理解しようとした。ラビは頑として譲らない。「イスラエル、よく聞きなさい。向こうでは君を手放さない。三年どころか一三年たってもそうだ。私は紙の世界で子供達とつき合いたくない。娘と君は、航空書簡や絵ハガキを数日に一回位は送るだろう。孫達の写真も時には送る。これは紙の世界の家族だ。私は君にいてもらいたい。私の傍に」と言い張った。

私は「あなたは私の父です。そのあなたがはっきり反対と言えば、自分で決めようと思ったことでも。決めることはできません。一文無しの孤児であった私を、あなたの娘の夫として受け入れてくれました。私は、そのような勇気を発揮するあなたを、尊敬しています。ですから、私はあなたの勧告を受け入れます」と答え、義理の父を安堵させた。私は、魅力あるイギリスからの提示を断り、イスラエルに残った。義理の父の傍に。

舅《しゅうと》は婿である私をどう見ていたか。姑《しゅうとめ》のハンナがよく口にしていたが、「イスラエルに失望したことはない。出だしは確かにまずいところがあり、決して完全ではないが、そのうちになんとかなる。これが私の直観だった」と言ったそうである。短いが要を得ている。私はこの言葉を千鈞《せんきん》の重みで受けとめた。

　歳月が流れて、自分の娘のひとりに見合いの話がくる時が来た。相手は、極めて信望のあついラビ一家の子息で、私は素晴らしい一家の息子を娘に紹介されるのは、名誉な話と受けとめた。しかし、暮らし向きのよいこの一家は、さまざまな条件をつけていた。とてものめない要求である。当時私はナタニヤのラビであったが、妻にテルアビブへ行ってお父さんの意見を聴いてくれ、と頼んだ。

　ラビ・フランケルが昼食をとりに帰宅し、ハヤ・イタは両親と台所に陣取って、詳しく話をした。ラビ・フランケルは注意深く聴いていたが、一言も発しない。スープを終わりメインコースになった。娘は話を続ける。父親は黙々と食べるばかりである。ハヤ・イタは、興味がないのかしら、それとも重要な話と考えてないのか、全然聴いていないようだけど、と思った。話を終えると、娘は父親を睨みつけて、「父さん、何にも言わないのね。私の言っていることを聞いてたの?」と言った。

　父親は娘をじっと見詰め、「私の口から聞きたいのか。君達の素晴らしい娘に対して、こんな屈辱的な条件をつけられ、イスラエルがよくも黙って聞いておられるものだね」と答えた。そして、「その御歴々は一体何様のつもりなのか」と怒鳴り、段々激してきて「イフス(古い家柄、イーディシュ語)か?　この御歴々はイフスを欲しいのか。彼にはイフスが欠けているというのか。三八代続くラビの家系なんだぞ。こんな家族がほかにあるか。子供の頃にあの体験をして生き抜き、今ではナタニヤのラビなのだ。言っておくが、彼にとって、ナタニヤは終着駅ではないぞ。もっと上にあがっていく男なのだ。その男が、ほかの人間達がつけた条件に屈するのか。息子と結婚させるのは特別のはからい、有り難く思えというのか。こんな恩着せがましい話があるか。彼が会ってやるのだ。有り難く思わなくてはならないのは、この

※訳注・アダトは、正統派ユダヤ人共同体の名称、シナゴーグと教育機関を持つ。ベルリン(一八六九年)を初め、ロンドン、ニューヨーク及び東欧主要都市に建設された。バルハフティクは、通過ビザの発給を求めて杉原副領事と交渉したユダヤ人側の代表。

御歴々の方なのだ。私が君の連れあいをどう思っているか、今まで言ったことはない。よく聞いておきなさい。私はあの男を心から尊敬しているのだ。そして君、こんな提示など絶対受けたらいかん」。父親は娘ハヤ・イタに忠告した。

この言葉を聞いて、私の妻は胸のつかえがおり、清々して戻って来た。賢者達は、「疑問を除去する程大きい喜びはない」と言っている。父親の断固とした態度のおかげで、彼女は肩の荷がおりた。この結婚話には彼女自身沢山の疑問を持っていた。しかし父親が自分の考えを伝えた後は、疑問も躊躇《ちゅうちょ》も雲散霧消したのである。私達夫婦はこの言葉を受け入れ、結婚話をすぐ断った。

フランケル家では夫婦仲がよく、しっくりいっていた。フランケル夫人の最大の喜びは、いつ如何なる時も夫の傍らに寄り添い、何事でも夫を後押しすることであった。夫を敬い且つ支える姿は、ほかに類がなかった。

私は、フランケル家のありようを示す例を、今でもはっきり覚えている。息子のひとりアリエ、才能のあるタルムード学者といわれていたが、謙虚で極めて穏やかな人で、本物の天才だった。エルサレムに住み、毎日バスでペタハティクバまで通勤していた。当地の宗教裁判所の判事であった。五〇歳の誕生日がきて、アリエは仕事場からエルサレムへ戻らず、テルアビブの両親の家へ行き、「皆で乾杯し、五〇年の命を授けてくれた御礼を言うために来た」と言った。その日の夕方両親は、エルサレム行きを予定していた。いつもそうなのだが、その年は五〇歳の節目を記念した贈物を用意していたのである。両親は、息子が誕生パーティで祝うようなタイプの人間ではないことを知っていた。それでも、親子水入らずでレハイムの乾杯ならいいだろう、と考えた。しかし、いつもと違って今回は息子が先を越して、両親の方に来て、命を授け育ててくれた御礼を述べた。

二日後アリエは、いつものようにエルサレムからバスでペタハティクバへ向かった。バスがロッド空港の近くにさしかかったとき、突然隣席の乗客に呼吸ができないと言った。バスは停車し、乗客達が協力してラビ・アリエを床に寝かせ、CPR（心肺機能蘇生）処置を施した。そうこうしている内に、連絡をうけて空港から救急車が到着、アリエはアッサフ・ハロフェ病院に搬送された。バスにはたまたまエルサレムのラビ、ヨセフ・セガルが乗っており、病院まで付添ってきた。緊急医療室の入口で、アリエはセガルに、「私と一緒にシェマア・イスラエル（聞け、イスラエル）を唱えて。私は死ぬようだ」と言った。

ラビ・セガルはショックをうけ、緊急治療室に運んでいるだけで、大丈夫だと安心させようとした。しかしアリエは自分でシェマアを唱え始め、「神はしろしめす。神は未来永劫しろしめす」と言いながら、息をひきとった。バスの中でラビ・セガルは、ラビ・アリエの家族関係を知ったのだが、父親のラビ・フランケルに息子の死をどう伝えたらいいのか思い悩み、私がラビ・アリエの親戚であることをバス内で知ったので、ナタニヤの私に電話してきた。

私はすぐアッサフ・ハロフェ病院にかけつけた。しかしどうすることもできない。涙がでるばかりである。救急治療室の担当医は、ソ連からの新移民であった。私がラビ・アリエの最後の模様をたずねると、医者は非常にショックをうけた様子で、「聖《ひじり》に違いありません。全く純粋無垢の御姿でした。あんなに安らかに旅立たれた例を知りません」と答えた。

一方、アリエの兄弟イッセルとシモンが、両親に知らせに行った。フランケル夫人は、息子の死を知ると卒倒した。床に倒れ心臓がとまったのである。イヒロブ病院の医者が何時間も蘇生処置を施した。人工呼吸装置をつけ、人事不省のまま病院へ緊急搬送され、処置をうけている頃、私達は私の義兄の葬儀準備のため、エルサレムへ行った。シヴアー（埋葬に続く七日の服喪）は、エルサレムで行なわれた。しかし、ラビ・フランケルはまずイヒロブ病院へ行くと言った。二重の悲劇を知らせないようにしているのではないか、と考えたのである。

私が車を運転し、テルアビブへ向かった。ラビ・フランケルの右の折り襟《えり》が裂けている。愛する息子の死を悼む行為である。カルリバッハ通りに来て、病院の方へハンドルを切ろうとすると、ラビは涙声で先に自宅へ行ってくれないかと言った。葬儀で裂いた服を着換えたいのである。裂けた衣服では息子の死の現実が生々しくせまり、体によくない。病状悪化につながる恐れがある。妻はまだ絶対安静が必要であり、しばらくは息子の死の悲劇から遠ざけておきたい。妻を気遣うラビは、できるだけ平常な態度で、面会しようとした。

フランケル夫人は、まだ酸素マスクをつけていた。意識が完全に戻っているわけではなかった。ラビ・フランケルは、妻の耳許で「ハンナ、君がいないと困る」と囁《ささや》いた。果たしてその声は夫人の耳に届いたのであろうか。ラビ・フランケルは、妻を励ましたかったのである。頼りにされていることが病気と戦う力の源泉となる。ラビはそう願った。私は、夫人が微笑んだと思った。芝居がかったところが微塵もない態度で、居ないと困ると言われて、夫人は人差し指で自分を指し、それから夫を指してうなずいた。あたかも「私だってあなたがいないと困る」と言っているかのようであった。

この夫婦は、家族の死、病気そして苛烈な環境をくぐり抜けてきた。夫婦の絆は希に見る程強かった。フランケル夫人は無事回復し、数週間後に退院した。しかし、息子アリエを失った深い悲しみを、生涯背負い続けた。

ラビ・フランケルは、よく聖書にある子供を失ったヤコブの悲しみに触れ、息子や娘達が皆やって来て慰めようとしたが、慰められるのを拒む個所を引用して、「ああ、私もあの子のところへ、嘆きながら陰府《よみ》へ下って行こう」と言った(創世記三七章三五)。七日間の服喪期間中グールのレッベ、ラビ・シムハ・ブニム・アルター(レブ・シムハ)が尋ねて来た。このハシッドグループは、簡潔を宗とする話し方で知られるが、それにもかかわらずレッベは、「二ヶ月前、大祭が続いている頃、エルサレムのグールの研修ホールに、数千名が詰めかけましたが、そこにはアリエ程の人物はいませんでした……」と話を続けた。

二年後の一九八六年九月、ラビ・フランケルが、癌で死去した。間もなく七三歳になるところであった。七二歳の誕生日に、出エジプト記の言葉を自分は成就したと思う、と言った。それは、二三章二六の「私はあなたの天寿を完うさせる」というくだりである。ヘブライ語の数占いでは、全うさせる(私は充たす)という言葉は七二に相当する。ラビ・フランケルはイヒロブ病院の集中治療室で、最後の日を迎えた。まさに命が尽きようとするとき、私に酸素マスクをはずすように合図した。何か私に話しておきたいことがあったのである。私が口許に耳を寄せると、ラビ・フランケルは「ずだ袋を腕に子供の群れをかきわけ、家から家へとさ迷い歩く。そんなことを母さんにさせないでくれ。私達の家をしっかり守り、今までどおり、母さんのところへ来てくれ」と言った。彼は偉大な人であった。私が会った人のなかでも、別格の人格者であり、彼ほど私に大きい影響を与えた人は、ほかにいない。世話になった二五年間だけでなく。その後の私の人生でも然りである。フランケル夫人は、一九九七年一月に死去した。夫なき後の一〇年間、フランケル夫人は家族の絆を大事にして、まとめ役に徹した。夫人は燦《さん》として輝く存在であった。

私が、フランケル家の親戚になったとき、ラビ・イツハク・エディディヤが親代わりの役を果たすようになった。結婚しようとする頃には、私は未来の義理の母を、母さんと呼び始めていた。私が母さんと最後に叫んだのは、七歳半の時であった。母は瞬時の判断で私を一八歳の長兄の腕に押しつけた。私は私の命を救う唯一の方法と考え、兄に託したことに気付いた。兄は母に向かって、「マメー、マメー、この子をどうしたらいい」と大声で言った。私は死にもの狂いで、「母さん、母さん」と叫んだ。母は死の移送列車に乗せられて去った。母を見たのは、これが最後であった。そしてその言葉を長年口にすることはなかった。義理の母親、ハンナ・フランケル夫人に対して使うまでは。

第二部　雄羊の角笛

そして、アブラハムは目を凝らして見回した。すると、後ろの木の茂みに一匹の雄羊が角をとられていた。アブラハムは行ってその雄羊を捕まえ、息子の代わりに焼き尽くす献げ物としてささげた。

——創世記二二章一三

第一三章　追憶

彼らは、その激しい苦痛を見ると、誰も話しかけることができなかった。
――ヨブ記二章一三

一九六〇年五月のある日、ナフタリから電話があった。アドルフ・アイヒマンが捕まった。ダビッド・ベングリオン首相が間もなく発表するという。当時長官であったイッセル（イッサー）・ハレル率いるイスラエルの情報機関モサッドが逮捕したのである。

アイヒマンという名前が自分にとって何を意味するのか。私が家族に話をするきっかけになったのが、このニュースである。一九六〇年五月、私の心の奥底に埋まっていた体験が噴きあがってきた。ダムが決壊したのである。

少年時代、私はホロコースト時代の記憶を封印し、殆んど語ることはなかった。その記憶を他人と共有したこともない。私の個人的記憶と考えていたし、この問題を囲む底知れぬ沈黙、ショアの沈黙のためでもある。

私は、自分のホロコースト個人史を、そっくりそのまま語ったことはなかった。妻やその親族達に対しても然りである。時と場合により、あるいは会った人の経歴等から、断片的にちょっと話題にしたくらいで、一貫性をもって詳しく語ったことは一度もなかった。兄のナフタリは、ホロコーストを私よりも正確且つ詳細に知っているのであるが、その兄も沈黙を守った。

心中穏やかではない。私は不安を抑えながら裁判を待った。このホロコースト裁判が、並外れた歴史的意味を持つことを、誰もが知っていた。裁判初日、私はナフタリが私のアパートのバルコニーの下に立っているのを見た。兄はハアレツ紙の記者で、裁判取材を命じられエルサレムへ行き、第一回公判の後、自宅へ戻らず中央バス停からここへ直行してきたという。少し心配になって「一体どうしたの」とたずねた。兄はあがって話をしたいと言った。そして、ハヤ・イタと私を相手に、一晩中戦時中の思い出を語った。兄が、あの呪われた時代について順を追って生々しく語るのは、これが初めてである。妻は、私と一緒になって初めて、ホロコーストで兄と私が経験した戦慄《せんりつ》の恐怖を知った。

アイヒマン裁判が転換点であった。私達兄弟だけではない。多くの人が苦悩のなかで抑圧し、あるいは他に漏らしてはならぬ恐るべき秘密として、ひた隠しに隠していたホロコーストの記憶が、この裁判で呼び起こされたのである。多くを語る人あるいはその逆の人と多少の違いはあるが、沢山の人々があの暗黒時代の体験を語り始めた。裁判は、ホロコーストの実態と恐怖を世界に明らかにした。それはカ・ツェトニクの証言によるところが極めて大である。カ・ツェトニクは作家エヒエル・ファイナーのペンネームで、本人は姓をヘブライ語のデヌールに改名した。〝火花〟の意で、イーディッシュ語でファインという（カ・ツェトニクは、イーディッシュ語のスラングで、強制収容者の意。カ・ツェットに由来する、ドイツ語のコンツェントラチオンスラーゲルの頭文字をとって、イーディッシュ語ではKZと表記）。

本人の証言は短く、僅か九行にすぎない。それ故に強いインパクトを有し、裁判で行なわれた数百の証言のなかで特出し、忘れ難いものとなった。証言台に立ったカ・ツェトニクは、防弾ガラスに囲まれた被告席のアイヒマンを見据え、アウシュヴィッツを別の星と表現し、犠牲者が移送列車から降りて、メンゲレのところで選別される過程を描写し始めた。しかし言葉がとぎれ、どうしてもメンゲレの名前を口にできなかった。「私は見ている……見える……見える」と繰り返すばかりである。カ・ツェトニクは自分の頭の中で、体験のリプレイを見ていたのである。彼は、アウシュヴィッツの捕囚の世界に戻っていた。証言台の上で自分を制御しきれなくなり、意識を失って倒れた。医療処置のため搬出されたので、彼の証言はここで終わった。

アイヒマン裁判の後、私はカ・ツェトニクと時々会った。彼は、私の父を知っていた。父は、従兄弟のラビ・メイル・シャピーラと一緒に、ハフメイ・ルブリン・イェシバで教えており、エヒエル・デヌールはそこの神学生であった。二〇世紀を代表するラビのひとり、ラビ・イスラエル・ヨセフ・

ピカルスキの愛弟子である。

デヌール／カ・ツェトニクは、私の家の近くに住んでいた。しかし、外出することは殆んどなく、私の方から押しかけて話をするのが常であった。希に私が自分の記憶を話すことはあったが、大抵は私が聞き役であった。私達は親しい友人になった。

彼がアウシュヴィッツを生々しく追体験するのは、アイヒマン裁判の時だけではなかった。ほかでも、目の前でアウシュヴィッツの恐怖がまざまざとよみがえってきた。その特異な幻想が、彼の人生と作品のすべてに影響している。

カ・ツェトニクは、イスラエル移住後、ヨセフ・アシェルマン博士のひとり娘ニーナと結婚した。当時アシェルマンは、イスラエルでも著名な医者のひとりであった。カ・ツェトニクは私に、ニーナの両親がこの男女関係を心よく思っていない、と言った。娘の家庭は裕福で名家である。両親の目から見ると、娘は、ホロコースト難民とは無縁の世界に住む人間であり、しかも、そのホロコースト難民は、奇妙な習性を持ち、話し方も風変わり、だらしない服装で、全く理解不能の存在であった。カ・ツェトニクは、アシェルマン一家が堅持しようとするイメージとは、まさに正反対の存在であった。

娘の両親が反対したにもかかわらず、二人は結婚することになり、アシェルマン家の庭で式があげられた。カ・ツェトニクは、群集に恐怖心を抱き、出席者を少人数にするよう要請し、立会人としての必要定数一〇名を越えないようにとのことであった。式は一〇分で終わったが、途中でカ・ツェトニクの体が震えだし、「動いてくれ、場所を少しあけてくれ。息をさせてくれ。呼吸できない。全員行ってくれ」と譫言《うわごと》を言い始めた。

アシェルマン博士は、カ・ツェトニクの袖口をぐいと引っ張った。ここをどこと思っているのだ、静かにせよ、行儀よくせよという意味である。しかしカ・ツェトニクは、落ち着かず静かにもできなかった。式の後彼は、あたかも夢からさめたようで、花嫁に震え声で「全員が式に来た。人で身動きできなかった。父がここに立っていて、母が私を見て微笑んだ。妹も弟も、叔父、叔母達もそしてラビも来た。全員私を囲んでいた」と言った。そして、出席した家族、親戚のほか招待客の名前をあげた。彼の結婚式に全員が来たのは間違いない。彼は群集で息が詰まると感じたのである。

これがカ・ツェトニクである。彼は、ホロコーストを過去の世界におくだけではなく、目の前で生起する状況として、その中で生きているのであった。『人形の家』（一九五五年）

のような作品をいくつか書いている。それ以外は世間と没交渉で、野原の小屋にこもっていた。現在から遊離し、自分の存在そのものを〝あちらの〟世界の現実に、ゆだねていた。私が訪ねた際に打ち明けたように、彼は〝自分の心臓の血液〟を使って書いているのであった。

最初に会ったとき、私は「あなたの短い証言のなかで、同意しかねる点がひとつあります」と前置きして、次のようにいった。

「あなたは、〝別の星にあるアウシュヴィッツ〟という表現をされました。しかし、それは正確ではありません。アウシュヴィッツが本当に別の星にあるのなら、ホロコーストを少しは受け入れられるかも知れません。しかし、アウシュヴィッツの惨劇は、私達が生きてきた星、これからも生き続けるこの星で、起きたのです。無辜《むこ》の人間を殺戮した、その実行犯は極く普通の人間でした。人殺しの仕事を終えると、帰宅して手入れの行き届いた庭で草花に水をやる。この連中は、幼児を文字どおり引き裂き、男や女の頭を叩き潰した後、草花をいつくしむ。美しい花の咲く日を楽しみ、丹念に育てたのです。数千数万の人間をガス室に押しこめて虐殺する。そしてその勤務を終えると家へ帰り、自分の幼い娘に人形を与えて一緒に遊び、クラシック音楽を聴く。目を閉じてバッハやベートーベンの深遠な世界に遊び、精神的高揚をはかるのです。この連中は、収容所の中で起きていることを、はっきり認識しながら、何事もないかのように生活をエンジョイしていたのです。これは別の星の話でしょうか。絶対に違います。あの連中は、あなたや私と同じ人間です。問題はそこにあります。恐怖の惨劇を別の星の話にしてしまえば、問題を矮小《わいしょう》化することになります。ホロコーストのようなことは、今後ここでは起きるはずがないと言っているも同然ですね。卑見によれば、あなたのおっしゃっていることは間違っています」

カ・ツェトニクは沈黙したままであった。反論するわけでもなく、自分の世界にひきこもっていた。私達は〝別の星〟という用語を使うべきではない。ホロコーストはそのようなものではないからだ。この用語は、歴史の歪曲である。不幸にして、この歪曲された歴史が二度と起きないという保証はない。経験から私は学んだ。悪と狂気の脅威は存在する。そしてその力を軽視してはならない。世間では、「あの人はメシュガー（頭がおかしい）だ。本気でそう言っているのではない。そんなことはあり得ない。第一、世界が黙っていない。起きないようにする」という人々がいる。私はそのような発言を信じることはできない。私は、このような主旨の話を聞く度に、茫然となる。私達は、いずれの狂信者も、たとい力を持たない者であっても、その存在を深刻に受けとめておかなければならない。私達は、ミュンヘンの地下室でまさに犯罪的な人種理論を唱えた男、ちっぽけなオーストリアの一兵卒を、深刻に受けとめたであろうか。答えはノーである。一九四〇年代初めのヨーロッパを見ればよい。当時人々は、このような理論にもとづく行為は世界が許さない、と主張していたのである。ヤセル・アラファト議長やアフマデネジャド大統領のような中東の指導者が、途方もない大仰な主張を唱えていたのは、それ程昔のことではない。アラファトは、一〇〇万の殉教者によるエルサレム進撃をぶちあげ、イランの大統領は、イスラエル殲滅《せんめつ》を呼号し、ホロコーストは無かったと主張した。ホロコーストが起きた後にそのような事を言う。こんな乱暴な主張を唱える者を、無視したりあるいはみくびったりするわけにはいかない。どの〝狂信者〟も真剣に考えている意図がある。そしてその意図は、私達が深刻に受けとめて持てる力をフルに使って阻止しなければ、大事に至る恐れがある。文明の中心地で起きたのである。どこでも再び起きる可能性がある。

ブッヘンヴァルトは、ドイツそしてヨーロッパ文化揺《よう》籃《らん》の地ヴァイマールから、八分のところに位置している。一九四〇年代、この地の人々は、豪華な劇場で、演劇や舞踏あるいは音楽を楽しんでいたが、近くの焼却炉の煙突からたちのぼる煙を見ることができた。見逃すことなど不可能であったが、彼らは目を閉じることを選んだ。我々は知らなかった、我々は聞かなかったというのは嘘であり、ドイツ人は偽りの主張の陰に身を隠すことはできない。

アイヒマン裁判開始の二年後、ワルシャワ・ゲットー蜂起二〇周年の時がきた。ポーランドの共産政権は、ワルシャワにおける大々的な記念行事の開催を計画した。当局はイスラエルの代表団を招いた。それには、ラビ・イツハク・エディディヤ・フランケルやアイヒマン裁判の主席検事として世界に知られるギデオン・ハウスナーが、含まれていた。

式典はヨーロッパ中に生中継された。出席者には、ポーランドの大統領、首相以下の閣僚達が含まれる。しかし式典は、間違ったメッセージを発信した。即ち、ゲットー戦士はユダヤ人ではなくポーランド人とイーディッシュ語は一言も聞かれず、である。ヘブライ語やイーディッシュ語は一言も聞かれず、主催者がイスラエル代表団に発言を求めることもなかった。共産ポーランドの見方からすれば、蜂起は、ドイツファシズムに対する社会主義者の英雄的抵抗の象徴なのであった。ユダヤ人は、死の収容所へ移送されて殺された。前述のようにその大量移送の最高責任者アドルフ・アイヒマンを裁いたのが、ハウスナーである。見事な裁きで名裁判官として国際的に知られる人物であったが、主催者は、本人に一言も発言させなかった。

しかし、ラビ・フランケルの堂々たる長老的風格は、異彩を放っていた。弁士は次々立って抵抗の勇士達を賛えたが、ラビの風貌はまさにその彼らの出自を物語るものであり、出席者の目には、そのように映ったはずである。ゲットー潰滅から二〇年、その間正統派ユダヤ人の衣服を着用したこのような人間の姿は、ワルシャワでは見られなかった。ラビ・フランケルは、正真正銘のユダヤ人の姿であり、ポーランド人の目にはそのイメージのよみがえりであった。このようなユダヤ人が、何百年も彼らの世界を構成する重要な要素であった。しかし、第二次世界大戦後、彼らは過去の遺物、博物館でしか展示されない存在になった。本人の存在は否が応でも目につく。式典参加者はその存在に目をつぶるわけにはいかなかった。

式典は、ワルシャワ・ゲットー蜂起の巨大な記念碑の傍らで挙行された。記念碑は、ユダヤ系ポーランド人彫刻家ナタン・ラパポルトの作品である。式典に登場する弁士達は、第二次世界大戦を、共産主義者対ファシストの壮烈な闘争として描写し、共産主義者が英雄的行為を通して世界に教訓を与えた、と語ったが、ユダヤ人やユダヤ教については一切言及しなかった。

ところが、弁士交代の合間に、あたりが静まり返った瞬間を狙って、ラビ・フランケルが立ち上がったのである。秒刻みの詳細な式次第を無視して、話を始めた。正式の弁士ではないので、マイク無しである。それは、魂の奥底からの叫びであった。ラビ・フランケルは、絞りだすような声で、ヨーロッパの大地で殺戮されたユダヤ人幾百万のために、カディシュを朗唱した。「イトガダル・ヴェイトカダシュ・シェメー・ラッバー、主の偉大なる御名が大いに賛えられ、聖別されますように」

ラビ・フランケルは、この時の話をする度に涙ぐんだ。そしてポーランドの地で再びカディシュを唱えているような気持ちで、細部を語るのである。「カディシュを誦している とき、私にはまわりの人達が見えなかった。私の目には、ルンツシッツ（ウエンチツァ）、リピン、ワルシャワ等々ポーランドの諸都市のユダヤ人の姿が映っていた。私は彼らのためにカディシュを唱えたのだ。記念碑のまわりに人影があった。式典が始まる前、暗闇にまぎれて、木の上にのぼった人達がいたのだ。勿論式典には招待されていないが、見逃したくなかったのだろう。とにかく彼らは自分の持ち場として、そこを離れなかった。私がカディシュを唱え終ると、彼らはそれに応えて〝アーメン〟と言った。勿論聞えたわけではない。しかし私達は彼らの顔、表情を見たのだ。彼らは私の合唱隊、私の信徒だった」

ラビ・フランケルには、もうひとつの思い出がある。式典の後、代表団がトレブリンカを訪問した時のことである。線路の引込線の終点近くに原野がひろがり、見渡す限り人骨で埋め尽くされていたのである。ラビ・フランケルはそれを見て寒気がした。ラビは血も凍るような光景を私に説明し、「私は預言者エゼキエルのようであった。私は、〝骨で埋まった谷の真中に立っていた……見ると、谷の上には非常に多くの骨があり、また見ると、それは甚だしく枯れていた〟(エゼキエル書三七章一―二)」と言った。ラビは、前日の式典を報じたポーランドの新聞を持っていたので、それに人骨を拾い集めた。ひとりのポーランド人カメラマンが、テルアビブから来たラビの記録写真をとった。つばの広いビロード製黒帽をかぶり、長い顎鬚を垂らしたラビが、涙を流しながら、かがんで骨を、左様トレブリンカで虐殺されたユダヤ人達の枯れた骨を、ひろい集めてポーランドの新聞に包んでいる姿、であった。[※1]

ラビ・フランケルが、付き添いのポーランド人ガイドに、何故埋葬しないのか、少なくとも土をかけてもよいのではないか、とたずねた。ガイドは答えた。それは、思わず身震いするような話であった。「ラビ・フランケル、御存知ないと思いますが、私達は何回も土をかけたのです。アスファルトをかけ、スチームローラで押し固めることすらやりました。しかし一年もすると、骨が噴きあがってきて、まるで何もしなかったような状態になるのです」と言ったのである。トレブリンカを定期的に訪れているアントワープとニューヨークのユダヤ人達が、これを確認した。埋まっている時もあれば露出している時もあるという。「大地よ、私の血を覆うな、私の叫びを閉じ込めるな」(ヨブ記一六・一八)。イズコール(原意は記憶)即ちホロコースト犠牲者追憶の祈りで、私達はこの言葉を捧げる。ポーランドの大地は、あたかもこの言葉を聞き、それに従ったかのようであった。

ラビ・フランケルは、その骨をポーランド紙に包んで、イスラエルへ持ち帰った。ラビはいくつかの石材店に連絡をとり、石の寄付を求めた。寄贈を受けた大きい石を使って、ラビはテルアビブのナハラット・イツハクの共同基地に記念碑を建て、そこにトレブリンカの死の谷で集めた骨を埋葬した。碑にはトレブリンカとしか刻まれていない。毎年ホロコースト追悼記念日に、ラビ・フランケルはここで追悼式を行なった。息子のラビ・イッセル・フランケルが、父の伝統を継いで式を行なっている。

代表団はポーランド訪問中、安息日にノジーク・シナゴーグで礼拝した。ワルシャワに残る唯一のシナゴーグで、ホロコースト時代ドイツはここを馬小屋として使用していた。大戦終結から一八年後の一九六三年春、代表団は、ワルシャワ残留のユダヤ人達と一緒に、安息日の朝の礼拝を行なった。この週のトーラー朗唱はレビ記一〇章六で、祭司アロンの息子ナダブとアビフの死に焦点をあてた個所である。ラビ・フランケルは、「ただし、イスラエルの家はすべて、主の火によって焼き滅ぼされたことを悲しむがよい」という一節を強調して話をした。時と場所そして代表団にとって、これほどふさわしい一節はない。代表団は、世界各地に散って、ホロコースト以来ポーランドに一度も来ることができなかったユダヤ人で、構成されていた。トーラーのこの一節が彼らに訴え、彼らは本当に「焼き滅ぼされたのを悲しむ」のであった。

追悼式とシナゴーグの礼拝に参加した代表団のなかに、ラビ・エリヤフ・カッツがいた。ブラティスラバのラビであるが、当時その都市は共産国チェコスロヴァキアの一部で、チェコ当局が露骨なプロパガンダ目的で、ラビの参加を許可した。これこのとおり少数民族は弾圧されておらず、伝統を守るユダヤ人社会も存続している、と誇示したいのである。しかし、現実場面は全く違っていた。いつも誰かが尾行し、ラビ本人は監視下におかれていた。まわりの人達は、ラビが代表団のポーランド滞在中一言も言葉を発しないことに気付いた。しかし、その安息日、シナゴーグに集まったユダヤ人達は、ブラティスラバのラビに敬意を表して、講話を求めた。

ラビ・カッツは前かがみの姿勢で壇上にあがり、聖櫃のカーテンに接吻し、会衆の方に向き直った。そして、東ヨーロッパのユダヤ人の気持ちと涙を代弁するかの如く、その週に読むレビ記のなかで、ヘブライ語にすれば僅か二語のくだりを説教した。訳せば「アロンは黙した」の個所である（レビ記一〇章三）[※2]。

※1原書注・翌日、ヨーロッパ諸国の新聞が、この写真を掲載した。さらにこの写真は、この年の報道写真コンペで一位になった。

ラビ・フランケルは、ポーランド訪問中だけでなく帰国後の講話で、いつもホロコーストに触れるようになった。さらにラビ・フランケルは、イズコール叢書を一章ずつ読んでいくのを、日課にするようになった。これは、ホロコーストで壊滅したユダヤ人社会を追憶した記録集であるが、そのうちに情報が沢山集まるようになり、叢書として充実してきた。ホロコースト前、ヨーロッパ各地に何世紀も続くユダヤ人社会がいくつもあった。叢書は、その生々とした生活と、戦時中の状況を併せて記録している。ラビ・フランケルは、その叢書を集め、寝室の衣装たんすの上に積みあげ、毎晩就寝時の祈りの前に、一章ずつ読んだ。

ある日テルアビブで、タクシーに乗った。座席に落着くと、運転手がバックミラーで私を見ているのに気付いた。そして、その運転手が私に話しかけてきた。「お客さんは、ラビ・ラウですよね」とたずね、「あなたは、ホロコーストの生き残りですね。実は私も体験者なのです。あなたのお話はラジオ番組で聞いています。若い時です。今では三人の子持ちですが、昼食は家に戻って妻子と一緒にとるように努めています。職場では、その点では几帳面な男として知られていますがね。子供が学校から戻って、一緒に食事をして話しあうのが、自分にはとても大事なのです。子供と顔を合せるのは、その時間帯しかありません。仕事を終えて夜中に戻れば、子供達はもう眠っていますから」

「今週、食事の最中に八歳になる息子が、〝お父ちゃん、お父ちゃんは私生児なの〟とたずねたのです。血の気が引くとはこのことです。食べものがのどに詰まって、呼吸ができません。やっと落ち着いて、私はその子を叱りました。自分の父に向かって、何という口の利き方をするのだ。私生児って、どういう意味だ。うちではそんな下品な言葉は使わないのだ！とね」

「その子は、びっくりして、弁解しようとしました。クラスの子供達がその言葉を使ったというのです。担当の教師にどういう意味とたずねると、その教師はあとさきをよく考えずに、〝自分のお父さんとお母さんが誰なのか分からない人を、私生児というのよ〟と答えたのです。〝僕達には、お母さんの方のおじいちゃん、おばあちゃんがいるよ。お母ちゃんは自分のお父ちゃんとお母ちゃんを知っているよね。でもお父ちゃんには自分のお父ちゃんとお母ちゃん。お父ちゃんは二人を知らないんだよね。だからお父ちゃんは私生児だよね〟というのです」

運転手は、話をしているうちに段々興奮してきた。怒り声になっている。「私は椅子からとびあがると、浴室に走りこみました。涙がとまりません。あれ程泣いたのは、後にも先にも、あの時だけです」と言って、「この悲しい話をするのは、あなたが初めてです」とつけ加えた。私は運転手に同情した。しかし私が、息子さんの思考過程は、筋道がたってて正しいと指摘し、あなたの態度が、筋道からずれている。運転手さんの父と母はまわりにいない。二人は、ハヌカの祭ではハヌカゲルト（金）で孫にコインを与えられないし、過越祭のセデルで、あなたの息子が祖父母からアフィコモン・マッツァを隠してもらうこともできない（アフィコモンはギリシア語でおやつの意、後で小遣いをもらうために種なしパンのマッツァの一部を隠す）。つまり、息子さんは祖父母の存在を知りようがない。祖父母に何が起きたのか。何故お子さん達に正直に話をしないのです。どんな生活をしていたのか、どうして死んだのか。どんな人達であったのか。言ったらどうなんです。勿論、息子さんは八歳だからホロコーストの詳細を全部説明することはできないのでしょう。あなたの御両親が非業の死を遂げたことも話すことは無理でしょう。しかし、その恐るべき事態の前には、豊かで充実した生活があったわけですから、あなたのお子さん達はこれを知らなければなりませんね。連綿と続く家族の歴史と、家族一人ひとりの歴史を知る必要がありますね」。タクシーの運転手はうなずいていた。そして私がタクシーを降りるとき、お礼を言った。翌日の昼食時食卓でどんな展開になるのやら、会話の内容が分かるような気がした。

タクシー運転手の話は、イスラエル独立初期の、一般的空気を物語る一例にすぎない。人々は、ホロコーストの惨劇には触れたくなかったのである。なかには、深い傷口をこじ開けられたくない人もいたし、勿論筋の通らないことではあるが罪悪感を抱いている人もいた。さらに、ナチの歪んだ人間観と、その犠牲となった自分の苦悩をあからさまにすれば、子供の負担になると考えた人もいる。子供に重荷を背負わせたくないのである。

しかし、これは状況の一部にすぎない。生き残り達は、話さない方がいいと考えたのかも知れないが、エレツイスラエルのユダヤ人達はその沈黙に手を貸した。彼らは聴かない方

※2原書注・聖書には、二人の息子の死後アロンは沈黙した、と書かれている。茫然自失し、どう対応してよいか分からなかったのである。ホロコースト後のユダヤ人もそうであった。ラビ・カッツは後年ネゲブ砂漠の町ベエルシェバのラビになった。

を選んだのである。戦後、エレツイスラエルに到着したホロコーストの生き残りは、武勇の精神が横溢する現実を見た。建国前の独立闘争組織が、国家の独立を目指して奮戦中であった。一九四〇年代なかばのユダヤ人口は、六〇万前後であったが、多数の住民が、准軍事組織の隊員として作戦に参加し、あるいはほかの分野に志願して支援していた。ちょうどその頃、私達ホロコースト難民が到着したのである。私達は戦争をあとにした旅立ちであったが、建国過程にある社会は、生存をかけた一九四七―四八年戦争（独立戦争）に孤軍奮闘中であった。

私達は、勇猛果敢なイスラエル人からみれば、〝あちらから〟来た〝棒状石鹸〟にすぎなかった。

それから何十年もたって、私が主席ラビの時、クネセット議長のドブ・シランスキから電話があった。リトアニアのシャヴリ（現シャウリアイ）の出身で、やはりホロコーストの生き残りで、ダッハウ強制収容所に収容されていた人である。電話は、ホロコースト犠牲者を追悼する祈りのなかで、変えて欲しい個所が一節ある、何とかならないだろうかという相談であった。ホロコースト体験者で主席ラビになった最初の人であるから、この祈りに対する気持ちを理解してもらえるだろうと前置きして、国会議長は、〝屠所にひかれる羊の如きホロコースト殉教者を追憶して〟というくだりが、ぞっとすると言った。このような内容は自分の神経を逆なでするとし、私にこの個所を削除することを求めた。私は同意し、要請どおりにした。

私の父は、屠所にひかれる羊のようには、行動しなかった。父とまわりのユダヤ人達は、最後の瞬間まで胸をはり毅然としていた。彼らはユダヤ人であることを誇りとし、個々人のなかにある神性の輝きを保持するだけでなく、それを実践の形で表現しようと全力を尽くした人々であった。

イスラエルの民は、当時国家独立のため挺身中であり、ホロコースト犠牲者と生き残りに関して、ネガティブで間違ったイメージをつくりあげていた。生き残りの多くは、古参のイスラエル人達が、主として無知の故に、彼らを身心共に打ち砕かれた魂の抜け殻と同定したため、己を恥ずかしく思った。しかし、殴打、寒気、飢え、病気、屈辱に耐え、家族を奪われる極限状況にありながら生きのびたのである。これにまさる英雄的行為がほかにあるだろうか。

二〇〇五年一月二七日、アウシュヴィッツ・ビルケナウで、赤軍による収容所解放六〇周年の記念式典が開催された。イスラエル、ヨーロッパ、そしてアメリカから指導者達が式典に参加した。当日は、雪の降りしきるとても寒い日であった。参加者達は、暖かい防寒具に身を包み、三時間座っていた。収容所の囚人達は、このような寒気のなかを、例の縞入り囚人服を着て立たされた。薄くてぼろぼろの囚人服である。それが何年も続いたのである。式典参加者達は、囚人達の忍耐強さに驚いていた。

ホロコースト後の時代には、一九五〇年代中頃のルドルフ・カスティナー裁判、※そして特に一九六〇年代のアイヒマン裁判など、歴史的に重大な出来事があり、その度に生き残りの沈黙が破れた。それでもホロコーストの記憶を抑圧した人々がいた。しかし、一九九三年のジョン・〝イワン〟・デムニヤク裁判の時は、まさに沈黙のダムが決壊した感があった。トレブリンカの悪名高いSS警備兵で、トレブリンカのイワン雷帝として恐れられていた。

時は過ぎ、人々は老いていく。生き残りはホロコーストを体験し目撃した最後の生き証人であり、自分の身の上話を語る義務がある。このままでは、記憶の継承ができなくなるとの認識が生まれた。言語に絶する体験をした人のなかには、話すのが苦痛であり、墓場まで持って行くと考える者もいた。しかし、そうなれば、世界は何も知らなくなる。一方、ホロコーストはなかったという、いわゆるホロコースト否定運動が広がりつつある。これも体験の分かち合いを急がせる一因となった。これと平行して、イスラエルの学校は、家族のルーツ探しを授業にとり入れ始めた。生徒に自分の出自を認識させ、それを深めるのが狙いである。子供達は、祖父母に根掘り葉掘りたずねるやり方で話を聞き、それにこたえて祖父母も詳しく体験を語った。ホロコーストの生き残り達は自分の恐ろしい体験を話さなかった。子供を守り、情緒的に健全なイスラエル人として育てたいというのが、黙して語らぬ理由のひとつであった。その子供達は成長して結婚し、健全な家庭を築き、子供も立派に育てた。祖父母からみれば、

※原書注・一九五三年、ハンガリー出身のイスラエル人でマルキオル・グリュンヴァルトが、同じくハンガリー出身のレズシュ・ルドルフ・カスティナーを、ナチ協力者であったとして訴えた。いろいろな犯罪があるが、特にカスティナーがナチ指導者と交渉して、自分の親族、友人等のユダヤ人達を列車でハンガリーから逃したという（血と物資の交換といわれる）。一方カスティナーはグリュンヴァルトを名誉毀損で逆告訴した。二年に及ぶ劇的な裁判の結果、一九五五年にグリュンヴァルトは無罪となり、カスティナーは〝自分の魂を悪魔に売り渡した〟として判事に非難された。一九五七年三月、カスティナーはテルアビブで暗殺され、後に（一九五八年一月）最高裁は判決を覆して、無罪放免にした。死後の名誉回復である。

その孫は、情緒的に安定した普通の両親に育てられたイスラエルっ子である。自分の体験を伝えても、しっかり受け止めてくれる世代である。さらに、生き残りが語り部として話をするようになった背景には、映画監督でプロデューサーのスティーブン・スピルバーグの貢献もある。ヤドヴァシェムの資料館のために、ホロコースト生き残りの証言記録事業をやってくれたのである。ホロコーストの歴史を後世に伝える重要な仕事であった。学校、イスラエル国防軍その他諸国体の協賛する「生者の行進プログラム」(March of the Living)を通して、高校生達がポーランドの破壊の跡地と強制収容所跡を訪れており、このようなさまざまな活動がひとつの力となって、ホロコーストの記憶を封印していた状態の壁が破れたのである。

一九五一年、イスラエルの国会クネセットは、ワルシャワ・ゲットー蜂起の最後の戦いの日にあたるニサン月第二七日(過越祭のすぐ後である)を、「ホロコーストと英雄的行為の追憶の日」に決めた。私の見解からすれば、この「と」は、接続詞としての「と」ではなく、両者併記の意の「と」である。前者であれば、六〇〇万の犠牲者に対しネガティブなレッテルを貼りかねない。あたかも「ホロコーストがあった、そしてそれに伴って英雄的行為もあった」と「ワルシャワ・ゲットー蜂起と抵抗の指導者モルデハイ・アニレヴィッツが英雄的行為を代表し、ほかの人達はホロコーストを代表する」という風に聞こえる。「真の英雄が一握りいて、ほかは全員屠所にひかれる羊の如しであった」といわんばかりである。これは真実を歪曲している。死者の記憶を叩き潰すのみならず、特に生き残りに対する侮辱である。人間性を保ち続けた人々は、ドイツの戦車に家の窓から火炎瓶を投げた人々と同じように、英雄的であった。この日にこの名をつけたのは、不公平と受け止められる。「あなたの同僚たちの立場に立ってみるまでは、同僚を審判してはならない」(父祖達の倫理二章四)のである。私の意見では、「ホロコーストの英雄的行為を記念する日」とか、「ホロコーストとその英雄達を記念する日」と呼んだ方が、もっと真実に即している。

強制収容所の地獄を体験した者だけが、「ホロコースト生き残り」ではない。このグループには、世界中のさまざまなユダヤ人が含まれる。一九八〇年代初め、ニューヨークのエド・コッチ市長が私を市長庁舎に招いたことがある。コッチ市長は心の温かい人で、感受性が強く直情家であった。イスラエルとユダヤ民族を心の底から愛する人でもある。この時が初対面であったが、席上市長は、自分もホロコーストの生き残りであると自己紹介した。私は、失礼があってはならぬと思ったので、大戦中はどこにいたとか、生き残ったとは正確には一体どういう意味かと、たずねることは控えた。市長が自分で経緯を説明する、と市長に期待した。すると市長は、自分はブロンクス生まれで、一度も外国で生活したことはないが、自分は本当の生き残りであると言い張るのである。私は、にこやかに笑いながら、一体どういうことですかとたずねた。エド・コッチは説明を始めた。

何年も前であるが、彼は研修旅行でドイツへ行った、ある立寄り先で、ガイドがヒトラーの執務机にある地球儀を示した。「それで私は、チャーリー・チャップリンの映画〝独裁者〟を思い出した。しかし、チャップリンの映画と決定的に違う点がひとつあった。つまり、ヒトラーの地球儀には、黒のマーカーで数字が一杯書かれていた。ガイドが地球儀をくるりと回した。ヨーロッパは数字で真黒である。ほかの大陸は、はるかに少ない。ガイドの説明によると、第二次世界大戦の勃発時、ヒトラーが各国のユダヤ人口を書きこんだという。つまり、これが生涯をかけた彼の事業であった。例えばアルバニアに書かれた数字は一である。つまりユダヤ人がひとり住んでいるということであり、自分にはどこの誰だか全く分からぬこのアルバニアのユダヤ人一名を抹殺しない限り、事業は完成しないということである。アメリカ合衆国には六〇〇万の数字が書かれてあった。それは、私を含むということである」。エド・コッチはあからさまに不愉快な顔をした（この人口統計は少し不正確である）。そして、語を継いだコッチ市長は「つまり、私もホロコースト生き残りのひとりなのです。連合国軍がナチの野獣共を退治していなければ、私は間違いなく殺されたはずです」と言った。

私は、市長の手をしっかりと握り、「今日はあなたから大切なことをひとつ学びました。イスラエルにこれを持ち帰ります。ユダヤ人社会は全部が全部ホロコースト記念日とかかわりがあると思っているわけではない。私はそう聞いています。今日から、そのような社会に、はっきり言ってやります。ニューヨーク生まれで、アメリカの一都市で半生を過ごし、外国生活がないにもかかわらず、自分をホロコーストの生き残りと考えている。私は、そのような至当な自覚を持つユダヤ人がいることを伝えたい。ナチスは限度を設けていなかった。つまり、ヒトラーが成功していれば、殺戮を継続していたことでしょう。つまり、ユダヤ人を最後のひとりまで殺しまくっていた。それが、彼の公言する大事業であり、彼自身の存在理由だったのですから」と言った。

別の機会にニューヨークへ行ったとき、友人のジョージ・クラインから、ヒトラーの遺言の写真コピーをもらったことがある。クラインは、ニューヨークのユダヤ人伝統継承博物館（ヘリテージミュージアム）創立者のひとりである。それは、一九四五年四月二九日にドイツ語で書かれ、ヒトラーと四名の立合人のサインが入っている。この最後の政治信条表明には、穏やかならぬくだりが多々あり、不気味である。なかでも不気味なのが最後の文言で、「人種法を厳格に守り、全人類を毒する普遍的害毒者即ち国際ユダヤ人に対し、容赦なく鉄槌をくだせ。私は国家指導者とその配下の者にこれを最重要任務として与える」という内容である。ヒトラーはユダヤ人を〝普遍的害毒者〟と定義した。まことにおどろおどろしい考え方で、人間の心にひそむ潜在的狂気を伺わせる。世界が——そして私達が——決して忘れてはならない所以は、まさにそこにある。

第一四章　イスラエルを守る者

イスラエルを守る主、我らが神に祝福あれ。
――ビルカット・ハシャハリート（朝の祈り）

イスラエル生まれで、武張《ぶば》った大佐、第七機甲旅団長のシュムエル・〝ゴロディシュ〟・ゴネンは、六日戦争時、隷下部隊将兵に強烈な檄《げき》を飛ばした。シャブタイ・テベットは一九六八年出版の著書『砲塔から身をのりだして戦う男』（*Exposed in the Turret*）で、ゴネンの檄を次のように引用している。

〝移動〟という命令を聞いたとき、君達戦車兵は、一方向への行動しかないことを理解せよ。我らイスラエル国防軍兵士の〝移動〟とは前進、前進あるのみである。我々ユダヤ民族は、前に進むよりほかに行くところがないのである。

ゴロディシュは、第二次世界大戦中エルサレムに生まれた土地っ子である。本人に会ったとき、私はホロコーストを個人的に体験していないのに、どうしてそういうことが言えるのか、とたずねた。ゴロディシュは私の質問に答えることは避け、「まあいいさ。私自身、それがどこから来たのか分からない。なにしろ事前に準備した言葉ではなかったので」と言った。しかし、彼が言葉を濁したことで、私はホロコーストの記憶が、直接の体験ではなくても、すべてのイスラエル国民の心に深く刻みこまれているのを知った。ゴロディシュは、イスラエルの典型的な軍人である。精神的な人間ではない。カ・ツェトニクのようにホロコーストのなかに生きる人ではないし、ムーゼルマン（強制収容所で飢えと消耗と絶望状態で死を迎える寸前の人）でもない。しかしそれでも、彼にとってホロコーストは、国家形成過程上の体験であった。事実イスラエルの戦争は、ホロコーストの記憶と認識に強く関わっているのである。

イスラエル国民の大半は、六日戦争をイスラエル国防軍の圧倒的勝利、勇者にふさわしい戦いとして記憶している。しかし、その国民は、勝利に終わる前の三週間の重苦しい空気を、すっかり忘れているのである。開戦に至る待機期間中と開戦後の日々、国民はホロコーストの暗い陰がちらつくなかで、生きていたのだ。毎年私は、イスラエルの情報機関と参謀本部の上級幹部を前にして、ホロコーストに関する講話をするが、その時は必ずゴロディシュの話を引用する。軍基地における講話でも然りである。私は、まず開戦前の状況から話を始め、聴衆をヘブライ暦五七二七年イヤル月の第五日（西暦一九六七年五月一五日）の時間へ引き戻す。ギブアットラムのヘブライ大学スタジアムで、独立一九周年記念パレードが実施された。いつもより規模を縮小した国防軍のパレードである。

当時エルサレムは東西に分断されており、ヨルダンとの休戦協定により、エルサレム上空の飛行が禁じられていた。いつもならイスラエル空軍機の華々しい記念飛行があるのだが、この年はその記念飛行ができなかった。スタジアムでは、壇中央にイツハク・ラビン参謀総長、その右ザルマン・シャザール大統領、左にレビ・エシュコル首相が並び立ち、式が進められた。そこへ軍情報部の部員が参謀総長に近づき、一枚の紙を手渡した。六日戦争のプレリュードになるのが、このメモでもある。エジプトのガマル・アブデル・ナセル大統領が、戦車をイエメンからシナイ正面へ移動させ、軍将兵がシナイに布陣した、とメモには書かれてあった。

一九六七年五月中旬、独立記念日が終わって間もない頃イスラエルは予備役の総動員を開始した。三週間後の六月五日に開戦となるが、この間がいわゆる準備期間に相当する。通常の社会活動は休止状態となり、市中から若者の姿が消えた。夜になると灯火管制で真っ暗闇である。住民は防空壕を清掃し、食料品を買い溜めた。

五月三〇日、ヨルダンのフセイン国王がカイロへ飛び、エジプトと相互防衛協定に調印した。かくして、イスラエルに対する包囲環が形成された。北にシリア、東にヨルダンそして南にエジプトが位置し、腕を撫《ぶ》してイスラエルを威嚇《いかく》したわけである。この待機期間中、政府の姿勢に対する批判が熱を帯びてきて、モシェ・ダヤンの国防相任命を求めるデモが発生し、国防軍の即応態勢を疑問視する声もあがるようになった。三正面をアラブ諸国軍に包囲されたイスラエルは、まさに窒息寸前であり、軍首脳はアラブ諸国軍に対する攻撃命令をださないとして、エシュコル首相を批判した。国防軍の存在意義は防禦《ぼうぎょ》ではなく攻撃にある。そのために日々訓練を重ねてきたのである、と軍首脳は繰り返し強調した。エシュコルは国民向けにラジオ放送を行なったが、マイクの前でしどろもどろになった。準備した放送原稿の順序を間違えてしまったのである。当時イスラエルではまだテレビが普及せずラジオの時代で、聴取者は、エシュコル首相が必勝の信念と決心を語る代わりに、優柔不断でどもっていると考えた。

開戦五日前、モシェ・ダヤンが提示された国防相の地位を受け入れた。しかし、それでイスラエル社会の不安が解消したわけではない。多くの住民が、一九三〇年末のヨーロッパと同じ空気を感じていた。イスラエルへ移住したホロコーストの生き残りは、大半がまだ生存しており、イスラエルを包囲するアラブ諸国が国家を壊滅しユダヤ人を海へ叩きこむ意図であることを知った。苦悩の過去を想起する状況である。さらにイスラエル国民は、国際社会で強い孤立感を味わっていた。三〇年前ユダヤ人達が孤立無援の状態におかれていたのと同じである。灯火管制で通りは真っ暗。一方、国民の多くは国防軍の力をまだ信頼していたとはいえ、恐怖心で心は暗かった。当時私は、あるシナゴーグ付きのラビであると共に、教師としてテルアビブのゼイトリン高校で教鞭をとっていた。それに、国防軍主席ラビ庁に所属して、中部及び南部軍管区で講師として働いており、それに加えて国防軍は私を予備役兵員補充担当官に任命した。私が車と電話を持っていたからである。高校では、戦争勃発の場合に備えて、生徒に行動の準備をさせた。病院と老人ホームで、ボランティアとして一緒に働く計画であった。新聞の見出しやラジオ報道には、ホロコーストの影がつきまとっていた。その記憶から逃れられないのである。直接それに触れる人はいなかったが、国民のすべてが、肌で感じていた。それほどの実感があり、こびりついて離れないのである。私達イスラエル国民は、行く手に明りが見えない真っ暗なトンネルの中を、手探り状態で歩いているように感じた。

隷下部隊の将兵に対するゴロディシュの檄を読んだとき、私はホロコーストの負の遺産が、生き残りだけに属するのではなく、たとい口に出して表明しなくても、ユダヤ人全員に受け継がれていることに気付いた。

毎年私が引用する話があとひとつある。それは、一九七〇年代初めモシェ・ダヤン国防相が発した言葉である。一九七四年五月一五日、三名のアラブ人テロリストが、ツファットにある宗教系高校の生徒一〇〇名を人質にとった。全員十代の子供である。教練旅行でマーロットの小学校に来て、キャンプ中のところをテロリストが乱入し、イスラエルで服役中のアラブ人テロリストの釈放を要求したのだった。人質になったのは、生徒、教師及び訓練インストラクターの計一一〇名である。緊迫した状況のなかで、人質解放の交渉が延々と続いた。テロリスト達は、服役中の者を釈放のうえ、航空機でダマスカスへ運べと要求した。イスラエル政府は、その要求を拒否した。軍事作戦による人質解放を決めていたのである。モシェ・ダヤンは、学校のフェンスの外に設けられた射撃用個人壕（通称タコツボ）に位置していた。そしてその隣には、政治アドバイザーで秘書のナフタリ・ラウ・ラビエがいた。私の長兄ナフタリである（ラビエは、ラウのヘブライ語呼称）。ダヤンは、ナフタリの過去やホロコースト体験に起因する心の葛藤について、本人と話をしたことは一度もない。ナフタリは自分の記憶を心の奥にしまいこみ、感情の伴う話をしたことがない。

壕で一夜過ごしたダヤンは、日の出前ナフタリに声をかけ、片目でじっと本人を見詰め、話を始めた。

マーロット小学校の前で、前の日から今朝まで、ここに座って一晩中考えていた。そしてひとつ勉強した。ホロコーストをもっと理解する手掛りをひとつつかんだ。人質の一一〇名についてずっと考えていた。大半はイスラエル生まれのサブラだ。生徒は教練でここに来ている。生徒の多くは銃の操作法を知っている。特に教師と訓練インストラクターは、軍隊の経験があるから、充分その心得がある。ところが、このどじ助達は、小銃を教室へ持ちこまず、トラックに置き去りにした。こんなことがあるか。〝私にだけは起きない〟症候群が再び仕返しをしたのだ。私は自問している。テロリスト三名に対して、人質は一一〇名だ。誰ひとりとして立ち上がろうとしない。誰も行動しない。一体どうしてであろうか。カラシニコフ自動小銃を前にすると、人間の心理は違った作用をする。人間の行動は、このような状況下では全く合理性を欠くようになる。テロリストの注意をそらし、その隙にとびかかるとか、窓から飛び降りるといった、いろいろな行動の選択肢が考えられるが、そんなことは全部頭から吹っ飛んでしまっている。

昨晩私はホロコーストを理解した。君達は飢えと寒さに苦しんだ。私は写真を見ているが、人々が捕われの身になった状況が分かる。この人達は、心理的肉体的に人間として最低のところまで突き落されたのだ。しかも、たといゲシュタポ将校を爪先で殺しても、どうしようもない。逃げ場がない。電流柵を乗り越えても、どうしようもない。

ユダヤ人の顔付きをしているうえに、縞模様の囚人服を着ているから、どこへ行ってもすぐ目につく。しかも、身分証明書もない。昨晩ここマーロットで、すべてが分かった。

皆いつも〝屠所にひかれる羊〟などと言う。ここではテロリスト達が、イスラエルの若者一一〇名を人質にとっている。この若者達は、イスラエル国がバックについていることを知っている。敵の領土にいるわけではないし、敵意をあらわにする外地でもない。自分の国にいるのだ。窓の下には、いつ飛び降りてもいいように、防護シートが張られていることも、分かっている。しかしそれでも、誰ひとりとして動こうとしない。ここマーロットで、このような状況下では、人間の心理が全く予見できない方に作用することを知った。

ナフタリは、著書『バラムの託宣』で、その後の経過を記述している。銃撃戦の後、彼とダヤンは、建物の中へ走りこんだ。男女生徒数十名と数名の大人は、死亡しあるいは負傷して、床にころがっていた。床にへたりこんで泣きながら、助けを求める子供達もいた。「この恐ろしい光景を見て、三〇年前の状況がまざまざと蘇えった。アウシュヴィッツとブッヘンヴァルト以来、初めてあの恐怖に見舞われた。私はその場に茫然として立ち尽くした。足がぐらぐらする。倒れそうになったので慌てて外に出た。校庭の隅で石の上に腰かけていると、通りかかった兵隊のひとりが、私に水筒を差し出した。数回ごくごく飲んで、やっと人心地がついた」

六日戦争の勃発直前ゴロディシュが行なった戦車兵に対する訓示、マーロットでダヤンが語った心情。いずれも過去と現在が一本の糸でつながっている。それは、あちらとこちら、ヨーロッパの地獄からイスラエルへ来た者とイスラエル生まれの者を結ぶものでもある。イスラエルが戦争にまきこまれる度に、ホロコーストの体験者として状況をどのように見ているかとか、どんな気持ちかとよく聞かれた。その時は大抵「状況を理解するためにホロコーストの生き残りである必要はありません」と答えている。私達はまわりを囲まれて攻撃され、私達の生命が危険にさらされ、私達が壊滅される危機的状況はまだ終わっていない。私達ユダヤ人は、今なお存続の危機にさらされ、生存をかけて苦闘しているのである。ある意味では、ユダヤ人一人ひとりがホロコーストの生き残りなのである。しかし、あの元来のホロコーストの生き残りにとっては、包囲環が形成され、じわじわと締めつけられてくると、問題は息の詰まるような最大級の緊急性を帯びてくるのである。

一九七三年一〇月、私はテルアビブ北部のティフレット・シナゴーグのラビとして行動していた。このシナゴーグは、座席数九三〇の規模で、毎年ヨムキプールの時には、礼拝者で席が満杯になる。しかし、その年のヨムキプールの朝は、安息日と重なっていたが、空席が目についた。何故だろうと思ったが、そんなことにいちいち構っておられない。しかし、通例とは違うことがほかにもあった。自動車のエンジン音がするのである。安息日のしかもヨムキプールの朝に、その音を耳にするのは、全く異例である。普通ヨムキプール時のテルアビブ市中は、時たま救急車かパトカーが走るくらいで、がらんとしている。

そうこうしている内に午後になって、暦のうえで一番の聖日であるこの日の静寂が、遂に破れてしまった。軍服を着た男達が、リストを手にシナゴーグの中に入って来たのである。男達は会衆に近づき、肩を叩き耳元で何か囁いている。〝緊急召集令〟という言葉が礼拝の声にまじって会堂の中を漂い始めた。異常事態が起きているのは明らかであった。その日の午後、シナゴーグから若者の姿が完全に消えた。

俄《にわ》かに戦雲漂い、不意に戦争になった。六日戦争とは全く対照的に、一九七三年の場合は、新聞の見出しに戦争のセの字もなかったし、ラジオ放送が緊張した状況を伝えたこともない。軍司令部のなかでは、戦争勃発の可能性について論じられてはいたが、外部に洩れて国民の間に伝わることはなかった。そのため、予備役がシナゴークから動員される事態となり、私達にとってはまさに青天の霹靂《へきれき》であった。このようなことになるとは、誰も考えておらず、不意打ちされたのである。

その日の午後一時五〇分、静寂を破ってサイレンが鳴り響き、会衆の間に衝撃が走った。誰かが、ラジオで予備役部隊動員のコールサインが読みあげられている、と言った。まわりの空気が一変した。軍が最初に動員したのは、兵站《へいたん》要員で、具体的には運転手、炊事兵、通信兵、衛生兵をふくむ医務担当である。戦闘部隊の予備役兵は、その多くがまだ動員されず、シナゴーグで礼拝を続けた。ヨムキプールの二日目が始まる一〇月六日の夜、厳重な灯火管制が実施され、テルアビブはほかの地域と同じように闇に包まれた。

私は、国防軍の予備役として、軍主席ラビ庁に属し、通常は南部軍管区の講師及び予備役招集管理者として働いた。しかし、そのヨムキプール戦争では私自身は召集されなかった。緒戦時イスラエルは恐るべき打撃をうけていた。そのような時、誰も説教師など必要としない。しかし、そのような時に、私は、国家存亡の戦いに手を拱《こまね》いてはおられない。いたたまれぬ気持ちである。テルアビブのイヒロブ病院が軍用病院に転用されたと聞き、そこで手伝いができないかと考えた。一般の入院患者のうち、病状が安定している者は自宅療養に切り換え、継続入院が必要な者は、ほかの病院に転院させ、負傷兵の治療専用になったのだ。

私は、テルアビブの宗教評議会議長ピンハス・シャインマンに話をした。テルアビブ地区ラビの管理責任者で、私の提案を歓迎し、ラビ・ラウがテルアビブ市ラビ庁を代表して、宗教上精神上の問題を担当する旨、病院側に通告した。私は、ティフレット・シナゴーグで通常の勤務を続け、それと平行して三ヶ月間病院に詰めた。戦時とはいえ、社会生活は続く。私達の日常をきちんと守らなければならないのである。

ヨムキプール戦争時、イヒロブ病院には、南部正面から合計四七五名の重傷兵が搬送されてきた。軍は、軽傷及び中程度の負傷兵はほかの病院へまわし、重傷兵だけをヘリコプターでここへ運んだ。患者の大半はひどい火傷を負っていた。なかには、頭まで焼けただれ、背骨や目までやられている兵がいた。外科スタッフは文字どおり二四時間体制で勤務についた。その献身ぶりは、ほかに類がなかった。私は何百時間も病院に詰めた。主としてテオドル・ビシュニッツアー博士の外科室にいたが、ここで扱うのは、ひどい火傷を負った戦車兵である。世間では、〝負傷兵はじっと我慢して泣き叫ばない〟と信じられている。全くの嘘である。私は病院でこれを知った。ヨハナン・プラシュケス博士が皮膚移植を行なった後、初めてシャワーを浴びる時、患者はこの世のものとも思えぬ異様な声で悲鳴をあげるのである。

外科病棟の一室に、四名の戦車兵が収容されていた。戦車内火災で文字どおり全身火傷状態で救出されたのである。そのうちのひとりは、すさまじい声で絶叫を続けた。あのエネルギーはどこから生まれるのか、不思議であった。医師は多量のモルヒネを注射したが、駄目であった。ほかの三名の迷惑になるから、我慢して静かにして欲しいと頼んでも無理で、興奮すると回復が遅れると説得に努めても、駄目であった。ところが、この患者が突然静かになった。先程までの絶叫が嘘のようで、泣き声さえたてないのである。病室が突然静まり返ったので、私は大変驚いた。最悪の事態になったのかと一瞬考えた。しかし、確認するのが恐ろしくて、本人をよく見なかった。

ところが、その負傷兵は眠っていたのである。しかも安らかに。焼けただれた顔に穏かな空気が漂っていた。激痛のあまり絶叫していたのに、その痕跡がまるでない。すぐに分かったのであるが、付きっ切りで息子を看病していた母親が、膝のあたりに火傷を負っていない個所を見つけた。その健全部位は僅か数平方センチしかなかったが、母親が子供の名前を叫びながら、そこをさすり始めた。「お母さんはここにいるよ。大丈夫よ。静かにしようね。大丈夫よ」。母親は泣きそうになるのをこらえながら、さすり続けた。

激痛にもがき苦しむ息子にやすらぎを与えたのは、慈愛にみちた母親の態度と子守歌のように響く声と言葉であった。そのうちに息子は目を閉じ、安らかに眠り始めたのである。

その日朝早く帰宅した私は、イヒロブ病院での出来事を妻に説明し、焼けただれた兵士に付き添っていて、イザヤ書の最終章の意味がやっと分かったと言った。イザヤは、神の怒りををもって自分の預言を始め、「天よ聞け、…主が語られる。私は子らを育てて大きくした。しかし彼らは私に背いた」とのべる（イザヤ書一章二）。四〇章でこの預言者は一転して「慰めよ。私の民を慰めよ」と言う。そして最終章（六六章一三）で、慰めの概念について、意味のある比喩を使い、「母がその子を慰めるように、私はあなた達を慰める。そしてエルサレムであなた達は慰めを受ける」と述べるのである。イザヤは、さまざま比喩を選択できるはずなのに、我が子を慰める母親を比喩として使った。「昨晩、私はこの章句を今までよりも深く理解できた。あの負傷兵の心を癒すものは何もない。何をもってしても静めることができない。口で説明しても叱りつけても駄目である。モルヒネ投与すらきかない。母親が来て、慈愛にみちた姿で息子に接し、やさしく撫《な》でさすりながら語りかけたとき、初めて息子は静かになり、安らかな眠りについたのだ」。私は妻にそう言った。

ヨムキプール戦争から三〇年たって、イヒロブ病院入院兵再会の集いというのが、テルアビブで開かれた。そこで私は、火傷した戦車兵と再会したのであるが、ひとりの男性が手を差しのべながらやって来て、ラマトハシャロンのモシェ・シェメシュと自己紹介した。私に見覚えはない。しかし本人は私が何度も何度も自分に話しかけてくれたと礼を言ったうえで、「私は、殆んど全身火傷の状態でした。やけどのないのは鼻のまわりだけです。ほんの僅かな部位です。私の傍らには誰もいなかった。付添ってくれたのはあなただけです。勿論献身的な医療スタッフもそうですけど。それで皆が私を天涯孤独の人間だと思ったのです。しかし、あなたは付き添ってくれた。そして、カルテで私の名前を確認すると、ずっと私に話しかけてくれたのです」と言った。以下本人の話の続きである。

あなたが私に言ったことは、今でもはっきり覚えています。あなたは〝モシェ、君の両親を呼んでもいいかな。家族の誰かに連絡をとってもいいかな。君が入院していることが分かれば、付添いに来ることができるだろう。病院には数百名の負傷兵がいるから。私が始終君の傍らにいるわけにはいかない。看護婦は超多忙の状態にある。君には付添いが必要だ〟と言いました。でも、私は両親の電話番号や住所を教えなかった。私の目はやられなかった。殆んどしゃべれないし、手足は全然動かせません。しかし、視力はあって目はちゃんと機能していました。この病室にはほかに三名いましたが、見るも無惨な姿です。私も同じ状態に違いないと思っていました。私に両親はいる。母親がこんな状態の私を見れば卒倒するのは、分かりきっていました。

テルアビブのエホシュア・ラビノビッツ市長夫人ゲウラ・ラビノビッツが、私のかたわらに立っていた。夫人は家族に連絡できるよう何とか説得してと、私をせかした。私は話を多少創作して説得したところ、これがうまくいった。

「君には母親、父親がいる。そうだろう」

「ハイ」と彼は言った。

「君は知っているか。戦争が始まってから、両親はあちこちの病院をたずね歩き、軍に戦死者リストを見せるようにせまっている。居ても立ってもいられず、日夜奔走しているのだ。何故だか分かるか。君が生きているのか、君がどこにいるのか手掛りが全くない。両親には君が生死不明、消息不明になっているからだ。君は、そんな両親が心配ではないのか。両親は夜も眠れないのだ」

「分かった。分かりました。でも、電話をかけに行くことができません」

そこで私は、移動式公衆電話機をベッドまで運んできて、通話用代用硬貨を入れ、本人が教えてくれた番号に電話した。母親が早とちりしては困るので、ゆっくりそしてやさしく、息子さんは生きています、私の傍らにいますと言った。ここで、この兵士と家族が会った時の様子を述べることはしない。三〇年後、彼らは私に礼を言った。

病院の五階、モシェ・ラザル博士の眼科に、ひとりの兵士がベッドのうえにあぐらをかいて座っていた。私が見た時その兵士は、ヘブライ歌を口ずさんでいた。近寄って見ると、マーロット出身者であることが分かった。戦闘で両眼を失明しており、痛みをこらえるため、また時間潰しのためでもあろうが、調子っぱずれで流行歌をひっきりなしに歌っていた。「約束するよ。私のかわいいお嬢さん。これが最後の最後の戦争だ」と。苦しみに耐える盲目の兵士が歌うだけに、その言葉は余計切実であった。私はベッドの傍らに立って話をした。彼が見たことを共有できなくても、言いたいことは少なくとも聞いてあげようという気持ちだった。家族がマーロットからテルアビブへ出てくるのは、中々面倒であるということであった。確かに、ほかの患者のところへ来る人の数に比べれば少ないが、見舞い客がいないわけではなかった。私は、この盲目兵の楽観主義には、本当に感動した。重傷を負い失明しているのに、歌を口ずさみ、わざわざ訪れて来る数少ない見舞客と楽しく談笑するのであった。

この負傷兵と話をしていると、年配の女性が近づいて来た。そして私にラビではないかとたずねるのである。そうですが、何か御用ですかと聞くと、その女性は「ええ、私のことではありません。私の息子のことでお願いがあります。来ていただけますか」と言った。私はこの負傷兵にことわりを言って、女性について行った。女性は脳神経外科病棟にある一室に案内し、「こちらがエフダ、私の息子です」と私に紹介した。

ベッドには、頭を包帯でぐるぐる巻きにした若者が、横たわっていた。鼻、口そして両眼に小さな穴があいているだけである。脳の手術をうけたばかりのように見えた。頭もさることながら、あごから下の全身がシートでおおわれている。その体が如何なる状況なのか、私には全然分からない。この若者は、まだ麻酔のかかった状態であった。その内に麻酔がきれ、この若者は目をきょろきょろさせ、視線を定めた。私が母親の傍らに立っているのを確認し、ラビかとたずねた。私は、再度そうですと答えた。すると「それでは聞きますが、今何時ですか」と聞くのである。まだ完全に麻酔からさめていないのだろうと思ったが、私は真面目くさって大仰に腕時計を見て、一二時ですよと答えた。しかし、この若者はこの答えに満足せず、昼の一二時か深夜の一二時のどちらか、と言った。昼の一二時であると答えると、若者は、「そうでしたら、今日は誰かまだテフィリンをのせていないので、のせてもらえますか」と変なことを言った。

私達は普通テフィリンを〝つける〟と言う。若者はその表現を使わず〝のせる〟と言った。信仰心の篤いユダヤ人が祝福を唱える時は、「主の戒律をもって私達を聖別し、テフィリンをつけるように命じられた方」と言う。若者が時間をたずねたのも普通ではない。私は、一日中いつでもテフィリンをつけることがゆるされている、と答えた。しかし、若者はまだ納得せず、質問を続けた。「包帯でぐるぐる巻きにされているので、頭にテフィリンをのせられないようでしたら、腕にのせるだけでいいでしょうか」。これは難しい質問である。頭と腕の両方にテフィリンをつけなければ、ミツバー（戒律）の正しい履行といえないのか。これが質問の論点である。タルムード上の論議があって然るべき問題である。

この質問で、私はブッヘンヴァルトを思い出した。収容所にいたひとりのユダヤ人が、腕につけるテフィリンを木造の床の下に隠していた。祈る時はそれをひとつ腕につけるだけであった。その時の事情を考えて、私は頭につけることなく腕にテフィリンをつけて祈れる、と答えた。それを聞くと若者はシートから左腕を差し出し、「それなら、ここにのせて下さい」と言った。私は喜んでそうした。そして若者と一緒にシェマア・イスラエルを唱えた。祈りを捧げているうちに、若者は深い眠りにおちていった。私は、左腕からテフィリンをそっとはずし、静かに病室から出て行った。そのうちに私達は仲良しになり、本人の傷も癒えてきた。そして私は、彼の話を聞いた。初めて会った時からずっと奇妙に思っていたことが、やっと理解できたのである。それは、ヨムキプールの後（五日目）に来るスコットの期間中に起きた。

スコットの最後の日にシムハット・トーラーが始まろうとする頃、エフダ少尉は五人の将校と一緒に指揮車に乗っていた。いずれも年長で階級も上であった。場所はスエズ運河東岸、別命を待って待機中であった。そこへ一台のトラックがやって来た。「スカー」（仮庵）がのっている。スコットの時に使う伝統的な小屋である。ハバッド派の代表が二名、この指揮車へ来て、将校達をスカーへ招待した。ワインで乾杯しケーキも食べましょう、そしてビルカット・ネティラブ・ルーラブを一緒に唱えましょうという誘いである。四つの品種——エトログ（柑橘）、ルーラブ（棕櫚）、ミルトスそして柳——に対する祝福をもってする収穫の祭りである。

将校達は誘いを避けようとした。平時の社会生活でもスコットの祭式を守ろうとしたことはないし、ましてや今は戦時下で戦闘の真最中であるから、お断りしたいと言ったのであるが、トラック上のハバッド連中はあきらめず、「今は何もしていないのだから、いいではありませんか。たかが一〇分位のものです。一緒に祝いましょう」と言い張った。将校達は互いに顔を見合わせ、誘いを受けることにした。それからトラックの上にあがり、ケーキと甘いワインの入った小カップを手に、ルーラブ（新芽の意もある）に対する祝福の言葉を唱えようとしたとき、突然爆発音がした。全員、トラックの床に伏せ、負傷していないか手で体を確かめた。

それからトラックの外を見ると、どうであろう。つい一分前まで座っていた指揮車が直撃弾をうけ、木端微塵になっていた。

あたりが静かになったとき、エフダ少尉は目の前にいるハバット派のひとりに、「今起きたことを、君達は奇跡と呼ぶだろうね」と言った。するとこのハバッドは、質問をもって答え、「君は何と呼ぶのですか」と逆にたずねた。エフダは、スカーとルーラブのおかげで命拾いしたと思った。彼はハバッド派の男をじっと見詰め、それから空を指さして、「命を救ってもらい、主に借りができた。君達がトラックにあがって一緒に祈りを捧げようとしつこく誘ってくれたおかげで、命が救われた」と言った。するとハバッドの男は、テフィリンをつけて日々祈るミツバーを実行してはどうか、と勧めた。

エフダは同意し、ただ今から約束を実行したいと言った。そしてハバッド派の男に、今ここで、テフィリンをつけてくれと頼んだのだが、スコットの最終日であるから、と断わられてしまった。私達は、祭日にはテフィリンをつけないのである。祭日が終わるのを待たなければならないと言われ、「でも、その時どこにいるか分からない。それに、テフィリン一式を携帯してもいないし」、「バルミツバでテフィリン一式をもらったのだが、実家の箪笥《たんす》にしまいこんだままになっている」と返事をした。すると、ハバッドの男は、本人の官姓名と部隊番号を教えて欲しいと言い、数日もしたら、祭日が終わった後、必ずそのテフィリンを届けると約束した。

エフダ少尉は、部隊と共にスエズ運河西岸に渡河し、エジプトのファイドに到達した。聖書でゴシェンと呼ばれる地域（創世記四五章一〇）の一部である、そしてテフィリンは、国防軍のスタンプ付きで、無事本人の手許に届いた。そして誓いどおり毎日テフィリンをつけて祈りを捧げた、しかし、ファイドで負傷し、ヘリコプターで、イヒロブ病院へ搬送された。背骨を損傷し、脳神経外科で頭蓋手術をうけた。麻酔からさめたとき、彼がまず考えたのは、負傷以来誓いを守っていないことであった。そこで、二つの緊急問題に答えてもらうため、母親にラビを探してくるように言ったのである。こんな遅い時間でもテフィリンを〝のせる〟ことが許されるのか。頭のテフィリンがなくても、腕にテフィリンを〝のせる〟ことは許されるのか、である。

ヨムキプール戦争時、私の教え子のひとりが戦死した。テルアビブのゼイトリン高校を卒業したヤアリ・シュテルである。結婚前日の死である。結婚指輪も、軍から一日外出の許可を得て、その日に購入していた。教え子であるだけに、私にはとてもつらい死であった。婚約者のオーラ・フランケルは、その指輪を鎖につけ、長い間首にかけていた。

その戦争では、私自身の発議とテレビ番組のおかげで、あとひとりのいたましい戦死に接した。ヨムキプール戦争一周年を前にして、ハイム・ハウスマンから電話があった。イスラエルTVの宗教番組担当プロデューサーである。ヨムキプール（一九七四年一〇月）後の夜の三〇分番組に、ホスト役で出てくれないかという話である。ヨムキプール、断食そして礼拝がテーマである。プロデューサーは、戦争一周年に関する番組制作もやって欲しいと言った。二つの重い問題をどうやって、同時並行的にやるのか、全く分からない。しかしプロデューサーは、大丈夫です、心配ありません、と私を安心させるのである。戦場からの手紙とハガキを含め、兵士と家族の双方から資料を既に集めてあり、録画当日は数時間前にスタジオ入りをして、資料入りの木箱をかきまわし、オープニングをどうするか、アイデアを出してもらえばよいという話である。

やり甲斐のありそうな話である。私は提案を受けることにした。ハガキの山をかきわけていると、茶色の紙があった。かなり厚手で、小麦粉や米を入れる袋の一部のようである。誰が書いたのか、文字が見えた。引っ張り出して読んだ私は、震え声でスタッフに、これを書いた人に会わなければならない、それが無理なら住所を是非知りたい、と言った。その内容は私の心に響いた。今でも一語一句はっきり覚えている。

その紙に書いた人は、ホロコースト生き残りの息子であった。生き残りである父親は、ヨムキプール戦争時六〇歳代で、ホロコーストで最初の妻と子供達を失った。息子の母親は、最初の夫を失っていた。それぞれ連れ合いを失くした二人は、戦後ヨーロッパで出会い、エレツイスラエルへ向かう移民船に乗った。移民船は拿捕《だほ》され、二人を含む移民はキプロス島へ送られた。二人はここで収容されている時に結婚した。やがてイスラエルは独立し、アリヤの道がやっと開けた。二人はブネイブラクで生活を始めた。

ひとり息子は、国立宗教系小学校に入学し、その後はイェシバの高校に学んでいる。ブネイ・アキバ（宗教系シオニスト運動ミズラヒ・ハポエル・ハミズラヒ世界機構の青少年組織）の地区支部で活動した。国防軍入隊時ナハル（戦闘パイオニア青年隊、防衛と開拓を組合せた部門）に志願した。軍が本人を空挺士官訓練コースに派遣し、派遣先の基地でひとりの女性兵士と知りあった。西ガリラヤ地方にあるハショメル・ハツァイル系のキブツ出身である。社会主義運動の濃厚な世俗派キブツ出身女性と空挺隊の赤いベレー帽の下に、キッパーを常時かぶっている信仰心の篤い男性とは人生観が違い、会えば必ず論争になった。ホロコーストと神の摂理から宗教と民族、宗教と国家、ユダヤ教の伝統にもとづく価値観と社会主義等々、二人はさまざまな点で衝突した。

ある日、その女性兵士がナップザックを背負って、空挺隊の事務室にやって来た。間もなく除隊になり両親のいるキブツに戻るので、お別れに来た、と女性は言った。男性は礼儀正しく別れの挨拶をした。女性はドアの方へ行きかけて振り向いた。そして、私に対するあなたの気持ちは分からないけど、あなたに対する私の気持ちは宗教問題など超越しているのよと述べ、「ひとつだけお願いがあります。私が手紙を書いたら、どうか返事を下さい。お元気でね」と言った。

女性はさよならと言ってドアの方へ歩きだした。言葉をかけたのは、今度は男性の方であった。自分は、今ここできっぱり別れたほうがよいと思う。本当のところ、君を思う気持ちが強い。言葉では言い表せない。手紙をやりとりしていけば、関係が深まっていくに違いない。でも、君と僕とは信条も生活環境もまるで違う。一緒に生活を築くことは無理だ。私達は互いに違う食物をたべ、安息日もまるで違う過ごし方をする。キブツの君の御両親と私の両親を隔てる亀裂は埋めようがない。ホロコーストの生き残りで、年も随分くっている。私達が真剣につきあっていることを知れば、深く傷つくだろう。私はひとり息子だし、両親にそのようなことはできない。家庭を持って子供が、どの幼稚園にするか、どの学校にするかで論争になってしまう。ここできっぱりさようならをしようと言った。二人は別れた。

三週間後、民間人になった女性が、基地を訪れ、空挺隊の事務室のドアを叩いた。平服にナップザックを背負っている。「私は、我らが父祖アブラハムのたどった道をあゆむことにしました。聖書には〝主がアブラハムに言われた。あなたは生まれ故郷、父の家を離れて、私が示す地に行きなさい〟（創世記一二章一）とあります。私は国防軍に入隊したとき、父の家を離れたのです。キブツに戻っても、私は前とは違うのです。両親も友人達も、自分の居場所がないような私に、気付いていました。私は両親にあなたのことを話しました。この三週間で両親は、全然会ってはいないのに、あなたのことを知るようになりました。除隊時の一時金のほかキブツからお金をいくらかいただきました。そこでお願いがあります。ブネイブラクに部屋を見つけて下さい。できれば、仕事を探してもらうと有り難いのですが。ウエートレス、皿洗い、クリーニング何でも構いません。それから、これが一番大事なのですが、礼拝の仕方、安息日の守り方、食物規定について教育してくれる人を探して欲しいのです。ユダヤ教の伝統を私が受け入れられるのなら、そしてあなたが私を受け入れてもよいと考えるのなら、二人の未来を一緒に築くことができるかも知れません。駄目でも構いません。私はユダヤ教を学び、家へ帰ります」

空挺隊の男は、女性の要請を果たした。母親が、年配の女性が住むアパートの一室を借りてくれた。その女性はホロコーストの生き残りで、三部屋のアパートに住み、夕方には定時に帰宅し、買物をしてくれるという条件で、賄い付きの下宿を許してくれた。女性は、ユダヤ教を教えてくれるボランティアを見つけ、そちらの勉強にも励んだ。二人の関係は深まり、一年後二人は結婚した。両親の家に近いブネイブラクに家庭を持ち、やがて男の子を二人もうけた。

次男が生後二週間の時、ヨムキプール戦争が勃発した。その日（安息日でもあった）、男性はブネイブラク在のブネイ・アキバの同志達と、一緒に礼拝した。礼拝中、友人達が次々と予備役動員で呼びだされた。しかし、男性には召集令がこなかった。断食を終えて家に帰り、安息日の終わりを示すハヴダラーの祈りを捧げた後、男性は所属部隊に電話した。事務官は、召集がかかるまで自宅で待機して欲しいと言った。しかし男性は張り詰めた表情で、いらいらしている。待ちきれなくなって軍服に着換え、軍用半長靴をはいた。

男性の妻は食料の包みを用意した。それにはクッキーを入れた茶色の紙袋が含まれていた。深夜ジープが到着した。所属部隊が派遣したのである。男性は二人の息子に接吻し、ジープに乗って去った。家に戻ることはなかったのである。その中戦死した後、個人の持ち物が妻の許へ送られてきた。その中に例の紙袋があり、男性の書き置きがしたためてあった。急いで書いたらしい。「前略、私かこのノートか、その内のひとつしか君のところへ戻らない。私が戻れば、と言ってもその可能性は薄いように感じられるが、君がこのノートを見ることはない。しかし、このノートが届けば、私は永遠に戻らないことを意味する。君は自由に第二の人生を歩んでいい。長い間私と人生を共にしてくれたことに、感謝する時がきた。今まで有り難うと口に出して言わなかったが、君には深い思いやりの心があることを知っている。私と歩んだ人生に苦労の多かったことも分かっている。前述のように、私に義理だてすることはない。しかし、君にひとつだけお願いがある。神が私達に授けた二人の息子を、私の両親が自分を教育したと同じやり方で、教育して欲しい。では……」

空挺隊将校の未亡人は、戒律を守って生活した。番組制作の話を知り、戦場からの兵士の手紙を局が集めていると聞き、書き置きのある紙袋を送ったのである。私がその女性に紙袋にまつわる話をたずねたとき、彼女は「先生、これが人の生きる道ではないでしょうか」と聞いた。私はそのとおりであると思った。生涯自分の精神的コンパスと両親に従って生きた、極く普通の人間の話である。ひとりの戦闘兵が死を前にしながら、子供達に宗教教育を受けさせてくれと願う。その兵士の心を占めていたのは、命と伝統が代々つながっていくということであった。この書き置きの特異点はここにある。彼は世代をつなぐものと、自分自身を考えていた。最初両親に対する思いやりで行動していたが、死を迎えた時は、子供達のことを考えていた。この空挺隊将校を記念するために、町の広場に堂々たる銅像が建つわけではなく、通りに名前がつけられることも、肖像入りの切手が発行されることもない。ヨムキプール戦争における戦死者数は二六五九名。彼はそのひとりにすぎない。

一九九一年の湾岸戦争は、ホロコーストの再来を思わせるような事件であった。イラクから攻撃をうける可能性があり、化学兵器や生物兵器の脅威が無気味に漂っていた。私達は、ドイツ製の防毒マスクを携帯し、プラスチックシートで密閉し、ふくらし粉をといた溶液に布をひたし、これで目張りをした中で、生活した。何もできず、まさにお手あげの状態であったが、ガス室の恐怖をまざまざと思い出される事態であった。当時私は、テルアビブの主席ラビであった。住民の多くが攻撃を恐れて疎開し、市はゴーストタウンと化したが、私は市内にとどまった。

テルアビブのシュロモ・〝チーチ〟・ラハト市長は私の親友であったが、疎開した市民を逃亡者と呼んだ。しかし私は、この人達を判断することは避けた。私は、先に紹介した「父祖達の倫理二章四」にある戒めを鉄則としている。住民は一人ひとりが社会的関わりを持ち、独りではない。各人それぞれに事情がある。両親や子供あるいは連れ合いのことも考えなければならない。つまり、これに由来する精神的強迫観念と圧力の下にある。それ故、私は、イラク軍ミサイルの脅威下にあるテルアビブよりエルサレムやハイファを良しとする人々の心をあげつらうようなことはできない。私は、ホロコーストを体験し、忍耐力の限界にきている年配者の行動を、あげつらうことはしなかった。

私の義理の母フランケル夫人は、湾岸戦争勃発時私達のところにいた。三日目になって、義理の姉がミサイルの脅威がなくなるまで、エルサレムで一緒に過ごしてはどうかと勧めてくれたので、喜んでフランケル夫人を送りだした。脅威は決して絵空事ではなく、内心私も恐れていた。しかし、市の主席ラビとして、自分は離れてはならないと考えていた。私が疎開すれば、市に踏みとどまる決意をしている人々や疎開する手づるや機会のない人々の士気に影響する。私は、大挙して脱出する人々の群れを見た。テルアビブ住民の精神的力を過大評価するつもりはない。彼らが人生で一番の高貴な力を発揮すべく選択をせまられたわけではない。私は、敵がこの現象を間違って解釈するのではないか、と思った。こちらの方が恐ろしい。そのような現象を見て、ここぞとばかり攻撃の度を強めるかも知れなかった。いずれにせよ、聖書は「あなた達は、自らよく注意しなさい」と命じている（申命記四章一五）。一般住民は可能な限りあらゆる予防措置を講じなければならない。

湾岸戦争は、いくつか目に見える奇跡をもたらした。金曜日の夜テルアビブのラマト・ハタヤシーム地区にあるシナゴーグに、ミサイルが命中したのである。そのシナゴーグの名称はヘイハル・ハネス、〝奇跡の館〟の意である。

すべては神の御手の中にある。その戦争はイスラエルにとってひとつの試練であった。しかし私達は死の宣告をうけたわけではない。イラクは、この小さい国にスカッドミサイルを三九発撃ちこんだ。家屋は破壊された。しかし、住民の大半が無事であった事実は、決して偶然ではない。湾岸戦争は、ホロコースト生き残りに対する国民の態度にポジティブな影響を及ぼした。国民は、生き残りの態度や暗黒時代の体験と重ね合わせる傾向に、一段と理解するようになった。

第一五章　イスラエルの主席ラビとして

誰が火に焼かれ……誰が剣にかかり……誰が苦しみ……誰が評価されるか。——ヨムキプール典礼

一九九六年二月二五日（日）午前八時、エルサレムの一八番線バスが突如爆発した。首都の朝の通勤時間帯で、まさにラッシュアワー時のテロでバスが自爆テロ攻撃をうけたのである。死者二六名（負傷者八〇名）の大惨事であった。当時私はイスラエルの主席ラビであった。私の女性秘書は、テロ攻撃のニュースを聞くと、直ちに死者に関する情報集めをしなければならない。私が葬儀に参列し、あるいは少なくとも一週間の服喪期間におくやみに出かける（シヴアー訪問）ことができるように、用意が必要なのである。秘書はすぐ情報収集を開始した。

テロ攻撃の数時間後、リストが届いた。犠牲者二四名の名前と各エルサレムの住所が、きちんとタイプされている。しかしラジオのニュースでは死者二六名と報じられていた。リストは二名欠けている。秘書の説明によると、犠牲者の情報収集の担当部署である、市の厚生課が出した資料であるという。私は秘書に再度厚生課に連絡して、確認して欲しいと言った。秘書が再確認して、二人の身元が分かった。ウクライナからの新移民夫婦で、姓をクシニロフといった。八歳半の長男と生後五ヶ月の次男が後に残されたという。厚生課は、家族が七日間の服喪をしないと思われるので、住所を教える必要はないという。しかし私は承知せず、押し問答の末、遺児たちがカタモン地区いることをつきとめた。その時

の訪問は絶対忘れないだろう。

午後私はそのアパートへ行った。室内には大人が三名いた。茫然自失の状態である。ひとりは比較的若い女性、あと二人は年配者で同じ建物の住民であった。長男のブラディクは床に座りこみ、次男のトメルはベビーサークルのなかに寝かされていた。私が部屋に入ると、ブラディクは大変驚いたようで、私をじっと見詰めた。黒の長いコートを着用し同じく黒い帽子をかぶった変なおじさんが、不意に入って来たのである。異様な姿が目に焼きついたのは確かである。

私は、この子に話をしたかった。気分を少しでも軽くしようと考えたのだ。左右の壁際に粗末なベッドが一つずつあり、そのひとつに三人が座り、もうひとつの方に私が座って三人と向き合った。互いにじっと見詰めたままで、何もしゃべらず一～二分が過ぎた。どうも居心地が悪い。すると若い女性が、ロシア語訛りのヘブライ語で、自分はラリッサと名乗り、この子の母親の妹で三週間前に結婚したばかり、と言った。私が自己紹介する前に、この女性が子供に向かって言った。「ブラディク、ここにお見えになった人、誰だか分かる。グラブニイ・ラッビン、イスラエルの主席ラビのラウさんよ」。その子は私を見上げ、この人ここで何をしているのといった怪訝《けげん》な表情をした。若い女性は話を続けた。「ブラディク、このラウ先生は、やはり八歳の時、お母さん、お父さんがいなかったのよ。御両親がいなくて、イスラエルに来たのよ。それが今ではイスラエルのグラブニイ・ラッビンなの。ブラディク、この人を見習ってね。どうなるも、あなた次第なのよ」。ラリッサが話を終えると、その子は床から立ち上がり、私のところへ来て横に座った。薄いマットレスである。そしてその子は私の胸元に自分の頭をうずめ、一時間一言も発することなく、じっとしていた。

しばらくして、私はその子にひとつだけ言った。「たしかに、君と私は似たところがある。しかし、大きい違いもあるよ。私は、お兄ちゃんと一緒だった。お兄ちゃんが私の面倒を見てくれた。私が君と同じ年齢の時、私は自分の明日のことだけを心配していればよかった。でも君は違う。君は、まだ子供なのに、二つの責任があるのだ。君は君自身の明日のことを考えればならない。次に、囲いの中で何も知らずに眠っているトメルの世話もしなければならい。君と私との間には、こんなに大きい違いがある。これが君の仕事だよ」

私は、悲嘆にくれる遺族の許を辞去するとき、服喪期間が終わった後、できれば私の事務所に来て欲しいと言った。しばらくして、ブラディクとラリッサが訪ねて来た。結婚して間もないラリッサと夫が、服喪の後二人の甥を正式に養子にしたという。それを聞いて私は大変嬉しかった。新婚夫婦にとって、特に御主人にとっては大変なチャレンジになるな、と少々気の毒に思った。なにしろ、新婦の持参金の一部として二人の子供をもらったのである。

一八番線バスのテロ事件が起きて四年半後、私は再びブラディクに会った。毎年過越祭の前に、ハバッド派が旧ソ連出身の移民一〇〇〇名を対象としてバルミツバと（女子を対象とする）バットミツバの祝いを、西壁で行なう。政府閣僚、エルサレム市長そしてイスラエルの主席ラビ（二名）が来賓として出席するのが通例である。私は主席ラビとして一〇年間勤めたが、一回も欠席しなかった。私は、お祝いのスピーチをして、男子にはテフィリン、女子には蝋燭《ろうそく》立てを手渡した。成人を迎えた子供達は一人ひとり壇上にあがって、私から受けとるのである。子供達に手渡していると、誰か突然うしろから私に抱きつき、テフィリンを私の手から取った。振り向くと、背の高い体のがっちりした若者が立っていた。誰だか分からない。当惑しているのを見てとって、その若者は「ブラディクです。今日は僕のバルミツバです。一八番路線バスで僕の両親が殺されたとき、カタモンまで来てくれましたね。覚えてますか。あの時僕は弟のトメルと一緒でした。叔母のラリッサが僕にあなたも八歳の時両親がいなかったと言いました。覚えてますか」と言った。私は、よく覚えていると答えた。そして「もっと大事なことがある。ラリッサ叔母さんが君に言ったことだ。叔母さんは〝どうなるも、あなた次第なのよ〟と言ったね。叔母さんは、〝願って一懸命頑張れば、成功する〟と励まし、君の将来を祝福したのだ。私も同感だ。こっちの方をしっかり覚えていてね。天地万物の主がこれからの君の人生の行く手を照らして下さいますように」。私達は固く握手して別れた。

不幸なことに、一〇年に及ぶ主席ラビ時代、ブラディクのケースに似た出会いが沢山あった。

一九九三年の主席ラビ選挙時、労働党が七人委員会を設置した。選挙人一五〇名のうち二六名が、この党に所属していた。アシュケナージ系とスファルディ系の主席ラビが計二名選出されるが、それぞれ候補者三名がおり、この委員会は候補者の性格を判断し、党に推薦書を提出するのを任務とした。当時私は、テルアビブ・ヤッフォ市の主席ラビで、アシュケナージ系主席ラビの候補であった。あと二名の候補者は、ハイファ市、レホボット市の各主席ラビである。ハイファのアリエ・グレル市長、レホボットのミハエル・ラピドット市長は、それぞれ地元の主席ラビを支援し、応援演説を行なった。私は、地元市長の応援がなかった。地元のシュロモ・ラハト市長は、リクード党（右派政党）の所属であった。しかし、私を応援した人が三名いた。ひとりはエフライム・ヒラム准将で、ゴラン高原の軍基地における会合について語り、将兵との討論で士気を大いに高めていただいと前置きして、「私は世俗の人間で、軍人であるから、ラビとはどんなものか分からない」と言った。そして、列王記下四章一三にある預言者エリシャに対するシュネムの女性の言葉を引用し、「しかし、〝私は同族の民に囲まれて住んでいる〟ので、この人がふさわしい人物であることが分かる」と述べた。次の支持者は、エフード市のモルデハイ・リニク市長であった。市長は、自分はホロコーストの生き残りで、ロシアの強制労働キャンプで働いたこともあると語った。そして、イスラエルでは難民収容のテント村から再出発し、市長の地位に達したと述べ、「私は候補者全員を知っている。そのなかには、灰の中から立ち上がった人が一名いる。この人は、民族としての復活の象徴であり、私達が支持するに値する人物である。その人とはラビ・ラウである」と言って私を応援した。三人目は、イツハク・ラビン派の労働党議員ユバル・フランケルで、「私は若い世代を代弁する。私達に語りかけ、私達を理解し、私達と違和感を持たないラビがいるとすれば、それはラビ・ラウである」と言った。

私は、どの政党にも所属したことがない。政治的役割を担うべきであると主張する人達がよく電話してきたが、私は礼を言って断り、自分の立場を説明した。私は、投票日ではなく選挙の後のことを考えることにしており、特定政党のレッテルは避けたいと言った。私は、このモットーを義理の父ラビ・フランケルから学んだ。義理の父はテルアビブで五〇年間ラビとして働いた。その内一四年間は市の主席ラビであった。政治的な支持なしで、この地位に達したのである。彼は、ユダヤ民族全体のラビであり、この態度を堅持して初めて、地位に到着することができたのである。私は自分に言いきかせていた。立候補している何かの地位に選ばれなくても、そんなに落胆する程のことではない。選ばれたら、特定の政党ではなく、国民全体の信任を得ていることが重要である。私はさまざまな地位に立候補すること七回、一回も落選したことはない。

一九九三年、テルアビブの主席ラビとして五年間勤めた後、神の御加護によって、私はイスラエルの主席ラビに選ばれた。さまざまな共同体や政党あるいは世界観の枠を越えて、私を支持していただいたのである。

主席ラビは、職責上二つの役割を果たさなければならない。任期上最初の五年間は、最高ラビ法廷の審判長及び主席ラビ評議会議長の職務を遂行する。評議会の場合は、カシュルート（食物規定）、安息日、宗教評議会、埋葬、ラビの任命検定など国の宗教上の諸課題を扱う。後期の五年間は、最高ラビ法廷の審判長及び宗教法体系審議会議長の任務を遂行する。しかし法律は、主席ラビが残る時間をどう使うかについては、規定していない。主席ラビになった人は、トーラーの教師、戒律問題の裁定者としての役割をまず果たし、残る時間は自分が適切と思うことに使っている。

私は、ミツバー（戒律。善行の意もある。複数形はミツボット）そして使命上最大級の重要性を持つと考える分野を中心にしようと決めた。端的に言えば、病気と精神的苦悩にかかわる社会福祉活動である。病人の許を訪れ、悩みを抱える人を慰める。この分野については、個人的にそしてまた国の主席ラビとして、特に関心があり、自分の世界に特別の場を占めていた。私自身のホロコースト体験の影響があると思う。幼少の頃の記憶である。はしかにかかり、ひとりぽつんと寝ている自分の姿が、よく目にうかぶ。当時長兄ナフタリもチフスにかかって、ブッヘンヴァルトの病棟にいた。私に声をかけ、あるいは手を握って励ましてくれる人は誰もいない。子供の頃のこの記憶が私の心に深く刻みこまれている。これが一種の衝動となって、イスラエル中の病院へ行き、病魔に苦しむ人を慰め力づけてやろうと、私を駆り立てる。私はつき動かされるように、悲しみにうちひしがれた家を訪れ、励ましの言葉をかけ慰めようとする。

私は、病院訪問を自分の任務と考えた。患者を見舞うだけでなく、各科各病棟へ行き、そこで働く職員を励ます。さらにラビ法廷の判事として、家庭訪問も仕事にした。虐待される妻の家庭、夫に殺された女性の家を訪れ、夫婦がどうすればこのような奈落の関係に落ちるのかを理解し、この悲劇から学んで何とか助けられないものかと苦心した。

信仰を守るユダヤ人はどこでもそうであるが、私は朝の祝祷をもって一日の始まりとする。それには、ミツボットのリストが含まれる。その行為の報いは現世で享受するが、報いの基本は来世にしっかり持ちこされるのである（タルムード、シャバット項127ａ）。ミツボットには、父母に対する敬愛がある。悲しいことに私は、それを果たす機会がなかった。情けある行為、学びの舎における朝と夕べの学習、客人に対する親切なもてなし、病人の見舞い、男性には花嫁の世話、死者の付添いがあれば、祈りに専念、集中することもミツバーであり、人々の間に平和をもたらすことも然りである。このリストは、「しかしトーラーを学ぶことは、以上のすべてに匹敵する」という言葉で結ばれている。ひとりの人間が六〇年間毎日この戒めを操り返し頭にいれていけば、深い義務感ができあがっていく。私の意見では、この点で信仰を守るユダヤ人は理想的立場にいる。全体的な慈善行為、特に病人見舞いに対する義務感を涵養《かんよう》すべきである。

主席ラビ時代、第一次インティファーダ（パレスチナ人の蜂起、一九八七―九三年）が勃発し、連日のようにテロ攻撃があって、多数の尊い命が失われた。数千の人が負傷し、不具者となった。私は殆んど全員と知り合いになった。私の手で結婚式をあげた人々や私が参列してバルミツバを祝った人々もいる。負傷者の大半は、エルサレムをはじめ国の中心部の病院に収容された。私はその病院全部を訪れることになる。

このインティファーダ時、命を断たれた人々の話が沢山あるなかで、特にある家族には強い思いがある。その家族とは次第に関係を深めたが、最初の出会いは、私がナタニヤの主席ラビの頃である。ハンガリー出身の移民ヨセフ・フリードマンが、ナタニヤの旧工業団地に食用酢製造工場を独力でたちあげた時である。フリードマンはトーラーの研究を行なう知識人でもあったが、本人と妻は共にホロコーストの生き残りで、結婚した二人は、小さい家庭を築いた。私がベイト・メイル・シナゴーグでタルムードを教えていた頃、聴講者として出席しており、ナタニヤの宗教社会で、文化活動に種々貢献した。

私がナタニヤの主席ラビに選ばれた後、フリードマンが連絡してきて、長女のツィラが近く結婚するので式を司宰して欲しいと言った。知りあって間もない頃であったが、たっての求めである。私は相手の家族についてたずねた。彼の説明によると、これから義理の息子になるモルデハイ・スヘイヴェスヒルダーは、オランダ出身者であった。家族を残し、自分だけイスラエルに移住したのである。名前の発音が難しく、舌がもつれたのを覚えている。

それから二〇年程たったある日、エルサレムにある主席ラビ庁の私の秘書が電話です、と言った。誰からとたずねると、秘書は舌をかみそうな難しい発音の人です。教育問題で相談があるそうですと答えて、電話を私の方に切り換えた。左様、電話の主はあのモルデハイ（モティ）・スヘイヴェスヒルダーであった。随分前私が結婚に立ち会ったあの婿殿である。私は本人を事務所に招き、家族のことをたずねた。彼は、沢山の子宝に恵まれましたと笑い、現在ネリア（タルモン）に住んでいると答えた。聖書にある一二部族のひとつベニヤミン族の領地ショムロン（サマリア）地方である。

輸入業者としてオランダの化学製品を扱い、妻は毎日エルサレムへ通勤し、難聴児童を対象とした超正統派運営の学級で教えていたという。シェマア・コレイヌー（聴け我らの声をの意）という教育施設である。モティは、自分の子供達が受けている宗教教育のレベルに満足せず、輸入事業をやめ、タルムード・トーラーの設立を決めた。管理地区の地域社会を対象とする超正統派の初等科男子校である。モティは、父ヨセフ・スヘイヴェスヒルダーの名をとって校名とした。父はアグダット・イスラエルのオランダ地区リーダーで、名称の由来は詩編（八〇編一）のノヘグ・カツォン・ヨセフ（ヨセフを羊の群れのように導かれる方）である。モティは、学校で話をしていただけないかと言った。子供達とその両親達を激励し、ほかの両親達にも奨励して欲しいとのことで、「主席ラビが生徒達に話をするだけのことで、わざわざネリアまで来られるとなれば、非常な説得材料になります。ほかの両親達も子供を入学させようという気になるでしょう」と言った。さらにモティは、教師達の給料支払いもままならないので、支援が欲しいとつけ加えた。私はネリア行きに同意した。

二〇〇一年八月九日、第二次インティファーダが始まってほぼ一年たったこの日の午後二時、エルサレムの中心部にあるピザレストラン「スバロ」で、自爆テロが起きた。客で混雑する店内は一瞬のうちに修羅場と化し、一五名が死亡、約一〇〇名（警察発表では一三〇名）が負傷した。

その夜の午後九時、テルアビブの自宅の電話が鳴った。若い女性の声で、泣いている。「エルサレムのビクル・ホリム病院から電話しています。ツィラ・スヘイヴェスヒルダーを御記憶ですか。私は彼女の妹です。ツィラは、レストラン・スバロで、今日殺されました。夫のモティも殺されました。夏休みだったので、姉夫婦は子供達を連れてエルサレムに行き、昼食をとるためスバロに入ったのです。エルサレムへ行った子供五人のうち、三名が殺されました。ラーヤ、アブラハム・イツハク、ヘムダです。最年少が二歳、年上でも一四歳でした」、「年長者の息子三人は助かりました。二人は軍隊、あと一人は両親と別居していますので」、「レア・レ、ハヤ・レの二人の小さい娘は助かりましたが、負傷して病院に収容されました」と涙ながらに語った。

茫然となった。しばらくして落ち着きをとり戻し、ツィラの両親はこの悲しい出来事を御存知か、御存知ならどうしておられるとたずねた。彼女によると、両親はナタニヤにいるが、余りのショックに入院加療が必要とのことで、私がモティとツィラの結婚式を司宰したことを思い出し、葬儀で追悼の言葉をいただけないかと言っている由であった。葬儀は明日午前一〇時、エルサレムのハル・ハメヌホットで行なわれるという。勿論私は、要請にこたえた。

担架が五つ並んでいる。二つの担架はそれぞれタリットがかけられ、残る三つの担架はイスラエルの国旗でおおわれていた。そして、重傷ながら生き残った一〇歳の女児レアは、包帯で体をぐるぐる巻きにされて病床にあり、医師と看護婦に付き添われながら、葬儀のことを考えていた。このような理不尽なことがあるだろうか。レアを直視できる人がいるであろうか。

レアは、両親と兄弟姉妹の葬儀に参列したいと言ってきかなかった。病院関係者は、参列しなければ彼女は一生自分を許さないだろうと判断し、特別に外出許可を出さざるを得なかった。病院のスタッフは、容態が心配でいやいやながら負傷女児の葬儀参列を許したのである。女児はベッドにのせられ、点滴装置をつけ形容の仕様がない肉体的精神的な痛みに耐えて、葬儀に出た。

私は、その女児の前に立っていた。目が合ったが、一言も言えなかった。私は大声で「主よ、悪しき者はいつまで、悪しき者はいつまで、勝ち誇るのでしょうか」と叫んだ（詩編九四編三）。一分間の黙祷の後、私は聖賢達のミドラシュ（注解）を読んだ。

私達は、四代に及ぶ奴隷の身分にあり、強制労働につかされ邪悪な法令に苦しめられた後、葦《あし》の海の岸辺に立っていた。敵に囲まれた状態である。エジプトの救いの天使長アル・ウッザは、「天地万物の主よ、イスラエルは奇跡をうけるに値しない。我が子等エジプトの民は、海に没して当然ではない。この二つの民の違いは何か。ひとつは諸々の神をまつる民であり、あとひとつの民はかくかくしかじかである」と言った。まさにその時、天上でイスラエルを擁護するイスラエルの救いの天使長ミカエルは、天使ガブリエルに合図した。ガブリエルはエジプトに舞いおりて、ピトムとラメセスの両都市の城壁のしっくいをはがし、乾し煉瓦《れんが》を除いて、中にはさまったユダヤ人のみどりごを一名見つけだした。奴隷のヘブライびとが割当の作業量を時間通りに遂行しなかったとき、エジプトの工事監督は、ユダヤ人の家から赤子を奪い去り、壁の中へ押しこめた。煉瓦積みの作業量を遂行させるためである。ガブリエルは、その小さな幼な子をミカエルの両腕に託した。ミカエルがその幼な子を抱き腕で両天秤にかけると、無慈悲にも殺された幼な子の体は、全住民よりも重かった。

私は、追悼の中で「今、天使達のなかで何が起きているのであろうか」とたずねた。「いつ、アブラハム、ヘムダそしてラーヤは天にのぼるのであろうか。ひとつの家族で子供を含め五人が無惨にも殺された。父親のモティは何歳で、母親のツィラは何歳であったろう。人生はこれからという時に命を奪われたのである。モティは教育者であり、ツィラは障害児童を教えていた。そして一緒に自分達の子供八名を育てていた。それが、家族の半分以上が殺されあるいは傷ついた」と述べた。

葬儀の二日後スバロ・テロの負傷者が収容されているシャアレイ・ツェデク病院をたずねた。一六歳の少女で重傷者がいた。言葉をかけた。やっと重い口を開いた少女は、「二人の友達とスバロにいました」と話を始めた。「私達は座ってピザを食べていました。隣には、テーブルを二つ寄せて、大家族が座っていました。両親に子供達です。突然爆発が起きました。凄い音です。恐ろしい勢いで焔《ほのお》があがっています。気がつくと、自分も燃えていました。その時、隣のテーブルにいた父親の声が聞えました。〝みんな、父さんと一緒に声をあげてシェマア・イスラエルを唱えよう〟と言っています。その家族は一緒に唱えました。そしてあたりが静まり返って……気がついた時は病院の中でした」

その時の恐ろしい光景を考えると、身震いする。モティ・スヘイヴェスヒルダーは、自分の家族が全滅することを知り、死の間際子供達の口にする最後の言葉がシェマア・イスラエルという信仰告白であることを、自ら確認したのである。私の父はピョートルクフとプレショフのユダヤ人社会の人々と共に、トレブリンカ強制収容所へ移送された。シェマア・イスラエルの言葉を口にしつつガス室へ入った父を思う。

シャアレイ・ツェデク病院を見舞った翌日、私は、スヘイヴェスヒルダーの家族の許を訪れた。生き残った子供達は、ネリアで服喪することに決めていた。両親の建てた家である。午後の礼拝の最中、救急車が家の前でとまり、レアが両脇を付添い人に支えられて、家に入ってきた。生き残った兄達と少なくとも数日喪に服したいと強く要求して、一時外出を認められたのであった。

数時間後、家を辞そうとして立ち上がった。しかし、後ろ髪を引かれるようであった。私は少女のところで立ち止まり、ハヤはどうしているとたずねた。レアは、病院を出る前に集中治療室でハヤと話をしたと言った。レアによると、家へ行くと告げると、「ハヤは、あなたが母ちゃん父ちゃんの葬儀で話をしたことを、知っていました。あなたが両親の結婚式をやってくださったことも、知っていましたよ。結婚アルバムには、あなたの写真が沢山ありました。おじいちゃんのフリードマンも、あなたのことをよく話していました」、「ハヤは、来てくれた人達によろしくと言っていました。そして、ラビ・ラウには、是非病院に来てねって。病院に来て下さい。これは本人からの伝言です。病人を見舞うのは、喪に服する人を慰めるのと同じように、ミツバーのひとつだって言ってましたよ」と挨拶した。

翌日、真っ先に病院へ行った。ハヤの顔は焼けただれ、両腕両足共に折れ、モルヒネを多量に投与されていたが、それでも激痛に襲われていた。無力感に襲われた。何と声をかけてよいか分からない。考えこむまでもなかった。名前をつけずに、ある人間の話を、ごく自然にしていた。

「父と母をなくした少年がいた。八歳だった。君には、幸運にもおじいちゃんと双方のおばあちゃんがいる。しかしその子は、君と違って、ひとりの兄しかいなかった。エレツイスラエルに来て、初めてほかに兄さんがいることが分かったのだ。でも君には、兄さんが三名、姉さんが一名いる」

「八歳のその子は、ヘブライ語を知らず、ほかに兄さんがいることも分からなかった。でも君は、イスラエルでは誰も知っているし、皆から愛されている。全員が、君の家族に起きた恐ろしいことを聞いている。全国から君に励ましと愛の言葉を続々と送っている。君が自分の足で立ち上がり、立派に回復して退院する日を、全国の人が待っている。首相も見舞いにきたんだってね。リモール・リブナット教育大臣が聖書の詩編とテディベア（熊のぬいぐるみ）をお見舞いに持ってきた、と聞いている。昨日私が君の家に行ったら、モシェ・カッツァブ大統領に会った。全部愛から出た行動だ。君の場合と違って、八歳になるこの少年には、誰も待っていなかった。その子の存在なんて、殆んどの人が知らなかった。その頃国が誕生しつつあったけど、その関係者は誰もその子を知らない。知らないから愛せるわけがない。それでもその子は、何とか成長した。あきらめなかったのだ。つらいことがあっても、歯をくいしばって泣かなかった。哀れなわが身を嘆くなんてことはなかったよ。新しい国で自分の人生を築き直そうと、一生懸命頑張ったんだ」

するとその時、少女が「知ってるよ。その子ってあなたのことでしょう」と言った。大変驚いた。

「それで」と私は答えた。「私の個人的な話を参考にしたらどうかな」。まわりを医師や看護婦が囲んでいる。どうも居心地が悪い。少女にとっても、会話を続けるのが難しい。受け答えには超人的な努力が必要なのである。短い面会ではあったが、健気に振舞おうとする少女の姿に、誰もが涙ぐんでいた。

それから数ヶ月して、家族から連絡があった。ハヤの兄が結婚するので、式を司宰して欲しいという。大変感動的な結婚式であった。花婿は、父親や母親の付き添いがなく、フッパー（天蓋）まで歩いて行った。付き添ったのはフリードマン家の祖父母と、オランダから来たスヘイヴェスヒルダー家の祖母である。親類縁者が立ち会った。出席者全員が泣いていた。それは悲しみとそして嬉し泣きの涙であった。

ハヤとレアの姉妹が私のところへ来た。涙を浮かべていなかったら、分からなかったかも知れない。両親を失い、兄弟姉妹の死を嘆きつつ、激痛に耐えて入院生活を送ったあの少女達とは、どうしても思えなかった。悲しみの時あれば喜びの日あり。素敵な二人の少女は素直に喜んでいた。病院でハヤと話をした時に触れた少年のように、この子達は大丈夫だと思った。

病気と精神的苦悩を乗りきろうとする人を見ると、居たたまれぬ気持ちになり手を差しのべてきた。ユダヤ人に対してだけそうしたわけではない。

ヨルダンのフセイン国王との緊密な関係は、ベイトシェメシュの遺族の家を訪問した時に始まる。学校の野外授業で、学校の生徒達がイスラエル・ヨルダン国境のナハライムへ行ったとき、ヨルダンの狙撃兵によって女生徒七名が射殺された（一九九七年三月一三日、他に負傷七名）。フセイン国王は、弔問のためイスラエルを訪れた。特別の訪問である。遺族の家をまわり、両親の前にひざまずいて、無辜《むこ》の少女達の殺害という自国兵の悪しき行為に対して、許しを乞うたのである。国王自らこのように行動することは、希に見る姿勢であり、感懐無き能《あた》わずの気持ちであった。悲しみ嘆く遺族はもとより、イスラエルの全国民が国王自ら進んでとった行動に敬服し、感動した。

翌日、私は弔問のためベイトシェメシュを訪れた。このような惨事には必ずそうしているが、町ではフセイン国王訪問の話でもちきりであった。誰もが訪問の話をしている。国王は他者の痛みに敏感であり、政治的な計算の全く無い誠実な心に、私も感動した。それまでは私は、国王についていろいろ話を聞いていた。そして、私を含めイスラエルの国民が等しく、平和のための国王の活動を見守っていた、しかし、私達は本当の対話を行なったことはなかった。

国王が、癌《がん》を患い、ミネソタ州ロチェスターのメイヨー・クリニック総合病院に入院した。当時私は、シカゴに一日滞在する予定があった。私は、国王を見舞いたいと思った。ベイトシェメシュで見せた誠実な心にこたえようとしたのである。私は、王の回復を祈るイスラエル国民の願いを伝えたいと考えた。私は外務省に自分の願いを伝えた。そして、イスラエルのエフライム・ハレヴィ大使が国王の家族に連絡した。お気持ちには感謝するが、その日から化学療法が再開されるとし、頭髪が抜けてしまい近親者以外には会うのを避けているという話であった。私はハレヴィ大使を介して王家からこの返事をもらった。私は国王の判断を尊重した。

シカゴに来ているとき、私の携帯電話が鳴った。フセイン国王の官房長イマン・アル・マジャリ氏からであった。アル・マジャリは国王の側近で、国王の日程を調整し，会談を含め人と会う時は必ず同席している。彼は、私にハハム・アフバル（大賢人）という称号をつけて呼び、国王はあなたがアメリカに滞在中で病院への見舞いを希望されている由、承知しておられますと述べ、「国王は信仰の篤い方で、あなたの祈りと祝福を尊重されています。訪問者を迎えられないと言った者に、実は腹をたてておられる。訪問者を迎えていないのは事実であるし、写真をとられることを望んでおられない。国民の間には、かつての精気あふれる自分のイメージを残しておきたい。今のような状態の自分は見られたくない、とお考えです。しかし、あなたの訪問と祝福をあきらめられたのではありません」とアル・マジャリは言った。

彼は私にいつおいでいただけるかとたずねた。私は明日でも可能と答えた。アル・マジャリは、国王と自分がお待ちしていると言って、電話を切った。自分では説明がつかないが、イスラエルを発つ前、紆余曲折はあろうが、フセイン国王に会えるだろうと感じていた。それで、国王への贈物と考えて、白い皮表紙のヘブライ語・英語版の聖書を携えて、アメリカへ来たのである。

一九九八年八月二三日、私は聖書を携えてメイヨー・クリニックへ行った。私は、国王の病室に隣接する別室へ案内され、そこで待機した。そこへ国王が入って来た。手には静脈内点滴チューブをつけている。国王は病衣の上から背広を着用しており、私と温かく握手した。そして、微笑んでネクタイをつけていない非を詫びた。そして病衣の上にネクタイを結ぶのは難しい。しかし、そのままの姿で主席ラビを迎えては失礼にあたるので、背広を着たと説明した。二人共笑った。そして椅子に座ると四〇分程話をした。そろそろいとまごいをする時間になって、私は聖書を進呈した。私は表紙の内側に、エレミヤ書一七章一四の言葉を書いておいた。「主よ、あなたが癒して下さるなら、私は癒されます。あなたが救って下さるなら、私は救われます。あなたをこそ、私は称えます」。そして、私がそれに「陛下の御人柄と平和に対する真摯な御努力を称えるイスラエル国民を代表して、陛下の速やかな完全回復を御祈り致します」と書き添えた。

フセイン国王は聖書を手にとり、私の献呈の辞を読んだ後、聖書の上端を唇にあてて、接吻した。国王は痛みをこらえて目を閉じた。そして聖書を自分の前額にそっとあてた。閉じた目から涙があふれでて、ぽろぽろこぼれ落ちるのが見えた。国王は再び聖書に接吻し、「ハハム・アフバル、お子さんはおありですか」とたずねた。私は、はい、いますと答えた。「お孫さんは?」。私は、再度はいと言った。「それで、皆さんは全員イスラエルにお住まいですか」。「全員イスラエルにいます」。私はそう答えた。するとフセイン国王は、「私はアッラーの前であなたに約束する」と言った。声は弱々しかったが、断固とした響きがあった。「主が私に命を与えられるなら、私は、究極の目的のために私のすべての力を捧げる。あなたと私の双方の孫達が善き隣人として生き、友好、平和裡に共存できるよう、残された時間で全力を尽くす。私は、自分が深く敬愛する偉大な戦士、英雄イツハク・ラビンに誓いました」

私は礼を述べ、ヘルツェルの丘で行なわれた葬儀で、国王がラビンに対する追悼の辞を読まれたとき、私は国王の真向かいに居たと言った。「あの時私は、陛下が心の奥底からしみじみとイツハク・ラビンについて語っておられる、と感じておりました」。国王はうなずいた。「私は、彼の誠実、勇気に惚れこんでいたのです」。それから、国王は話題を変えて、いきなり私のことに触れた。「私はあなたの過去、あなたの幼児体験を知っています。あなたにとって、生命の聖別が至高の価値である。私はそう理解している。ここメイヨー・クリニックへ足を運ばれ私に会いに来られたのも、恐らくその価値観があなたを後押ししたのでしょう。私はヨルダンへ必ず戻り、両国民間の平和のため全力を尽くす。私はあなたに約束します」

私は、メイヨー・クリニックが生き抜くための戦いの場であることを示唆し、国王を励ました。「陛下はこれまで一歩も引かぬ固い決心をもって、勇猛果敢に行動されてきた。偉大な英雄です。全知全能を傾け、総力を結集して、この戦いに勝利して下さい」。私は国王に心底そう求めた。国王は泣いていた。

四〇分後、対話が終わり、いよいよ辞去する時がきた。フセイン国王は、エレベーターの所まで行くといってきかなかった。力をふりしぼってゆっくりと歩く姿が、痛々しかった。国王は重い足を一歩一歩引きずって歩き、医務室、看護婦待機室そして警備室の前を通りながら、「あなたはハハム・アフバルです。私は、信仰を有するひとりの人間として、敬意を払わなければならない」と言った。点滴チューブを手に装置し、病衣の上から上品な背広を羽織った姿である。フセイン国王は、生命の危機という最も困難な状況にあっても、威厳のある話し方、国王としての品格を失わず、堂々としていた。自己憐憫など微塵もなかった。

私の訪問から六ヶ月後、国王は死去した。私は、イマン・アル・マジャリ氏からその通知をうけた。イスラエルの駐ヨルダン大使を介して、アル・マジャリ氏は私にイスラエルの弔問団に加わるよう要請し、私のメイヨー・クリニック訪問は国王にとって忘れ難い経験であり、国王はよくこの話をされていたと指摘、「あなたが贈呈された皮張りの聖書は、国王逝去の時までその枕頭にありました」と述べた。

埋葬後の告別式で、国王の息子アブダッラー皇太子が、参列した高位高官のお悔やみと王位継承の祝辞をうけた。私は、たまたまその三番目であった。シリアのハフェズ・アサド大統領、フランスのジャック・シラク大統領の次である。先代の国王がなされたように、引き続き平和の道をあゆんで新天地を切り開いて欲しい。私はそう言った。新国王は、側に立つアル・マジャリ氏が言ったとおり、父はあなたの訪問についてよく話をしていた、父の志を継いで、私達との真の平和を築くため努力する、と答えた。

一九九七年の秋、昼下りの頃であったが、エルサレムのラビ庁から車でテルアビブの自宅へ向かう途中、ラジオでエジプトのモハメド・バッショウニ大使の入院ニュースを聞いた。この報道によると、大使は心臓発作をおこしてイヒロブ病院に搬送され、バイパス手術をうけたという。私は、忠実な運転手であるルービに、イヒロブ病院に寄ってくれ、バッショウニ大使の容態を知りたいと言った。私はさまざまな公務の関係で大使を知っていた。

大使の病室に行ってみると、大使は手術後回復室に収容され、たった今出たところであるが、まだ覚醒していないという。私は職員に、目が覚められたらよろしく伝えてくれ、明日再度お見舞に伺う旨伝言した。踵《きびす》を返して出て行こうとすると、背後で女性の声がした。「主席ラビ、主席ラビ！」と叫んでいる。振り返ると、バッショウニ大使夫人であった。大使の病室を囲むボディガードの人垣の間からちらりと私を確認し、彼らから入室の同意を得てから、その人垣をかきわけて、私を追って来たのである。私は、まだ眠っておられるから今日は失礼すると言った。しかし大使夫人はひきさがらない。夫はアッラーを信じる人で、信仰の人であるから、私の祈りを必要と主張し、部屋に入って付き添って欲しいと何度も頼むのである。断れそうになかった。しかし、その時ある考えがひらめいた。

患者は麻酔からさめても、まだ意識がはっきりせず、感覚的にも鈍い。点滴チューブやら何やら体に装置をつけた状態で、黒ずくめの人間が枕元にたっていたら、ショックで心臓麻痺を起こす恐れがある。私はこれを絶対避けたい。ところがである。私が枕元に立ち、夫人とボディガード達がベッドの向こう側に立っていると、バッショウニ大使が目を開き、私を見た。微笑が段々顔一杯にひろがった。あたかも「ハハム・アフバル、祝福して下さい」と言っているようであった。大使の速やかな回復を願って、私はそうした。

一ケ月後、エルサレムの私の執務室の電話が鳴った。電話の主はモハメド・バッショウニ大使で、今すぐそちらへ行き、話をしたいと言った。大使は一時間もしない内に、エルサレムのラビ庁に到着した。エジプトのホスニ・ムバラク大統領の親書を持ってきたのである。明日、一九九七年一二月一七日、大統領宮殿に招くという内容で、驚いた私は、政治家ではないし、政治団体の代表でもないのに、どうしてであろうと頭をひねった。そこで、「大使閣下、大統領が何故私に会いたいのか、理由を知りたいのです」とたずねた。

バッショウニ大使は、にっこり笑って答えた。「それはですね。エジプトでは多くの人が、私のイスラエル駐在が長すぎると考えています。イスラエル駐在は一八年になりますが、歴代外相が私を更迭しようとしました。現外相も更迭を画策しています。しかし、私には、大統領側近の中に、私の強力な支持者がいるのです。私の友人のオサマ・エルバズです。心臓手術から回復過程にある時、私はこの友人に、私が意識を回復して最初に見た人はあなたであった、と言ったのです。私の更迭問題がとりあげられたとき、オサマ・エルバズが、この話をムバラクにしました。私が如何にイスラエルに受け入れられているかを強調するため、わざわざ主席ラビがエルサレムからテルアビブへ来てくれた。見舞客の第一号が主席ラビで、私を励まし速やかな回復を祈った、と言ったのです。ムバラクは驚きの余り、あんぐり口を開き、〝その男に会いたい〟と言ったのです」

私が出発する前、アリエル・シャロン外相が立ち寄り、「ムバラク大統領に会いに行くと聞いた」、「あなたにひとつお願いがある。アッザム・アッザムというイスラエル国籍者が、無実であるにもかかわらずカイロの監獄に投獄されている。どうか大統領に本人の釈放をあなたから要求して欲しい。宗教指導者なら彼に影響を与えられると思う」と言った。

翌日私はカイロへ行った。残念なことに、バッショウニ大使は、医療上の理由から同行できなかった。カイロは明らかに私を迎える準備をしていた。交通規制がみられ、私の通る道はすべて車の往来が遮断されており、住民が沿道に立ち、車列をもの珍しそうに見ている。席上ムバラク大統領は、私の訪問中首都カイロに警官一万人を動員している、と言った。このおびただしい数には驚くばかりである。ムバラクは、「そうでもしないと、私の反対派とイスラエルとの平和反対派が、はみ出して勝手なことをやりだす」と指摘し、「あなたのような訪問者に何か起きれば、大変である。あなたの滞在中ちょっとした事件でも放置するわけにはいかない。万全を期しているのです」と説明した。

大統領との会見には、イスラエル人三名を含め、二〇名ほどが同席した。ムバラクは、イスラエルの新首相ベンヤミン・ネタニヤフについて話を始めた。私は、首相の政治見解をわきにおいて答えた。戦争はもう沢山である。なによりも隣人達と平和裡に暮らしたい。これがイスラエル国民の共通認識である。私はその証拠として、ヘブロンをパレスチナ側に返還したのは右派リクード党のネタニヤフである、と言った。室内が静まり返った。私の発言内容に大統領が怒ったのだろうか。大統領はどのように反応するのだろうか、と一瞬考えた。しかし、私は嘘をついたわけではない。戦争に終止符をうつという我々の願望に嘘いつわりはない。ひるむことはないのである。重苦しい沈黙を破って、大統領が「あなたの考えは正しい」と言った。

私は、ヘブロンのマクペラの洞穴虐殺事件（一九九四年二月二五日）について触れ、ユダヤ人とムスリムの双方がこの聖所で礼拝できるように、ラビン政権時代にラビ・エリヤフ・バクシ・ドロン（スファルディ系）と私の両主席ラビが特別の措置を講じた、と述べた。ムスリムだけが礼拝できる日、ユダヤ人だけが礼拝できる日をそれぞれ一〇日間とし、残る三四五日間は、入口と通路及び部屋を別々に設けて、双方の礼拝に供するのでる。ヘブロンの虐殺は、ユダヤ人の祭であるプリムの時に起きた。その時から私がムバラク大統領に会った一九九七年一二月まで、このとり決めは円滑に機能し、攻撃的な態度はみられず流血事件も勿論なかった。私の見解では、私達が理解と静穏のうちに共存したいのであれば、それは可能である。そして、この措置が決定的な証拠である。

私は、アッザム・アッザムの件も、ムバラクに話をした。ここでは明らかにしないが、大統領は行動計画を私に提供した。私は帰国後すぐその計画をシャロン外相とアッザムの家族に伝えた（アッザムはドルーズ族のイスラエル人、二〇〇四年に釈放された）。

会談が終わる頃になって、ムバラクが私に要請した。ムバラクは、自分は世俗の人間であるがと前置きして、カイロにはエジプトのイスラム教大法官（グランドムフティ）モハメド・タンタウィ博士がいる、と言った。エジプトのイスラム教最高指導者で、カイロのアズハル大学総長でもあり、本人に会われることを心から願う、とムバラクは会見をすすめた。私は、この聖職者との会見希望をバッショウニ大使に伝えていたので、別に驚かなかった。

私達は、シェイク・アル・アズハルとして知られるタンタウィ博士に会いに行った。会見はアズハル大の総長室で行なわれた。キャンパスの古びた建物である。アズハルは、イスラム教スンニ派のイマム、ムフティ及びカディス（宗教法廷の判事）に対する教育機関である。会見は一時間半続いた。窓を通して夕闇がせまっているのを知り、カイロのシャアレイ・シャマイム・シナゴーグでの礼拝予定を思い出した。ここはエジプトに残る唯一のシナゴーグで、時々ミニヤン（一〇名以上の成人男子）が揃うのである。私は午後と夕方の礼拝に参列することを約束していた。ユダヤ人達が私の到着を待っているはずである。私はこの件をシェイク・アル・アズハルに説明し、温かい会話であったと礼を述べたうえで、次の予定があるので失礼すると言った。そして、全くの儀礼から、師がエルサレムの私をおたずねになるなら、師が私達に示されたと同等の敬意をもって、お迎えすると言った。

彼は、ぶっきらぼうに答えた。「私の旅券にパレスチナ国のスタンプが押されるなら別ですが。私は、イスラエル国のスタンプが押された旅券を持つことはありません」と無愛想に切って捨てたのである。私は、この過激派の見解を見過ごすわけにはいかなかった。「ここで私達は、友好と善隣関係について語りあいました。何故スタンプを苦にするのです。私の旅券にはエジプトのスタンプが押してあります。ムバラク大統領の許を訪れたことを誇りにも思っています。双方の理解と平和を促進する努力は大歓迎です」と応じた。

しかし、シェイク・アル・アズハルは、自分の立場を変えなかった。彼の目には、イスラエル人がムスリムからエルサレムを奪った、と映っているのである。このような言明を黙って見過ごすことはできない。「私はあなたについてちょっと〝予習〟をしてきました。あなたは博士号を持っておられる。博士論文のテーマが何であったのか、興味がありました。あなたは、コーランにおけるユダヤ人とユダヤ教について、論文をお書きになった。つまり、あなたはコーランだけでなくユダヤ教についても知っておられるということです。私は、ユダヤ教について知っているが、イスラムについては何も知りません。それで質問を許していただきたい。コーランにはエルサレムが何度言及されていますか。私達は、聖都エルサレムについて話をしているわけですから、イスラムの原典には、さしずめこのような聖都の言及があるに違いありません」と言った。

シェイクは無言のまま渋い顔をしていた。私は構わず話を続けた。「私達の聖書には、〝エルサレム〟とその同義語の〝シオン〟という言葉が、八二一回でてきます。一〜二回といった数ではありません。これは、エルサレムがユダヤ人の信仰と意識の中心にあることを証明しています。エルサレムは、聖書の至るところに現われ、さまざまな話題とのからみで、必ずといってよい程登場します。聖書は、繰り返し私達に自由な往来を維持しなければならない、と述べています。つまり、すべての宗教と諸国民の信徒が、その聖所へ行けるようにしておけということです。預言者イザヤが、『私は彼らを聖なる私の山に導き、私の祈りの家の喜びの祝いに連なることを認める。彼らが焼き尽くす献げ物と生贄は、私の祭壇で私はそれを受け入れる。私の家は、すべての民の祈りの家と呼ばれる』と述べているとおりです（イザヤ書五六章七）。しかし、主権と歴史的結びつきについては、八二一という数字が私達に何かを教えています。それで再度お伺いしたい。コーランにはエルサレムが何回登場していますか」

シェイクは口をつぐんだままであった。私が「推理できますね」と言っても、沈黙して私を見ているだけである。「ゼロというのが答えですね」。私はたずねた。次席のファウジ・ザフザフがうなずいた。いつまでも記憶に残る確認を得て私は総長室を辞し、カイロの小さいユダヤ人社会の人々が午後と夕べの礼拝に集まったシナゴーグへ向かった。イスラエルとエジプトの間には公式に平和協定が結ばれてはいるが、人民、政党そして運動のなかにイスラエル国の存在権を認めないものがあり、安定した恒久平和の達成には、まだまだ長い時間がかかる。私はそのように思った。

エジプトへの短期訪問、そして聖俗両世界の二大要人との会見で、私が再度確認したことがある。つまり、私達は、さまざまな人民、国家、宗教そして人種の間に平和を確立する希望を失ってはならぬということである。この平和は、最高権力者の手で達成されるわけではない。個々人の接触、人道的な善意の意志表示を通して、築きあげられるのである。これが本当の影響力というものである。この意志を持つ人民の関係が、相互理解と友好そして恒久平和へ向けて、指導者達の後押しをするのである。

第一六章　イツハク・ラビン――崩壊した懸け橋

泣きやむがよい。目から涙をぬぐいなさい。――エレミヤ書三一章一六

一九九五年一一月四日（土）の夜イツハク・ラビンが暗殺された。ヘブライ暦では五七五六年ヘシュバン月第一一日にあたる。奇しくもこの日は、聖書に名高いラケル（ラヘル）の死を追悼する日である。この日は、ピョートルクフのユダヤ人社会が、トレブリンカで虐殺された日でもある。私の父と次兄シュムエル・イツハクを含め、町とその周辺地域の住民二万八〇〇〇人が殺された。このピョートルクフの命日（ヤールツァイト）には、テルアビブにある博物館ベイト・ハソフリム（作家の家）へ行くのを私の習慣としている。第二、第三世代の子孫と共に、ピョートルクフ社会の追悼式を行なうのである。その年も式に参列し、夜の一〇時に帰宅した。

私が家に戻ると、息子の義理の父親であるエルサレムのラビ・イツハク・ラルバグから電話があった。ニュースを聞いたか。イツハク・ラビンが銃撃され、イヒロブ病院へ搬送された。ラルバグはそう言った。私は身震いした。ラビンの状態や犯人あるいは犯行動機など全然分からぬまま、私は病院へ急行した。さまざまな思い出が頭の中をかけめぐる。私は銃撃犯はテロリストに違いないと確信していた。自宅から地階の外傷センターまで七分。随分時間がかかったように思えた。医師達が必死になって首相に蘇生処置を施していた。レア・ラビン夫人、娘のダリアは、看護婦待機室に閉じ込めら

れ、私はその部屋の外で待つ人々と一緒になった。そこにはシモン・ペレス（当時外相）、アムノン・リプキン・シャハク参謀総長、アメリカのマーティン・インダイク大使、ラビンの親友であるエイタン・ハベル（報道官）、シモン・シェベス（首相府長官）そしてハイム・ラモン（前保健相）がいた。私達は容態を心配しながら待ち続けた。病院長が来て、モニターの針が動いたと告げた。私達は、その言葉に一縷《る》の望みを託した。しかし数分後、白衣の医師が三名、処置室から出て来た。彼らは何も言わなかったが、事前に打ち合わせでもしていたかのように、一様に頭を横にふった。「あらゆる手を尽くしましたが、これまでです。イツハク・ラビンは死去しました」と言っているかのようであった。

　殺害犯は誰であろうか。イスラエルの青年という話をちらりと耳にしたが、私達はその青年がユダヤ人でないことを願った。しかしすぐに犯人が分かった。テルアビブのバルイラン大法学部に籍をおく過激派右翼のユダヤ人、イガル・アミルであった。三発撃っている。私は隣にいた人に、自分が恐れていることを率直に話した。アミルは、私の友人であり指導者である人物を殺しただけではなく、イスラエル社会のさまざまな党派をつなぐ懸け橋を破壊したのではないか。ラビンは、右派と左派、聖と世俗の間にみられる亀裂を直そうとして、懸命に努力していた人のひとりであった。ラビンを殺した犯人は、この努力に相当な打撃を与えたのである。

　シモン・ペレスが、ひとつお願いがある。一緒にレア・ラビンが待っている部屋に行って事情を説明して欲しい、といった。レア夫人は、身もだえして泣いていた。ペレスが「世界の要人達が参列できるよう葬儀を月曜日に行なってもよい、と主席ラビが言っている……」と話しだした。するとレア夫人は、私は構わないと途中で話をさえぎり、「あなたの好きなようにやって下さい。私にはどうでもよいことです。イツハクは逝ってしまった。私の世界はすっかり目茶苦茶になった」と言って泣いた。

　ペレスは私の手をつかみ、私達は部屋を出た。アメリカのマーティン・インダイク大使のところへ行くと、大使は電話の最中であった。葬儀の日取りついて知らせると、電話を続けた。その後大使は、クリントン大統領が参列すると私達に言った。このニュースが誘い水になった如く、エジプトのムバラク大統領、ヨルダンのフセイン国王を含め、世界の指導者達が次々と参列を表明した。

　病院を出ようとすると、報道記者達が私にこの暗殺事件をどう思うかとたずねた。私はラビン追悼の頌徳《しょうとく》を述べるにはまだ早すぎるが、内戦の危険を警告するのに早すぎるということはない、と答えた。この数時間の緊張した空気を考えれば、内戦の恐れも考えられる。私の考え方が間違っていることを願う、と私はつけ加えた。

葬儀開始の前、ニュースキャスターのイラナ・ダヤンが私にテレビインタビューを求めた。イツハク・ラビンとの出会いについて語って欲しいという。感情が激してのどがつまり、うまく話ができない。私には滅多にないことであった。最初私の抱くラビン像は、イスラエル国民が持つ一般的イメージと変わらなかった。軍人で段々出世して、最高位の参謀総長にまで昇りつめた男、という認識である。私は、一九六七年に撮影された写真を見て、考えさせられた。六日戦争時エルサレム旧市のライオン門を通った時の写真である。ラビン参謀総長と並んでダヤン国防相、ウジ・ナルキス中部軍司令官、レハバム・ゼエビ参謀総長室長（二年後中部軍司令官）が写っている。ラビンは自分の占めるスペースを気にして、恐縮しているように見える。シャイな態度の軍人に私は注目した。この戦争の後、イツハク・ラビンはヘブライ大学から名誉博士号を授与され、エルサレムのスコーパスの丘で行なわれたその授与式において、演説した。私には、彼の演説が「書物（聖書の意）と剣は束になって天から降りてきた」というミドラシュの言葉を具体化したように見えた。ラビンは、この称号を自分が受けるのではなく、国防軍の全指揮官に与えられたものであり、その代表として受けるのであると前置きして、話を始めた。私は、その態度に深く感動した。そこには、ヨムキプール時におけるカントールの朗唱を想起するものがあった。「参上致しました。行いのさえない者であります……私を送りだした主の民イスラエルのため、主の御前に立って、嘆願致します」。カントールはこう唱えるのである（ヒネニー。参上の意の言葉で、追加礼拝であるムサフの直前に朗唱）。

私が初めてイツハク・ラビンと会ったのは、テルアビブで開催されたヘスデル・プログラム支援の夕べであった。このプログラムは、ゴラン高原で実施されており、イェシバの学習と軍の服務を組み合せた内容である。この夕べで、私は書物の側に立って話をした。一方ラビンは、剣の側に立つ者の代表として語った。彼の演説は大変感動的であったが、私は本人が熟慮型で超然としている、と思った。次に会ったのは一九九〇年代の初めで、場所はナタニヤであった。ダヴィッド・アニレビッチの葬儀であった。ナタニヤの副市長、労働党活動家、独立前後のパルマッハの戦士、そしてブッヘンヴァルトの生き残りであった（収容所解放の日、銃弾の雨から私を救ってくれた人である。第五章参照)。当時私はテルアビブの主席ラビであったが、同じブッヘンヴァルトの生き残りという共通体験と私がナタニヤのラビであったという経緯から、遺族が私に追悼の言葉を求めたのである。

私は、他人を第一に考えるアニレビッチの限りない愛他精神を強調して追悼の言葉として、「あなたの御魂は今天上にのぼりつつある。しかしその御魂は、付き添いなくして天に至るのではない。数千数万の記録が天上に舞う雪の如くきらめきつつ、天にのぼるあなたを迎えている。人々は、アパートを手に入れるため、学習資金を得るため、医療ケアを受けるため、あなたに助けを求めた。天に舞うのは、あなたの署名入りの支援記録である」と述べた。当時首相候補であったラビンは、この言葉を高く評価した。彼は、選挙事務所長のユバル・フランケルと小声で話をした。後日ユバルは私に、ラビンが私をイスラエル主席ラビに推している、と打ち明けた。

ラビンと私は葬列で一緒に歩き、日をあらためて会うことで同意した。私達は、一九九二年六月に会った。ラビンが首相に選出される一〇日前である。私は、ラビン夫婦、テルアビブ市のシュロモ・ラハト市長夫婦、そして私の隣人のモシェ・ボルンシュタインを自宅に招いた。談笑が四時間以上も続いた。ラビンは、「四時間も経ったのに、私は煙草を一本も吸わなかった」と驚いた(ラビンは大の愛煙家で、六日戦争時はニコチン中毒のため業務遂行困難と評されたこともある)。

その夕べの会合で、私達は、歴代首相とラビンとの違いについて話し合った。当のラビンは、レビ・エシュコル、メナヘム・ベギン、ダヴィッド・ベングリオンを心底尊敬していると言った。私が、ベギンの演説を一部とりあげ、本人の声音で芝居がかった演説を真似すると、ラビンは笑いながら、自分には、このスタイルは似合わないと言った。いろいろな話題があったが、特に記憶にあるのは、ラビンが私の経歴をたずねたことである。「あなたの経歴についていくらか知っている。いろいろな記事があり、国防省スポークスマンであったあなたの兄のナフタリからも、話を聞いている。ナフタリが袋に隠してあなたを助けたという話も聞いた。二人が孤児としてイスラエルへ来たことも知っている。しかし、分からないのはそこからだ。心の支えというか肉親の情愛の支えのない孤児が成長して、どうしてテルアビブの主席ラビになれたのか。勿論そこで終わりではない。あなたにはその先がある。誰がそのあなたを教育したのか、誰があなたを育てたのか」。私はイツハク・ラビンに、ラビ・フォーゲルマンとイェシバの世界について説明した。私の家族の伝統はラビである。ラビの家系といってよい。その家系をつないでいくことが、ドイツに私が勝利する道である。イェシバの世界が、私の心にその力をつけてくれたのである。ラビンは熱心に聴いていた。

一九九三年二月二三日、ラビンが首相に選ばれた九ヶ月後のこの日、私はアシュケナージ系の主席ラビに選出された。スファルディ系の主席ラビには、ラビ・エリヤフ・バクシ・ドロンが就任した。就任初日、私達二人の主席ラビはイツハク・ラビンに会った。ラビンは、首相のほか国防相と宗教相を兼任していた。この時の会見で彼は、宗教相として自分にできることはないか、とまずたずねた。ラビンは、主席ラビ庁の地位を正確に理解していた。いくつか深刻な問題があった。当時、主席ラビ庁は、宗教省内の一部門であった。これが問題の第一である。私は、国防、宗教の両相を兼任する首相に、主席ラビ庁を宗教省から分離して、独立の組織にすべきであると主張した。政府の官僚主義と政治問題から解放される。この分離、独立はよい成果を生んだ。

公式会見が終わると、ラビンはちょっと話があると私を隅に引っ張っていき、「主席ラビ、いつも安息日には私は自宅にいるようにしている。ネベ・アビビム（テルアビブの一地区）です」と言いながら、メモして下さいと自分の直通電話番号を教えた。「ウィークデーに、私は何か言ったり行動したりする。これに対してあなたに意見があるかも知れない。なにかコメントしたいことや相談事があれば、安息日入りの一時間前か安息日になって三〇分後に電話して下さい。私には一番都合のいい時間です。その時間帯には大抵自宅にいます。直通を使っていただければ有り難い。連絡をとりあいましょう」。ラビンはそう言った。その直通番号は、私の電話帳に今でものっている。

オスロ合意の後、私はラビンとの協議を提案した。この合意は双務的であるが、イスラエル側はガザとエリコから軍を撤収し、その地区の管理権をパレスチナ側に引き渡すことになっている。エリコについては、いろいろな人が私に連絡してきた。そこに古代のシナゴーグがあり、床にモザイク模様でシャローム・アル・イスラエル（イスラエルに平和を）という文字が刻まれている。さらにシナゴーグの中はイェシバとして使用されている。寄宿舎は無いものの神学校として機能しているのである。オスロ合意が履行されると、そのシナゴーグがどうなるか分からない。私に連絡してきた人達は、その点を大変憂慮しており、私がラビンと親しい仲であることを知って、何とかして欲しいと言っているのであった。そこで私は、首相に電話して意見を求め、ついでに、フィデル・カストロから贈られたキューバの葉巻一箱があるので、直接手渡したいとつけ加えた。

「主席ラビ」とラビンは言った。「レアは海外旅行中で、私はひとりである。一時間、時間をくれますか。今夜九時テルアビブの自宅でお待ちする。ついでに言っておくが、私は紙煙草しか扱わないから、葉巻はどうかなあ。しかし話はできる。私の方からもあなたに話したいことがある」。私はラビンの家へ行った。運転手のルービが葉巻の箱を重々しく運んだ。ラビンがドアを開けた。ビーチサンダルを履いていた。カシュルートの問題があるから食べ物は出せないと謝りながら、グラスに水を入れて持って来た。それから部屋の片隅に行って、ブリーフケースから書類を取り出した。そして——当時外相であったシモン・ペレスのことを指しながら——「夕方シモンがカイロから戻って来た。ムバラクが御膳立てしたアラファトとの協議で、あなたが求めた（オスロ合意に）条件をつける件がまとまった。〝エリコのシャローム・アル・イスラエル・シナゴーグにおける宗教上の諸案件は、イスラエル当局の扱いになる〟ということです。この文書は、当シナゴーグが日中イスラエル人によるトーラー学習のために使用され、パレスチナ側の警察がシナゴーグへ至る道路の安全を守ることを、明記してある。この懸案問題は片が付いたので、あとはリラックスして時間を過ごした。

エリコの問題を提起した後、私は、ベツレヘムをパレスチナ側へ移管する件に、努力を集中した。この件でも、さまざまな人が連絡してきた。毎晩深夜に、複数のユダヤ人集団が、ベツレヘムの入口にあるラケル（ラヘル）の墓へ来る。ティクン・ハツォットという特別礼拝（深夜、私達礼拝者のために天国の門が開くといわれ、その時に行なわれる神秘主義的な礼拝）のためである。ベツレヘムが、エリコのシナゴーグの場合と同じ方式に従うことになると、パレスチナ側の警察がアクセス道路の安全を守ることになる。しかし、ベツレヘムの場合は、ユダヤ人の往来がずっと多いので、ユダヤ人達はその道の安全を危惧している。特に夜間通行がそうである。

その週に、政府は本件に関して特別閣議を開き、シモン・ペレスがまだアラファトと協議する余地があると思う、と述べた。夜間通行の安全を心配している人達は、エルサレムに隣接するギロとラケルの墓との距離を測定した。約五〇〇ヤード（四五〇メートル）しかない。途中にアラブの人家もない。それで多くの人が、イスラエル国防軍将兵による道路守備を要請した。外相はこの提案を支持した。しかしラビンは反対した。私達は既に合意文書に署名し、ギロの南の地域をパレスチナ側へ返還すると約束している。これが反対理由であったが、ラビンはラケルの墓を放棄する意図はなかったが、道路はパレスチナ側の責任であるとした。私達が彼らを信用し小銃で武装させるか、信用しないかのどちらかである。水曜日の特別閣議で、政府はこの件を日曜日の定例会議にまわすことに決めた。

水曜日から日曜日にかけて、数十名の人が私に連絡してきて、ラビンに圧力をかけて欲しいと言った。その金曜日、安息日になる前に私は初めて例の直通番号を利用した。そして、ラビンと話をした。ラケルの墓に対する私達の権利を確固としたものにしたい。そう願う人々の思いに応えて欲しい、と私は主張した。ラケルこそ、エレミヤ書でシオニズムの原点を示している。「泣きやむがよい。目から涙をぬぐいなさい。あなたの苦しみは報いられる、と主は言われる。息子達は敵の国から帰って来る」（同三一章一六）とあるのです。私はそう言った。

ラビンは静かに聴いていたが、「この墓の何が特別なのか」とたずねた。そこで私は、「国外在住で信仰の篤いユダヤ人は、配偶者を求めている時、子宝に恵まれない時、あるいは手術を前にしている時、三つの主な聖所で祈ります。西壁、ヘブロンに近いマクペラの洞穴、そしてラケルの墓です。私達はラケルの墓で祈る彼らの権利をとりあげることはできません」と答えた。するとラビンは、自分はその権利を否定しているのではないとし、「エリコのシナゴーグと同じ扱いにすべきである、と言っているだけである。ラケルの墓は、イスラエルの主権下に残るが、パレスチナ側が道路の安全を守る。どこが問題だ。どこがどう違う」と真剣にたずねた。そこで私は、「エリコは、ひとつの歴史的シナゴーグですが、こちらの方は、私達の母の墓です。私達の母を見捨てることはできません」と答えた。この言明は、私の信仰の基本を成すものである。そしてこの言明をもって会話は終わった。イツハクは、一晩寝て考えて、あす返事をしたいと言った。

日曜日、閣議終了のすぐ後、ラビンが主席ラビ庁に電話を入れ、すぐに分かる例のバリトン声で、「ラビ、あなたが〝私達の母を見捨てることはできない〟と言ったとき、私の心を動かしてしまった。閣議で、今さっき終わったばかりだが、私はその閣議でシモンの方につき、全員一致で決定した。私達は、ラケルの墓とそこへのアクセス道をイスラエル政府と国防軍の完全な管理下に残す、と決めた」と言った。涙がでて声がつまり、とうとう礼を言うことができなかった。

一九九四年、私はユダヤ民族にとって中心的な問題のひとつで、再びラビンと共同作業をすることになった。ユダヤ教の食物規定（カシュルート）に従って屠殺されていない肉（ノンコーシェル・ミート）の輸入は、建国以来禁じられている。ところが、解禁を求める申請が出され、最高裁で争われることになったのである。私はこれを阻止するため、ラビンの助力を必要とした。

私は、宗教相としてのイツハク・ラビンに連絡をとり、この決定は、ユダヤ人国家としてのありようを傷つけていくと説明した。さらに私は、公共の施設、国防軍、宴会場など不特定多数の人を対象とする飲食現場でカシュルートの制度を守るため、宗教相としてそれこそ無数の法律を通す必要がでてくる、と指摘した。今日まで機能してきたカシュルートに従った現行の監督制度は崩壊し、代わりに、私達は膨張した制度を必要とするようになる。現在の宗教省の能力をはるかに越える。ラビンは私の話をじっと聞いていたが、成程あなたの述べた状況は受け入れ難いように聞える、少し時間をくれ、考えてみると答えた。本件は、イスラエルの基本法にかかわる問題であり、ノンコーシェル肉の輸入を認める改正案に勝つには、クネセットで過半数を越える票が必要である。

ラビンは、私にクネセットの経済委員会の委員長に会って、本件の重要性について説明してはどうかと提案し、委員長を説得すれば、採択上必要な多数票を獲得するうえで助けになる、と言った。委員長は、野党議員であったが、本件はあきらめよと私に忠告した。ノンコーシェル肉の輸入禁止に、過半数の賛成票を確保できる可能性は全然ないという。委員長は、メナヘム・ベギンが、政府不信任案の採択は大抵信任決議の採択で終わると言ったが、状況はこれと同じと述べ、「主席ラビ、もしあなたがこれを採択にかければ、イスラエルのクネセットがノンコーシェル肉の輸入を賛成多数で決める初の出来事になる。個人的には、家でコーシェルを守っている者のひとりとして、こんな事態になるのは遺憾である」と言って話を終えた。私は礼を言って、今度はイツハク・ラビンに連絡し、話の内容を伝えた。するとラビンは、「そんなことはナンセンスだ」と一笑に付し、私に任せて下さいと言った。打てば響く反応であった。一九九四年一二月二九日、政府予算案の投票の一環として、クネセットはノンコーシェル冷凍肉輸入禁止法案を賛成七四、反対一四、棄権一で採択した。

投票後に気付いたのであるが、あわてて法案をまとめたので、対象が冷凍肉だけになっていた。それで一九九五年にクネセットで二度目の投票が行なわれた。〝冷凍〟の言葉を削除し、〝肉及びその副産物〟という表現に変えられた内容で、賛成六六、反対一一で可決された。

イツハク・ラビンの素晴らしいロビー活動のおかげである。ラビンは議員一人ひとりに直接話をしていた。投票後お礼の電話をかけ、「連立のための利害がからんでいるわけではないし、党利党略のためでもないことは分かっている。政権の外にキッパーをつけた男がひとりいるだけです。何でそんなに東奔西走したのです」とたずねた。親しい仲でなければ、このような失礼な質問はしない。「それには二つ理由がある」とラビンは答えた。「第一、我が国では、タレフ（不浄の意、戒律に従わず屠殺、処理されたもの）の肉が既に過剰生産になっており、外国からノンコーシェル肉をわざわざ輸入する必要はない」。二人とも笑った。それからラビンは、「しかし真面目な話、ここはユダヤ人国家ではありませんか。それ以外に明示する理由が考えられますか」とつけ加えた。

ラビンが言ったのはそれだけである。美辞麗句を並べたてた内容ではなかったが、私はその言葉を生涯忘れない。イヒロブ病院の集中治療室の外に立っていたとき、ラビンのその言葉が私の頭の中をかけめぐっていた。私が、ラビンは聖と世俗のイスラエル人をつなぐ橋を代表し、殺害された後、この橋は崩壊する可能性大と言った時も、その言葉が心の中で谺《こだま》していた。今でも私は、あの土曜の夜から立ち直っていない。我が国の組織構造にみられる亀裂は、一部にはテルアビブの広場におけるあの殺人の結果である。

ラビン殺害から三〇日後、私はニューヨークへ飛んだ。マディソンスクエア・ガーデンで壮大な追悼集会が開催され、そこで追悼演説をした。アメリカのアル・ゴア副大統領、シモン・ペレス、そしてレア・ラビンが一緒であった。第三〇日の追悼式の終わりにあたり、私の友人で歌手のドゥドゥ・フィッシャーが哀悼の祈り「エル・マレー・ラハミーム」（憐れみに満ちた神）を歌い、数万の人が涙した。毎年、この殺害記念日に、私はエルサレムのレハビア高校の生徒達に対して、イツハク・ラビンの暗殺、内戦そして根拠なき憎悪について話をすることにしている。それから、ヘルツェルの丘の墓地に建つ記念碑を訪れ、全国学生組織が主催する、聖と俗のユダヤ人対話集会に参加する。さまざまな思い出の残る親友そして国の指導者であったイツハク・ラビン。この一連の行事は、この人物の思い出を大切にするための、せめてもの活動である。

第一七章　ローマ教皇との対話

私の聖なる山においては、何ものも害を加えず、滅ぼすこともない。水が海を覆っているように、大地は主を知る知識で満たされる。

――イザヤ書一一章九

一九九三年九月二一日、ヨムキプールの数日前であったが、ローマ教皇が天井を見上げ、それから私にとって絶対に忘れられないことを言った。教皇が口にした言葉は英語であったが、今でも私の耳に残っている。教皇は、「私がどこへ行こうとも、誰と話をしようとも、私達は、私達の兄にあたる、ユダヤの民の存続と未来に尽力し、それを誓約する」と言ったのである。

それは、真実味があり、信念にあふれた言葉であった。私はその言葉を聞いて、ユダヤ民族の将来について教皇と話ができる、と感じた。

教皇との会談は、カステル・ガンドルフォというイタリアの町にある教皇の夏の別荘で行なわれた。それに至るまでに、聖エジディオ共同体（The Community of Saint Egidio）側の真摯な努力と当方の長期に及ぶ慎重な検討があり、それを経て実現したのである。

私はローマを本拠地にするこのカトリック教信徒組織と特別な連携意識を築いた。この組織は、イスラエルを緊密な友人と自己規定し、国際平和の推進を目的に、毎年インターフェイス（諸宗教間対話）会議を開催している。聖エジディオ共同体は、テルアビブの主席ラビ時代に私をこの会議に招いた。しかし私はその招待を受諾できなかった。通常その会議は一〇月に開催される。ヘブライ暦では重要祭日が続くいわゆる大祭日の時期にあたる。だが同共同体は、一九九三年の会催時期を九月にずらしたので、私はやっと参加できることになった。一九九三年といえば、私がイスラエルの主席ラビに就任した年である。

会議開催の午後、参加者達はミラノのスカラ座に集まった。壇上には、四名の講演者が並んだ。それぞれ、所属する精神世界の平和概念を代表する。ミラノの枢機卿カルロ・マリア・マルティニ師はキリスト教を代表した。当時、ヨハネ・パウロ二世教皇の後を継ぐ有力候補といわれた人物である。イスラム教は、ヨルダンのハサン皇太子が代表することになっていたが、開催寸前になって、アルジェリアのオラン出身でイスラム教神学を講じる教授に代わった。私はユダヤ教を代表した。四番目の参加者は、崩壊して間もない旧ソ連の大統領ミハイル・ゴルバチョフで、無神論者と世俗派の思考を代表した。

会議の前に、私はヨハネ・パウロ二世側から、メッセージを受けとった。教皇が会いたいという。私は、バチカンと主席ラビ庁の緊張した歴史をよく知っていた。ラビ・イツハク・ヘルツォーグは、イスラエル建国前エレッツイスラエルのアシュケナージ系主席ラビであり、引き続き建国後はイスラエルの初代主席（一九三六―五九）をつとめた人であるが、少なくとも三回、ピウス一二世教皇（一九三九―五八）に会見を申し込んでいる。ナチによる絶滅からヨーロッパのユダヤ人を救おうとして、助力を求めようとしたのである。ヘルツォーグはにべもなく拒否された。会うことさえできなかったのである。教皇が会ってもよいと言ったのは、ホロコースト後の一九四六年。三度目の要請で、やっと重い腰をあげたのである（第一一参照）。

私は、スファルディ系主席ラビ（一九五五―七二）であったラビ・イツハク・ニッシムの努力もよく知っている。在任中の一九六四年、パウロ六世教皇がイスラエルを訪れたとき、ラビ・ニッシムはエルサレムでの会見を提案した。教皇が聖母マリア永眠教会を訪問した後、すぐ近くにあるシオンの丘のホロコースト記念室の応接室入口で出迎えるという段取りである。しかし教皇は、予定が一杯詰まっていて、ちょっとであっても時間がとれない、と回答した。教皇はヨルダンからイスラエルへ到着し、メギドでイスラエル側の歓迎式が行なわれ、国の要人達が出席した。しかし、ラビ・ニッシム（ラビ・ニッシムの息子、副首相一九九〇―九二）によると、「エルサレムに来ても会うのを避けた。バルフォア通りの自宅、キング・ジョージ通りの主席ラビ庁どころか、シオンの丘の、ホロコースト記念室の入口で挨拶することすら拒否する。ならば私は、メギドへ向かう道路で彼に会うこともない」と言った。

ヨハネ・パウロ二世教皇の、ユダヤ人に対する態度そして特にホロコーストに対する態度は、前任者達と大いに違っていた。この教皇はポーランドに生まれ、ホロコーストの歴史について相当御存知であった。私に会いたいという要請は教皇の個性の然らしめるところ、と分かってはいたが、それでも私は受諾を躊躇《ちゅうちょ》した。いろいろ思案した揚げ句、私は聖エジディオ共同体代表に、否定的な回答を伝えた。私は、キリストの彫像と十字架が置いてあるため、バチカンに入れないと説明した。ラビ・ヘルツォーグは、ユダヤ人同胞の命を救うことしか頭になく、それ以外のことを考える余裕がなかった。私の場合、バチカン訪問は火急の人命救助が目的ではない。単なる表敬である。キリストの彫像と十字架は、私達の世界観に真っ向こうから反対する。ユダヤ人国家の主席ラビが、この二つを飾るバチカンに入ることとは、正当化されない。さらに、現在は異教徒間の結婚と同化の世代が主流であり、ラビと教皇のこのような会見は、友好的な対話として喧《けん》伝《でん》され、まだアイデンティティが固まっていないユダヤ人青少年に誤ったメッセージを与えないか、と私は心配した。

私達の間は、多年にわたって壁で分け隔てられてきた。私がその壁を押し倒すべきか。私は自問した。考えた末にだした答えはノーであった。聖エジディオ共同体代表によるしつこい程の会議勧誘があった。彼らの猛烈な努力に、私は警戒心を抱いた。こんなに熱心に会議を開いて、一体何を達成しようとしているのであろうか。教会はどのような関心をいだいているのであろうか。私は意図なり関心なりを理解しようとした。私は、つい六ヶ月前に主席ラビに任命されたばかりなので、彼らに隠れた動機があるのではないか、と疑った。メディアはこの会議にどのような性格付けをして報道するのであろうか。それは誰に影響を及ぼすのか。私は知らず知らずの内に、自分には分からない目的のための道具になっているのではないか。疑問は次々と湧く。

私は、招待を断った以上、バチカンは本件を取りやめたと考えた。しかし、数ヶ月して、聖エジディオ共同体代表が、書簡と電話で私に連絡し、新しい提案をだしてきた。教皇は、カステル・ガンドルフォに夏の別荘を持っている。七、八月をここで過ごす。車でローマから四〇分のところであるという。会議は、九月中旬ミラノで開催予定であるので、主席ラビと会うためカステル・ガンドルフォ滞在を延長してもよいということであった。私は提案を研究し、個人宅で教皇に会うのは問題ない、と判断した。しかし、自分の訪問を正当化し、会談にきちんと備えるため、いくつかの点について教皇の立場がどうなのか、事前に知っておこうと考えた。

最初の事項は、イスラエルの戦闘時行方不明者（ＭＩＡ）四名の件である。エフダ・カッツ、ザカリー・バウメル、ツビ・フェルドマン、ロン・アラドが、行方不明になっている。教皇は、イスラエル国が外交関係を持たない諸国と連絡がある。この行方不明者捜索に力添えが得られるかどうか、教皇がこの件で私の相談にのってくれるのか確かめたかった。第二の点は、宗教の名を借りたテロ問題である。世界の宗教指導者による反対声明をだすべきと思われるが、そのマニフェスト作りに取り組んでいただけるかどうかである。第三の質問は、イスラエルにおけるキリスト教徒の伝道活動である。私にとっては心中穏やかではない、迷惑な問題である。到底受け入れられない。経済的社会的悩みを利用し、それを改宗材料に使っている。私はそう考えていた。この伝道活動をやめ、物質的経済的手段をもって改宗者を手にする代わりに宗教を自由な選択にまかせる。教皇は私と伝道活動の中止について協議する用意があるか、である。

比較的マイナーな質問もあった。バチカンの図書館にはユダヤ人の書籍、写本、手稿が蔵されているが、教皇はその公開閲覧を許されるのかどうかである。数週間たって、私はバチカンから肯定的な回答を得た。教皇は、私が提起した課題を全部協議する用意があるということであった。今回は、心から会談に臨めると確信した。あやふやではない、しっかりした立場で話ができる。出会いがしらから暗中摸索というわけでもない。ユダヤ教の戒律そしてまた政治、外交上の立場からからみて、会談は正当化できるし、ユダヤ人非ユダヤ人双方にとって教育的目的からみて有意義であろう、と思った。

イタリアへ行く前に、教皇への贈物について、いろいろ考えた。何が適当であろうか。私の妻は、私がロン・アラドを初めイスラエル兵の行方不明者について教皇と話をするのであるから、それにまたローシュ・ハシャナも近いことであるので、ショファールが贈物としてふさわしいと考えた、雄羊の角笛で、ユダヤ教の新年時吹鳴《すいめい》する伝統がある。日常の礼拝で唱えるシェモネー・エスレー（一八の祝福）から〝我らが自由のためショファールを高らかに吹け〟という一句を、角笛に刻んではどうかしら、と妻が提案した。素晴らしいアイディアである。

教皇との会談は、九月一九日（火）に予定されていた。その前に私は、ミラノで開催された聖エジディオ共同体の年次大会に出席した。私は、預言者イザヤの「終わりの日（アハリート・ハヤミーム）」に関する幻（イザヤ書一一章六）を、自分の講演テーマの中心にすえた。「狼《おおかみ》は小羊と共に宿り、豹《ひょう》は子山羊と共に伏す」という個所である。私は聴衆に「私達の耳には、この預言は、あり得ない夢のようで、誇張しているように聞える」と前置きして、話をした。私は予め用意した原稿は手にせず、即席で語った。聴衆の目を確かめ、彼らの表情を読みとりたかったのである。「しかし、私は、このくだりに関して親戚のひとりが言ったことを、皆さんにお伝えしたい。ルブリン市にラビ・メイル・シャピーラというラビがいました。私の父方の従兄弟で、私は彼の名メイルをもらいました。ラビ・シャピーラは〝何故私達は、そのような状況はあり得ないと考えるのだろう〟と反論しました。言われてみれば、確かにそのようなことが起きました。預言者イザヤの見た幻は一度だけ既に実現しています。ノアの箱舟に動物が二匹ずつ入りました。箱舟の中は、ありとあらゆる動物がつがいで身を寄せる、巨大な集合場でした。しかしそれでも動物達は行儀よくしました。一匹として弱いものを刺したり噛んだり、あるいはむさぼり食らったりしなかった。大洪水が終わり、動物達が箱舟から出た後、つがいはそれぞれの生息地へ行き、今日までそこに住んでいるのです。そうであるなら、イザヤの預言が何で特別なのでしょうか」。四千の目が釘付けになっているのを感じながら、私はラビ・シャピーラの話を紹介した。

　私は、ちょっと間をおいてから、話を続けた。「ルブリンのラビ・シャピーラが出した答えは、単純明快でした。ノアの箱舟では、狼と小羊、豹と子山羊は、選択の余地がなかったので共生したのです。外では、共通の敵である洪水が荒れ狂っています。不適切なあるいは不快な行動をとれば、まわりまわって自分が箱舟の外に出ることになる。破滅と宣告されたも同然です。ほかに選択肢がないので、本能をコントロールして共通の敵に対して一致団結したのです。預言者イザヤは、選択の余地がない状況を話しているのではありません。より正確に言えば、イザヤは自由意志について語っているのです。『私の聖なる山においては、何ものも害を加えず、滅ぼすこともない。水が海を覆っているように、大地は主を知る知識で満たされる』（イザヤ書一一章九）と指摘しています。換言すれば、動物がむさぼり食らい、粉砕し押し潰し、噛み殺す選択肢を持っている時であっても、害を加えず滅ぼすこともないのです。いつか——これは、私達が希求する理想的な平和の夢でありますが——いつの日か人類が、他者の生存を認めて生きていかなければならず、互いに相手を精一杯尊敬して共存していかなければならぬことを理解し、受け入れるでしょう。

御出席の皆様。私達の時代を見てみましょう。私達は、イザヤの時代にこれから到達しなければなりません。ノアの箱舟の基本概念を身につける責任があります。ノアの箱舟のように、少なくとも選択の余地がないので、共存が必要です。動物達には、洪水という共通の敵がありました。現代でも人類は共通の敵を持っています。ホロコースト生き残りの私は、血と火とそして煙の柱を経験しました。私達が過越祭のセデルで思い起こしたところです。私は、全人類共通の敵とは如何なるものか、真実の意味を生身で体験し、苦しみました。悪と憎悪と獣性、捕食動物も顔色なしのレベルへの転落を目撃し、体験したのです。自然界でライオンは、幼獣をむさぼり食らうことはありません。雌虎はほかの雌虎の仔を襲いません。しかし私は、人類として知られるものが同種のものを殺し、八つ裂きにするところを、自分の目で目撃しました。私は、自分より弱い人間を同じ人間が襲い、体を切り刻むところを、見たのです。私達には共通の敵があります。原子爆弾、エイズ、癌、心臓病、貧困、無知、犯罪、暴力、そしてテロがそうです。この共通の敵を克服するため、私達は団結しなければなりません。私達がノアの箱舟の中に住んでいることを、宗教指導者として理解できないと言えるでありましょうか」

翌日、ミラノにおける記者会見で、エルサレムに対するユダヤ人の権利といった問題について、記者達が無数の質問を私に浴びせた。私はイタリアのメディアのために、地図の中心にエルサレムをおいた。この後、イスラエルの駐ローマ大使アビ・パズナーが、カステル・ガンドルフォにおける教皇との会談へ同行した。兄のナフタリも一緒である。大使の車の中には、イタリアの新聞があふれ返っていた。私のスピーチを引用した見出しが躍っている。「エルサレムはユダヤ民族の永遠の首都にして聖都――神の御意志」でさらにそれに「教皇との会見を見越した主席ラビの先制パンチ」とサブタイトルがついている。

教皇との会見予定地は二階建ての建物であった。そこに到着すると、付き添いの人達は階下に残った。会見は二階の奥まった部屋で行なわれるという。アビ・パズナー大使は、途中まで付き添った。階段の要所に教皇護衛隊のスイス護衛兵が立っており、私が通ると敬礼した。突然パズナー大使が両手で自分の頭を叩き、「信じられません。先週ゴルバチョフが教皇と会見したとき、私を含め外交団がここに招かれましたが、階段の各コーナーには彫像が立っていました。今日はひとつもありませんね。教皇が、あなたに敬意を表して撤去させたのです。よかったですね」と言った。

確かに、会見室まで彫像はひとつともなかった。私は、会見場所がバチカンから夏用の別荘に移されたのを知っていたので、書簡でこの彫像問題に触れていなかった。私的な住居に彫像が立っているとも思っていなかった。しかし教皇が私の懸念に理解を示し、配慮しているのは明らかであった。会見の前に彫像をほかへ移したことから考えると、教皇はまさに眼光紙背に徹す の勢いで、私の書簡を念入りに読まれたのであろう。

階段の途中で、教皇の主席秘書官がパズナー大使にあとは自分が付き添うと言った。大使は事前にこれを知っていて、下へ降りていった。秘書官は私と同じようにポーランド出身者であった。「あなたの命を救った御兄弟はここにおみえですか」と小声でささやいた。階下で待機していると答えると、秘書官は、教皇が御兄弟も一緒にと願っている、と言った。私の経歴を知ろうとする努力が伺えた。兄に関する知識もおありのようで、私達のことを極力知ろうとする姿勢に、私は感動した。

勿論、ナフタリは教皇の招きを受け入れ、私達は一緒に階段をあがった。大部屋、小部屋と沢山の部屋の前を通っていくと、その部屋のひとつから突然教皇が現れ、ヘブライ語で「シャローム」と挨拶した。私達は教皇の後から部屋に入った。室内に椅子が三脚おいてある。教皇は私に真中の椅子にどうぞと言ってきかなかった。左右に教皇と兄が座るのである。私達が着席する前に、教皇は眼下に広がる湖を指さした。それから今度はバチカンの方向を指さしたのである。そしてカステル・ガンドルフォの空気は、ローマに比べて澄んでおり、きれいであると説明し、バチカンではなくここで会談することに同意されて感謝する、と言った。

私達が着席すると、教皇は、イタリアは如何です、きちんと主席ラビをお迎えできたのでしょうか、と丁重にたずねた。私は、大変、温かく迎えていただきましたと答え、「しかし、失礼を顧みずに申し上げれば、一点だけ気懸りなことがありました」とつけ加えた。教皇は緊張した様子である。教皇は、私の少々荒っぽい言葉が与えるインパクトをやわらげようとして、テレビで拝見したが、スカラ座では聴衆が拍手万雷で迎え、講演も熱心に聴いていた、と言った。私は、その方面では全く文句はありません、全員が心から歓迎してくれましたと答え、「ひとつだけ、耳障りな言葉がありました。イスラエルでは私をハラブ・ハラッシとよびます。英語圏はチーフ・ラビですね。ロシア語ではグラブニイ・ラッビン、フランスではグラン・ラッビンです。スイスでは私をオーベルラビナーと呼び南米ではグラン・ラビノになります。ところがここイタリアでは、フィウミチーノ空港に到着した時から、誰も彼も私をラビノ・カポ・ディ・イスラエルと呼ぶのです。カポって何だ、自分がカポなのかと一瞬思いました。勿論、イタリア語でカポは〝主席〟の意味であることに気付きましたが、自分には、このカポという言葉は、ひとつの意味しかありません。これは、カメラーデンポリツァイの短縮形で、収容所の警備の意味で、ホロコーストの暗黒時代を想起します」と言った。説明を続けるまでもなかった。教皇は、私が気にしている事柄を正確に理解し、微笑みながら、「私にとって、あなたはいつもナツェルニー・ラビンです」、と答えた。ポーランド語で主席ラビの意味である。

この友好的な序盤の後、私達はこの歴史的対話の本論に移った。私は教皇の許しを得て、サー・マーティン・ギルバート著『ザ・ホロコースト――第二次世界大戦時の在欧ユダヤ史』にある話を紹介したいと言った。著者は、ウィンストン・チャーチルの公式伝記作家である。私はこの話に対する教皇の反応に興味があった。教皇はうなずいた。

話とはこうである。ポーランドのクラクフに、ヒラーという若夫婦が住んでいた。夫ダビッド、妻ヘレン。二人の間には二歳になる息子シャヒネがいた。一九四二年、ナチスがクラクフに来て、ユダヤ人達の移送を開始した。プワシュフの強制労働キャンプとアウシュヴィッツの二ケ所である。ヒラー夫婦は幼児を隣人のヤコビッツ家に託した。カトリック教徒である。ヒラー夫妻は、戻ることができる日まで、お願いすると言ったが、夫婦は遂に戻らなかった。

子供は成長し、四歳になった時には、カトリック教会で聞いていた日曜礼拝の言葉を全部暗記していた。五歳になって、ヤコビッツ夫人は教区の神父に連絡し、子供をカトリック教徒として育てたいので、洗礼をお願いしたいと、言った。若い教区神父は、このような行為に対する実の親の反応を想像できますか、とたずねた。するとヤコビッツ夫人は、実はと話し始めた。「率直に申しますと、私はあの時の光景をはっきりと覚えているのです。私があの子を胸に抱くと、隣のヘレンがドアの傍らに立って、自分の息子に手を振り、さよならを言いました。そして私に〝ヤコビッツさん、私が戻らなかったら、どうかその子をユダヤ人に返すようにして下さい〟と頼んだのです」

神父は、「それが彼女の願いであったのなら、私はいかなる場合にも、その子に洗礼を施すことはありません」と答えた。
私は、力をこめて教皇に言った。「この神父は名前をカロル・ヴォイティワといいます。教皇、あなたです」。それから私は、この出来事を御記憶かとたずねた。しばらく沈黙が続いた。そして、教皇の顔がほころんだ。教皇はにこにこ笑いながら、「その子、シャヒネ・ヒラーは、現在敬虔なユダヤ人としてブルックリンに住んでいますね。ついでに申し上げると、これは特異な事例ではありません。私は、類似のケースにはすべて同じようにしました」と言った。この言葉に私は驚いた。私は、頭の中で暗算して、一九四五年からこの一九九三年まで四八年がたっているのに気付いた。この間教皇は、洗礼を拒否したクラクフのユダヤ人の行く末を、ずっと見守っていたのである。

会見の後、私はすぐイスラエルへ戻り、ナタニヤへ直行した。私が主席ラビを九年間勤めた都市である。当市のブネイ・アキバ・イェシバ支部が、その日に新しい研修ホールを寄付し、献堂式が行なわれる予定で、私が挨拶をすることになっていた。メディアを含め出席者全員が、私がどこに行っていたかを知っていた。会場に到着すると、私は短い話をひとつだけする、と前置きして、ユダヤ人の子供シャヒネ・ヒラーが救われた話を紹介した。実際にはこの子は二回救われた。一回目はカトリック教徒の家族がナチスの手から守り、二回目は、カトリック教の神父がカトリック教会から守った。「今日、その神父が教皇になっています。教会の指導者なのです」

この話を聞いた途端、ゾンネンシャインという名のナタニヤ住民が、気を失って倒れた(孫息子がブネイ・アキバ・イェシバの学生であった)。このユダヤ人は、ミズラヒ銀行支店の警備員として働いていたが、クラクフのヒラー夫妻とは子供の頃から友人であった。四八年後私の話を聞き、友人の子供シャヒネが生存し、元気でブルックリンに住んでいることを知り、感情が激して卒倒したのである。

その後何年も、私はシャヒネ・ヒラーの近況報告をうけた。ブルックリンの小さなベルツ・ハシッド・シナゴーグで礼拝していたが、やがてニュージャージー州へ移っている。

シャヒネ・ヒラーに関する教皇とのやりとりは、まことに心の琴線に触れる対話であった。この後、カトリック教徒とユダヤ人を隔てる壁は崩れ、私達は二人の人間として話を続けた。私は、自分のたてた順序に従って、戦闘時行方不明者の問題を提起した。一九八二年のレバノン作戦時、スルタン・ヤーコブの戦闘で行方不明になった兵士のことである。私はヨセフ・カッツの話から始めた。カッツはラマトガンの住民であるが、アウシュヴィッツの生き残りだった。「このアウシュヴィッツの生き残りには、エフダという名の息子がいて、イェシバと軍隊を組み合せた組織に所属して、勉強しました」。私はこのように説明しながら、ちなみに、エフダの妹を高校で教えた、とつけ加えた。教皇は、注意深く聴いている。「その息子は、入隊後戦車隊に所属し、レバノンのスルタン・ヤーコブの戦闘で、行方不明になりました。以来消息をたったままです。両親のヨセフとサラは、ほかのMIAの両親達と同じように、電話やドアのチャイムが鳴る度に、息子に関する知らせではないかと、とびつくのです」。ヨハネ・パウロ二世は、じっと聴きいり、行方不明になって何年になるのかとたずねた。私が答えると、教皇は「ナツェルニー・ラビン（主席ラビ）、あなたは彼らがまだ生きているとお考えですか」とたずねた。私は、自分でもこの問題についてはよく自問自答している、しかしはっきりとしたことは分からない、と正直に答えた。

私は話を続けた。「イスラエルで、教皇との会談予定が報じられると、両親達がエルサレムの私の執務室に来て、自分達の息子の行方について是非教皇と話をして下さい、と促すのです。私は、あなた方の息子さん達のために教皇に会いに行く、それが会談理由であると答えました。面談が終わったとき、両親のひとりが、個人的なことで話がある、数分でよいから時間をください、と近づいてきました。〝息子が生きているのか、私には分かりません。生きていると信じたいところですが、明言できません。それでも私は、自分が生きている限り、息子の記憶を国民の意識の中に維持していくと決め、そのために全力を尽くすと誓いました。そうすれば、息子の名前がユダヤ民族から消し去られることはないでしょう。最低でも共同墓地に息子の名を刻んだ記念碑を建てることができれば、と考えています。そうすれば、少なくとも息子の名前が世界に残ります。これができれば、私の努力も無駄ではなかった、と考えるでしょう〟と言ったのです」

「私は、この父親の言葉を胸に刻んで、あなたのところへ来ました」。私は教皇にそう言った。教皇は深く感動したようであった。「その父親が願っているのはただひとつ、年に一度墓地を訪れ、追悼することです」。私は〝メモリアルサービス〟と英語で言った。すると、ヨハネ・パウロ二世は、クラクフ時代のヘブライ語を思い出し、アシュケナージ系のアクセントで「カディシュ、カディシュ、息子のためにカディシュを唱えたいのですね」と三度その言葉を繰り返した。教皇はしばし沈思黙考した。その間あたりが静まりかえった。そして教皇は、口を開くと自分のできることは全部やると約束し、「手探りというわけではない。私達が誰のことを話しているのか、大体の見当はつきます。全力を尽くしましょう」とつけ加えた。私は教皇の姿勢が嬉しかった。そして、「教皇は、ユダヤ民族の悲劇を目撃された。ここでお話している両親達のなかには、ホロコーストの生き残りが何名かいます。ホロコースト時代苦しみぬいた人達です。その後もどれだけ苦しまなければならないのでしょうか」。私は教皇と共につくづくと考えた。

教皇はしばらく沈黙した。それから話題を変え、「私はあなたの祖父、クラクフのラビ・シムハ・フランケル・テオミムを、よく覚えているのですよ」と言った。私は腰をぬかすほど驚いた。私と教皇の会談は、表面上は二つの宗教の指導者の公式な出会いである。しかし、教皇の態度には、それを越えた私的な趣きがあった。約五〇年前の個人的出来事に触れるのも、驚きであった。「いつも安息日には、沢山のお子さんに囲まれて、シナゴーグへ行っておられた。よく覚えています。あなたの祖父には御孫さんが何名おありでしたか」。

正直いって私は知らない。大家族であったのは分かっているが、なにしろ当時二歳であったので、戦前何名いたのか、正確な人数は知らない。私は、隣に座っているナフタリを、ちらりと見た。兄は知っていた。そして、孫の数は四七名、ただしこれは母方の分だけですと答えた。ヨハネ・パウロ二世は、ホロコーストで生き残ったのは何名かとたずねた。その数なら私には分かるので、五名だけです、その内二人は兄と私ですと返事をした。

話はテロ問題に移った。私がミラノへ向け出発する前の晩にも、テロ攻撃が発生した。テルアビブからアシュドッドへ向かう途中のバスで、ひとりのアラブ人テロリストが、アッラー・アクバル（神は偉大なり）と叫びながら、ナイフで運転手の首を刺したのである。私からみると、無辜の人間を殺害するため、神の名を使って正当化するのは、二重の意味で許されない。私は教皇にそう説明した。そして、この唾棄《だき》すべき卑劣な現象に歯止めをかけるには、どうすればよいのか、教皇の意見を求めた。教皇の答えは断固としていた。「私は、暴力とテロに反対する。私はあらゆる機会に声を大にして反対を叫んでいます。私は、これを表明したマニフェストに署名してもよい。しかし、問題は向こう側です。向こう側の同意を得る必要があります」

私達は、暴力とテロの問題から反ユダヤ主義の問題に移った。教皇は、この問題にも断固とした態度であり、「今まで一二〇ヶ国を訪問し、どの国でも反ユダヤ主義について話をしています」と述べ、「ところで、主席ラビ。キリスト教の初期頃のように、宗教をベースとする反ユダヤ主義が、今でも存在するとお考えですか」とたずねた。私は、この無類の深刻な問題について、ジョークをもって答えを出していきたいと、教皇にことわりを言った。教皇は驚いたが、笑ってごまかした。それで私はあわてて、このジョークは真をついていると説明した。教皇は好奇心を抱いたようで、さあどうぞと期待感をのぞかせている。そこで私は話を始めた。

アメリカの中西部のどこか、時は日曜の午後、日焼けしたノッポのジョニーが町の真中に立っていた。腕まくりをすると「ユダヤ人だ。俺にユダヤ人をひとり寄越せ。ユダヤ人が必要だ」と叫んだ。友人がなだめようとして、何故ユダヤ人が必要なのか、ここにはユダヤ人などひとりもいないよと言う。しかしジョニーは、ユダヤ人を殺さなければならない、と言い張る。「ぶちのめしてやる。この手で八つ裂きだ！」。ジョニーは大音声で呼ばわった。驚いた友人は、何がジョニーにとりついたのか、理解しようとする。「一体どうしたのだ。酔払ったのか。何故急にユダヤ人を殺したくなったのだ。ユダヤ人が君に何か悪いことをしたのか？」とたずねた。

ジョニーには用意した答えがあった。「私に何かだって？あいつら我々の主を十字架にかけたじゃないか。殺したのだぞ、だから、私が仕返しに殺すのだ」。友人は、その〝出来事〟は二千年前のことだと説得に努めるが、ジョニーはそのようなことに無頓着で、「どういう意味だ。私は教会の神父から聞いたのだ。つい三〇分前だぞ！」と叫んだ。教皇は微笑した。しかし、心から笑ってはいなかった。そして私をのぞきこむようにして、「私達二人をとった写真は、世界中で報道されますが、あなた方がやってもいないことなのに、あなた方を未だに非難している野蛮な心の人間達を、この写真がつまずかせることでしょう」と言った。私は、教皇の決意に心をうたれた。

私は、自分が予定していた次の問題に移った。私は教皇に、イスラエルにおける宣教師の活動とそのやり方について触れた。つまり、経済的に一番恵まれていない層の困窮を利用し、あるいは新移民のユダヤ的ルーツに対する希薄な意識を利用して、改宗させようとしているのである。この宣教師達は、神学上思想上の論議を個々人とやるわけではなく、父祖の伝統を放棄して改宗すれば一時の経済的苦境から脱出できるなどと、御利益を強調している。安っぽい交換である。これは、宗教的見地からみて受け入れられない。論理的にみてもおかしい。私から見れば、これは営利を目的とする人と信仰の商取引であり、私達はこれを阻止しなければならない。教皇は、どうか理解して欲しいと言った。これは、末端の非主流派グループがやっていることで、そのやり方は、主流である自分の教会の立場とは真向こうから反している。自分も彼らの活動に極めて不満である。こう言った教皇は、これを唾棄すべきこととして語った。この現象は極めて発展の遅れている低開発諸国に存在し、自分でもうんざりしているとして、私の理解を求めた。

私が提起した最後の課題は、バチカン図書館に保管されているユダヤ教の写本、手稿等の閲覧問題であった。教皇は、秘蔵資料の閲覧を希望する人には、一般に認められた手続きに従って、この霊的宝庫へのアクセスを許可する、と答えた。教皇は、この資料のマイクロフィルム化も命じる、とつけ加えた。オリジナルの資料は図書館に保管し、時間のもたらす劣化から守るという。私達の対話は四〇分程続いた。会談が終わったとき、教皇は、階下で待機している私の付き添い達に、二階へあがるように求めた。握手したいという。私の妻も客のひとりであった。教皇は、妻の前に来ると、手を差しだした。妻は面食らった。慎み深くあれというユダヤ教の伝統によって、女性は男性と握手しない。私は固唾《かたず》をのんだ。私達が懸命に築きあげようとしている友好的雰囲気が、この一瞬の気まずさによってたちまち崩れるのではないか。私はそう思った。まわりの目が教皇に注がれている。皆、教皇が状況をどう処置するのか、見ているのである。その時ポーランド人秘書官が、教皇の耳許で何か囁いた。すると教皇は間髪を入れぬ勢いで差し出した手をさっと上にあげ、もう一方の手を左右平行になるように揃えた。そして両手を上下させながら、妻にヘブライ語で「シャローム、シャローム、シャローム」と挨拶した。下手をすると極めて気まずい状況になるところを、ヨハネ・パウロ二世は機転をきかせ、外交的に解決した。

私と教皇のカステル・ガンドルフォ会談は、有意義で、建設的な関係に発展していった。私が知る限り、イスラエルの主席ラビと教皇との間で、これ程人間的で、思いやりがあり、心の通じる関係が築かれたのは初めてである。

一九九四年一月、バチカンはイスラエル国との外交関係樹立を決めた。私の訪問がこの歴史的決断をもたらしたとは思わないが、教皇との会談が前向きの影響を及ぼしたのは確かである。

四ヶ月後、イスラエルの独立記念日に大統領が、官邸で催されたレセプションに外交団を招いた。当時外相であったシモン・ペレスが、ワシントンポストを見たか、と私にたずねた。見ていないと答えると、ペレスは教皇が訪米し同紙のインタビューを受けた、と言った。記者が教皇にエルサレムの地位について意見を求めると、教皇は数ヶ月前イスラエルの主席ラビが訪問し、その時の対話が、この問題に対する思考の糧になった、と言った。

私は、外交関係樹立に先立つ交渉と話し合いに参加していない。しかしポスト紙のインタビューに私の訪問がとりあげられている点に、私は注目した。さらに私は、その年ヨハネ・パウロ二世が、委員会を設置しバチカンのエドワード・カシディ枢機卿を委員長とするメンバーを任命したことを知った。教会を代表しユダヤ民族に謝罪するので、その原案をまとめるという。この謝罪文を私に献呈するそうで、私は我と我が耳を疑った。カシディ枢機卿は、さまざまな原案を持って二回エルサレムの私の許を訪れた。一回目は単独、二回目はボルチモアのウィリアム・キーラー枢機卿とグニェズノ（ポーランド、ドイツ語名グネーゼン）のヘンリク・ムシニスキ大司教の二名と一緒であった。原案は、第二次世界大戦時ユダヤ民族を初め諸民族に対して、教会のメンバーが行なった一般的犯罪に触れた内容であった。果たしてその程度のことであろうか。教会の地位ある者は、精々のところ沈黙していた。悪質なのになると、反ユダヤ煽動に参加し、人種主義運動の出版物を配布し、ヒトラーの〝最終解決〟を是認する演説をした。錚々《そうそう》たる枢機卿達が私に提示した原案には、この人々に対する非難の言葉が一言も含まれていなかった。さらに、ピウス一二世教皇の態度に対する批判も含まれていない。教皇は厖大な数のユダヤ人殺戮を阻止できたはずだが、実際には何もしなかった。

原案は、謝罪の導入部としては素晴らしい。しかし、追加の表明を含まなければならない。私はそのようにコメントした。どういう意味かと質問されたので、私は、ピウス教皇は、後任のヨハネ二三世教皇と違って、ホロコーストとその恐怖を知りながら、阻止活動をとらなかった、と説明した。

私は、三人の枢機卿の、ヤドヴァシェム訪問を提案した。イスラエルのホロコースト記念博物館で、私の執務室から一〇分の距離である。そこの並木道では、樹木の一本一本に、人の名前がついている。ホロコースト時代身を挺してユダヤ人の命を救った義の人の名前である。この御三方は、自分達の目でこれを見ることができる。私は彼らに言った。一九三〇年、四〇年代に言わなければならないことを言っていれば、この並木道はエルサレムのヤドヴァシェムからローマのバチカンまで続いていることであろう。ユダヤ人を助け、彼らの命を救った数少ない義の人に伍して、無数のカトリック教徒が挺身していたであろう。私は真心から誠意をこめて言ったと思うのであるが、私の話を聞いた三名のカトリック教枢機卿は、私の執務室を辞した。彼らは原案を数ヶ所訂正し、いつくか新しく表現を加えて、発表した。この最終版のテキストについては、彼らは私の意見を求めなかった。

しかし、私と教皇の会談は、ほかにも沢山の影響を及ぼした。そのひとつが、十字軍のエルサレム征服九〇〇年記念である。一九九九年、さまざまな教派のリーダーで構成されるキリスト教徒五〇〇名の代表団が、十字軍時代のユダヤ人虐殺に謝罪するため訪イした。私はエルサレムの大シナゴーグの大会堂に招かれた。代表団に挨拶をしてくれとのことである。代表団は、代表団のリーダー達が署名した謝罪の巻物を、ユダヤ民族の代表として私に献呈したいと述べ、過去から現在に至る全歴史のユダヤ民族の名において、私に受けとって欲しいと言った。

私は、赦免の委任権を与えられているわけではないし、許す権限を持っているわけでもない。私はそのように答え、わざわざエルサレムに来られたことに心から感謝すると自分の気持ちを伝え、謝罪の系統的論述と表明は、教育上歴史上重要な意義を持つ、と述べた。そして、同種の事件発生が将来避けられることを祈る、起きないことを信じたいと言った。しかし、公式文書の私宛献呈が、過去を抹消しあるいは卑劣な罪の許しになることはない。私はその点を明確に指摘しておいた。

私達は、過去を忘れてはならない。ホロコースト時代に起きたことを、ちょっとでも消去してはいけない。私は自分を記憶の伝達者と考え、記憶の永続に努め、過去の抹殺防止に全力を尽くしている。

私が話をした追悼集会は、それぞれ忘れ難いが、そのひとつが、一九九五年のホロコースト記念日である。その年は第二次世界大戦の終結五〇周年にあたっていた。ニューヨークのマディソンスクウェア・ガーデンで開催された記念日集会では、ビル・クリントン大統領が、反ユダヤ主義を激しく弾劾する演説を行なった。私は、記憶する責任とホロコーストの教訓について語った。ホロコーストから学ぶべき教訓は多々ある。イスラエル国はユダヤ民族にとってノアの箱舟である。これも私達が学ぶべき教訓のひとつである、と私は言った。

私は別のシナリオを提示して、説明した。イスラエルを誕生させた一九四七年の国連決議が、一九三七年に採択されていたら、一体どうなっていたであろうか。あるいは同種の決議が一九三七年にジュネーブの国際連盟会議で、あるいはまた第一次世界大戦後の一九二〇年に開催されたサンレモ会議で、採択されていたら、どうであろう。それは一九一七年に出されたバルフォア宣言についても言える。大英帝国が、ユダヤ民族に関するシオニストの目的を初めて認めた宣言であるが、途中で問題視する向きがあった。最後まで実行されていたらどうなったであろう。歴史はどうなっただろう。災難をまぬがれたユダヤ人が、何百万生きのびたであろうか。この一連の問に答えがないのは分かっている。しかし、過去に学ぶ価値はある。

私達は、殺戮された六〇〇万について、あるいは殺された一五〇万の子供について、おしゃべりをしてはならない。人間の心は、数百万という概念を、感覚的に経験的に処理できない。それよりむしろ私達は、名前のある小さいシュロミーやモイシェ、少女のレアちゃんサラちゃんについて、語らなければならない。学習するうえで、個人の話にはインパクトがある。その意味で、アンネ・フランクの話は最適な例である。私は、自分の参加する集会では、必ず聴衆に語ることがある。ホロコーストの受難者がどのように死んでいったかを語るだけでなく、生存者がどのようにして生き残ったのか、そしてその人は誰かも学ばなければならない。さらに重要なのは、イスラエル国に対する態度である。イスラエルは、ユダヤ人の民族の郷土という認識を強め、歴史の継続のためにルーツを深める教育を行なう責任があるということである。

ホロコーストにおけるユダヤ人の犠牲者数は、六〇〇万を越える。私はそう確信する。物理的にいえば、ナチスは筆舌に尽くし難い残虐な手段で六〇〇万人を殺した。しかし、感情、信念そして意識のうえで、彼らはその数をはるかに上回る人々を殺したのである。生き残りの人の大半も、なんらかの形で犠牲者である。なかには、生ける屍《しかばね》となった者もいる。体は動くし、働くこともどうやらできる。しかし、彼らは抜け殻である。私の祖父ラビ・フランケル・テオミムは、ヨムキプールの礼拝で唱える言葉を口にして、その認識を示した。アビヌー・マルケイヌー（一〇日間の悔い改め時と断食日のための特別礼拝）に、「我らが父、我らが王は、御名を聖別したが故に、火の中に入って焼かれ、水に入って没した人々のために、裁決される」とある。ラビ・フランケル・テオミムは、火の中に入った者は完全に焼却され、指一本残らず、灰にされた、と言った。ホロコーストでは、火の中に入った者はガス室で殺され、餓死し、ありとあらゆる恐ろしい残忍な殺され方をした。これが六〇〇万の人々である。水に入った人は、体は残った。髪の毛一本抜けず、爪のひとつも失われていない。体は完全であるが、魂は抜け殻である。水の中に入った者は、ホロコーストに生き残った人のように思われる。体は残っている。しかし、生きる喜びと信念はなく、腑《ふ》抜け状態になっている。へこたれずに頑張る力がない。

クリスタルナハト（水晶の夜）六〇周年の時、ベルリンで記念行事が開催された。これは別の意味で強い印象を私に与えた。この「水晶の夜」事件は一九三八年一一月九日の夜から一〇日にかけて発生した。ドイツとオーストリアの暴徒が、一〇〇〇ヶ所以上のシナゴーグを焼き、店舗を破壊し、ユダヤ人九一名を殺害した。さらにユダヤ人三万名が逮捕され、強制収容所へ送られた。本格的なホロコーストの始まりである。一九九八年一一月、ドイツのユダヤ人中央協議会のイグナツ・ブービス会長が、私を招待した。ベルリンの大シナゴーグで記念講演して欲しいとのことであった。私は条件をひとつ付けて同意した。私はドイツの地で眠るのは絶対御免であるので、日帰りしたいといったのである。ブービズ会長は同意した。

私の両隣にドイツ人が座った。ひとりは先週首相に選出されたばかりの、ゲルハルト・シュレーダー氏。頭に大きい白のキッパーをかぶっている。もうひとりは、ドイツの大統領ロマン・ヘルツォーク氏である。

私の番がきたとき、私は英語でホロコーストについて語った。私達がホロコーストから学んだ教訓はひとつしかない。つまり、私達は何も学ばなかったということである。この瞬間にもベルリンから二時間の飛行距離の地コソボでジェノサイドが進行中である。ビアフラでは、一九六七年から一九七〇年にかけて、一〇〇万の人が——大半は子供である——餓死した。このような状況を許すということは、私達は何も学ばなかったということである。さらに私は、鉄のカーテンが東独から消えた時のユダヤ人の行動に触れた。彼らは東から西へ行った。つまり、ディアスポラの地が変わっただけである。

私は、最前列に座る人々の表情を観察した。ヘルツォークとシュレーダーであるが、苦悩の色は一切なかった。私は講演を、ユダヤ人に呼びかける言葉で話の結びとした。ユダヤ人よ、ヨーロッパのキリングフィールズ（殺戮原野）を捨て、イスラエルの地へ帰還せよ、と私は言った。

ベルリン集会で私の講演が終わった後、ひとりの若いイェシバ学生が壇上にあがった。黒い帽子をかぶっている。グール・ハシディズムのスタイルである。顔は顎髭《あごひげ》でおおわれている。極めてユダヤ的な顔付きで、若手の学者になりつつある挙措《きょそ》動作であった。長い黒のコートを着用し、黒ズボンの下は黒の靴下の中にたくしこんでいる。このイェシバの学生は、イツハク・メイル（イッチェ・メイル）・ヘルフゴットといい、テルアビブにあるカントール養成学校の卒業生で、フランクフルトのシナゴーグで、カントールとして働いていた。ヘルフゴットは、マイクの前に立つと、楽器の伴奏なしで、マイモニデスの信仰告白「アニ・マアミン」（私は信じます）を歌い始めた。グールの偉大な作曲家ヤアコブ・タルムードが節をつけた作品である。「私は救世主の到来を信じます。私の心に一点の曇りもありません。たとい到来が遅れても、私はいつまでも待ちます」。ヘルフゴットは、このグール・ハシッドの旋律を歌い続けた。

私は、シュレーダーの表情が変わったのに気付いた。とてもいかめしい顔付きの人であるのに、この歌を聞いて、非常な感動を覚えたようであった。足を何度も組み直し、そわそわして落ち着きがない。彼は私の腕をつかむと、ドイツ語で「なんと清らかなのだろう。真心を込めて歌っています」と言った。私はシュレーダーに、あのカントールはイスラエルから来たハシッドで、ここに集まり追悼している人々の心を代弁して、歌っているのであると説明した。ブービズ会長は、状況をよく理解していた。これは、クリスタルナハト六〇周年の集会であり、死者のための祈りに、オルガンの伴奏付の歌はふさわしくないと考え、若手のカントールをフランクフルトから招いた。希にみる朗々たる声の持主で、人の心を揺さぶる信仰告白を歌った。

三ケ月後、ヨルダンのフセイン国王の葬儀参列のため、私はアンマンに行った。私と並んで、アメリカの歴代大統領が四名いた。ビル・クリントン、ジミー・カーター、ジェラルド・フォード、そしてジョージ・H・W・ブッシュである。私達が並んで歩いていると、誰か両手で私の肩をつかんだ。なにしろ不意なことで、驚いた私が振り向くと、何とその人は、ゲルハルト・シュレーダーであった。「主席ラビ、ベルリン集会でお会いして以来、あの素晴らしいユダヤ人カントールの歌が忘れられません。畏敬の念が湧きあがる、あの歌です」と述べ、仰天するようなことを頼んだ。「あの旋律が懐かしい。どうか私のために歌っていただけないだろうか」と言ったのである。落ち着きをとり戻した私は、首相の耳許に口を寄せ、小さい声であの旋律を口ずさんだ。グール・ハシッドの心から湧きあがった旋律は、ドイツ首相の琴線に触れた。それは首相をつき動かす程強かったのだ。それで、私を見つけると、わざわざ自分の列から離れて、警護兵達の群れをバイパスして近づき、自分の感動を伝えて、もう一度聞きたいといったのである。

これは、ホロコーストを記念し犠牲者を追憶する仮想《バーチャル》の追悼碑に、小さい煉瓦を積む行為であった。私はそう考えた。意外なところで、人々の心と頭にホロコーストが深く刻まれている。私は時々これを発見して驚くことがある。私は、ホロコーストをあらゆるところで記念したいと意図しているが、理由はそこにある。記憶が薄れ忘却の淵に沈むのを、防止したいのである。時にホロコーストは、一見したところ無関係で、検討の中心課題からはずれていても、意外にそこへつながっていくこともある。

二〇〇三年五月、聖エジディオ共同体が、平和問題を課題とするアーヘン会議を開催し、私を講演者のひとりとして招いた。ここで私は、予定にない論争を経験した。全く予期しない観点からホロコーストを解釈する人が登場したのである。私は、国家同士、国民同士の平和について自分の見解を述べ、この問題に対するユダヤ教の立場を紹介した。私が話を終えると、パレスチナ人宗教指導者が立ち上がった。私とほかの会議参加者達に対して自分の意見をぶつけ、荒っぽい論法で、次のように非難した。「私は、パレスチナ人民の気持ちを君達に伝えたい。つまり、我々が君達のホ、ロ、コ、ー、ス、トの犠牲者なのだ。我々は今ドイツの地にいるが、私はホロコーストが起きたことを完全に否定したいとは思わない。しかし私にひとつ疑問がある。何故私達がその犠牲にならねばならんのだ。第二次世界大戦が終わるまで、君達は我々と平和裡に暮らしていた。我々とパレスチナ（イスラエルの地）のユダヤ人は、親密で平和的な関係を維持していた。ところがホロコーストの後、君達は居住地を探し、我々の家に侵入したのだ。ヨーロッパが君達の住み処を破壊したため、君達は我々の脆弱《ぜいじゃく》性と混乱につけこんで、我々を家から追い出し、駆逐したのだ。そのおかげで、我々は五〇年以上も離散の身となり流浪しているのだ。君達のホロコーストの代償を何故我々が払わなければならんのだ」

私は、彼が話を終えると、すぐ立ち上がり、まず彼の主張の間違いを正した。私達は侵入したわけではない。そこは異郷の地ではない。私達自身、歴史上二回もエレツイスラエルから追放され流浪の身になったのである。第一回は紀元前五八六年、バビロニアによって追放された。二回目は紀元七〇年。今度はローマによって離散の憂き目をみたのである。彼がホロコーストを否定しなかったのはよしとするが、さまざまな間違いが、正されることなくまかり通るのは許されない。イスラムは紀元六二二年に誕生した。エルサレムの第二神殿の破壊から五五〇年後の話である。

聖書は、「狼は子羊と共に宿る」共存を語り、「国は国に向かって剣を上げず」（イザヤ書二章四）とうたう。同じ聖書には、預言者エレミヤがユダヤの民に帰還を約束し、「息子達は再び帰って来る」と語る（エレミヤ書三一章一六）。預言者イザヤは、その日の光景を語る。四散したユダヤ人の民が己の地に戻る姿である。イザヤ書一一章一二は、「地の四方の果てから、イスラエルの追放されていた者を引き寄せ、ユダヤの散らされていた者を集められる」と書く。ホロコースト前のユダヤ人とムスリムとの友好に関しては、私は、エルサレムのムフティ（イスラム教の大法官）・ハッジ・アミン・エルフセイニについて触れた。世界の宗教指導者のなかで、ベルリンへ行きヒトラーと握手して、彼の〝最終解決〟の推進を励ましたのはただ一人、パレスチナ人社会の精神的指導者フセイニだけである。ほかの宗教指導者達は、沈黙を守った。不誠実ではあるが、少なくともユダヤ人にとって悪魔のような者を激励することはなかった。当時、パレスチナ難民は存在しなかった。ホロコーストの生き残りが難民化してナショナルホームを求めているわけでもなかった。その頃私は、ポーランドの生まれ故郷の町の自宅に住んでいた。私は、誰かを家から追い出そうなどと考えたことはない。

このパレスチナ社会の宗教指導者に対して、私は別の歴史事実を指摘した。第二次世界大戦が始まる一〇年前の一九二九年、ユダヤ人の挑発が全くないのに、パレスチナ人達がヘブロンのユダヤ人社会を襲い、赤子を母親の腕からもぎとるなどして、六九名のユダヤ人を殺したのである。「対話のパートナーとして、お互いに物事を正確に理解し、そのうえで問題を扱わなければならない。しかし、私達のホロコーストの犠牲者などと名称を騙《かた》るのは、歴史の完全な歪曲である」。私が話を終えると、平和会議の議長で教皇の右腕といわれるロジャー・エチェギャライ枢機卿が、聴衆に向かってラビ・ラウはブッヘンヴァルト生き残りのなかで、最年少者のひとりである、と言った。このパレスチナ人は一言も発しなかった。厄介で緊張した討論の一日であった。会議が終わると、オランダの町で一夜を過ごすため、私はドイツの国境を越えてオランダに入国した。

第一八章　平和のために

あなたは命を選びなさい。——申命記三〇章一九

ラビとしての仕事を通して、私はさまざまな人々との出会いを体験した。まずテルアビブ北部の地域ラビに始まり、ナタニヤ市、テルアビブ・ヤッフォ市のラビそしてイスラエルの主席ラビを経てきたわけであるが、その間、国王、女王、大統領、宗教界及び政界要人と会っている。その多くは、プライベートな対話形式をとった。つまり、長い時間をとり、本音で語りあえたということである。互いに相手に対する好奇心もある。膝をまじえ相手を理解する機会となった。話し合いでは、大抵ホロコーストが話題のひとつになった。驚いたことに、私が会った要人のほぼ全員が、私の個人的な体験を相当に御存知であった。第二次世界大戦の六年間は、ユダヤ民族の命運と私自身の行く手を決めた、身の毛もよだつ恐ろしい時代であったが、要人たちはそれぞれの立場、経験から特定の側面について、意見を述べた。どのような名士と出会う機会を得たのか、何名か御名前を列挙しておくが、なかにはかなり詳細に対話の内容を紹介した例もある。ユダヤ人がほかの社会でどう見られているのかが分かるからである。

政界要人では、まずアメリカのジミー・カーター、ロナルド・レーガン、ビル・クリントンの各大統領がいる。ソ連のミハイル・ゴルバチョフ大統領にも会った。スペインでは、国王のフアン・カルロス一世とお会いした。その時はヘルツル・インバル大使と当地のユダヤ人社会のイツハク・キーロ

フ協議会議長が同行し、長時間にわたって、ユダヤ人文化の黄金時代におけるユダヤ・アラブ関係について、話がはずんだ。この黄金期は、時代的には紀元八世紀から一一世紀、ユダヤ人とムスリムがスペインで共生していた時である。私は、イスラエルと近隣アラブ諸国の共存的生き方を期待し、いつもその方法を模索している。前例はスペインにある。私は率直な対話のなかで、私達は共存の道をさぐっているが、あの時代のような平和的共存関係の構築に協力していただきたい、と国王に申し上げた。

一九九八年の秋、古都プラハでフォーラム二〇〇〇会議が開催された。平和促進を目的とする会議で、チェコ共和国のバツラフ・ハベル大統領の招きで、私も出席した。リトアニアのヴァルダス・アダムクス大統領とは、貴重写本の返還問題で連絡をとりあった。ビリニュス（ビルナ）の国立図書館には、トーラーの巻物が三〇〇以上も保管されている。それには、ビルナ・ガオン（エリヤ・ベンソロモン・ザルマン、一七二〇―九七）という高名なタルムード学者のものも含まれている。もともとナチスがリトアニアのユダヤ人社会から没収したもので、終戦直後ソ連当局が焼却しようとした。しかし、リトアニアの非ユダヤ人司書アンタナス・ウルピスが急いでそれを秘匿《ひとく》して救った。写本は数十年間地下室に隠されていたが、後に図書館に移されたのである。私はユダヤ人社会への返還を求め、大統領に介入をお願いした。そして一九九二年、この写本類はイスラエルへ返された。

アルゼンチンの大統領とも接触があった。ここでは、ブエノスアイレスのイスラエル大使館（一九九二年）、ユダヤ人コミュニティセンター（一九九四年）がテロ攻撃をうけ、一〇〇名を越えるユダヤ人が殺された。この事件の後、私はアルゼンチンのカルロス・メネム大統領と会った。身の毛もよだつ恐ろしい襲撃事件であるのに、アルゼンチン当局は、犯人追究をおろそかにしているようであり、私の会談目的は、その理由を問うことであった。私は、アルゼンチンのユダヤ人社会の指導者達が同行して、次期大統領フェルナンド・デ・ラ・ルアとも会った。当時弁護士であったが、愛想のよい人で、大のイスラエル贔屓《びいき》であった。

最もエキゾチックな交流のひとつが、日本のキリスト教徒で極めて親イスラエルな「幕屋」との出会いである。最初の出会いは、私がナタニヤの主席ラビの頃であった。この幕屋の協力と世話をうけて出席したのが、京都の北に位置する比叡山で開催された諸宗教の対話会議である。会議場は、広々とした日本庭園の中に建つ一連の伝統的家屋であった。息をのむような趣きのある景色は、創造の精髄を具象化している、と私は感じた。

私の講演が終わった後、会議主催者が私を山田恵諦《やまだえたい》師に紹介した。大乗仏教に属する天台宗の第二五三代座主である。仏教徒六〇〇〇万を擁する日本仏教界の頂天に立つひとりで、当時九四歳、痩身の人であった。インドの精神的指導者マハトマ・ガンジーに酷似した風貌の持主である。山田師は、増院の床に座禅を組んだ姿で、私を迎えた。師の存在そのものが禁欲主義の権化であった。この俗世界から養分を摂取していないように見えた。山田師は、日本語で話をした。声が震えている。「私の方丈の間へよく入らせられました。おいでになり、私はあなたと握手をしている。これでいつでも仏の御許へ帰ることができます。長い間この訪問をお待ちしていたのです。これが実現したわけですから、この世界からより良き世界へ旅立つことができます」と山田師は言った。

山田師は話を続けた。「若い頃、私はユダヤ人など知らないし、ユダヤ教の知識は全然ありませんでした。一九三〇年代四〇年代にユダヤ人について学んだのは、『シオン長老の議定書』を通してです。日本語に翻訳され、ポケット版が流通していました。生徒でも学生鞄《かばん》に入れていた程です。政府は反ユダヤの立場をとるナチドイツと同盟を結び、御承知のように戦争では日本とドイツが枢軸を形成して、自由世界の連合国と戦いました。我が国は、ユダヤ人を殺さなかったし、強制収容所に収容したこともありません。〝最終解決〟とも関係はありません。しかし、アメリカと戦争しました。そのため、アメリカは戦力の大半を対日戦に投入せざるを得ませんでした。対独戦への投入は少なくなり、それだけドイツの敗北が遅れたということです。その分ヨーロッパのユダヤ人壊滅が進んだわけです。我々は、間接的にドイツのユダヤ人殺しに手を貸したのです。私は、あなた方の歴史を知っている。あなたの経歴もここ数年フォローしてきました。間接的に殺人者を助けた国の一国民として、私はあなたの御両親殺害の加担者です。私は、家の壁の外に出ることは余りないし、京都の町から離れることも滅多にありません。国から出るとなるとなおさらなのですが、ポーランドへ行ったことはあります。その時はワルシャワ・ゲットーの記念碑を訪れ、花輪を捧げました。今、やっとあなたに赦しを乞う機会を得ました。子供の頃ホロコーストに苦しみ御両親をナチスに殺されたあなたに、赦しを求める。私の願いをかなえていただければ、私はみまかる。御仏の許へ帰れるのです」

私は一言も聞き洩らすまいと、耳を傾けた。師の決意は固く論点も明快であり、私は大変驚いた。しかし、私はご本人の願いに応えて赦しを与えることなどできない。私は山田師に、ユダヤ教の伝統によれば、傍観者として眺めている者は、加害者と同罪であると説明した。直接犯罪に加担しなかったという主張は、免罪を意味しない。一方私には、犠牲者の名において赦す権限はない。私自身について言えば、私にはひとつの使命がある。記憶することである。それは、世界が忘れていくのを許さないことでもある。私は師の誠実な言明、慈悲にみちた心構え、そして真摯な意志表示を高く評価した。ポーランドまで行って記念碑に花輪を捧げたのである。「あなたの言葉は永遠に記憶されて然るべきです。私だけではありません。貴国の全国民と信徒全員も、この言葉に耳を傾けるべきです」と、私はつけ加えた。

　犯罪を目撃しながら、それにストップをかけず、何もしない人の法的地位に関して、私は聖書とユダヤ教学の資料から数例を提示した。サムエル記下に〝サウル軍の司令官〟であるアブネルが、ヨアブ・ベン・ツェルヤに殺されて、ダビデ王が嘆き悲しむくだりがある。王は「手を縛られたのでもなく、足に枷《かせ》をはめられたのでもないお前が、不正を行なう者の前に倒れるかのように、倒れねばならなかったのか」と悼《いた》んだ（同三章三四）。タルムードは、サンヘドリンの項（20a）で、「ダビデは、葬儀の場で、アブネルを激しく責める」と説明している。アブネルは軍の司令官という立場でサウル王に対する影響力を持ちながら、無辜《むこ》の者を殺すサウルを諫めず止めなかった。ダビデはその故にアブネルを非難したのである。サウルは、祭司の町ノブのアヒメレク・ベン・アヒトヴァが、逃亡するダビデに食料とゴリアテの剣を与えて助けたことを知ると、一家諸共アヒメレクを殺害した。「それでも、あなたは沈黙し、殺害を見逃した」とダビデはアブネルを咎めるのである。それからダビデは、誰もアブネルの手足を縛らなかったことを認め、あなたはどこにいた、何故抗議しなかったと厳しく問うのである。私は、聖書にある前例の話をして、自分の立場のもとを、日本の仏教徒に説明した。

　私は山田師に、サンヘドリンの項からあとひとつ例を示した。出エジプト記の第一章に、エジプトの王ファラオは、「抜かりなく彼らを取り扱い、これ以上の増加を食い止めよう」と言い（出エジプト記一章一〇）、顧問達にイスラエル人の生活をつらくし、奴隷状態におき、人口が増加しない方策の提出を求めた。これは、史上最初の〝最終解決〟であり、方策の検討は最初のヴァンゼー会議[※1]であった。

　賢者達によると、ファラオの三人の顧問とは、占い者のバラム・ベン・ベオル、ミディアンの祭司になる前のエテロ、そして預言者ヨブである。〝最終解決〟を提案したのは、バラムである。バラムは、占星でファラオにとって大きいトラブルのもとになるユダヤ人の子が生まれる予知を得た、と告げる。そしてヘブライ人の助産婦達を協力者にせよ、と助言した。ナチのカポと同じである。助産婦達は、史上初のメンゲレ式〝選別〟を行なうのである。ファラオはバラムの提案を受け入れ、助産婦達に「お前達がヘブライ人の女性の出産を助ける時には、性別を確かめ、男の子ならば殺し、女の子ならば生かしておけ」と命じる（同一章一六）。助産婦のシフラとプアは、賢者達がヨケベデ（ヨヘベド、モーセの母親）及びミリアムと同定しているが、協力を拒否する。聖書にあるように、「助産婦はいずれも神を畏れていたので、エジプトの王が命じたとおりにはせず、男の子も生かしておいた……」。一方、ファラオは全国民に命じた。「生まれた男の子は一人残らずナイル川に放り込め。女の子は皆、生かしておけ」と（同一章一七、二二）。

バラムが自分の考えを提示すると、人道主義者のエテロはテーブルを叩き、無辜の赤子の殺人者と抗議する。この事件の後、エテロはエジプトにいるのが不愉快になり、ミディアンへ逃げて、そこの祭司になる。エテロは、エジプトの暴政から逃げてくる難民のために、自分の家を開放するのである。モーセは、独りのエジプト人が同胞であるヘブライ人を打っているのを見て、その人を殺してミディアンへ逃げ、そこでエテロの娘達と出会う。娘達は父親に「一人のエジプト人が羊飼いの男達から私達のために水を汲んで、羊に飲ませて下さいました」と言うと、父親は娘達に「どこにおられるのだ、その方は。どうして、お前達はその方を放っておくのだ。呼びに行って、食事を差し上げなさい」と言った（同二章一九―二〇）。

ヨブもバラムの提案に反対である。しかし、エテロの勇気と決断力を持っていない。沈黙したままである。特にファラオがバラムの構想を好み、それを採用する時黙っているので、タルムードによると、後にヨブが難儀し苦しむのは、これが理由のひとつである。これを理解するため、私達は、賢者のミドラシュ（注解）を参照しなければならない。ヨブは、アロンの二人の息子ナダブとアビフの死を聞くと、「私の心は、破れんばかりに激しく打つ」と言う（ヨブ記三七章一、ミドラシュ・レビ記注解20・5）。これは驚きのコメントである。ヨブは、ナダブとアビフの死に何故心を痛めなければならないのか。二人の死が何故彼の恐れを引き起こすのであろうか。タルムードは、アロンの息子達の死亡理由を提示する。「モーセとアロンは先導している。そしてナダブとアビフは（指導者の地位からみれば二代目である）。彼らの後から従う……ナダブはアビフに〝二人の年長者はいつ死ぬのだろう、いつあなたと私は次の指導者になるのだろう〟とたずねる。すると、聖なる者が二人の兄弟に〝誰が誰を埋葬するか、これから分かる〟と宣《のたも》う」とし（サンヘドリン項52ａ）、ついでタルムードは人口に膾炙《かいしゃ》するアラム語のことわざを引用し、「私は、年老いた駱駝《らくだ》が、沢山市場へ来るのを見てきた。いずれも、若い駱駝の皮を山積みしていた」と述べる（同）。

ヨブの話はまだ続く。ヨブは、ナダブの挑発的な質問に悩まされる。しかしアビフは、応答せず、何も言わない。では、彼は何故ナダブと一緒に罰されたのか。それは、沈黙を守ったからである。換言すれば、いざという時、悪をとめる行為に出ず、沈黙する者は、犯罪の加担者になる。ヨブは、「これが創造主の対応の仕方であれば、それは私が一番恐れることである。何故ならば、ファラオとの会議の席にいたとき、バラムがこの提案をしたとき、私は沈黙していたからである。私に何が待ちうけているのであろうか」と言う（サンヘドリン項106ａ）。

山田師は本気である。ご本人は自分の言っていることを本心から信じ、私に赦しを求めたのである。私はそのように思いながら、師の許を辞した。師は、ひとりの信仰の人として、来世を心から畏《おそ》れ、罪悪の汚れから解放されて、来世へ行きたかったのである。私は、師の求めに応じることはできなかったが、心から有り難く思った。

極めて特異な対話のひとつが、キューバの国家評議会議長フィデル・カストロ将軍との会談である。かつてヨーロッパ特にポーランドからユダヤ人難民が流出し、キューバへ行った経緯がある。この難民達がどうなったのか。長い間、私はその後の状況を知りたいと思っていたが、その夢は果たせぬままであった。大戦勃発前から戦争初期にかけて、世界はユダヤ人難民にドアを閉めていた。一九三九年五月、大英帝国はマクドナルド白書を発表し、ユダヤ人のエレツイスラエル移住に厳しい割り当てを課すようになった。立ち往生するユダヤ人難民に、小さい救命具を投げてくれた数少ない国のひとつが、キューバであった。一九三九年五月一三日、ユダヤ人九百余名を乗せたセントルイス号が、ハンブルクを出航し

※1訳注・一九四二年一月二〇日、ナチスはベルリンの高級別荘ヴァンゼーにおいて、ユダヤ人の最終解決（絶滅）を議決した。

た。乗客達は、暮らしむきのよい専門職の人が大半で、アメリカ合衆国の入国ビザを申請中であったが、まだ入手していなかった。しかし、キューバへの上陸許可証明書は手にしていた。つまり、途中の経由地としてのキューバである。乗客達は貴重品と宝石類をスーツケースに詰めこんで、寄港地ハバナへ向かった。乗客達は知らなかったが、キューバの政治状況が変わり、キューバ政府は多額の金を積まない限り、上陸許可証明書は無効と決めた。船側は（船長グスタフ・シュレーダー）、ユダヤ人乗客のために交渉したが、うまくいかなかった。船はやむなくアメリカの港への入港をめざし、アメリカとの交渉が続くなか船は沖合を遊弋《ゆうよく》した。しかし、ルーズベルト大統領は、ニューディール前の移民制限政策と孤立主義風潮に左右されて、難民の入国を認めなかった。結局船は出航地へ引き返さざるを得なかった。ユダヤ人組織が、大英帝国、オランダ、ベルギーそしてフランスの各政府と交渉し、乗客の受け入れを求めたが、多くの乗客はナチの支配下に入り、強制収容所で死を迎えた。※

ヨーロッパのユダヤ人達は、セントルイス号の悲運を聞いて、ほかの脱出ルートを探した。一方、キューバの政治状態は再び変わり、ユダヤ人に門戸を開いた。

私の叔母、つまり父の妹であるメッタ、そして二人の子供は、チェコスロヴァキアのブルノから脱出し、キューバに逃れて助かった。戦後一家はアメリカへ移住し、イスラエルが独立した後、老齢の身でイスラエルへ帰還（アリヤ）した。この家族のキューバとの関わりが私の好奇心を刺激し、キューバのユダヤ人の生活についてもっと知りたいと思うようになった。

フィデル・カストロに率いられたキューバ革命（一九五三—五九）で、この地は混乱したが、結局独裁者フルヘンシオ・バティスタは打倒され、共産政権が成立した。この大激動で、ナドボルナ・ハシッド系のラビ・メイル・ローゼンバウム一家は、一九五〇年代末、万《ばん》やむを得ず第二の母国から出国した。以来ハバナは、ラビのいない状態になった。一九九〇年代に至るも狂信的共産党政権が支配しているのは、世界でキューバと北朝鮮だけとなったが、この二ヶ国は、ユダヤ教を含む宗教共同体の維持と宗教教育を禁じていた。

私は、時々断片的な情報を得ていた。各種情報機関のメンバーを含め、個々にキューバを短期間訪れる人達がおり、その人達から話を聞いていたのであるが、なにしろ断片的であるので、全体像がつかめなかった。宗教的活動の制約があるにもかかわらず、ユダヤ人としての自己認識を持つ人々がまだ存在する。私は、その事実を知ったが、その人達と接触できる可能性はなかった。イスラエルはキューバと外交関係を持たず、イスラエルの旅券携帯者、特に主席ラビは入国を許されていなかったのである。さらに問題は、カストロが、二つのバース党政権と関係を持ち、イラクのサッダム・フセイン、シリアのハフェズ・アサドとは緊密な仲であった。このような事情から私は、キューバ訪問の計画を棚上げにしていたが、好奇心はつのる一方であった。いつの日かこの国を訪れ、安住の地として定着したユダヤ人達がどうなったのか。自分の目で確かめたい。そう思い続けていると、有り難いことにその時が遂に来た。

一九九三年も終わりに近い頃、テルアビブに近いラマトガンのバルイラン大学から私のところに使者が来た。ダビッド・アルトマン副学長と私の親友のイツハク・ヨハイ教授だった。教授は南米出身である。二人は私に、ベネズエラの首都カラカスで、講演して欲しいと言った。ベネズエラには、極めて活動的なバルイラン大学支援グループがあり、同地の主席ラビ、ピンハス・ブレナーは、大学の理事であるという。バルイラン大学は、同地ユダヤ人の熱心な支援に感謝するため、二年に一度講師を派遣していた。今回は一九九四年二月の派遣になる由で、私は引き受けた。一週間の滞在中大学のほか、高校、幼稚園、ブナイ・ブリス支部等で一日数回話をすることになっており、見返りといっては何だが、御要望がおありですかと二人はたずねた。そこで私は自分の秘密を打ち明けた。「私には夢があります。実現したいが、助けていただけるだろうか。実は長い間、キューバのユダヤ人を訪ねたいと思っていたのです。現地にシナゴーグがあるのか知りません。ましてや、ユダヤ人社会として共同体の営みがあるのか、全然分かりません。キューバにユダヤ人が住んでいるのは、分かっています。しかし、何名いるのか、どのような状況下にあるのか、私は知りません。キューバとベネズエラは、外交関係があるので、あなた方の御力で何とかならないだろうか。私が求めるのはこれだけです。実現すれば、生涯忘れられないお返しになります」

ダビッド・アルトマンとイツハク・ヨハイは、調べると約束した。数日後返事があった。キューバの駐ベネズエラ大使

※訳注・各国の受け入れは、イギリス二八七、オランダ一八一、ベルギー二一四、フランス二二四であったが、ナチの侵攻でイギリスを除く大陸諸国が受け入れた人々は、最終解決の犠牲になった（ヤドヴァシェム編ホロコースト百科事典第四巻）。

が、たまたまラビ・ブレナーの親友で、二人が話しあったところ、ラビ・ブレナーは、「キューバ当局が〝グラン・ラビ・デ・イスラエル（イスラエルの主席ラビ）〟の訪問に反対しないのではないか」という感触を得たという。しかしラビ・ブレナーは、余り期待しないようにと、事前にクギを刺した。私は、とびあがる程嬉しかった。ついでに私は、ひとつ小さい要望をだした。訪問が実現すれば、スペイン語のできるラビ・ブレナーに同行して欲しいと言った。妻の同行も望むかと聞かれたので、是非お願いしたいと答えると、それではラビ・ブレナー夫人を連れて行くということであった。どうなるか分からなかったが、希望を抱いてベネズエラへ飛んだ。カラカスに滞在中、私はヨーロッパ出身のユダヤ人達と会った。心の温かい人達であった。殆んどが、ホロコースト生き残りの第二世代であった。なかには、アウシュヴィッツで会った人も何名かいた。生者の行進でベネズエラ代表団に加わっていたのである。私は、スファルディ社会でも話をした。トーラーの講話に飢えている人々が詰めかけ、シナゴーグは超満員であった。

滞在中、ラビ・ブレナーがキューバ当局から正式の招待状を受けとった。二日間のハバナ滞在という。感激ここに極まるである。私達がこのニュースを聞くと、ベネズエラ在住の裕福なユダヤ人ヤコブ・ハルフィンが、八人乗りの小型機を借りてくれた。同時に、青年グループが、男子専用の航空機を準備した。キューバでは、礼拝が成立するための成人男子を最低で一〇名（ミニヤン）揃えられないかも知れない。というわけで、レディーメードのミニヤンを持っていくのである。私達はカラカスでコーシェル食品も積み込んだ。

二機の小型旅客機がハバナ空港に着陸した。待ちに待ったその時が遂に来たのである。ユダヤ教の残り火を探し、灰の中から掘り起こして、永遠に燃え続ける炎にしたい。私は気を引き締めた。

旅客機から降りると、ひとりの青年を紹介された。名前はアルマンドとしか分からない。洗練された物腰で髭をはやし、精悍な顔つきである。フィデル・カストロやチェ・ゲバラを思わせる。私の付き添いということであった。英語、スペイン語、ポルトガル語、ロシア語を流暢に話し、一部イーディッシュ語も使った。例えばアブ月の断食日ティシャ・ベアブをティシュブと言った。

アルマンドはカストロの右腕で、情報機関の長のようであった。私の入国から出国まで始終私の側にいた。アルマンドは自己紹介をすると、セニョーラ・カリダード・ディエゴ宗教相を私に紹介した。この大臣も私に付き添った。カストロは、黒塗りの自家用車を二日間私達の専用にしてくれた。

一九九四年二月。ハバナの通りは殆 んど車が走っていなかった。アメリカの対キューバ制裁で、ガソリンが極度に不足しており、貴重な燃料は、労働者の輸送用に使われていた。それも、トラクターの牽引する台車の上に乗せて運搬するのである。自家用車はどこにも見られなかった。カストロ差回しの黒塗りセダンが、前後左右をオートバイの護衛に守られて市中を走行すると、通りに人だかりができて、何事だろうと見ている。数分もするとハバナ中の住民が、国を訪問した客人の素姓を知ろうと騒いでいた。

空港を出た車は、真っ直ぐハバナのユダヤ人コミュニティセンターへ向かった。数は少ないが、子供と老人が集まる由で、月に一回、メキシコのグアダラハラから〝ラビノ・シモン〟が来るという。ブエノスアイレス出身者であった。ラビの姓はシュタインハンドラーといった。私の付き添い達には舌がもつれる名前のようであった。キューバ政府は、ユダヤ人子弟に対するヘブライ語詩歌の教育を目的に、月に一回本人のハバナ訪問を許していた。私がハバナを訪れた前年、シモン・シュタインハンドラーは、一九五八年以来初めてバルミツバの儀式を行なった。実に三五年ぶりであった。ホスト側は、キューバにユダヤ人の共同体活動が存在することを証明するため、ラビ・シュタインハンドラーを招いた。ラビはこのためにわざわざメキシコから来たのである。センターに招かれた人には、ユダヤ人コミュニティセンターの会長、ホセ・ミラー博士も含まれていた。東ヨーロッパ出身の外科医である。

私達は、ハバナの中心街を通った。ニューヨークの繁華街に対抗して、五番街と呼ばれていた。似ても似つかぬ呼称である。ハバナの五番街は狭い通りで、しかも荒廃していた。ここを訪れる人は、通りに並ぶ建物にかつての面影を見るだろう。建築美を誇った建物は、塗装が剝げおち、壁に亀裂が走っている。手入れされていないのである。この通りには、外国の大使館が集中し、かつては豪華であった宏壮な邸宅が点在する。通りに面した窓やバルコニーは人の頭が鈴なりで、通りを疾走する最高指導者の黒塗り乗用車を、何事かと観察している。興味津々の様子である。アトラクションはこれだけではなかった。シュールな光景が展開したのである。黒い帽子に足許まである黒の長いコートを着用した男が、車から降りたのである。キューバでは、何十年も目にしたこともない異様な服装であった。ユダヤ人コミュニティセンターの小さいバルコニーに、子供達が立って、私の到着を待っていた。

センターに近づくと、自分が段々興奮してくるのが分かる。旅のストレスもあり、私は緊張して車を降りた。通りの向こうの歩道に、ひとりの男が立っていた。ユダヤ人に違いないと思った。骨と皮ばかりの顔、そして目にたたえた恐怖の色を、私は見逃さなかった。ヨーロッパから来たユダヤ人に違いない。どの国どの都市の出身者であるか分からないが私はユダヤ人であると確信した。その人は私から三ヤード（約三メートル）程離れた所に立っている。私はとっさに判断して、話をしようと決めた。アルマンドとセニョーラ・ディエゴは車の向こうから降りて、ゆっくりと私の方へ歩いている。しかし私は、構わず〝シャローム・アレイヘム〟と挨拶した。平和があなたと共にありますようにの意で、私はアシュケナージ系のアクセントを強調して言った。するとその人は躊躇《ちゅうちょ》せず、適切な挨拶を返し、〝アレイヘム・シャローム〟と言った。

その瞬間私は気分が楽になった。自分の眼力に間違いはなかった。「それで、このユダヤの方は何という御名前ですか」とたずねると、彼は「ゲツェル、エルヤキム・ゲツェル・クレプラフです」と答えた。

「そうですか。それでこのユダヤの方は、どこの御出身ですか」。私が続けて問うと、彼はポーランドのシェドロフ（シドウォヴ）生まれであると言った。「シェドロフのユダヤ人が、ここで何をなさっているのですか」。私がたずねると、彼は笑った。あなたは何も分かっていないという表情で、「選択できる問題でしたかね」と言う。それから、彼は三人称を使って、自分の身の上話を始めた。イーディッシュ語文学の巨匠ショーレム・アレイヘム式の話の語りをやる、ナレーターの如くである。

「ゲツェルは破局の近づくのを嗅ぎとったのです。当時ゲツェルは若かった。ポーランドは自分にとって最早安全などころではない、と判断したのです。生き残りたいのであれば、ポーランドだけではない。ヨーロッパ自体から出なければならない、と思ったのです。それはドイツで開始し、オーストリアへ押し寄せ、ズデーテンラント、チェコスロヴァキアを奪い、それからヨーロッパを火の海にしました。まるで巨大なたき火です」。これが、ゲツェルが描写した「それ」である。簡単にして要を得た表現である。話をしていると、まわりに人が集まってきた。人だかりができて、ゲツェルは興奮してきた。少なくとも誰か話を聞いてくれているのである。彼はイーディッシュ語で話を続けた。「アメリカは門戸を閉ざし、エレツイスラエルは夢でしかなかった。するとポーランドで誰かキューバならまだ開いている、と言ったのです。私は若かったし、全財産を投じて向かったのです。途中の経過は、あなたには、お聞きになる時間がないでしょうから、省きますが、ここでは、私を入れてくれました。以来私はここにいます。五〇年以上もたちましたが」

家族があるのかとたずねると、彼は、ショーレム・アレイヘム式の語りを続け、聖書の出エジプト記（二一章三）を引用し、「〃もし、彼が独身で来たならば、独身で去られねばならない〃というわけで、私はここでは独り身です」と答えた。私は彼が前よりも痩せ細り、惨めに見えた。アルマンドとセニョーラ・ディエゴがセンターの方を示し私を促がした。そのセンターでは、招待された人達が待っていた。ホスト側からみると、私はここで時間をとりすぎたのだ。この人との会話を打ち切らざるを得なかった。私は、付き添いの人達とセンターへ足を運びながら、振り向いて、「二日間の滞在です。この間にもっと話ができればいいですが。私に何かできることがあるかどうか、考えて下さい」とそっと言った。彼の目から涙があふれ、ぽろぽろとこぼれ落ちた。正直できっぱりした答えであった。「ナム・ミッヒ・ア・ハイム・ミット・ディル・カイン・エレツイスロエル」。イーディッシュ語である。どうか私をエレツイスラエルへ一緒に連れて行って下さい、と言ったのである。

ゲツェルの言葉は私の心をうった。魂の叫びに呼応したのだ。私は答えることができなかった。付き添い達が私をしきりに促して、センターへ誘導していったからである。今日に至るも、彼の訴えが耳に残り、心が落ち着かない。私は長い間、ゲツェルとの出会いだけでも旅の甲斐があった、と思った。私は何年もこのユダヤ人を探し続けていたように思う。そしてキューバ入国で最初に見つけたのが、この本人ではないのか。

キューバ滞在中、ゲツェルは私の行く所に必ず姿を見せた。大勢の人のなかにまぎれ、私から距離をおき、近寄って来ない。訪問二日目、彼は聴衆の中にいた。ユダヤ人センターで講演した後、彼が前から五列目の席に座っているのが分かった。しかし、彼はそれ以上近付こうとしなかった。当局は彼を見ており、写真もとったので、私に馴れ馴れしく振舞うのは危険、と判断したのである。しかし、人の背後からちょっと手をあげて、自分の存在を知らせることがあった。

ユダヤ人センターにいるとき、私はハバナにおけるユダヤ人共同体の活動についてたずねた。市内にシナゴーグが三つあるが、開いているのは一つだけで、残る二つは閉鎖されているという。ミニヤンについてたずねた。すると、〃キューバ式ミニヤン〃でやっているという答えがかえってきた。

ポーランド出身の古参八名とトーラーの巻物二巻で、これで礼拝成立に必要な一〇名にしているという。ユダヤ人の世界で、こんなことを聞くのは初めてであった。

中央シナゴーグは、壮大な建物であった。高くてどっしりしている。内部はがらんとしており、椅子は赤のビロード張りであるが、鼠《ねずみ》にくわれてぼろぼろである。豪華な室内装飾が、往時の繁栄を物語る。当地のユダヤ人社会は豊かで、立派な中央シナゴーグをつくっていたのである。しかし、私の訪問時には、すべてが変わっていた。聖櫃安置の場所、カントールの譜面台、合唱隊の部屋は、何十年も放置されているように見えた。埃が積もり、ごみが散乱しているうえに、放尿、脱糞のあともある。市内のホームレス達がこの建物を住み処とし、洗面所に使っていたのである。あたりを見渡すと、人糞のなかに光沢のある白い紙が落ちていて、ヘブライ語の文字がちらりと見えた。はなはだ汚いが、どうしても内容を知りたくて、比較的きれいなはしっこをつまんで、引っ張りだした。それは、八つ折りの祭日用礼拝書で、イスラエル独立三周年特別感謝礼拝の文字が含まれていた。この礼拝文は、当地のラビであったラビ・メイル・ローゼンバウムが書いており、「我らがキューバのユダヤ人、世界のユダヤ人は、贖いを求め苦闘の最中にあるイスラエル国の市民、我らの兄第姉妹の平和と安全そして繁栄を願い、心からその祈りを捧げる」とある。

ラビ・ローゼンバウムがこの祈りの言葉を書いた頃は、独立戦争後の新生国家に多数の移民が、大波となって押し寄せ、政府がやむなく配給制をとっていた時代である。キューバのユダヤ人は、当時経済的に大変恵まれていた。壮大なシナゴーグに見られるとおりである。彼らはイスラエル国の情勢を大変心配し、この特別礼拝文を唱えながら同胞の安寧を願ったのである。キューバには繁栄するユダヤ人社会があった。私の訪問時は見るとおりの荒廃である。私は、栄光と衰退を物語る証拠として、この礼拝書をイスラエルに持ち帰った。

キューバのユダヤ人社会は、全部で二〇〇〇名ほどの規模であった。※ 大半は部分的にユダヤ人であった。異教徒間のいわゆる通婚と、共産主義のイデオロギーのため、ユダヤ教の教え伝統にもとづく本当の教育はなく、ユダヤ人の共同体生活もない。キューバ政府は、僅か半時間の飛行距離しかないマイアミの豊かなユダヤ人社会との接触も禁じていた。

ユダヤ人社会とそのルーツを知りたければ、ユダヤ人墓地へ行かなければならない。これが私の学んだ教訓である。それで私は、ハバナの墓地訪問を希望した。アルマンドとセニョーラ・ディエゴが私に付き添った。そこで見付けたのが、ユダヤ人兵士の墓であった。ハバナ出身だった。墓石にはヘブライ語で「敬虔なる青年イツハク・イサク・ベン・アリエ・ライブ・ベン・ドブここに眠る。ヘブライ暦五七一二年——西暦一九五二年——シバン月第五日、朝鮮における正義の戦いに倒れる」と刻んである。墓碑は、「魂が永遠の生命を与えられますように」という伝統的成句で終わっている。このユダヤ人兵士は、キューバの共産主義者義勇兵のひとりで、朝鮮戦争時北朝鮮を支援して参戦した者、と考えられる。韓国とその西側連合国将兵と戦ったのである。

朝鮮戦争では、米軍に所属するユダヤ人将兵が戦死した。この人は共産主義国の側に立って戦ったのである。別のキューバ系ユダヤ人が遺体を北朝鮮からキューバへ搬送したのである。墓石に、ヘブライ語のほかスペイン語、ロシア語で「朝鮮における正義の戦いに倒れる」とあるのは、ユダヤ史の別の側面とユダヤ人のもうひとつの命運を物語る。私は墓石にそれを読んでいた。この兵士の両親は、恐らくナチの毒牙を逃れてヨーロッパを脱出したのであろう。そして地球の裏側に安息の地を見つけたのであるが、息子はそこから一番遠い極東の北の果てに行き、共産主義勢力の一部となって、いわゆる帝国主義打倒の戦いに身を投じて死んだ。私は、ヘブライ語とダビデの星を刻んだユダヤ人兵士の墓を前に、同行者達と共に立ち、死者を悼むカディシュを唱えた。忘れられたこの人にも、人生があった。この人物が存在したことを考えているのは自分だけであろうと思いながら、私は本人の思い出のために祈った。カストロの右腕であるアルマンドは、〝ポータブル〟のミニヤンに加わり、アーメンを詠唱した。

いろいろなことがあった一日が終わり、私達はカストロ専用の豪邸に案内された。素敵な建物で、御影石《みかげ》とマホガニーだけを使った建築であった。まわりは美しい庭園である、しかし室内には殆んど家具がなかった。鉄製のベッドが数台に柳細工の椅子が二脚あるだけである。まことに殺風景であった。さらにこの邸のまわりは、貧民窟である。恐るべき貧に囲まれていた。

当地の食物はコーシェルではないので、賞味できなかったが、文化面では大いに楽しませてもらった。立派な劇場があってそれぞれ演物があって賑わっていた。路上では、歌謡

※訳注・二〇一二年現在の人口は五〇〇である（二〇一二年版アメリカンジューイッシュ・イヤーブック）。

グループや音楽家が演奏していた。

キューバ旅行の準備中、カストロに会うことは全然考えていなかった。不可能とみていたからである。しかし、五ヶ月前の教皇訪問のことを考え、妻と私は相談のうえ、まさかの場合に備えて、贈物を一応準備しておくことに決めた。選んだのはやはり雄羊の角笛ショファールで、毎日の礼拝のシェモネー・エスレーから一節をとり、〝我らが自由のためショファールを高らかに吹け〟と刻んだ。

機会があれば、この贈物をカストロに渡し、私達の願いを示唆するつもりであった。その願いとは、国外移住の自由、イスラエルへの移住を望むキューバ在住ユダヤ人の出国許可、である。訪問二日目、ホスト側から議長が会談を要望したと連絡があった。アルマンドが言うには、カストロが私に関することをいろいろ耳にして、キューバで私の動静をフォローしており、直接会って話をしたいと望んでいるそうである。私が、同行者達の同道を求めると、私と一緒に中に入れるのは男性だけ、という答えが返ってきた。

私達は宿舎で待機した。夜にカストロのスタッフが付き添って公邸へ行く予定であった。午後一〇時五分前、私達はカストロの公邸に当着した。彼は両手をひろげて私を迎えた。通訳が本人の右側に立っている。カストロが英語に堪能なのは確かである。教養のある弁護士であり、アメリカとは目と鼻の先にいるのである。国家指導者としてのプライドから、スペイン語だけを話したのであろう。

私達の対話は三時間以上も続いた。私がこれまで行なった意見交換のなかでは、最も興味をそそる話し合いのひとつである。実に面白かった。キューバの指導者の個人的側面が、私の興味を大いにそそった。最初私は、これから反イスラエルで凝り固まった、こちこちの共産主義者に会うのだ、と予期していた。話のなかでカストロは、君達の敵は我々の友人である、と言った。サッダム・フセインとハフェズ・アサドを指しているのである。カストロは、「彼らは私に兵器と石油をくれる」と解説した。それから現在の情勢の話になり、カストロは、「ゴルバチョフは、素晴らしい正義の思想である共産主義をぶちこわしてしまった」、「ソ連邦を解体し、西側資本主義国に変えてしまい、今やアメリカ帝国主義をとめるものが何もない。そのためゴルバチョフは、恥知らずとして歴史に残る」と言った。

私は自分の意見を述べた。ゴルバチョフは鉄のカーテンをあけたのであり、世界中が彼と彼のイニシアチブを支持したのである。しかし、私の意見は何のインパクトも与えず、カストロは「それがどうした」と一蹴して、よく知られた比喩で応じ、「だからどうだと言うのかね。私はダビデだ。すぐ目の前には、巨大な国家がある。つまりゴリアテだ。誰が勝ったか。主席ラビのあなたに説明するまでもなかろう。勿論ダビデだ」と言った。これは、彼の立場のあからさまな性格を物語る言葉であった。

ところがである。カストロは突然自分の指を前後に振りながら、全く違った口調になって、話題を変えてしまった。イデオロギーで飾った外見を棄て、個人的で人間味のある話に集中したのである。「あなたを理解するうえで、ひとつはっきりさせたいことがある。自分の好奇心を満足させたいのでね。あなたについては、全部知っている。ドイツファシズムと戦ったあの戦時中、あなたの兄があなたを袋の中に入れ、強制収容所まで運んだ。それから、幼少の頃両親が亡くなったことも知っているし、八歳の時、まだユダヤ人国家が誕生する前に、パレスチナへ行っている。経歴は知っているが、どうしても分からぬことがひとつある。あなたの口から話を聞きたい。要すれば、どのように育ったかということです」

「ここキューバでは、両親のいないまま育った八歳の子供が国語を知らないなら、不良少年になって非行に走る。近所迷惑になるし、社会の厄介者になるのは間違いない。あるいは犯罪者に食いものにされる。しかし、あなたは無一文、素足でイスラエルへ来て、今ではどうだ。ユダヤの法王のような人になった。誰が育てたのです。主席ラビ、誰があなたを教育したのか。何もない路上の少年が、国の宗教代表に選ばれた。どうやればそうなるのです」

意外な質問で、一瞬唖然となったが、態勢を立て直して、二年前の一九九二年六月にも、自宅に来たイツハク・ラビンが同じ質問をした、と言った。「同じ答えを差し上げましょう。私のところはラビの家系で、私が三八代になります。父は私の兄に口頭で遺言を伝え、ラビとしての家系が絶えないように死力を尽くして弟を守れと命じたのです。私がラビの仕事を継ぐということです。私の父は智慧と鋭い感覚の持ち主で、人間の成熟過程をきちんと考えていました。戦争が始まったのは私が二歳の時で、もし私が生き残るなら、戦争の暗い影響をうけないで、再出発できると判断したのです。勿論、戦争が六年も続くとは知る由もありませんでしたが。私の兄は、私と対照的で、当時一三歳。既に人格形成期にありました。つまり、一番肝腎な六年間を失ってしまったのです。再出発できる時には、既に一九歳になっていました。

私は、イスラエルにいるおじの家庭で成長しました。おじは、ポーランドでは誰にも尊敬されるラビで、イスラエルでもラビとして仕事を続けました。それから私は、イェシバで勉強し、父の弟子であった若手のラビが、私の指導役として面倒をみてくれました。私はイェシバの世界に残り、知と精神の巨人達に囲まれた生活です。その後私は、義理の父ラビ・イツハク・エディディヤの被保護者になりました。二七年間です。ラビとしての私の役割は、しっかり根付いており、私の人生でいささかの揺らぎもありません。邪魔が入ったこともありません。私は、ラビとしての私の家系を守り継続させることを、自分の義務といつも考えています。両親はいませんでしたが、父と母はいつも私と共にいます。私から離れたことは一分たりともありません。私には兄と、もうひとり年長の兄がいます。こちらとは、イスラエルで会いました。この家族が父の志を継ぐ私を常に励ましてくれました。おかげで私は主席ラビになりました」

カストロは興味をそそられたようで、身を乗りだして聴いていた。そして、あなたの子供達は先祖代々の伝統を守ると思うか、とたずねた。子供のうち二名は、既にラビとしての聖職を授けられ、ラウ家の第三九代ラビになっている、と答えた。子供は何名かたずね、八名との答えを得ると、カストロは、その子供達の母親は、あなたと一緒かと質問した。勿論一緒である。しかし、そちらのスタッフが女性を同伴しないように指示したので、私の妻とブレナー夫人は宿舎に残っている。そう聞くと、カストロはここで初めて英語に切り換え、映画の一場面のような芝居かかったジェスチャーで「御婦人方をお連れせよ」と言った。

数名のスタッフが駆け出して行った。話を続けていると、二人の女性が到着した。するとカストロは話題を変え、子供やラビの家系のテーマから離れ、公的な話に戻した。自分は、イツハク・ラビンを高く評価している。オスロ合意後、一九九三年九月ワシントンでシモン・ペレスがとった勇敢な行動も、見上げたものである、とカストロは言った。私は、「二人のとったのは一八〇度の方向転換であったことを理解しなければなりません」と指摘し、「私は政治から切り離されてはいますが、二人とも個人的によく知っています。二人とも、イスラエルの地の境界確定を勧めた国防相です。ラビンは参謀総長時代六日戦争を指揮し、領土を拡大しました。二人がパレスチナ人に自動小銃を二万丁も提供し、平和に至る第一段階としてガザ・エリコを返還するのは、極めて劇的な革命と言えます」。カストロは目を丸くし、聴いている。表情に感嘆の色がうかがえる。そしてカストロは、「偉い。それこそまことの勇士だな」と言った。

女性達はいつの間にか到着していた。私の妻が、カストロに私達の準備した贈物を進呈した。彼はショファールをためつすがめつ見ている。私が角笛に刻印した〝我らが自由のためショファールを高らかに吹け〟という礼拝の言葉の重みを説明した。「不幸にして両国は一九五九年以降外交関係がありません。私は、あなた方が外交を断絶した理由が、今でも分からないのです」。私がそう言うと、カストロは、イスラエルが迫害国家だからだ、と一言のもとに切り捨てた。しかし、ここで引き込むわけにはいかない。私は、イスラエルと外交関係を持つ東欧諸国の数を指摘し、「私達がキューバと何かで争っているわけではありません。境界を接していないので、領土問題もありません。双方に懸案がないのです。何かで対立することがあれば、そのために双方に大使館があり外交官がいるわけですから。そこを通して話し合いで解決すればいい。互いに学びあえる時に、自らドアを閉じてゲットー状態にするいわれはありません。話しあえば必ず双方に得るものがあります。私達は既に二時間も話しあっていま す。イスラエル国のユダヤ人ラビとテーブルを囲んでなごやかに対話する。こんな状況が可能であることを、想定されたことがありますか。私は、自分のために時間をさいていただいたことに、感謝しています。何故なら、私はあなたが打ち出しているイメージと御自身の本当の個性に関心がありました。本来の人柄はどうなのかと、興味津々だったのです」

フィデル・カストロは破顔一笑、にこにこして、自分も面白い会話で興味ある内容と思っている、と答え、「話をしなって法はないですな」と言った。私は、オープンで居心地のよい雰囲気を利用し、外交的に動いた。「ラビンとペレスを高く評価されていますから、ひとつどうでしょう。政治や政策に踏みこまないで、私を介して二人に敬意を表されたら如何でしょう」と提案した。カストロは天井を見上げ、静かに「自分は貧しい。金はないし、燃料も食料もない。それに引き換え、あなた方は帝国だ。こちらが補ってあげる程不足しているものに何がある」と答えた。カストロは実に正直に問うた。

贈物の金銭的価値は重要ではない。大切なのはそれに添えた名刺である。価値はそこにある。友好的な対話精神に則って、私は「それに、御国は世界的に有名なハバナシガーの生産国ではありませんか。ラビンかペレスに一箱贈るなら、フィデル・カストロ議長の名刺を添えて……」とつけ加えると、カストロが私の話を遮って「フィデル・カストロ司令官だ」と訂正した。私は謝ったうえで話を続け、「誰か、首相か国防相の机の上に葉巻を見ると、どこからの到来ものかとたずねるでしょう。首相は〝フィデル・カストロが私に送ってくれた〟と答える。そして、ラビンかペレスが名刺を見せるなら、あなたとのなにがしかの連絡がある事実を、はっきり示すことになります。これが、対話の糸口となり、友好と相互理解の希望に前途が開けてくることになるでしょう」と述べた。

カストロは、御両人は葉巻を吸うかとたずねた。ラビンは紙巻煙草のヘビースモーカーで、ペレスの方は最近イタリアで禁煙のため医学療法をうけた。しかし、この場合重要なのは、吸うか吸わないではなく、カストロの名刺付きで、葉巻が大臣の机の上にあることである（第一六章参照）。大臣の執務室を訪れる人は、言葉によらない展示で、イスラエルとキューバ間の対話が可能であることを理解する。

「私達は話題を提供する。そしてこちらが肝腎ですが、誰かがそれを話題にするということです」。私は、自分の言葉が心にしみ込むように、そう強調した。私が話を終えると、カストロは両手をぱちんと叩き、アルマンドにペンを持ってくるように言った。そして、〝ラビン・イツハク〟、〝ペレス・シモン〟と書き、さらに敬意を表して、〝偉大な市長、コレク・テディ〟とあとひとりつけ加えた（コレクは長年エルサレム市長をつとめた）。

この話題を論じ尽くした後、日頃から頭を悩ましている問題があると言って、カストロが別の話題に移りたいと述べ、いきなり数千年前に後戻りした質問を、ぶつけてきた。「聖書には、六〇万のユダヤ人がエジプトを出たとある。ところが聖書の別の個所では、僅か七〇名のユダヤ人がカナンの地からエジプトに行ったと書いてある。四〇〇年の間に七〇人が六〇万まで増えるものだろうか。本当にそんなことが起きたのですかね」とカストロともあろう人が、これで悩むとは実に不思議である。それで私は、「出エジプト記第一章に〝イスラエルの人々は子を産み、おびただしく数を増し、ますます強くなって国中に溢れた〟とあります。古来ユダヤの賢者達は、当時ユダヤ人の母親は六つ子を産んでいた、と説明しています」と答えた。

カストロは、信じられぬという顔付きで、「ひとつの腹に六人ですって？」と言いながら、右手を横に振った。「六っ子なんて、そんなことあり得ますか」。その時私はうちとけた気持ちになっていたので、個人的な話をする気もでてきた。それで、私の息子夫婦には三つ子が生まれたと言った。今日三つ子が生まれる可能性があるわけですから、古代六つ子はあり得ないと言いきれますか。数年前イスラエルで四つ子が生まれましたよ。

カストロはあいた口がふさがらぬ様子である。四つ子どころの話ではない。三つ子のことすら初耳なのだ、と私は思った。カストロはなおも食いさがってくる。「ほう、家族に三つ子がいるのですか」とたずねた。子供のような、わくわくした表情である。ついさっき招待され、到着した妻が、ハンドバックから三つ子の孫の写真をとり出し、彼に渡した。カストロは、しばらく眺めていた。魅入られてしまったようで、表面を指先で撫でながら、「奇跡だね。ひとつの腹に三人だ。それに皆可愛いいではないか。一人ひとり顔付きが違っているのも面白い」と呟いた。

カストロは、写真を妻に返すと、再び聖書上の算数問題に戻った。帳面から紙を一枚はぎとり、計算を始めた。エジプトに行ったユダヤ人七〇名は男女半々として、夫婦が三五組、それが六代にわたって倍増し、さらに何代か倍増し、とカストロは計算していたが数分すると、失望した顔で計算がうまくいかないと言った。しょんぼりした声で、自分の計算法を説明し、君のために計算したのだ。一代は普通三〇年だが、それを二〇年とすれば、四〇〇年は二〇代となる。三五組が二〇歳で結婚して子供を産み始める。一世代で六人生むとして……やはり六〇万にはならない云々。

私は、慎重な言葉で、もう一度計算し直したらどうかと言った。しかし、計算をやる度に、カストロの表情はくもり、数の謎に対し困惑の度を強める。そこで私が、計算機を使ったらどうかと示唆すると、カストロは私を睨みつけ、「計算機？　あなたは指先か。私は頭で考える世代だ。指先世代じゃない」と怒りを含んだ声で文句をつけて、「主席ラビ、いずれにせよ計算がうまくいかん」と言った。私は数字の謎に本気で挑んで真剣に計算している姿を見ているから、少々気まずく感じた。そこで助け船をだし、大雑把《ざっぱ》ながら、ひとつヒントを提供した。「この問題を解決するためには、同じ出エジプト記の別の章を参照する必要があります。一二章三八に〝そのほか、種々雑多な人々もこれに加わった〟とあります」。カストロは、安堵の溜息をついた。まるで私が、多年の重荷を肩からおろしてやったような具合である。カストロは、「それではお聞きするが、エチオピアのユダヤ人が本当のユダヤ人と、どうして分かるのですか」とたずねた。

カストロがエジプトをエチオピアと結びつけたのには、驚いた。エチオピアのユダヤ人社会の代表達と、何度も長時間の会合を重ねた結果、彼らが五〇〇年に及ぶユダヤ教の伝統を有していることが分かった。一六世紀、宗教法の権威で当時エジプトの主席ラビであったラビ・ダビッド・イブン・ジムラ（頭文字をとって通称ラドバズ）が、彼らは本当のユダヤ人の結婚生活にかかわる戒律を含め、多くのミツボット（戒律の複数形）を守っている。いつもエルサレムへの帰還を祈り、そのため命を危険にさらすこともあったとし、ユダヤ人であると判定した。一九〇〇年初め、フランスの専門家ジャック・ファイトロビッチ教授が北部エチオピアで調査を続け、その結果をうけて、一九〇八年に四五ヶ国の主席ラビが宗教法上の決定を行ない、エチオピアのユダヤ人をユダヤ人として認めた。さらに一九二一年には、英委任統治領パレスチナの初代アシュケナージ系主席ラビ・アブラハム・イサク・クックも、エチオピアの共同体をユダヤ人として認めた。イスラエル政府が移住の取り決めにこぎつけ、空輸を開始するのは、一九七七年からであるが、当初は小規模であった。エチオピアは社会的混乱に加えて大飢饉に襲われて、空輸が本格化していく。なかでも大規模な隠密空輸が、モーセ作戦（一九八四年、一万七〇〇〇人）とソロモン作戦（一九九一年、一万四〇〇〇人）である。私は以上の経緯をカストロに説明した。

カストロが、エチオピア系ユダヤ人のイスラエル移住を知っていたのは、驚きであった。関心があるというのも妙である。カストロは、エチオピアのユダヤ人について私達が言いたいことを言ったと判断し、話題を再び変えた。前の話と間接的に関連したことで、カストロは、次のように言った。

「私はカトリック教会を憎んでいる。共産主義者としての私の世界観のためではない。私の人生体験に由来するものだ。子供の頃私は修道院で学んだ。神父達が教師だったが、私にユダヤ人憎悪を叩きこんだ。例えば英語の授業では、ユダヤ人は獲物を探して飛び回り、見つけるや襲いかかる猛禽類の鳥だという。何故か。ユダヤ人は髭をはやしている（ビアード）。ビアードはバード（鳥）に通じる。つまりユダヤ人は、鷲や禿鷹《はげたか》のように獲物を探し襲いかかるのであると、神父達は教えた。それ以来何年も、禿鷹を見ると、あれがユダヤ人だと考えた。子供の頃私は、ユダヤ人を二本足で歩くとは思っていなかった。ユダヤ人にてっきり羽根があって、それでばたばた空中を飛び回って、獲物を探すと信じていた。現在は、もっと知識があるから、事情は分かっている。私の国では反ユダヤ主義を許さない。これが、教会の児童教育に対する私の反応です。私がほかの人よりユダヤ人をもっと愛するからではなく、私は誰も憎んでいないからです。この点は是非知っていただきたい」

カストロとの対話で感じたのであるが、私達は意外なことに次から次とぶつかっているような気がした。今度は、このユダヤ・キリスト教がらみの話である。私は、話に新しい動向が見られたので、早速これを利用しようと決め、カストロにひとつ要請をだした。「今二月ですが、あと二ヶ月で世界中のユダヤ人が過越の祭りを祝います。出エジプト記や七〇名からイスラエル人が六〇万になった話を御存知であるから、この祭日の期間中ユダヤ人が酵母入りのパンを食べてはならないことを、知っておられるに違いない。七日間マッツァしか食べないのです。キューバのユダヤ人社会にマッツァの輸入を許可していただけないだろうか」とたずねた。カストロは私を遮り、「しかし、あっちからは絶対駄目だ」と激しい剣幕である。指さしたあっちは、アメリカであった。ラビ・ブレナーが、マッツァをカラカスから運ぶ、メキシコから持ってくることも考えられると説明すると、カストロは納得し、どの位の量が必要かとたずねた。結局、ユダヤ人社会のコミュニティセンター長ミラー博士が計算し過越祭の期間中ユダヤ人は全員マッツァを食べることができることになった。

私は、カストロの協力姿勢に気をよくして、別の要請をだした。コーシェル肉のキューバ輸入を、ラビ・ブレナーに許可していただけないのか、勿論アメリカからではない、とたずねた。そして、ユダヤ人は非コーシェル肉の摂取を禁じられており、キューバにはラビやショヘット（戒律にもとづく屠殺免許を持つ人）がいないので、自分の意志に反して食物規定を破り、あるいは肉の摂取を控えざるを得ない状況にある、と説明した。私は心の中で、シドウォヴのゲツェル・クレプラハのことを思い浮かべながら、コーシェル肉の輸入が可能なら、週に鶏肉四分の一羽、それにセデルの儀式で卓上にのせる鶏の足首（ゼロア、犠牲の羊の象徴）も揃えられると考えた。

ところがである。私の話を聞いていたフィデル・カストロはかっとなった。憤怒の形相もの凄く、大音声で呼ばわった。「前に言ったとおり、私は自分の国で反ユダヤ主義と戦っているのだ。あんたは私の国民を反ユダヤ主義者にしてしまう気か。私には、国民に配るパンすら充分にない。我々が一日一五〇グラムのパンの配給で我慢しているのに、キューバのユダヤ人は肉を食うのか？　国民は彼らを心底憎むぞ。ねたみ、奪うぞ。私の国民は、隣のゴリアテが補給線を全部遮断しているので、食べるものも碌《ろく》にないのだ。このような状況下で、あんたがユダヤ人のためにコーシェル肉を輸入するなら、主席、あんたが反ユダヤ主義をひき起すことになるのだ。私が一生懸命防止に努めている反ユダヤ主義を、あんたが煽るのだ」。それでも私は、カストロを説得しようとした。ついさっき、過越祭のためのマッツァの輸入に同意されたばかりではないですかと言ったが、カストロは全く聞く耳を持たず、「マッツァは食料ではない。一種の宗教製品だ。ユダヤ人のための肉輸入は絶対に認めない」。カストロは断固としてそう言い放った。私はこの点ではうまくいかなかったと理解した。

私は、会談の終わりに際して、キューバ生まれのユダヤ人医学生について話した。当地滞在中に知ったのであるが、医学コースを首席で卒業し、先端医療器材の揃ったカラカスの病院で、一年間特別訓練をうけたいと希望している。カストロからの許可を願っているが、希望を叶えていただけないか、とたずねた。カストロは話を聴いていたが、にやりと笑うと、言下にノーと言った。自国で才能を伸ばしたのであり、その才能を西側の自由にさらし、味を占めて戻らないかも知れない。キューバへ帰って来ると一体誰が保証する。一流の医師がキューバで必要なのに、それがひとりいなくなれば、二流の医師がキューバ国民の治療にあたることになるではないか、とカストロは主張した。

ここで引きさがるわけにはいかない。私は、離散家族の再会、再結合を目的として、イスラエルへの移住を希望するユダヤ人に出国許可を出していただけないか、とカストロに問うた。彼は認める用意はあるようであった。誇らかな表情で「ここの状況はあなた自身の目で見られたとおりだ」と言った。「私は、グアダラハラのラビの出入国を許している。このユダヤ人共同体には、ミラー博士という指導者もいる。あなたが自分の目で確かめられるよう、私はあなたを招いたのである。ユダヤ人のコミュニティセンターを訪れ、ヘブライ語で合唱し、聖書を学んでいるところも確認された。私は貴国政府に対しては批判もあるが、ユダヤ人を憎むことはないのです」

カストロは、エレベーターのところまで見送るといってきかなかった。歩きながら私は、イスラエルのＭＩＡ（戦闘時行方不明者）について、話をした。スルタン・ヤーコブの戦闘で行方不明になった航空士ロン・アラッド等数名のイスラエル兵の件である。サッダム・フセイン、ハフェズ・アサドと関係がおありなので、行方不明者の発見に協力をお願いできないかとたずねたところ、カストロは指をたて、行方不明になって一二年、今でも生きていると思うのかとたずねた。私は、五ヶ月前ローマ教皇も同じ質問をしたと答え、行方不明兵士の父、ヨセフ・カッツの話をした。息子が生きていないのであれば、自分にはひとつの願いしかない。それは、息子がこの世に生をうけ存在したことを、後世に伝えることである。自分があの世へ旅立つ前に、名が生き続けるよう息子の名を刻んだ墓を建てておきたい。カストロは軍服を着用し武張《ぶば》った、いかめしい顔しているが、極めて繊細な、他人の痛みが分かる人であった。彼は、「それはそのとおりです。私はその心情が分かる。それが正しいことをあなたが納得させてくれた。然るべき人物に話をします。これは約束です。前にも言ったように、あなた方の敵は私の良き友人でね」と答えた。既に朝の一時になっていた。私達の話し合いは三時間に及んだのである。

それから二時間ほど経った頃、私達の滞在する宿舎のドアを叩く音がした。会話時のことがいろいろ去来し、目が冴《さ》えて眠れない。一睡もできないで輾転《てんてん》としていた。私がドアを開けると、目の前に数名のポーターが立っていた。大きい木箱を二個運んできたのである。箱は三段になっていて、それぞれに葉巻がぎっしり詰まっていた。ポーター達は、司令官からの贈物であると言った。封筒が三つ付いている。それぞれに名刺が入っており、カストロが手書きで、〝イツハク・ラビン〟〝シモン・ペレス〟〝テディ・コレク〟と宛名を書いていた。私はこの贈物をイスラエルへ持ち帰った。

会って初めて分かったのであるが、カストロのイメージと実際の人柄との間には、大きいギャップがあった。少なくとも外から見る限り、生活はつつましく、見栄をはったところがなかった。国民は、公平で質素な生活を実践して自ら手本を示し、国のプライドを失わないカストロを愛した。会って分かったのであるが、カストロは相手を魅了する座談の名人であった。好奇心も仲々のもので、聡明であった。

当地のユダヤ人社会との出会いは、実に感動的であった。ユダヤ人学校やシナゴーグもなく、何年もラビを見たことがない。それどころではない。ユダヤ人のルーツも埋もれてしまい、彼ら自身にすら見えない。そのようなユダヤ人のところを訪れるのは、身の引き締まる思いであった。それと同時に、私は自分の訪問が誇りでもあった。この国へは、イスラエル国の公式代表が少なくとも三五年間訪れたことがない。その地を私が初めて訪問する機会を得たのである。

私は、メッタ叔母とブルノ・ベルヒヤフおじのこと、あるいはキューバのユダヤ人数百名の存在を考えていた。彼らが生きているのかどうか、どのような状況にあるのか。誰も気遣っていなかった。私達は、郵便はおろか電話の連絡もなかった。二〇世紀末になっても、連絡はとぎれたままであった。ヨーロッパであの事件が起きて五〇年。私達は教訓をまだ学んでおらず、キューバのユダヤ人と関係を断ったままである。私はずっとそう考えていた。今回の訪問で、少数ではあってもキューバのユダヤ人をユダヤ人の世界へ戻すことにいささかでも貢献した。私はそう思っている。

＊　＊　＊

私は、キューバのユダヤ人に言えなかったことがある。キューバでは自分の発する言葉に注意していなければならなかった。南アフリカのユダヤ人に対しては、明言できる。「私は寄付を求めるために来たのではありません。あなた方の魂を、あるいは少なくともあなた方の子供の魂を求めに来ました」と遠慮なく言う。南アフリカのユダヤ人社会には何度も行っているが、行く度にこの言葉を発している。魂を求めるのだ。献金キャンペーンは大事であり、寄付の重要性を勿論否定するわけではない。世界各地の豊かなユダヤ人社会の経済支援が大切なのは分かっている。例えばイスラエル国に対する支援がそうである。私は、南アフリカのユダヤ人に対しては、特別の思いがある。多くの人が、ホロコーストの生き残りか、あるいは戦前ないしは戦中にヨーロッパを逃れて来た人なのである。

私は、若い頃私の師でありポネヴェツ・イェシバの校長ラビ・ヨセフ・カハネマンから、南アフリカのユダヤ人社会について、よく話を聞いた。在学中このイェシバは、南アフリカのユダヤ人社会から財政支援を受けていた。南アフリカのユダヤ人は、その多くがリトアニア出身のホロコースト生き残りで、ラビ・カハネマンをリトアニアのポネヴェツ市のラビ時代から知っていた。イェシバを卒業した後、私はユダヤ機関アリヤ局の幹部達から、南アフリカ行きを何度も求められた。目的はアリヤ（帰還）促進で、私はいつも喜んで応じた。南アフリカのユダヤ人社会は、温かく、イスラエルを愛し、強力なシオニズム支持派であった。一九九六年、ラビ・シリル・ハリスが南アフリカの主席ラビとしての任期一〇年を終えるに際し、当地のユダヤ人社会が、師の功績を賛える一大集会を企画した。私は、イスラエルの主席ラビとして招かれた。来賓者は、ほかにフレデリク・デクラーク大統領が含まれる。アパルトヘイト廃止で、ノーベル平和賞を受賞した人物である（一九九三年、マンデラと共同受賞）。空港には、ラビ・ハリスを初めユダヤ人社会の幹部達、そしてタボ・ムベキ副大統領が出迎えた。ムベキはマンデラをついで後年大統領になった。私達は首都プレトリアへ向かい、ネルソン・マンデラ大統領を表敬訪問した。大統領は、トレードマークになっている、花柄模様のシャツを着用していた。私は、非ユダヤ人世界の国家元首をはじめ、さまざまな指導者と会ってきたが、これほど友好的な会見は初めてであった。会見は最初から終始温かい雰囲気のなかで進んだ。氷の障壁など最初から存在しないので、氷を割ろうとして空疎な言葉のやりとりをする必要はなかった。マンデラは私を深く抱擁して迎え、以後私達は膝をまじえて親しく話をした。マンデラの表情は生々とし、顔が輝いていた。皮表紙付きのヘブライ語・英語版の聖書を贈呈するとき、私は奴隷解放に挺身し、平等と独立を自分の民にもたらすマンデラの英雄的戦いを称え、解放のために身を捧げ、自分を犠牲にして長年闘争されてきた御苦労を思う、とつけ加えた。

　私は申命記二八章の一部を、マンデラに是非読んで欲しかった。彼にとって意義深い個所であるはずである。同章六七に「あなたは（命の危険にさらされ）心に恐怖心を抱き、その有様を目の当りにして、朝には〝夕になればよいのに〟と願い、夕には〝朝になればよいのに〟と願う」とある。牢獄に呻吟し、過ぎゆく日々を指の爪で壁に刻む人にとって、トンネルの先に光を見ようと待ち焦がれる人にとって、この一節は本当に辛い内容である。

　私がこの一節を説明すると、マンデラは物思いに沈んだ。そして、英訳の方を自分で読んでみたいと言った。マンデラはその個所を読んでうなずき、栞《しおり》をはさんだ。彼は私の過去と子供の頃の体験を知っていると述べ、「私に何が起きたかを御存知だから言うのですが、あなたの悲劇的体験は、私の味わった体験よりずっとひどいのです」と指摘した。

　私は戦時中六年間苦しんだが、マンデラは二七年も獄中にあったので、私は彼のこの言葉に驚いた。マンデラは、事情がよく分かっていた。年月の差では確かにそうだがと前置きして、「あなたの両親は殺されたが、彼らは私の両親を殺さなかった」と言った。この一言で、彼が私に温かく接する理由が分かった。マンデラは、私のホロコースト体験を細部にわたって知っていた。ナフタリが私をリュックに入れ、隠しながら運んだことや、死処に向かう父の遺言に従って、あらゆる手を尽くして私の命を守ったことも御存知であった。

　私達は、二つの民族が味わった悲運の類似性について語り合った。迫害され世界に何世紀も離散した民の話である。奴隷から自由の身へ。解放のために反旗をひるがえした最初の人が、モーセとアロンであった。南アフリカとは地続きのエジプトから、イスラエルの民を率いて脱出する。私はマンデラに出エジプトの意義を説明した。彼は、自由を求める闘争が、数千年前同じ大陸で実際に展開したことに、感動したようであった。

　私はその意義に触れ、「三四〇〇年ほど前、ユダヤ人ディアスポラ（ギリシア語で離散の意）の指導者が立ちあがり、圧政者に〝私の民を解放せよ〟とせまりました。私達の出エジプトは、世界の諸民族にとって、ひとつのモデルになったのです」と説明した。

　マンデラは、「いろいろ勉強になります」と感謝の気持ちをこめて言った。マンデラが温かく迎え入れ、広大無辺とも言うべき程の友好的態度で接してきたので、その気持ちにすがろうと考え数年後マンデラに親書を送った。「今日捕われの身にある囚人のために、昔の捕囚者より昔の捕囚者にお願いがあります」と前置きして、イラン当局がスパイ容疑で逮捕し、裁判もしないでシラーズ刑務所に投獄中のユダヤ人一七名について、助力をお願いしたのである。彼らは恐るべき拷問をうけていた。例えば、一六歳になるひとりの少年は、六ヶ月たって刑務所で獄中の母親に面会したが、母親は拷問で顔面が変形し、少年は見分けがつかなかった。不幸にして私はマンデラから回答をもらえなかった。ちょうど大統領としてのマンデラの任期が終ろうとする頃で、彼が捕囚のユダヤ人達のために何かしてくれたのか、不明である。

ケープタウンでは、聖公会のデズモンド・ツツ大主教に会った。私達が会う少し前、マンデラはツツを、アパルトヘイト犯罪調査のための南アフリカ真実和解委員会（Truth and Reconciliation Commission）の議長に任命した。ツツは、この問題についていろいろ考えるところがあった。彼の仕事は黒人と白人間の和解促進と共に、アパルトヘイト加担者、協力者の調査が含まれていた。その責任を考えるとき、同じ宗教人として役割をどう捉えたらいいとお考えだろうか。ツツは私にそう問うた。私は、「横から見ているひとりの観察者の立場で言えば、真実の探求と平和の追求の間に強い矛盾のあるのが分かります」と言った。ツツの直面する問題はそこにあった。板挟みである。そこで私は、タルムードにあるラビ・イライの言葉を引用し、「平和のために我々は真実から離れることが許される」（エバモット項650）と述べた。換言すれば、平和が危機に瀕しているとき、真実を変えることが許される。平和がより高い価値を有するからである。

私は創世記五〇章から具体例を引用した。ヤコブが死去した後、息子達は互いに「ヨセフがことによると自分達をまだ恨み、昔ヨセフにしたすべての悪に仕返しをするのではないか」と言う（同五〇章一五）。ヨセフの復讐を恐れた兄弟達は、死亡した父が生前言ったことにして「お父さんは亡くなる前に、こう言っていました。〝お前達はヨセフにこう言いなさい。確かに、兄弟達はお前に悪いことをしたが、どうか兄達の咎と罪を許してやって欲しい〟と」（同五〇章一六—一七）。タルムードでラビ・イライは、「ヤコブがこれを命じたとどこに書いてある？　ヤコブが命じたのではなく、平和のために彼らが事実を変えたのである」と説明する。兄弟達は、彼を奴隷として売りとばし、三九年後処罰されるのではないかと恐れおののき、あるやも知れぬ報復を避けようとして、真実を歪曲したのである。しかるにヨセフは「兄達に〝恐れることはありません。私が神に代わることができましょうか。あなた方は私に悪をたくらみましたが、神はそれを善に変え、多くの民の命を救うために、今日のようにして下さったのです〟と言った」とある（同五〇章一九―二〇）。ヨセフは、自分が穴から救われイシュマエル族に売られたのは、兄弟全員とその家族を救うことができるための、神の遠大な計画の一部と示唆しているのである。兄弟達の意図が、たといネガティブであったとしても、結果からみれば良かった。うまく収まったのである。

平和のために事実を曲げることがあり得る。ツツ大主教に示したのはラビ・イライの言葉であるが、私はこれにラビ・ナタンの見解をつけ加えた。ナタンは平和のための変更なら、許されるだけでなく前向きの戒律である、と述べている。聖書のなかで一番際立っている事例が、アブラハムと妻サラの関係である。天使がアブラハムの許を訪れ「来年の今頃息子を授かる」と伝える（創世記一七章二二）。すると、「サラはひそかに笑った。〝自分は歳をとり、肉体も衰えている。そして主人も年老いているのに〟と言った」（同一八章一二）。しかし神はサラの言葉を変え、アブラハムに「何故サラは笑ったのか。何故年をとった自分に子供が生まれるはずはないと思ったのだ」と問う。サラはアブラハムを非難すると言うのである。しかし神はアブラハムに、彼女が自分自身を責めていると言うのである。換言すれば、平和のため、この場合は夫婦間の平和のため、真実を手直しするのは、ポジティブな行為とラビ・ナタンは言っているのである。ノーベル平和賞の受賞者（一九八四年）デズモンド・ツツ大主教は話に聞き入っていたが、会見が終わると満面に微笑みをうかべ、ユダヤ教の伝統を称え、会見場を去った。

それから、数年後の二〇〇二年、私達は共に世界経済フォーラムに出席した。通常スイスのダボスで開催されるが、この年は九・一一事件後の連帯を示すため、ニューヨークのウォルドーフ・アストリア・ホテルで開かれた。ツツは、真実和解委員会の報告をまとめるとき、あの聖書の事例のことが頭にあった、と私に言った。そこで私は、預言者ゼカリヤの簡潔な言葉をつけ加え、「あなた達は真実と平和を愛さなければならない」（ゼカリヤ書八章一九）と応じた。

第一九章　プレショフ──古代の栄冠

そして多くの災いと苦難に襲われるとき、この歌は、その子孫が忘れずに唱え続けることにより、民に対する証言となるであろう。

──申命記三一章二一

ナフタリが、「これから、大変異常なお願いをする」と国際電話交換手に言った。親切な交換手が、チェコスロヴァキアの電話番号を探してあげます、手許にプレショフの電話帳もありますと、提案してくれたのである。「それではお願いする」と言ったナフタリは、「電話帳の記載名をアルファベット順に全部読みあげて下さい。私が探している名前があったら、そこでストップをかけ電話番号を教えてもらいます」と頼んだ。交換手は驚いたに違いないが、彼の異常な要請に応じた。

時は一九九二年。プレショフのユダヤ人社会がどうなったのか。ナフタリには全く手掛りがなかった。ヒトラーとスターリンが荒らしまわり、同化による人口減少もあり、果たして当地にユダヤ人がいるのか不明であったが、ナフタリはチェックしようと考えた。電話交換手はボベクとかホレクといったスロヴァキア人の名前を次々読みあげ、遂にランダウという名にたどりついた。ユダヤ的名前である。ナフタリは交換手からその電話番号を聞いた。

戦前ポーランドで私の両親が結婚した後、南の国境に近い町プレショフのユダヤ人社会が、父にラビのポストを提示した（第二章参照）。当地には大きいユダヤ人社会があった。ドイツ語とハンガリー語を話す人々である。父はポーランド語、イーディッシュ語そしてドイツ語も流暢に話し、ラビとして八年間働いた。私の二人の兄シコとナフタリはここで成長し、三番目の兄シュムエル（ミレク）はこの町で生まれ、幼時期を過ごした。

鉄のカーテンが一九八九年から開き始め、イスラエルの旅券で東ヨーロッパへ行けるようになった。ソ連邦の崩壊が始まると、チェコスロヴァキアで革命が起き、西側世界への接近が強まってきた。当時ナフタリは、ＵＪＡ（統一ユダヤアピール、一九三九年アメリカで設立、ユダヤ難民の救済等のための募金団体）のエルサレム代表であった。少年時代を過ごした平和な頃のプレショフ。ナフタリには強い郷愁があった。ユダヤ人はまだ残っているのか。シナゴーグやユダヤ人共同墓地は残っているのか。考えれば考える程心配になってくる。矢も楯もたまらず、ナフタリは決心した。プレショフとの連絡を考えたのである。

如何にもユダヤ人らしい名前を持つ人物の電話番号を知ると、ナフタリはすぐ電話した。電話の向こうからエネルギッシュな声が返ってきた。ナフタリは、少年時代プレショフの常用語であったドイツ語で、ヘル・ランダウ？とたずねた。電話の向こうの人は言下に「ドクトル・ランダウです」と訂正した。ランダウがドクターの称号を大切にするのは、如何にもユダヤ人らしいな、と思った。自信を深めた兄は、挨拶を抜きに、知りたいことをストレートにたずねた。プレショフにユダヤ人社会は存在するか、と聞いたのである。

男性は、電話の相手が誰なのかをたずねることもせず、如何にもユダヤ人らしい、「イエスともノーとも言えません」と典型的な言葉を返し、「私はユダヤ人社会の世話役ですが、実体はとても社会とは言えません。ミニヤンの数に達しないのです。ユダヤ人男性は八人しかいません。しかし、皆に馴染みのあの大きいシナゴーグは、今でも立っています。いつも金曜日に私が掃除しています。戦前と同じ姿、形を残しています。重要祭日の時には、二人のユダヤ人が近くの町バルデヨフから、プレショフへやって来ます。シャピーラとヤコボビッチです。ひとりは、礼拝の先導法とトーラーの読むべき個所を知っており、もうひとりはショファール吹鳴ができます。重要祭日には、この二名を加えてミニヤンとし、礼拝するのです」と答えた。

ナフタリが、ラビはいるのかと聞くと、「冗談はよしましょう。誰のためのラビというんです。誰がラビを支えるのです。オーベルラビナー（主席ラビ）が戦前にここを去った後、我々は全然ラビを選んでいません。あのラビナーのような人物を見つけることが難しかったこともあります」と返事が返ってきた。ナフタリが、そのオーベルラビナーは誰でしたかとたずねると、世話役は「オーベルラビナー・ラウ、モシェ・ハイム・ラウです。名前をお聞きになったことがありますか」と言った。そしてその時点になってやっと電話の相手が誰なのか、知る気になったらしい。

ナフタリは、今お答えするからどうか椅子に座って落ち着いて下さいと言った。そして、ランダウが落ち着いた頃を見計って、自分はオーベルラビナーの息子であると自己紹介した。ランダウ博士は懐疑的で、「老人を馬鹿にしてはいけないよ。オーベルラビナーの家族で生き残った人がいないのは分かっているのだ」と言った。

ナフタリは、自己紹介を繰り返し、プレショフでは通り名であったニックネームを使い、「私はトゥレクです」と答えた。

電話の向うは沈黙した、「トゥレクって、トゥレク・ラウのことか」。ランダウ博士の声が震えている。

ナフタリは、「そうです、そのとおりです」と言いながら、シナゴーグの内庭で一緒にボール遊びをしたかも知れませんね、とつけ加えた。そこには私達家族のアパートが建っていた。ランダウ博士は、ナフタリがエルサレムから電話をかけていることを知ると、再び沈黙した。それから「私はエルサレムと話をしているのですか」と驚きの声をあげた。

ランダウ博士は、落ち着きをとり戻し、シコはどうなりましたとたずねた。ナフタリが、シコは生き残り、エルサレムにいる、健在ですと伝えた。ナフタリは、ミレクのことを聞かれ、弟は父と一緒にトレブリンカで殺されたと答え、「実は、私にはあとひとり弟がいるのです。父はプレショフの後ピョートルクフのラビになり、そこで生まれたので、あなたは御存知ないでしょう。この弟は私と一緒に生き残り、今も健在です」と言った。ランダウ博士が、その弟もエルサレムに住んでいるのかとたずねたので、ナフタリはテルアビブのオーベルラビナーであると答えた。

再び沈黙が続いた。それから驚きの声が響いてきた。「オーベルラビナー・ラウの息子もオーベルラビナーですと？　ヒトラーの後にですか？　あなたのところへ会いに行けないのが大変残念です」

ナフタリはもう一度ランダウ博士を驚かせた。兄が電話をかけたのは五月であったが、「この七月、ティシャベアブの前の安息日に、弟と私がそちらをお訪ねします。シャバット・ハゾン（幻のシャバットの意、イザヤが見た神殿破壊の幻に由来）の時で、シナゴーグで私達はイザヤ書の預言を読みます。八名のユダヤ人に伝えて下さい。こちらから二名で伺いますから、シャバット・ハゾンをやるに必要なミニヤンが成立します。弟にはまだ話をしていませんが、話をすれば必ず同行します」

ナフタリが、プレショフ訪問をシャバット・ハゾンの時に合わせたのは、極めて象徴的なことであった。ティシャベアブの哀歌で、私達は、ユダヤ民族にふりかかった恐るべき災厄の数々を嘆き悲しむ。その例が第一、第二神殿の破壊、口伝律法ミシュナ編纂時代ローマ当局によって処刑された（アキバ・ベン・ヨセフをはじめとする）一〇名の殉教、ユダヤ人のスペイン追放、一六四八―四九年のフミエルニキのポグロム（ウクライナでの虐殺）である。私達は、ライン川流域のドイツにあったシュパイヤー、ウォルム、マインツのユダヤ人社会の壊滅（十字軍時代）を追悼し、ラビ・ユダ・ハレビの悲歌「ツィオン・ハロ・ティシャリ」（シオンに寄せる詩）を詠唱する。それは、「シオンよ、あなたはシオンの虜囚の平安を案じないのか」という言葉で始まる。私がテルアビブの主席ラビであった頃、私は、昔から用いられているティシャベアブの礼拝書に、ホロコーストの哀悼歌をつけ加えた。作者は現代のラビ七名で、ラビ・ハイム・ミハエル・ドブ・ヴァイセスマンデル、ラビ・シュロモ・ハルバーシュタム（ボボフのレッベ）など大半の作者が、ホロコースト生き残りである。私はこの哀悼歌集を小冊子として出版し、テルアビブ・ヤッフォ大都市圏にある七〇〇のシナゴーグに配布した。

一九九二年夏、私達はプレショフのホテルに着いた。金曜日である。ホテル玄関、ロビーは人で大変混雑していた。ランダウ博士が、私達の訪問ニュースを流したためである。私達のホストが、市議会の会見室に案内してくれた。そこには、プレショフ市長が待っていた。市長は私達に市の記念アルバムを贈呈した。ぱらぱらと頁をめくったが、かつてプレショフにいた数千人のユダヤ人については、一言も触れられていない。この豪華アルバムは、スターリン時代に出版されたのであるが、風景や歴史が描かれている。しかし、ユダヤ人については全然記述がない。私は怒りをのみこんだ。

市議会ホールに、年の頃六〇歳の女性がひとりぽつんと座り、泣いていた。しばらくして、意を決して立ち上がり、ナフタリのところへ来ると、私を覚えていますか、一緒に遊んだ仲ですよと言った。ナフタリは記憶がなく、どなたですかとたずねた。「シュロイム・シュバルツの娘ですよ」。勿論ナフタリは、シュロモ（シュロイム）・シュバルツを覚えていた。食物規定であるカシュルートの管理、監督役で、父のもとで働いていた。赤貧洗うが如く、家族は、部屋一間のところに住んでいた。シナゴーグの内庭で、父のアパートの向かい側である。この女性は、私達の家族の一員のような存在であった。彼女の家族で生き残ったのは、本人だけである。

彼女は涙をぬぐいながら、「こちらへいらっしゃることを聞いていました」と言った。「ここには、コーシェルの食物がありませんので、安息日用にビルケスを焼いてきました」。ビルケスは、ハラー(安息日用パン)の地方語である。ハラーに対する祝福朗唱(ヘブライ語でベラホット、イーディッシュ語でブラホット)に由来する。彼女は話を続けた。「私の父が——神よ、父の血に復讐されますように——五〇歳になった時、ラビ・ラウがクラクフから贈物を持って来てくださいました。銀製のハブダラー(香料箱)で、塔のような形をしています。私がずっと保管してきました。今日は、テルアビブのラビである息子さんにお渡ししたくて、持ってきました」。つい数分前まで、この女性は私達にとって全くの赤の他人であった。それがここで、彼女は見たこともない私に、貴重な贈物をあげるというのである。

現在、父がクラクフからプレショフに持ち帰った香料箱は、テルアビブの自宅に飾ってある。父が自分の手で握ったこの香料箱は、形見として父から引き継いだ唯一のものである。

午後と安息日入りの礼拝のため、私達はシナゴーグへ向かった。例の八人のユダヤ人と会うつもりであった。ところが、シナゴーグの中に入ると、何と六〇人が待っていた。五月から七月にかけて、私達の訪問ニュースが広がり、共産党支配下で抑圧され地に埋まっていたユダヤ教の種子が芽となって地表に出て来たのである。ユダヤ人としての自分のアイデンティティを明らかにした人や、ユダヤ人の近親者探しを始めた人もいる。結局五〇名を越える人が、出自を明らかにしてシナゴーグに集まった。ランダウ博士は、「ここで何が起こりつつあるのか、想像もできません」、「死者の蘇りが本当に起きているのです」と驚きの声をあげた。

共同体を離れ、道に迷っていたユダヤ人達は、ナフタリと話をする方に関心があり、懐かしそうに思い出を語りあい、あの後の状況をたずねあった。私に対する彼らの態度は違っており、違和感すら漂っている。彼らは像でも見るような目付きで、私を凝視するのである。私は黒の山高帽に裾の長い黒のコートを着用している。彼らは何十年もこのような姿を見ていないのである。彼らから見ると、私は異形の人であったに違いない。私にはよう近づかず、ぽかんと口を開けて私を見詰めるのである。

私が長い間見世物になっていたわけではない。突然彼らの視線がはずれた。彼らはドアの方を見ている。そこへ、年配の男性が入って来た。私がそれまで見た中で最もハンサムな人物のひとりであった。背が高く肩幅のがっちりした美男子である。ふさふさした長い白髪で、黒いびろうどのキッパーをかぶっていた。白と黒のコントラストが鮮やかである。彼らは「ヘル・プロフェッソー」と一斉に叫んだ。「ここで何をなさっているのですか」。肝《きも》を潰したような声である。

すぐ分かったが、この人はチェコスロヴァキアでは有名な心臓外科医で、首都ブラチスラヴァの大病院に所属し、心臓外科部長として活躍していた（そこは、チェコスロヴァキアの首都。ハンガリーの旧首都でポジョニと呼ばれた。ドイツ語名はプレスブルク）。プレショフに住んでいたが、誰もこの人がユダヤ人であるとは夢にも思っていなかった。

教授は、出席者達と面識があり、皆の前で深々と頭をさげ、ナフタリそして私と握手した。それから、自分の過去を語り始めた。聞いていて思わず涙した。生まれはプレショフで、シナゴーグを最後に訪れたのは、六〇年前。一三歳の成人式バルミツバの時であった。以下ご本人の述懐である。

「オーベルラビナー・ラウがちょうどほかの都市へ移られる直前でした。安息日の朝、ラウ師は、この演壇のここに立ち、私は彼の右手に立っていました。彼の講話は今でも殆んど一語一句覚えています。つい先程のように鮮明なのです。戦争になったとき、私はブラティスラバにいました。大学生でした。私達は隠れました。しかし父は助かりませんでした。オーベルラビナー・ラウと一緒にトレブリンカで殺されました。私は外科医として身を立てましたが、これまでユダヤ人としての出自を明かしたことは全くありません。私の家には、ユダヤ教に関わるものは何ひとつありません。私の出自を知る人はただひとり、ランダウ博士だけでした。二ヶ月前、その博士が、オーベルラビナー・ラウの息子さんと電話で話をした。息子三名が健在で、その内お二人が今日午後六時にシナゴーグへいらっしゃる、と私に言ったのです。シナゴーグには六〇年間来たことがないが、話を聞いてこの日時に必ずと思いました。ラウ師の言葉は、六〇年たった今でも、私の耳にこだましています。今は亡きラウ師に対する感謝の気持ちを、今日ここで御子息方に伝えます」

「私の人生で、自分の出自にかかわるものが、二つ残っています。私のバルミツバの時のラウ師の講話、そして父の残した黒のヤルムルク（キッパー）です。こちらはずっと机の引出しにいれたままでした。御滞在中にシナゴーグを訪れる時は、父から受け継いだこの黒ヤルムルクを頭にかぶって行く、と決めました。来世があるのであれば、あるいはエデンの園があるとすれば、父はそこにいるに違いありません。自分のルーツから断絶せず、最後にはヤルムルクを頭にかぶってシナゴーグへ戻る息子に、いささか満足しているでしょう」

プレショフのシナゴーグは格別美しかった。天井一杯に「ヨセフの夢」にでてくる光景が描かれている。太陽と月と一一の星がヨセフ（表象の形をとっている）にひれ伏している光景、あるいは諸部族と兄達の象徴としての束が並ぶ光景もある。こちらは、「畑で私達が束を結えていると、いきなり私の束が起き上がり、まっすぐに立ったのです。すると、兄さん達の束が周りに集まって来て、私の束にひれ伏しました」（創世記三七章七）という光景に由来している。

シナゴーグの天井に絵を書くのは希である。しかし、イメージが人間ではなく束とか天体であれば、禁じられていない。シナゴーグの入口には、ドイツ語、スロヴァキア語、ヘブライ語の三言語で、プレショフのホロコースト犠牲者を追悼する碑が立っている。私の父と同じ日にトレブリンカに到着し、諸共に抹殺されたのである。一九四二年一〇月一一日（ヘブライ暦五七〇三年ヘシュバン月第一一日）、ピョートルクフとプレショフのユダヤ人達が、移送列車でトレブリンカに着いた。双方のユダヤ人社会は使用言語が違っていた。しかし、共通するものをひとつ持っていた。ラビ・モシェ・ハイム・ラウである。私の父がプレショフを去った後、一九三六年からこの著書の執筆時点まで、プレショフ市のユダヤ人社会は、ラビを選んだことはない。

優美なプレショフのシナゴーグのなかで、ランダウ博士は、私達を壇上に案内した。父がここに立ち会衆に向かって話をしたのである。聖書台は昔と全く同じビロードで覆われている。ランダウ博士が、毎週きちんとこのビロードを刷毛で掃いた。聖書台に近いところに椅子がひとつあった。シナゴーグの中での位置関係でいえば東側である。ここに父は座った。さらに壁ぎわには、小さい椅子が三つ並んでいる。ランダウ博士によると、シコ、トゥレク、そしてミレクが座ったそうである。当時の父と家族の生活の断片を見て、言葉がでなかった。

ランダウ博士が沈黙を破り、一回目の電話でナフタリが約束した、テルアビブの主席ラビの出番を促がした。プレショフ最後のラビである私の父が話をした同じ演壇から、息子の私がシャバット・ハゾンについて話をするのである。聖書にある規模の災厄が起きても、歴史が断絶しなかったように、感じられた。

講話のなかで、私はホロコーストとティシャベアブについて語った。破壊の預言者エレミヤの作と伝えられる嘆きの歌と破壊の巻、エイハー（哀歌）に関するミドラシュ（注解）から、話をひとつ引用した。アブ月の第九日、バビロニアの王ネブカドネザルは、残忍をもって鳴る親衛隊長ネブザルアダンに、神殿破壊を命じた。シオンとエルサレムの子供達多数が惨殺され、その血は川となって流れ、死体は埋葬されることもなく放置された。意を決したエレミヤは、ベツレヘムのラケル（ラヘル）の墓とヘブロンのマクペラの洞穴に参り、祖先を永遠の眠りから覚まそうとする。ミドラシュが指摘するように、「神殿が炎に包まれ、シオンの息子や娘が刃にかかりあるいは離散の憂き目にあう惨状を訴えてもらうために」先祖に働きかける。ミドラシュは、預言者エレミヤが、深い眠りにあるアブラハムやレベカなどの先祖を揺り起こし、儀式に則り彼らの手を洗って、子孫に起きている事態を告げるところを記述する。

最初に神に訴えるのは、アブラハムである。「何故これが私の民に起きるのですか」と問う。すると神は「あなたの子供達が（神の）おきてに背く罪を犯したからだ」と答える。次にアブラハムは「その審理に誰が証言するのでしょうか」と質問する。アブラハムは、神との対話（創世記一八章）と平行して、「この世のすべての裁き司は正義を貫かないのでしょうか」と詰問する。すると神は「トーラーの書はアレフベット（アルファベット）二二字をもって、すべてが構成されている。あなたの子供達が、トーラーの中に書かれたことに違反していることを、その文字に証言させようではないか」と答えた。

二二の文字が証言台に立った。自ら進んで最初に証言したのは、最初の文字アレフである。

アブラハムはアレフに近付いた。しかし、その文字が口を開く前に、アブラハムは嘲り、恥ずかしくないのかとたずねた。十戒は文字アレフ「アノヒー」（私は）で始まる。「私は主、あなたの神、あなたをエジプトの国、奴隷の家から導き出した神である」というように。アブラハムは、「誰が十戒を受けた。誰がその権威を受け入れた。私の子供達ではないか！　ところが、子供達が良き言葉を必要になると、あなたは善に対し悪をもって報い、子供達をおとしめる証言をするため、ここに来ているではないか」と詰問した。アレフは当惑し、部屋の片隅にちぢこまってしまった。

次に証言台に立ったのは、二番目の文字ベットである。しかし、口を開いて証言しようとすると、アブラハムは遮って、「ベットよ、恥を知るがよい。トーラーは、お前の文字ベットで始まる。〝ベレシット（初めに）、初めに神は天地を創造された〟と。神は、トーラーを世界の諸国民すべてに与えられ、受け入れたい者は誰かとたずねた。諸国民は〝中には何を書いてある〟と問い、中味を調べ、受け入れたら得をするのか、守るのはやさしいのか難しいのか、望ましいのか望ましくないのかと自問自答した。中味をたずねなかったのは、私の子供達だけである。それどころではない。聞く前に行動に移った。〝私達はやります〟と言った。その彼らが、今励ましを必要としている。支えてくれるあなたを必要としているのである。ところがあなたベットは、彼らをおとしめることしか言わない。恥を知れ」と言った。ベットは侮辱され、同じように片隅に引きさがった。アブラハムは、ほかの二〇字も全部撃退し、トーラーの文字のそれぞれに証言を撤回させた。

このエピソードは、申命記の終わり、生涯を閉じるに際しての、イスラエルの人々に対するモーセの訣別の辞のなかに出てくる。申命記は、「イスラエルには、主が顔と顔を合せて選ばれたモーセのような預言者は、再び現れなかった」という（同三四章一〇）。そしてそのモーセは「多くの災いと苦難に襲われるとき、この歌は、その子孫が忘れずに唱え続けることにより、民に対する証言となるであろう」と言うのである（同三一章二一）。

プレショフのシナゴーグに集まった人々にこのくだりを説明するに際し、私は、義理の父ラビ・フランケルの解釈に従った。その解釈によると、モーセが本当に言っているのは「私は、自分の心の目で、アブラハムが見たのとは違う姿を見ている。アブラハムは、トーラーの文字に証言を撤回するように求めた。一方、私はトーラーに証人になることを求める、いや哀願する。この歌（トーラー）は、私達の命の歌であり、主の前で証言する。イスラエルの子供達によって忘れさられたのではないと」。ホロコースト時代、ユダヤ人達は、ローシュ・ハシャナの戒律を守るため、森へ走りこんでショファールを吹鳴した。過越祭では酵母入りパンを口にしてはならぬ戒律も、きちんと守った、僅かなパンの配給を毎日一片ずつ残して貯え、それをジャガイモと交換したのである。ハヌカの祭に必要なローソクの灯も。配給の僅かなマーガリンを貯えてローソクの代用とし、囚人服の袖口から糸を引き抜いて芯とした。彼らが苦難の時にも自ら進んで、守るべきものを守ったのであるから、アブラハムはトーラーに証言しないように求める必要が本当にあったのであろうか。むしろ、「この歌は、民に対する証言となる」のである。では、その歌は何を証言するのであろうか。それは、最大の試練の時にあっても、「その子孫が忘れずに唱え続ける」姿である。

私は、父のいたプレショフのシナゴーグに来た。そしてそこでの講話で、申命記の言葉に対する義理の父ラビ・フランケルの理解を説明した。私にとって、この講話は、ひとめぐりを意味した。このシナゴーグで、私は集会の日をティシャベアブの前夜とした。「この週私達は（エレミヤの）哀歌を読む。今夜私達は父（母）祖の祈りを読む。私達は、ここプレショフのシナゴーグで人の座らぬ席の並びを見るとき、演壇のここに立っていた人、トーラーの巻物を両腕にしっかりと抱えてトレブリンカへ行った人を、それが時空に消えないように、忘れさられないように、しっかりと記憶にとどめる。彼は命ある限りそれを守り、あなた方の共同体であるプレショフのユダヤ人と、彼の共同体であるピョートルクフのユダヤ人達と一緒に、シェマアを唱えた。彼はビドゥイ（罪の告白）を述べ、カディシュを唱えて終わった。今や皆さんは、イスラエルの永遠性という表現の意味を、そしてまた、〝アム・イスラエル・ハイ〞（イスラエルの民は生きている）の意味を、理解されていると思うが、如何であろうか。

私は、ウルケ・ナハルニクの話をもって、講話の締めくくりとした。ポーランドのズドニスカ・ヴォーラのシナゴーグで、トーラーの巻物を救い出すため、火の中にとびこんだ人である。この話は、「それが忘れさられないように」という言葉の精神を、身をもって体現した行為であるが故に、プレショフ市の父のシナゴーグで時あたかもティシャベアブの前夜であり、人々の胸を強く打った。ナフタリと私は、プレショフ共同体最後のラビの忘れ形見である。父のこのシナゴーグに立っていると、私達は自分達がユダヤ民族の永遠性を示す生き証人である、と感じた。

第二〇章　命あるものの地

命あるものの地にある限り、私は主の御前に歩み続けよう。
——詩編一一六編九

一九八二年七月、レバノン戦争が勃発して一ヶ月後、私はオーストラリアを訪問した。メルボルンとシドニーのユダヤ人社会に招かれ、講演をすると共に、ブッヘンヴァルトの生き残り達と再会するのが目的であった。収容所の解放以来、一度も会っていない。私がエレツイスラエルを目指したのに対し、彼らはオーストラリアへ行くしか選択の余地がなかったのである。安息日入りの夕べ、私はメルボルンのキルダ・イースト通りにあるラビ・イッホク・グロナーの家に招かれ、夕食を共にした。ここはユダヤ人が多く住む地域である。食事の後私は、宿舎へ歩いて戻った。弁護士でハバッド派のヘッシー・クーパーが一緒であった。二人共黒い帽子に裾の長い黒いコートを着ていた。明らかにユダヤ人と分かる服装である。大通りで交通信号が青に変わるのを待っていると、大型の自家用車がすっと来て横断歩道のところで停まった。四〇代の男性が二人乗っている。背広にネクタイ姿である。彼らは窓を開けると、ひとりが「おい、ユダヤ人、焼却炉で使ったガスの代金は払ったか」と叫んだ。そして、この捨て科白《ぜりふ》を残して車は走り去った。

私達はショックの余り口がきけず、沈黙したままであった。時は一九八二年、ヨーロッパから随分離れたオーストラリアでこのようなことを聞くのは、考えられないことであった。私は、説明を求める目付きでヘッシーを見た。オーストラリア生まれのヘッシーは、何も言わなかった。そこで私は、自分の聞き間違いではないだろうねとたずねた。ヘッシーはうなずいた。こんな場合にはどうするのかと再度たずねると、彼は「私も同じ質問をよく自分にぶつけている」と答えた。しかし、衝撃をやわらげようとして、これは通例とは異なる例外であると言った。

私はこの説明を受け入れることができなかった。ヘッシーに言ったことであるが、二人の野次男は私と同年配であった。つまり、ユダヤ人達がヨーロッパで虐殺されている頃、子供であった。オーストラリアには、ユダヤ人の小さい共同体があり、一般社会のなかで平和に暮らしている。そのような所で、もしひとりの若者が突然立ち上がり、ユダヤ人はまだ払いが足りない、非ユダヤの世界にガス代の借金があると宣言するならば、エレツイスラエル以外に私達の居場所はないと結論せざるを得ない。

テルアビブ北部の地区ラビ時代、南部の地区ラビをしていた義理の父ラビ・イツハク・エディディヤ・フランケルが、イチク・マンガー（マンゲル）の見舞いに行くので同行して欲しいと言った。マンガーはイーディッシュ語の詩人として知られ、劇作家としても有名であったが、ゲデラのハルツフェルト老人医療病院に入院し、重病で回復の見込みはないという。かつては高名であった詩人も、最近は世間から忘れさられ、孤独な死を迎えようとしていた。ラビ・フランケルと私は、病に臥《ふ》した人を見舞い慰めるという戒律を実行するのである。

私達は、イチク・マンガーを見舞いに行った。薄暗い病室に入ると、アルコールの匂いがした。ラビ・フランケルは状況をすぐ掌握し、病室の窓を開き、空気を入れ換えた。ベッドひとつの殺風景な部屋である。そのベッドに、ほっそりした人が横たわっていた。やせこけて、まるで枯枝のようである。両目を閉じ、死体のように見える。ラビ・フランケルと私はベッドの両脇に立って、しばらく病人を見詰めていた。数分後私はラビ・フランケルを見た。ここに突っ立っていると、むしろ悪いのではないかという気がしてきたのである。イチク・マンガーが突然目を覚ますと、二人の黒ずくめ男が取り囲んでいるので、びっくり仰天するに違いない。しかも、ラビ・フランケルはどこかの族長のようないかめしい顔である。ショックをうけるだろう。

マンガーがゆっくり片目を開けた。それからもう一方の目が動いた。小さいが鋭い目付きである。マンガーは、私の義理の父を見詰め、ワルシャワのイーディッシュ語訛りで、

「シャローム・アレイヘム」と挨拶し、「ラビ・フランケル。私に何か文句か恨みでもあるのか。私に恨みつらみを言わんでくれ。何か悪いことが起きたなんて考えるな。批判も無用。私は、洪水後のノアである」と言った。

ラビ・フランケルと私は顔を見合わせた。この人は幻覚を見ている。二人ともそう思った。酔っ払っているのか、それとも病気で気が変になったのか、どちらかだろう。マンガーは二重の意味で変であった。丁寧なたずね方を全然しない。見舞い客のことはお構いなしに、一方的にしゃべりまくる。この孤独な病人は、誰かと話をする強烈な欲求につき動かされていた。今まさにその状態にあった。

私達は黙っていた。マンガーの独白が続いた。

「ラビ・フランケル、私は子供の頃からひとつの問題にとりつかれてきた。〝ノアは神と共に歩んだ〟とある。神が、洪水から救うため箱舟へ入ることを許したのはノアだけだ。神はノアに〝この世代の中であなただけは義《ただ》しい人だと、私は認めている〟と言った（創世記七章一）。トーラーも〝その世代のなかで、ノアは義《ただ》しく、かつ全《まった》き人であった〟と言っている（同六章九）。万物の主が、ほかの人を褒めそやしてこんなことを言うだろうか。

解釈者のなかには、これをノア批判と解釈する者がいるのは、分かっている。この世代の中でだけ義しかった、つまり洪水世代のなかでの比較の問題だ。ノアがアブラハムの世代に生きていれば、際立っていなかっただろう。あなたはこの世代では義しい人だが、ほかの世代と比べればただの人と言う人間がいつもいる。しかし、ひとつの世代の中で神が汝はツァディク（義の人）と評価するほど義をつらぬくのは、そんなに大したことではないのだろうか。

ノアは傑出した人だった。だからこそ神は、ノアと共に世界の一新を始める、と決められたのだ。アダムには、三人の息子がいた。カイン、アベルそしてセトだ。一〇代後、ノアが生まれた。彼にも息子が三人いた。シェム、ハム、ヤフェテだ。この世界はノアから始まる。だとすれば、ノアは本当に特別な人だったといえる。しかし、それから何が起きた。聖なるトーラーにあるように、〝さて、ノアは農夫となり、葡萄畑を作った。ある時葡萄酒を飲んで酔い、天幕の中で裸になっていた〟のだ（同九章二〇—二一）」

病に倒れやせ衰えた詩人は、あたかも内なる火の力につき動かされる如く、話をどんどん進めていった。「義の人が酔っ払いとは一体どういうことだろう。私はずっと疑問に思っていた。しかし、この年になれば違う。ノアの気持ちが分かる歳と状態になった。ノアは、妻そして三人の息子とその嫁たちと共に箱舟に入った。しかしその後、元の所へ帰り、故郷の町つまり自分のシュテーテルを探し始めたが、何も残っていない。かつてあったシュティーベル（小さい祈りの家）、研修ホール、シナゴーグは、跡形もなく消え去った。角の八百屋はどこへ行った。あの郵便配達は、馬車引きはどこへ消えた。誰も残っていない。家も通りも、隣近所も、友人達も消えた。生きている人間はひとりもいない。そして〝地のおもてにいた生き物はすべて破壊された〟のだ（同七章二三）。ノアは、孤独と自分の世界の破壊を忘れるために〝葡萄酒を飲んで酔った〟のだ」。マンガーは、消え入るような弱々しい声でそう言った。

それから、ゲデラのハルツフェルト老人医療病院の病床にあるイチク・マンガーは、力をふりしぼって「私は洪水後のノアである」と宣言した。世界に非難を浴びせ、「古いユダヤ人地区のあったワルシャワはどこへ行った。ナレフキ街はどこへ消えた」と叫んだ。彼は、ワルシャワにあったハシッド派社会やイェシバを列挙し、自分の知るラビの名、さらには自分の家族の名を一人ひとり口にしながら、もう誰もいない。全員いなくなった。私は独り取り残されたのだ。ラビ・フランケルよ、恐怖を忘れるため、時に少し飲むことがある。許されよ」と言った。

マンガーは、イーディッシュ語詩人として知られ、劇作品も次々と世に送りだしていたが、ホロコーストで家族全員を失い、孤独な一介の老人としてイスラエルへ来た。到着したとき、ポーランド時代のファン達が、礼を尽くして迎えた。しかし、時がたつ内に、名声は薄れ、ファンの数も減って殆んどいなくなった。才能を知る人は、数名になってしまった。これが、詩人の末路、全体的にいえばイーディッシュ語文学の宿命であった。私は、彼の言動と人生の選択で、本人を判断しあるいは批判することはできない。

私は、イチク・マンガーを理解するものの、自分自身は別の選択をした人々の側にいる。戦時中非常な苦しみを味わったが、全く違った流儀で生きる道を選択した人々である。彼らは経験した恐怖をばねとして精一杯生きようとする。彼らにとって、孤立イコール沈鬱《ちんうつ》、意気消沈ではない、むしろ孤独は触媒作用をする。恐ろしい年月を克服し、その先へ進もうとする欲求、願望を醸成してくれる。詩人ダビデ王は、ソロモンの父親として詩編に「あなたが私達を苦しめられた日々と、苦難に遭わされた年月を思って、私達に喜びを返して下さい」と書いた（詩編九〇編一五）。

イスラエルの主席時代、テルアビブ大学の学長が私に会議参加を求めてきた。ホロコースト追悼日に合わせて、ホロコースト関連の会議を開催する由で、フランスからジャン・マリー・ルスティガー枢機卿を招き、私とディベートさせるという。ヤドヴァシェムで国の追悼式が始まる午後八時に、会議開始というので、何故その時間を選んだのかと総長にたずねた。すると総長は、ルスティガーが招きに応じてイスラエルへ来ること自体既に大きい成果であると述べ、その時間にぶつけて、ルスティガーに「ホロコーストにおける神の場所」と題して講演してもらい、その後私とのディベートに移ると説明した。私は参加を拒否した。

ルスティガーは背教者である。つまり、カトリック教に改宗したユダヤ人である。本人の母親はアウシュヴィッツで死んだ。本人は、一四歳の時自分の意志でフランスのカトリック教会において洗礼をうけた。かくして、アロン・ルスティガーは、ジャン・マリー・ルスティガーとなった。

若いユダヤ人学生達に背教者が紹介されるわけで、私はそのようなことに手を貸したくないので、会議参加をことわった。折角ホロコーストの問題を考えるのであれば、テルアビブ大学はもっと良いアプローチをとることができたはずである。私は、テルアビブの住民として、イスラエルの一国民として、そしてひとりのユダヤ人として、追悼の夕べにルスティガー枢機卿を招くことに、断固として反対した。

そのホロコースト追悼日にエルサレムの大シナゴーグにおける礼拝で、イズコール（追悼の祈り）を捧げる前に、私はスピーチのなかでこの問題をとりあげた。ヒトラーは、カディシュを唱える六〇〇万の理由を、私達に与えた。しかし、ルスティガーと同じ道を歩むならば、死滅した人々のためにカディシュを唱える子孫がいなくなる。ルスティガーは、最暗黒の時代精一杯の励ましと支援を必要とした時に脱落し、絶滅の危機に瀕しながら民族の歴史をつなげようと苦闘するユダヤ人同胞を見捨てたのである。彼は、シュルハン・アルーフ（ユダヤ教規範集）と〝人の生きる道〟（日常生活を律する戒律、規範を詳述したシュルハン・アルフの第一部）を捨てたのみならず、独身主義に走り、家族をつくらなかった。つまり、彼のためにカディシュを唱える者がひとりもいない状態になるのである。

私は、ルスティガー枢機卿が父と母の命日に、カトリックの法衣を脱ぎ普通の背広に着換え、パリのシナゴーグへ行ってカディシュを唱えているのを知っている。創造主、世界の審判者がいる。この方が裁き、判断をくだされる。しかし私は、ルスティガー枢機卿をモデルとして提示する、まことにけしからぬ考えをだした者に対しては、裁きをくだす。

私は、別の話も知っている。最初は類似性があるが、一八〇度違う結果になったケースである。

戦後、あるラビの娘が非ユダヤ人男性との間に一子をもうけ、その子をカトリックの修道院に渡した。彼女自身もユダヤ教の世界との関係を絶った。このラビの弟子で若手のラビがいた。その娘を子供の頃から知っており、何とか連絡をとろうとした。自分の師に何が起きたのか、確認したかったのである。しかし彼女は会うことを拒んだ。こうなっては仕方がない。ラビは直接彼女の家へ行き面会を求めた。彼女は訪問者の正体を知ると、目の前でドアをぴしりと閉めた。しかしラビはあきらめない。彼女は、再度ドアを開き、声を荒げ、早口で「私はあなた方の世界とは縁を切ったのです。もう何の関係もありません。私は別の新しい人生を踏みだしているのです」と言った。ラビは水を一杯所望した。彼女はかぶとをぬぎ、中へ招じ入れた。そこでもラビは、師の最期についてたずね、自分は師を実の親のように思っている、それで自分には師を記憶し、その存在を後世に伝える責任がある、と説明した。女性はやっと納得し、話を始めた。

礼拝を終えた朝のことであった。彼女の父親は、タリットとテフィリンを体につけ、机を横にして座り、タルムードを勉強していた。その時、ドアを荒々しく叩く音がした。「ドアを開けると、ゲシュタポが三人、ずかずか室内に入り、いきなり私を投げ飛ばしました。男達は父の部屋へ入りました。私は床から起きあがると、後を追いました。父は顔をあげ侵入者を見詰めました。どうなさいました、私に何が御用ですかとたずねる顔で、私は自分が死ぬまであの表情を絶対に忘れません。男三人の内ひとりが、肩から小銃をとり、台尻でいきなり父の頭を殴打しました。力まかせでした。一瞬私は、頭につけたテフィリン（聖句箱）が脳にくいこんだのではないか、と思いました。頭から鮮血が噴き出て、美しい白髪が見る間に赤く染まりました。父はタルムードの上にがくりと顔を伏せ、息が絶えました」

「私に何をしろと言うのですか。やり場のない私の苦しみのもとが、お分かりにならないのですか、私の怒りが理解できないのですか。彼らはこのようなやり方で父を奪ったのです」

その人は彼女の前に座り、師のために泣いた。娘も一緒に声をあげて泣いた。そしてその人は、「妹よ」と言った。「私がどれだけあなたの苦しみを理解しているか、恐らくあなたは分からないだろう。私にも沢山の疑問がある。しかし答えはない。人間がこのような問題に答えるのは不可能だ。

トーラーは、〝隠されている事柄は、我らの神、主のもとにある〟（申命記二九章二八）と警告している。しかしながら私達は、行動する責任がある。〝しかし、啓示されたことは、我々と我々の子孫のもとにとこしえに託されており〟、〝このトーラーの言葉をすべて行なわなければならない〟のである（同）」

「あなたのお子さんの祖父には、孫がひとりしかいない」とラビは言った。「歴史がつながるかどうか、運命の決断はあなたの手にある。息子が現在の方向へそのまま進めば、あなたは父の殺人者達に勝利を成さしめることになる。これこそまさに彼らが意図したことである。ユダヤ教の火種を消すのが、彼らの狙いなのである。しかし、あなたのお子さんが祖父の道を歩めば、歴史はつながっていく。彼らは戦いに負け、あなたの父は勝つことになる。誰が勝利に値するのか。カギはあなたの手中にある。彼らの仕事の手伝いをして仕上げをやるのか。彼らが物理的に仕残したことを、精神面で総仕上げをしてやるのか。それともあなたの父が勝つのか。孫息子が、開いたまま息絶えたタルムードのあの頁から勉強を開始するのか」

ユダヤ人男性は、そう言って部屋を出た。娘は茫然自失した。気を取り直した彼女は後を追い、彼の車に乗りこんで、「今すぐ、あの子をとり戻したいのです。それにはひとつ条件があります。ほかに誰もいませんので、あなたに教育をお願いしたいのです」と言った。彼は、自分の条件をつけて同意した。突然何もかも変わってしまうと、子供が傷つくかも知れないので、「あなたにも一役かってもらいたい。まずあなたが子供をひきとり、あなたを介して私が子供に近づく」と提案した。

現在、この子供はエルサレムにいる。イェシバの校長である。彼が、ワルシャワのあの老ラビが残した唯一の子孫である。

ワルシャワのあの若手ラビは、無名である。本人の名を冠した通りができることもないだろうが、ユダヤ人の存続を確かなものにしたひとりである。イチク・マンガーは、過去にどっぷりつかり、その痛みを何とか鎮めようとしていた。ユダヤ人枢機卿が、我が民の存続に全く寄与しないのは確かである。私達ホロコースト生き残りの生き方は、ユダヤ民族の伝統のたいまつを高く掲げ、その火を消さぬように手を尽くすことにある。その精神は詩編に示されている。ダビデ王は「命あるものの地にある限り、私は主の御前を歩み続けよう」と書いた。私達はその精神を受け継ぐ者である。

故レッベチン・ツィラ・ソロツキンも、そのたいまつを受け継ぎ、次に渡したひとりであった。私の義理の息子のおばである。二〇世紀初期正統派ユダヤ人社会に、ベイト・ヤコブ運動が興った。初等科中等科の女学校を整備する運動で、彼女はその提唱者のひとりであり、教師の管理監督にあたると共に、自ら教壇に立つ教育者であった。ソロツキン女史は、ホロコーストの生き残りで、私の娘ミリに、次のように語っている。

「私は、あの六年の間に、声をあげて泣いたのは一回しかありません。強制収容所は、それは恐ろしいところでした。私は自分の家族を全員失いました。天涯孤独の身となり、身も心もぼろぼろの状態で放りだされました。しかし、生存者はひとりもいませんでした。生まれ故郷を目指しました。しかし、生存者はひとりもいませんでした。それでも私は泣かなかった。ウッチに難民が集まっている。そこに行けば親戚か知人に出会えるかも知れないと、教えられました。

私はウッチへ行きました。身心共に消耗した状態でした。ユダヤ人が集まっている場所を教えてもらい、最後の力をふりしぼって、たそがれ時の市中を歩きました。朦朧《もうろう》とした状態で歩いていると、突然声がしました。窓から聞えてきます。誰か私を呼んでいるのかしら。夢心地で門を開け、古い建物の内庭に入り、それからドアを開きました。薄暗い中に、男の子達が長いテーブルを囲んでいます。もみあげを垂らした子供達で、正面には、野球帽をかぶった年配の人が座っていました。子供達は、ヘブライ語のアルファベットであるアレフベットを節をつけて合唱しています。そこで私は気を失いました……気がついたら、床にころがり、人々が私を見おろしていて、私の顔に水を注ぎました。

教師が私をゆり動かし、心配そうな声で、〝どうしました、大丈夫ですか。さあ、起きましょう。何か食べた方がいいかな。あなたは一体どなたです。どこからきました〟と矢継早にたずねました。少しずつ正気に返りました。そして私は、〝この六年の間に初めて涙がでました。しかし苦しみから泣いているのではありません。嬉し泣きです。私は、あちこちを放浪し、やっとウッチにたどり着きました。そして遂にかつてのポーランドの姿をここで見つけました。私達が苦難の道を通り抜けた今、ペヨット（長いもみあげ）を垂らした小さい小さい子供達がここに座り、年配の教師がヘブライ語のアレフベットを教えているのであれば、心配ありません。誰も私達を負かすことはできません。ちょっとひと息入れさせて下さい。私なら大丈夫です。この涙は喜びの涙です。悲しい涙ではありません〟と答えました」

一日三回、私達は、声にはださぬ静かな祈り（アミダー）を捧げる。そのなかで離散の民の帰還集合を願い、「我らが自由のため、大いなるショファールを吹鳴《すいめい》せよ、離散の民の帰還集合の旗を高く掲げよ。世界の至るところから、主の民イスラエルの離散者を集められる主に、祝福あれ」と祈る。その次にくるのが、「昔の如く我らが裁き司をすえ、評議にあずかる人を戻し、悲哀と嘆息から解放して下さい」という祈りがくる。この二つの祈りは、一見したところ無関係のように見える。しかし、そう見えるだけであり、実際には不離一体の関係にある、神が、自分の民イスラエルの離散者を集められるとき、私達は、悲哀と嘆息を除くため、昔のように裁き司と評議にあずかる人を復職させなければならないのである。

これは、離散の民の帰還集合にはつきものの問題である。私達は孤児としてエレツイスラエルへ来た。家族は殺されあるいは四散し、多くの問題を抱えぼろぼろの状態であった。なかには、自分がどこの誰なのか、自分の両親は誰なのかも知らず、あるいは配偶者が生きているのかどうかも分からぬ人もいた。実際には夫が生きていたり、結婚相手の男性が実は既婚者で妻の生存を知らない人であったりすれば、一体どうなるのか。これから再婚しようとする男性は、先妻が生き残り女子修道院かポーランドの辺鄙な農村に住んでいたとなると、重婚を禁じる一一世紀の規定（ラベヌー・ゲルションの布告）に、知らぬ内に違反していることになる。

イスラエルへのアリヤ（帰還）は、時期により大きな波となって押し寄せ、それぞれにさまざまな問題があったが、私の世代のアリヤは、その時代特有の問題を山ほど内包していた。私達は、離散の民の帰還集合の世代である。一〇四の国と地域から帰還したが、私達の時代の裁き司の復活を甚だしく必要としていた。神は時代の要請に応じ、適材適所の人物を配された。ルバビッチ派のレッベ（ラビ・メナヘム・メンデル・シュネルソン）、ラビ・エラザル・メナヘム・マン・シャッハ、ラビ・オバディア・ヨセフである。個性と世界観は三人三様であるが、三人共私達の時代の精神的巨人である。

ハイム・ラスコフは、イスラエルの独立戦争時、ラトルン攻防戦で歩兵大隊長として戦い、後年イスラエル国防軍の参謀総長になった人物であったが、大変な部下思いで、ラトルン攻防戦の参加将兵について、いつも懐かしく語るのであった。生々とした描写で、温かさが態度ににじみでており、聞いていて気持ちがよかった。ラスコフは、イスラエルの独立戦争で、ホロコーストに生き残り強制収容所から出た後、直接戦闘に投入された人々について語った。

ラスコフは、サウルとその子ヨナタンを悼むダビデの歌を引用し、「彼らは鷲よりも速く、獅子よりも雄々しかった」と言った（サムエル記下一章二三）。土地っ子のイスラエル人は、ホロコースト生き残りの家族や友人達を「屠所へ引かれる羊の如く行く」と批判した。しかし、この戦士達は、非合法移民船から直ちにラトルンの戦場へ急行し、英雄的な戦闘を展開したのである。彼らは身分証明書や予備役召集令状を持っていなかった。彼らには認識番号すらなかった。しかし、多くの人が、ナチスが肉体に焼きつけた囚人番号を持っていた。

シナイのファルージアの戦いでも、多数の人が犠牲になった。シャローム・テッパーもそのひとりである。彼らは、訓練基地で基本的な訓練さえ受ける時間がなかった。ヨーロッパの虐殺原野に生き残った彼らは、ぼろぼろの船に乗り、下船すると戦場へ直行し、彼らの言語を理解しない若い分隊長から命令をうけ、戦闘に加入した。それでも彼らは「鷲よりも速く、獅子よりも雄々しかった」のである。彼らは、外国のためではなく自分の郷土のために戦った。郷土なくして民族に将来はない。自分の郷土で自分の郷土を守る戦いに、彼らは難民という気持ちを抱かず、むしろ誇りを有する戦士という気概があった。彼らは、屠所へ引かれる羊のような振舞いをしなかった。彼らは、従順な羊の群れのように行動せず、力と勇気を発揮して戦った。イスラエル各地にある共同墓地と記念館の軍人区画は、ホロコースト生き残りの名前があふれている。彼らがエレツイスラエルに生きた時間は短く、大地に血を流して死んでいった。しかし彼らは、ユダヤ民族の国家建設に挺身し、それぞれに役割を果たしたのである。私からみれば、これは奇跡的現象である。

ユダヤ人は、何百年という離散の後、初めて自分の旗のもと、国家建設と独立をめざして戦った。命がけの戦いであった。戦利品を得たり勲章を手にしたりするために戦った者は、ひとりもいない。戦勝記念アルバムに特筆大書されるために戦った人もいない。人々は、生か死の戦いの意味を理解していた。生存をかけた闘争の意義をはっきり認識していた。それ故に、父祖の地に到着したばかりのホロコースト生き残りの戦いは、ほかの誰よりも際立っていた。彼らには覚悟があった。その背景には、ヨーロッパで死の淵に立たされて過ごした六年間の経験がある。単にユダヤ人であるという理由で殺される事態が、二度とあってはならない。彼らは自分の国で独立した生活を始めようと願った。彼らのなかに燃えているこの強烈な願望が、軍事知識と技能の欠如を克服した。武器は不足し、彼らは火器の操作法すら知らなかった。戦闘経験はおろか訓練さえ受けていなかったのである。しかし、彼らは、ヨーロッパでの苛烈な体験から、不退転の決意で戦いにのぞみ、まさに英雄的な戦闘を展開した。

ホロコーストの生き残りは、再出発の道を決めなければならなかったが、私はそのひとりではない。今後自分自身をどうするのか、自分で選択したわけではない。アルコール依存症になった詩人イチク・マンガーのようになるのか、自ら孤立し世間から断絶したカ・ツェトニクの道を選ぶのか。あるいはファルージアの戦場で戦死したシャローム・テッパーのように戦うのか、あるいはまた兄ナフタリのように、ハガナー（国防軍の前身）に入隊し、軍事訓練をうけて明日に備えるのか。子供の私には選択の余地がなかった。

私は、実質的にはここで生まれ育ったといえる。エレツイスラエルへ来たのは八歳の時である。子供の頃の写真は数枚しか残っていないが、いずれも終始微笑をたやさぬ子供の姿が写っている。小学校は宗教系のキリヤトシュムエル校に通学した。叔母の家に近く、学校生活は、ビー玉遊びの思い出で一杯である。私の将来はまわりの大人が決めたので、人生再出発の戦いに参加したわけではない。叔母の家で生活することを決めたのは、ナフタリである。コール・トーラー・イェシバへ通学させるようおじを説得したのは、ナフタリとラビ・ライナーであった。私が自分で決めるようになったのは、エルサレムのこのイェシバに来た時で、満一三歳二ヶ月からである。それまで私の世界は、他人が形成していたから、大人の生き残りと比べれば、容易であった。私は不平不満や批判を口にしたことはなく、私の対応は、イスラエルの人々がトーラーを受けた時のようで、「私達はすべて行ない、守ります」（出エジプト記二四章七）という姿勢であった。

一九八八年、ヒスタドルート（イスラエル労働総同盟）のアブラハム・ヒルション、そしてモシャブ・ヘメド出身で私の学生であったシュムエル・ローゼンマン博士が、第一回「生者の行進（March of the Living）」に参加を求めた。アウシュヴィッツからビルケナウまで三キロの行程で、私に先頭に立てという。参加者は、爆撃の跡が残る営庭の近くまで歩き、そこで開かれるホロコースト殉教者の追悼式に参列する。ツオグ・ニット・ケインモル（パルチザンの歌）に、「我らの踏みしめる大地は震える。我らはここに在り」という一節がある。生者の行進は、その精神を私達自身に言い聞かせ、全世界に向け発信するのが目的である。ポーランドに住みたいという願望の宣言ではない。ユダヤ民族の不撓不屈の精神と生存意志、不退転の決意を、絶滅の危機に瀕したこの場所で表明することである。まさにその場所で、私達は、〝アム・イスラエル・ハイ〟ユダヤ民族は生きている――そして未来を持つ、と高らかに宣言しなければならない。

勿論、私はヒルションの要請にこたえた。イスラエルとディアスポラから若者七〇〇名が参加し、大人の代表団と共に行進するのである。イスラエルを代表して、イツハク・ナボン教育文化相（後に第五代大統領）、ホロコースト生き残り国会議員たちが参加した。ニューヨークからは、作家エリ・ヴィーゼルが、イスラエルのベンヤミン・ネタニヤフ国連大使（当時）と一緒に参加した。

私達は、焼却炉跡で追悼式を挙行する計画で、プログラムにはスピーチとたいまつ点火が含まれていた。アントワープのカントールであるベンヤミン・ムラーが司会し、追悼の祈り「エル・マレー・ラハミーム」を朗唱することになっていた。しかし、最後の打ち合せの階段で、私は何かが足りないように感じた。音楽を追加したらと提案する人がおり、全員同意した。なにしろ急な話で、果して応じてくれる人がいるのか、誰にも分からない。

東奔西走の甲斐があり、追悼式前夜に誰か私の部屋に、一五歳ほどの少年を連れてきた。ワルシャワ出身で、優れたバイオリン奏者であるという。ユダヤ人の末裔であると言う人もいた。そこで、ユダヤ的な音楽を所望すると、少年は弓を絃にあてて弾き始めた。しかし、全部関係のないメロディーであった。

これは駄目かと皆が顔を見合わせたとき、私が、知っている曲はこれだけか、とたずねた。すると少年は、今思いだした曲がひとつある、幼い頃祖母が静かに歌ってくれた歌だと答えたのである。そして少年はその曲を弾き始めた。私達は身震いした。イーディッシュ語の歌「エス・ブレント」（兄弟達よ　我が町は燃えている）であった。よく知られた歌である。ポーランドの少年が弾くバイオリンの音色は、私達の心につき刺さった。部屋にいた四人の男は、呆気にとられていたが、気をとり戻し、声を揃えイーディッシュ語で「エス・ブレント！　ブリダーレクフ、エス・ブレント！」と歌い始めた。

しかし、その少年は歌の文句を知らなかった。メロディーだけである。私達はその演奏を聞いて、少年の心にユダヤの魂が宿っているに違いないと思った。少年は、自分の祖母がユダヤ人であったと語り、小さい子供の頃共産党支配下のポーランドで、祖母が外に響かぬように歌っていたと言った。私は、自分の手を少年の肩におき、ユダヤ人を焼き尽くしたビルケナウの焦土で、明日このメロディーを演奏して欲しいと頼んだ。私は明日のことが、目に見えるようであった。リュックを背負った数百名の若者達が、学校の遠足のような表情で歩く。しかし、少年が立ち上がりバイオリンを弾き始める。若者達の表情が変わる。普通なら司会者がマイクで「静かに、静粛に」と叫ぶところだが、その必要はないだろう。

世界各地から参加した若者七〇〇名が、大人達に伴われ、アウシュヴィッツ博物館の見学を開始した。彼らがスーツケース、毛髪あるいはタリットの山を見るのは、これが初めてである。所有者はここで虐殺され、ものだけが残った。ユダヤ人教育ニューヨーク評議会議長のアルビン・シフ博士が、収容所入り口の「アルバイト・マハト・フライ（労働は自由をもたらす）」という看板の下でショファールを吹鳴し、生者の行進が始まった。

若者と大人は、腕と腕をつなぎ黙々として歩いた。全員ブルーのジャケットを着用している。背に白抜きでダビデの星がついている。私達は、イスラエルの国旗一八旒《りゅう》を掲げ、アウシュヴィッツへ至る鉄道の引き込み線をたどり、そこからビルケナウの焼却炉へ向かった。当初、各代表団はそれぞれの旗を掲げて行進するという案であった。私は反対した。各代表団は、イスラエルの国旗を先頭にして、全体が調和して歩く方が、もっと時と場所にかなっている。私達は、ユダヤ民族が独自の旗を持つことを表明するために、ここへ来た。私はそのように受けとめていた。タリットの色のように、白地に青の線があり、中央にマゲンダビッド（ダビデの星）を配した。世界で唯一の私達の旗である。代表達は私の提案を受け入れた。

私は行進の先頭に立って歩いた。やがて私達はラムパ（駅のプラットフォーム）へ来た。今では小屋が一軒たっているだけであるが、ここであの憎むべきヨゼフ・メンゲレが、移送列車で送られてきたユダヤ人を選別したのである。その小屋に誰かが一枚の写真を張りつけていた。ユダヤ人の列の前に立ち、彼らに向かって指さしている光景である。その指先が、人間の運命を決めた。右へ行く者左へ行く者。生きる者死ぬ者が決まった。その時、バイオリンの音が響いてきた。そして全員が静かになった。やがて、行進者達は、バイオリンに合わせ、静かに歌い始めた。

燃えている、兄弟達よ、燃えている

我らの貧しい小さな町が
哀れにも燃えている
恐ろしい風が吹き荒れ
家を倒し、火勢を強め
火の粉をまき散らし
君はそこに立つ
腕をこまねき
ああ、君は茫然と立ち尽くす
我らが町は燃えていく

バイオリンの音色は、全員の魂を揺さぶった。バイオリンを弾く少年は、幼い頃ユダヤ人の祖母が歌うのを傍らで聞き、メロディーは覚えていたが、歌の内容は知らない。その少年は、ふさふさしたブロンドの長い髪の上に、青色のキッパーをつけていた。私は、ラムパの一番高い所に立ち、鉄条網に沿って進む行進の列を見ていた。

参加者は、若者と大人、そして年老いたホロコースト生き残りを含め、約一〇〇〇名であった。生き残りのなかには、モンテビデオ在住のエヒエル・ライヒマン、ヴィルナ・ゲットーの戦士でパルチザン活動に挺身したハイム・バソクが含まれた。ライヒマンは、トレブリンカで〝イワン雷帝〟と恐れられたデムニャク裁判の証言者である。前にも指摘したように、全員が青と白のシンボルカラーのジャケットを着用していた。

列のなかに、タリットを肩から掛けた若者がいた。その列が近づいて来た。よく見るとそのタリットは、随分古いらしく黄ばみ、よれよれである。私は手招きしてその若者を呼び、名前と住所をたずねた。若者は「メンデル・カプランです。南アフリカのケープタウンから来ました」と答えた。後年カプランは、世界ユダヤ人会議（ＷＪＣ）の会長になった人物である。そのタリットを掛けている理由を聞くと、若者は言った。「私の父はリトアニアに生まれました。ここからそんなに遠い所ではありませんね。父が私に残してくれたものは、このタリットとテフィリンしかありません。父はいつも〝どこに行っても、自分がユダヤ人であることを忘れるな〟と言っていました。テフィリンを着けるのは、適当な時間ではないのですが、この恐ろしい場所ではタリットで自分を包むのが、父に対する約束を果たすことであると考えています。父はさぞかし誇りに思うでしょう。父には分かっているのです。私が、このタリットでユダヤ民族の存続を、天下に知らしめていることを」

私達は、ヨム・ハショア（ホロコースト追悼日）にアウシュヴィッツに到着した。ヘブライ歴五七四八年ニサン月第二七日（西暦一九八八年四月一四日）である。雪が舞っていた。私達が、ゲートでショファールの吹鳴を聞いていると、雪がやみ、太陽が雲間からのぞいた。ベンヤミン・ムラーが追悼の祈りエル・マレー・ラハミームを朗唱し始めると、雪が再び降り始めた。日の光と雪が入りまじり、あたかも天が私達と共に泣いているようであった。私はマイクの傍まであがり、詩編を読んだ。「死ぬことなく、生き長らえて、主の御業を語り伝えよう。主はわたしを厳しく懲らしめられたが、死に渡すことはなさらなかった」（同一一八編一七―一八）、「あなたはわたしの魂を死から、わたしの目を涙から、わたしの足を突き落そうとする者から、助け出してくださった。命あるものの地にある限り、わたしは主の御前に歩み続けよう」（同一一六編八―九）

十一学年の女子生徒達が、リュックから何やら取り出すのが、ちらりと見えた。ヘッドカバーとスカーフであった。彼女達は、これが礼拝であり、頭を覆って祈るのが然るべき行為、と考えたのである。未婚であるからその必要はないのであるが、自然にみせた彼女達の敬虔な気持ちを有り難く思った。

午後の祈りでは、エリ・ヴィーゼルがビズニッツ・ハシッド式の礼拝を主導した。シゲト（現ルーマニアの都市マルマロス・シゲト）で成長した時に、身につけたのである。私達は、犠牲者達を追悼して六本のたいまつに点火し、伝統的な祈りアニ・マアミム（私は救世主《メシア》の到来を信じます）、そしてイスラエルの国歌ハティクバを斉唱して、式典を終えた。

この第一回以来、私は生者の行進に何度か参加し、先頭に立って歩いた。いつも私は、私達の来ている所をユダヤ民族最大の墓地として説明し、その背景を語ることにしている。そして若者達に、生者の行進がイスラエルの戦没者追悼日とその後の独立記念日まで続くことを教えている。そして、エルサレムへ戻ると、私は必ず彼らに大地に口づけをしなさい、と言っている。ポーランドからイスラエルへ戻る若者は、私達の郷土に対する私達の権利について、いささかの疑念ももはや持たない。私達がレハ・ドディーの歌（来れ、私の愛する者よ）をくちずさみ、「激動騒乱の中から立ち上がれ。そして訣別せよ。あなたは涙の谷に長居した」と歌うとき、決意はいよいよ固くなる。私の経験と観察から判断すると、世界各地から参加したユダヤ人達は、生者の行進の後、イスラエルに対する連帯感を強める。一方イスラエル人はユダヤ人としてのアイデンティティをもっと意識するようになる。

ホロコースト教育の観点から、〝ホロコースト認識の注入〟という表現をよく耳にする。このような表現は私の神経を逆なでする。〝注入〟とはどのような意味であろうか。皮下注射でやるのか、あるいは飼料をホースで胃の中へ注入して家畜をふとらせるように、強制詰めこみをするのか。それとも輸血方式なのか。私には全く分からない。

子供の頃、『アンネ・フランクの日記』が出版され、私は好奇心を抱いた。ユースアリヤの心理学者が、キリヤトモツキンの叔母とおじに、この本を私に見せないようにアドバイスした。子供は生まれ変わる必要があるとし、「ビー玉遊びをさせましょう。きっと新しい子のようになります」というのが、専門的なアドバイスであった。しかし認識注入の考え方と同じように、過去を忘れ生まれ変わらせるという構想も、無意味である。

ブッヘンヴァルトにいた頃、私は八歳にもならぬ子供であった。そのような子供は、ブッヘンヴァルトを忘れることができない。毎日惨劇を目撃し悲鳴を聞いているのである。〝生まれ変わる〟とか〝ホロコースト認識の注入〟といった言葉は非常識である。避けた方がよい。私は、一二歳の時『アンネ・フランクの日記』を読んだ。近所の家でベビーシッターをしながら、目を通したのであるが、失望した。現実の世界を描いていない。ブッヘンヴァルトの恐怖や私の父の屈辱を書いていない。つまり、その本は、死、病気、無力感、あるいは凶暴、残忍性に触れていない。

それでもこの日記は、一四歳になるユダヤ人少女の多感且つ悲劇的人物像を、初めて世界に紹介したという意味で、重要である。六〇〇万という天文学的数字を理解するのは容易ではない。いや不可能であろう。名前があり家族関係を持ち、極めて人間的な感受性の強い、有能な少女に共感を抱く方が容易である。これが、アンネ・フランクの秘密であり、私達はその日記から教訓を学ぶことができる。

私はすべてを記憶している。言わせてもらえれば、記憶が私の手にした資産である。

私達全員が、ある程度は、大洪水後のノアである。詩人のイチク・マンガーのようなものである。私達ホロコーストの生き残りは、いつも「ほかの人達はそうではないのに、自分が生かされたのは何故であろうか」、「恐らく自分には役割が、任務があるのではないか。それぞれの道で何かをやることを」と自問しなければならない。

私の長男モシェ・ハイムは、ちょうど私達がアマレクびととの戦いに関する聖書のくだりを読む安息日に、バルミツバを迎えた。私は、その機会にスピーチをする予定ではなかった。しかし、おじのラビ・フォーゲルマンや義理の父のラビ・フランケルなどスピーチ予定者が、私に話をせよと強くせまるので、出エジプト記一七章一六のアマレクとの戦いについて、話をした。「主は代々アマレクと戦われる」というくだりである。私達は、敵アマレク——その民族あるいはその現象——と、武器や弾薬で戦うことはできない。むしろ私達は、この戦いを代々続けていかなければならない。各世代が次の世代へ伝統を渡していく戦いである。世代を継続させていく戦いこそ本当の戦いであり、敵アマレクに対するイスラエルの、偉大なる精神的、霊的勝利である。私の息子モシェ・ハイム・ラウが、祖父即ち私の父、暴風にまかれて昇天したラビ・モシェ・ハイム・ラウの伝統を受け継いでいく。これがアマレクとの戦いにおける私達の勝利である。

　モシェ・ハイムは、私が生かされて作ることの許された我が家というハヌキア（ハヌカ用の八枝の燭台）の最初の蝋燭である。私の妻は、メノラーのベースにあたる。そこから八枝の枝——私達の八人の子供がこの世に生を享《う》けた。その光がひろがり、それぞれの道で永遠のイスラエルへつながっていく。それが勝利である。私はガバイ、蝋燭の点灯を助ける役である。

《完》

後日談　「英語版まえがき」より

二〇〇八年六月二七日、テルアビブの自宅に電話があった。電話の主はラジオ局の報道部長ナフタリ・メナシェと名乗った。「フョードルという名前にお心当たりはないか。おありでしたらおたずねしたい。フョードルとは誰です、本人について何か覚えておられますか」と矢継早の質問である。この問合せには大変驚いた。私は、第二次大戦末期ブッヘンヴァルト強制収容所に収容されていたが、フョードルはロシア人で、ナチスに捕まってこの収容所に移送され、私と同じ第八収容棟にぶちこまれていた人である。姓は知らないが、確かにロシアのロストフという町の出身であった。「どうして彼のことをおたずねになるのですか」。私は逆に質問した。メナシェ氏はAP通信の配信記事に触れた。ミシガン州立大学（アメリカ）のケネス・ワルツァー教授が、ドイツにあるバート・アーロルゼン公文書館で、ゲシュタポ関連資料を調査中、ユダヤ人少年を守った、ロシア人の記録文書を見つけたという。少年はルレクというポーランド出身者であった。教授は、フョードルの姓がミハイリチェンコといい、少年がイスラエル・メイル・ラウ、後年イスラエルの主席ラビになった人物であることを、つきとめていた。

その日私は、イスラエル放送（コールイスラエル）で、フョードルに非常な恩義があることを話した。夜明け前の点呼時、我々は頭につけたかぶりものを取らなければならなかった。彼は私の耳が凍傷にならないよう、耳覆いを毛糸で編んでくれた。ジャガイモを盗んできて、毎日熱いスープをつくってくれた話は、放送で詳しく紹介した。一九四五年四月一一日、収容所解放のこの日、我々は監視塔から激しい銃撃をうけた。私に覆いかぶさって守ってくれたのが、フョードルである。

ラジオ放送で、私は数十年間も彼を探し続けたが、見つけることができなかった、とこれまでの経緯を説明した。会えたら本当に嬉しい。「義の人」という名誉の称号を与えるよう、ヤドヴァシェムに推薦したい、と言った。私はイスラエルのハバッド派の本部に連絡した。ハバッドは私の話を、ハバッドのロストフ代表であるラビのハイム・フリードマン師につないでくれた。師は早速調べてくれた。大変残念であったが、フョードルは、既に死去していた。しかし娘二人がロストフに住んでいるという。ユリア・スレチナ、エレナ・ベラヤエヴァである。父親は死ぬ日まで、ブッヘンヴァルトの生き残り少年の話をしていたという。姉妹は、その少年がイスラエルに生きていると聞いて、大変驚いた。著名なラビとなり、六〇年以上もたったのにまだ父親のことを覚えていてくれただけでなく、ずっと探し続けていたと知って感激したそうである。姉妹はハバッドの代表に、ブッヘンヴァルト関連のフィルムを一本くれた。フョードルが死去する一年前の一九九二年に、ロシアのテレビ番組用として作成したものであった。ここにはユダヤ人の少年がいた、とフョードルは回想する。その子は、パンの配給を貰うため、毎日収容棟と内庭そして便所を隅々まで清掃しなければならなかった。その子は早朝から一日掛りで清掃するので、我々は毎日午前五時に起きなければならなかった。「その子には両親がいなかった。子供らしいことをして遊ぶ年頃であったのに」。フョードルの述懐である。

二〇〇八年一一月二七日、光栄にも私はユリア、エレナの姉妹をテルアビブの自宅にお招きする機会を得た。姉妹は、私達の家で夕食会に出席し、エルサレムのヤドヴァシェムを訪れるため、生まれて初めてロシアを離れ、イスラエルへやって来たのである。その夜、ロシアの主席ラビ、ベレル・ラザル師も出席し、フョードルの姉妹のため通訳をかってでて下さった。

夕食会が終わる頃、私の息子達と娘達が妻や夫、そして孫達を引き連れてイスラエル各地から我が家へやって来た（息子三名、娘五名）。私は彼等をフョードル姉妹に紹介し、この一族が存在するに至ったのは、ひとえにフョードル氏のおかげであると礼を述べた。翌日私は、姉妹のヤドヴァシェム訪問に付き添った。姉妹は大変感動したようであった。

ホロコーストは、過去の負の遺産であるだけではなく、現在と未来に対する示唆を沢山含んでいる。私の経験は、この事実に対する証言のひとつである。

最近、ホロコーストを矮小化しあるいはホロコーストの発生を否定する動き（ホロコースト否定運動）がみられる。しかしそれは、人類すべてに影響を与えた真実の厳しい精査には耐えられない。ホロコーストの教訓は、未来世代に対する警告の役割を果たさなければならない。

我々は、過去を記憶し過去を忘れない。それと同時に、人類にとってより良き未来の到来を信じ希望を抱く。本書が記憶する努力に幾分なりとも寄与し、未来に向けた我々の努力に少しでも役に立てば幸いである。

テルアビブ・ヤッフォにて

謝辞

死の旅路につく父は、自分の願いを兄ナフタリに託した。私を守り、ラビの家系である私達の家族の伝統を継続させよ、と言ったのである。兄はその願いの成就のために、命懸けで私を守った。本書ではその極く一部しか扱っていないが、自分の命を危険にさらして私を守った行為は、それこそ無数にある。兄に対する感謝は言葉では言い尽くせない。イスラエルに来たとき、私達はアトリットで長兄（異母兄弟）のエホシュアに出会った。彼とナフタリは、おじ、叔母そして教師達と力を合わせ、私の教育に多大な努力を払い、年端の行かぬ小さい頃に両親を亡くした痛みをやわらげようと、全力を尽くしてくれた。

私の妻ハヤ・イタに対しては特に感謝の気持ちがある。〝家庭〟や〝家族〟の意味を正確には知らぬ人間を生涯のパートナーとして、家庭を築き家族を育ててくれたのである。そのためには、非常な勇気と決心が彼女に求められた。彼女は、私達が共有する挑戦をがっちりと受けとめて、遂行してくれた。

本書は、特に私の子供と孫のために書かれた。人生の苦労を一部共有しているとはいえ、私は彼らに全体像を伝えていない。妻と私は子宝に恵まれ、彼らにも連れ合いができて、私達は孫達に囲まれるようになった。それぞれが神を畏れる敬虔な人間であり、個性と才能に恵まれている。命をつなぐことが私達の心からの願いであり、その具現化が彼らであり、私達に立ち向かってきた者共に対する勝利のあかしである。確信をもって言えるが、彼らが本書を読むとき、彼らとその同時代の人々が、命の至高の尊厳とイスラエルの永遠の栄光を理解するであろう。

ヘブライ語版の回想録を出版するにあたっては、エディオト・アハロノト出版のドブ・アイヘンヴァルト社長に大変お世話になった。私を励まし努力が稔るまで協力を惜しまなかった氏に感謝する。編集の過程で労苦を惜しまず、細心の注意を払い完璧に仕上げてくれたアナット・メイダンとティルツア・アラジのお二人に感謝する。

英語版は、沢山の人々の協力によって生まれた。

私の敬愛する友人シモン・ペレスは、イスラエル国の大統領であり、ノーベル平和賞の受賞者である。国家元首としての重大な責任を双肩に担い、国家と国民のリーダーとしての責任を粛々として果しておられるが、超多忙のなかで本書を読み、大変貴重な序文を書いていただいた。

少年時代からの大切な友人であるエリ・ヴィーゼル教授は、火炎のなかから救い出された燠《おき》であり、やはりノーベル平和賞の受賞者である。心の血で序文を書いて下さった。偉大なお二人に祝福があるよう、心の奥底から祈る。

ヘブライ語からの英訳にあたっては、ジェシカ・セトボンとシャイラ・レイボビッツ・シュミットに、その労を多とし感謝する。また、英訳の初稿を丹念に校正編集したダビッド・ショニとドボラ・ラインにも御礼を申上げたい。

写真の使用にあたっては、友人であり著名な写真家であるペーター・ハルマギーにお世話になった。本書が世にでることができたのは、スターリング出版と協力、協同してくれたＯＵプレスのおかげである。英語版回想録の発行に尽力し不断に私を励ましたＯＵプレスのラビ・メナヘム・ゲナク編集長に感謝する。編集長は私の友人でもある。本プロジェクトを信念をもって支援してくれた私の著作権代理人ヨエル・デルブーゴ、編集上貴重なアドバイスをしてくれたラビ・イガル・スクライムにも感謝する。

英語版が日の目を見たのは、スターリング出版の真摯な取り組みのおかげである。マーカス・リーバー社長、ジェイソン・プリンス出版局長、ミハエル・プラグニト編集長、エリザベス・ミハルツエ美術担当、レア・イーゲル宣伝担当、サル・デストロ制作マネージャー及びハンナ・ライヒ制作管理担当の各氏、そして、企画、制作及び販売の一括担当者バーバラ・クラーク、内部装丁のロビン・アルツ、表紙デザイナーのアラン・ヘベル及びイアン・シモコビアクの各氏に大変お世話になった。この回想録の編集に全身全霊を注いだスターリング出版のバーバラ・ベルガー編集担当重役には格段の配慮をいただいた。彼女の大おじジャック・ウェバーは、ブッヘンヴァルトの生き残りで、収容所の地下組織と力を合わせ、大戦末期七〇〇人を越える子供達を隠し、その命を救った功労者のひとりであったので、本書出版にかける情熱は並々ならぬものがあった。最後になったが、心から感謝申し上げる次第である。

訳者あとがき

滝川義人

二〇〇五年、著者イスラエル・メイル・ラウ師は、ブッヘンヴァルト解放六〇周年を期して、ヘブライ語で「その子に手を下すな」と題する回想録を出した。そのタイトルは、創世記二二章からとられた。アブラハムは、神の命じるままに独り息子イサクをモリヤの山で焼こうとしたとき、「その子に手を下すな。何もしてはならない。あなたが神を畏れる者であることが、今、分かったからだ……」という声を聞く。エリ・ヴィーゼルの序文は、ヘブライ語のタイトルを念頭において読まなければならない。ヘブライ語版はベストセラーとなり、現在はペーパーバックも出版されている。

その英語版（"*Out of the Depths*"、二〇一一年）は、詩編一三〇編一、二の「深い淵の底から、主よ、あなたを呼びます。主よ、この声を聞きとって下さい。嘆き祈る私の声に耳を傾けて下さい」に由来する。いずれもユダヤ教の核心にせまる含蓄のあるタイトルである。日本語版『深淵より　ラビ・ラウ回想録』は、この英語版の全訳である。

イスラエルでは、これまでさまざまな回想録[*1]が出されてきたが、その大半は政治家や軍人の手による。民族絶滅の危機にさらされ、苛烈な環境に翻弄されながら国家建設に、国家防衛に挺身する姿が描かれている。決して誇張せず淡々とした筆致であるが、苦難に立ち向かう気概が伝わってくる。回想録を聖・俗に分類すれば、これまで出版されたのは前述のように大半が後者である。しかも、社会主義をベースとした建国過程を反映して、著者の多くがかつては社会主義者であった。そのなかで本書は宗教界を中心とした内容である。ホロコーストによる物理的破壊で、ユダヤ民族の精神世界は崩壊の危機に直面するが、生き残った少年が民族の心を受け継ぎ後代に伝える異色の記録である。

日本の宗教界とイスラエルやユダヤ教側との交流は、個々には本書にも指摘のあるキリストの幕屋をはじめ、聖協団や聖イエス会、人類愛善会[＊2]や明治神宮などが積極的で、新宗連を中心とする世界宗教者平和会議（ＷＣＲＰ）の活動もあるが、一番重要な役割を果たしてきたのが、世界連邦日本宗教委員会である。運営委員の中田千朗師（京都栂尾《とがのお》の高山寺執事長）と事務局の小関微笑子氏が窓口になった。特にラウ師来日については、委員会との調整役などを果たしたキリストの幕屋出身である神藤耀博士の支援もある。長年日本イスラエル親善協会の会長をつとめた博士はヘブライ語に堪能でユダヤ教にも造詣が深く、ラウ師の講演では通訳もされた。関係構築に果たした個々人の努力が指摘される。

＊

一九八七年、日本宗教委員会の組織した使節団がイスラエルを訪問した。比叡山宗教サミットの開催に向けた交流拡大が目的で、使節団はエジプト、トルコも訪問し、さらに第二次使節団がバチカンなどヨーロッパへ派遣された。日本側では主席ラビの出席を求めたが、イスラエル国外務省を介してきた返事は、ナタニア市のラビの参加である。主催者側は少し失望したと思われる。イスラエルからの連絡には、将来必ず主席ラビになる人物という但し書きがついていた。それがラウ師である。

比叡山宗教サミットは、一九八七年夏に開催された。ラウ師は体調を崩して出席できなかった。ラウ師が来日できたのは一九九一年一〇月、テルアビブの主席ラビ時代である。世界連邦日本宗教委員会の主催で、「平和促進全国宗教者京都大会」が、石清水八幡宮で開催された。テーマは「新しい世界秩序をめざして——民族と宗教と環境」で、ラウ師が記念講演を行なった。本書にあるラウ師と山田恵諦師との対談は、大会翌日の一〇月三〇日に行なわれたと思われる（神藤博士によると、一九八九年三月、山田師は宗教哲学者として知られるイスラエルのアンドレ・シュラキ教授と比叡山で対談している）。

二〇〇三年八月、ラウ師は再び来日し、比叡山宗教サミット一六周年「世界平和祈りの集会」に出席した。その後、京都府神社会館で開かれた、日本宗教委員会主催の「中東和平へのシンポジウム」で提言し、ついで広島に足をのばして、秋葉忠利市長に会った。

著者のラウ師は、一九九三年から二〇〇三年までイスラエルの主席ラビの地位にあったが、任期を終えて二〇〇五年六月に、テルアビブの主席ラビに再び選ばれ、古巣に戻った。この年、イスラエルの主流紙の一つエディオトアハロノートが、イスラエル歴代の偉人を読者投票でランク付けしたところ、ラウ師は第五四位であった。二〇〇八年一一月には、イスラエル政府がホロコースト記念館ヤドヴァシェムの評議会議長就任を認めた（ヤドヴァシェムの理事会は執行機関）。著者はまだ現役で活躍している。

師の家族は息子三名娘五名の子宝に恵まれ、息子三名はいずれもラビとなった。そして、次男のダビッド・バルーフが、二〇一三年七月に、実に四七歳の若さでイスラエルの主席ラビ（アシュケナージ系）に選出された。長男のモシェ・ハイムは首都エルサレムの主席ラビ候補となり、二〇一四年の選挙では残念ながら次点になった。三男のツビ・エフダはかつての父親のようにテルアビブ北部地区のラビとして、働いている。

かつて絶滅の危機に直面したラウ師家は、子供と孫を含め今や五〇名を越える大世帯になった。ユダヤ教の伝統を守り、それを受け継いでいく人が次々に生まれているのである。

＊

日本語版発行については、ラビ・ラウ師の秘書リナ・シュテルン女史と日本国際文化協会の小関微笑子女史の並々ならぬ御尽力があった。また、ヘブライ語、ポーランド語の正確な表記に関しては、ミルトスの河合一充社長と編集部の谷内意咲氏にお世話になり、訳出上の微妙な表現についてマーク・シュライバー氏に教示を受けた。最後になったが、紙面を借りて御礼申し上げる。

二〇一五年年二月

※1　日本で紹介された回想録には、首相経験者のベングリオン『ユダヤ人は何故国を創ったか』、『ゴルダ・メイア回想録――運命への挑戦』、ダヤンの『イスラエルの鷹――モシェ・ダヤン自伝』、『ラビン回想録』がある。特定の時代が中心になっているものとしては、第二次世界大戦時の難民を扱かったバルハフティクの『日本に来たユダヤ難民』、独立闘争時代のベギンの『反乱』、六日戦争のエルサレム攻防戦を扱ったナルキスの『エルサレムに朝日がのぼる』、ヨムキプール戦争の体験を語るアダンの『砂漠の戦車戦』などがある。日本に紹介されていないものに、アリエル・シャロン、シモン・ペレス、エゼル・ワイツマンの回想録や、側近の編集であるが、参謀総長であったダビッド・エラザールの『四八年と二〇日』もある。いずれもイスラエルの現代史を理解するうえで貴重な史料である。

※2　例えば、一九九三年一一月、京都府の綾部市で、「世界宗教者の祈りとフォーラム」が開催され、イスラエルからアシュケナージ系元主席ラビ・シュロモ・ゴレンが出席した。ゴレン師は二三年間国防軍の主席ラビをつとめ、六日戦争のエルサレム攻防戦では、トーラーの巻物とショファールを胸に抱き、飛びかう銃弾をものともせず西壁に向かって走り、戦闘後ショファールを吹鳴《すいめい》し兵士達と共に西壁解放の感謝の祈りを捧げたことで知られる。綾部市は、日本で最初に世界連邦平和都市宣言（一九五〇年）を行なった市で、四方八州男《しかたやすお》市長時代イスラエルとの関係を深めた。

ラウ師との出会い

小関　微笑子

昨年の平成二十六年（二〇一四年）に当協会の事業としてイスラエル・ヨルダンの使節団（団長・可児光永天台宗甲山寺住職）を派遣した時に、幸運にも多忙なイルラエル・ラウ師にお目にかかることが出来、本書の日本での出版を快く承諾していただきました。

その時に親しくラウ師の執務室に通していただき、世界平和についてのお話をしました。ラウ師は「ノアの方舟に乗りあった人々や動物たちがなぜ殺し合わなかったか？　それは洪水という共通の敵があって一致団結をしたからです。世界平和の実現も同じ。人類にはエイズやガンそして貧困などの共通の敵があります。それに対して心を一つにして立ち向かう叡智があれば、世界平和も実現できるでしょう」と述べられました。

日本とイスラエルとの根本的な発想の違いは、平和の中での世界平和を考えている日本と、戦いの中で世界平和を模索しているイスラエルという事を強く感じました。ラウ師の覚悟を垣間見たような気がいたしました。

最後にヘヴェーヌ・シャローム（私たちは平安を持ってきた。あなた方のところへ）を全員で歌って別れを惜しみました。

また、出版に当たっては、この使節団に参加された葉上照澄大阿闍梨の愛弟子の田中孝一氏が「私の一生涯の仕上げを志して出版のご支援をさせていただきたい」と有難い申し出をいただきました。

これからも日本とイスラエル、そして世界の平和が訪れるよう、多くの人にお読みいただきたいと存じます。

一般社団法人日本国際文化協会　常務理事

● 著者紹介

イスラエル・メイル・ラウ（Israel Meir Lau）

1937年6月1日ポーランド、ピョートルクフ・トルィブナルスキ生まれ。ブッヘンヴァルト収容所の最年少8歳の生き残り、1945年7月エレツイスラエル（パレスチナ）に帰還。1961年ラビになる。1978年ナタニヤ市のラビ、1988~93年テルアビブ市の主席ラビ、1993~2003年イスラエル国アシュケナージ派の主席ラビに就く。現在テルアビブ市の主席ラビ、ヤドヴァシェム（ホロコースト記念館）評議会議長。2005年イスラエルの社会と国家への貢献でイスラエル賞を受賞。1991年、2003年来日し、比叡山宗教サミットに出席。1993年ローマ教皇ヨハネ・パウロ2世と会見など、宗教間の対話に努める。その功績に対し、2011年フランスのレジオンドヌール勲章を受賞。ユダヤ教の最も尊敬されるカリスマ的指導者の1人として、世界の指導者らと交流する。

● 訳者紹介

滝川義人（たきがわ　よしと）

ユダヤ、中東研究者。1937年生まれ、長崎県諫早市出身。早稲田大学第一文学部卒業。前イスラエル大使館チーフインフォメーションオフィサー。中東報道研究機関 MEMRI 日本代表。著書に『ユダヤ解読のキーワード』（新潮社）、『ユダヤを知る事典』（東京堂出版）他、訳書に『ホロコースト歴史地図』（ギルバート編、原書房）、『ユダヤ人の歴史』（ザハル著、明石書店）、『ホロコーストの真実』（リップシュタット著、恒友出版）、『ヨムキプール戦争全史』（ラビノビッチ著、並木書房）、『第三次中東戦争全史』（オーレン著、原書房）、『ケース・フォー・イスラエル中東紛争の誤解と真実』（ダーショウィッツ著、ミルトス）、『甦りと記憶』（ボルンシュタイン著、ミルトス）他多数。

装幀　久保和正デザイン室

深淵《しんえん》より　ラビ・ラウ回想録　**ホロコーストから生還した少年の物語**

2015年6月1日　初版発行

著　者　イスラエル・メイル・ラウ
翻訳者　滝　川　義　人
発行者　河　合　一　充
発行所　株式会社　ミ　ル　ト　ス

〒103-0014 東京都中央区日本橋蛎殻町
1-13-4　第1テイケイビル 4F
TEL 03-3288-2200　FAX 03-3288-2225
振替口座　００１４０-０-１３４０５８
http://myrtos.co.jp　pub@myrtos.co.jp

印刷・製本　日本ハイコム　Printed in Japan　ISBN 978-4-89586-159-5
定価はカバーに表示してあります。